全国高等职业教育示范专业规划教材
汽车检测与维修技术专业

汽车构造与拆装

主　编　白　晶
副主编　徐迪娟
参　编　郭岩钊　王革新
主　审　赵福堂

机 械 工 业 出 版 社

本书系统地阐述了汽车的基本构造和工作原理以及重点零部件的拆装检查，内容包括汽车总体构造认识、发动机工作原理和总体结构、曲柄连杆机构、配气机构、汽油机燃油供给系统、柴油机燃油供给系统、发动机点火系统、冷却系统、润滑系统、起动系统以及汽车传动系统、行驶系统、转向系统、制动系统。

本书可作为高职高专汽车类各专业教材，也可供汽车工业部门、汽车维修企业和汽车运输部门的技术人员阅读。

图书在版编目（CIP）数据

汽车构造与拆装/白晶主编. -北京：机械工业出版社，2010.10
（2016.1 重印）
全国高等职业教育示范专业规划教材·汽车检测与维修技术专业
ISBN 978-7-111-32184-2

Ⅰ.①汽… Ⅱ.①白… Ⅲ.①汽车-构造-高等学校：技术学校-教材②汽车-装配（机械）-高等学校：技术学校-教材 Ⅳ.①U463 ②U472

中国版本图书馆 CIP 数据核字（2010）第 196918 号

机械工业出版社（北京市百万庄大街 22 号 邮政编码 100037）
策划编辑：葛晓慧 责任编辑：葛晓慧 洪丽红
版式设计：霍永明 责任校对：樊钟英
封面设计：赵颖喆 责任印制：李 洋
北京振兴源印务有限公司印刷
2016 年 1 月第 1 版第 3 次印刷
184mm×260mm · 13.25 印张 · 319 千字
7001-9000 册
标准书号：ISBN 978-7-111-32184-2
定价：28.50 元

凡购本书，如有缺页、倒页、脱页，由本社发行部调换

电话服务
服务咨询热线：（010）88379833
读者购书热线：（010）88379649

网络服务
机 工 官 网：www.cmpbook.com
机 工 官 博：weibo.com/cmp1952
教育服务网：www.cmpedu.com
金 书 网：www.golden-book.com

前　言

为配合示范院校、示范专业的课程建设和教材建设，深入贯彻落实教育部《关于全面提高高等职业教育教学质量的若干意见》（教高［2006］16号）精神，适应当前高等职业教育“大力推行工学结合，突出实践能力培养，改革人才培养模式”的教学改革需要，体现工学结合的职业教育特色，我们特编写了此书，它面向汽车相关专业学生，以提高职业实践能力和职业素养为目的，适应高等职业教育培养技能型人才的要求。

本书内容共分12个单元29个项目，在各个项目中又分理论和拆装两部分，通过典型实例分析，结合实践应用和能力培养，系统阐述了汽车的基本构造和工作原理以及重要零部件的拆装检查。

本书由北京现代职业技术学院白晶老师担任主编（编写单元5、6），北京现代职业技术学院徐迪娟老师担任副主编（编写单元7、8、9、10），参加本书编写的人员还有北京现代职业技术学院郭岩钊老师（编写单元1、2、3、4），黑龙江工程学院王革新老师（编写单元11、12）。本书由北京理工大学赵福堂教授主审。

本书在编写过程中参阅了许多国内公开出版的著作与文献，受益匪浅，在此向这些作者表示衷心的感谢！

由于编者水平有限，书中难免存在不足和错误，敬请广大读者批评指正。

编　者

目　　录

单元1

汽车总体构造认识

项目1　汽车总体构造及主要操纵机构

一、汽车总体构造

汽车——由自身的动力装置驱动，一般具有4个或4个以上车轮的非轨道承载车辆，主要用于载运人、货物及一些特殊用途。

汽车的基本结构由发动机、底盘、车身、电气设备四大部分组成。典型的汽车总体构造如图1-1所示。

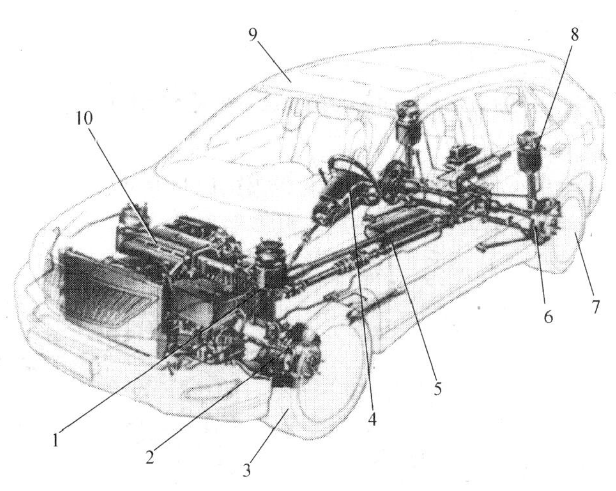

图1-1　汽车的总体构造

1—前悬架　2—前桥　3—前轮　4—转向盘　5—传动轴
6—后桥　7—后轮　8—后悬架　9—车身　10—发动机

发动机是汽车行驶的动力源，将燃料所产生的热能转化为机械能。在现代汽车上广泛应用的发动机是内燃机，它一般是由机体、曲柄连杆机构、配气机构、供给系统、冷却系统、润滑系统、点火系统（用于汽油机）及起动系统组成。

底盘是接收发动机的动力使汽车运动，并按照驾驶员的操纵而正常行驶的部件，其由传动系统、行驶系统、转向系统和制动系统组成。传动系统由离合器、变速器、万向传动装置和驱动桥等总成组成，它将发动机的动力传给驱动车轮。行驶系统包括车架、悬架装置、车桥、车轮等总成，它起支承全车、保证汽车行驶的作用。转向系统由转向器和转向传动机构组成，驾驶员通过转向盘、转向器、转向传动机构操纵转向车轮使汽车转向。制动系统由制动器和制动传动机构等总成组成，驾驶员通过脚或手的操纵，使车轮或传动轴降低转速或停止转动，达到汽车减速或停止行驶的目的。

车身是驾驶员工作以及用以容纳乘客和货物的场所，它包括车前板制件（俗称车头）、车身及副车架，还包括货车的驾驶室和货厢以及某些汽车上的特种作业设备。

汽车电气设备由电器设备和电子设备两部分组成。电器设备包括电源、发动机的起动系统、点火装置以及汽车照明与信号设备、仪表、空调等用电设备；电子设备包括电控燃油喷射、电控点火、进气、排气、怠速和增压装置、变速器的电控自动换挡装置、防抱死制动装置、遥控门锁及自动防盗报警装置等设备。

二、汽车主要操纵机构

（一）点火开关

点火系统的开关（通常要使用钥匙）可自由控制点火线圈主要电路的通断，也适用于其他系统电路。

汽车点火开关有三个挡位，如图 1-2 所示。

当处于 OFF 位置时，点火开关断开。此时拔出钥匙并转动转向盘直到听到锁紧销的啮合声，即可锁住转向盘。

当处于 ON 位置时，点火开关接通。若钥匙不易转动或不能转动，可将转向盘轻轻往复转动以放开锁紧销。

当处于 START 位置时，可以起动发动机。此时前照灯、刮水器等装置的开关均被切断，要重新起动，应将钥匙转到 OFF 位置后再转动到 START 位置。

（二）驻车制动器

驻车制动器用以在汽车停车时辅助制动，如图 1-3 所示。

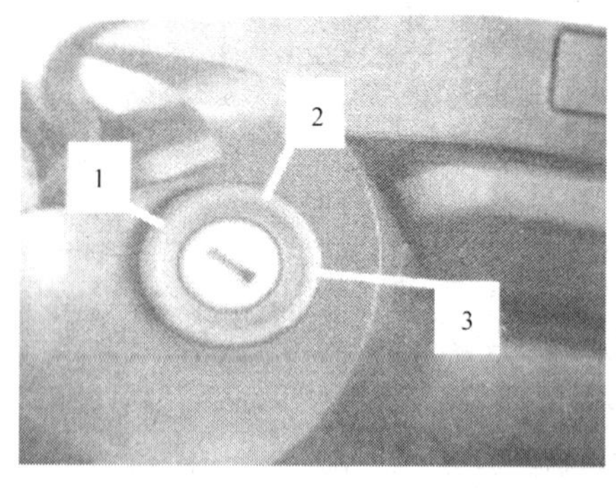

图 1-2　点火开关的使用
1—OFF 位置　2—ON 位置　3—START 位置

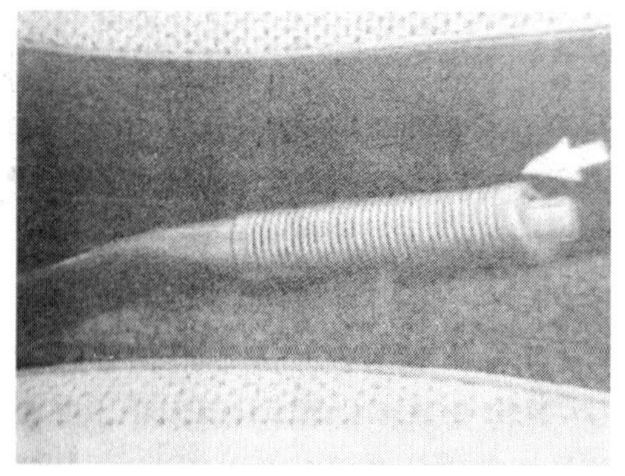

图 1-3　汽车驻车制动器

驻车制动器用于在车辆停稳后稳定车辆，避免车辆在斜坡路面停车时由于溜车造成事故。常见的驻车制动器一般置于驾驶员右手下垂位置，便于使用。

使用驻车制动器，将手柄向上拉紧，驻车制动起作用，以防汽车自动滑移；放松驻车制动器，将手柄略向上拉，按下按钮并将驻车制动杆向下推到底。

（三）汽车离合器、制动器及加速踏板

1. 离合器

离合器位于发动机与变速器之间，是发动机与变速器动力传递的“开关”，它是一种既能传递动力，又能切断动力的传动机构。它的作用主要是保证汽车能平稳起步，变速换挡时减轻变速齿轮的冲击载荷并防止传动系统过载。

离合器踏板1（图1-4）由左脚操纵，踩下时要踩到底，放开时要缓慢，以免产生起步冲击。配置自动变速器的汽车没有离合器踏板。

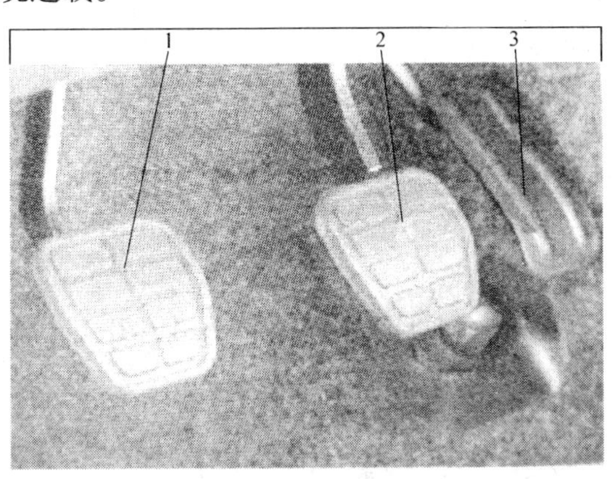

图1-4 汽车离合器踏板、制动踏板及加速踏板位置
1—离合器踏板 2—制动踏板 3—加速踏板

2. 制动器

这里所说的制动器是行车制动器，用于在行车过程减速或停车。制动踏板2（图1-4）由右脚控制，在非紧急情况下，不要进行急制动，一般采用点制动。

3. 加速踏板

加速踏板3（图1-4）用来控制发动机节气门的开度，以改变发动机的输出转速，由右脚控制，根据路况和环境变化确定节气门的开度大小。

（四）变速器

汽车变速器是通过改变传动比，来改变发动机曲轴的转矩，以适应在起步、加速、行驶以及克服各种道路阻碍等不同行驶条件下对驱动车轮牵引力及车速不同要求的需要。通常分为手动变速器和自动变速器两种类型，其挡位分别如图1-5和图1-6所示。

图1-5 汽车手动变速器挡位

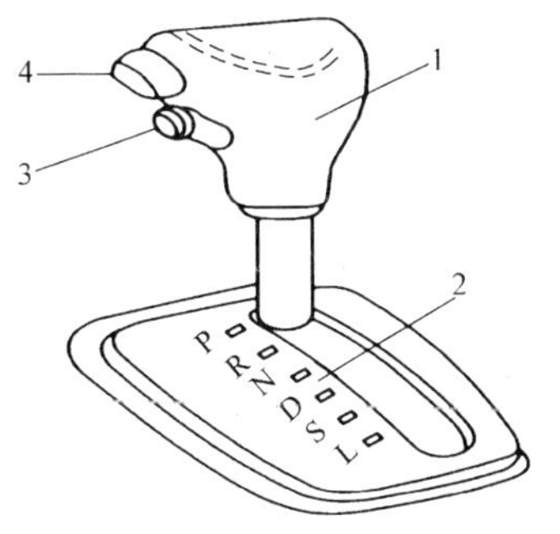

图1-6 汽车自动变速器
1—变速杆 2—挡位
3—超速挡开关或保持开关 4—锁止按钮

手动变速器换挡的操作顺序为：踩下离合器踏板同时松开加速踏板，将变速杆从原挡

位经空挡拨入另一挡位，适当加油，缓慢抬起离合器踏板。挂倒挡时应在汽车停稳以后，将变速杆按下挂入倒挡。

自动变速器变速杆的位置从前往后依次为驻车挡（P位）、倒挡（R位）、空挡（N位）、前进挡（D位），有的前进挡包括前进挡（D位）、前进低挡2挡（S位）、前进低挡1挡（L位）。超速挡可以通过超速挡开关关闭，以阻止自动变速器升入超速挡。变速杆上的锁止按钮按下才能推入R位。

起动发动机时必须将变速杆置于P位或N位，并拉紧驻车制动器或踩住制动踏板，此时将点火开关转至起动位置。起步时应先踩下制动踏板，挂挡后，松开驻车制动器，然后平稳地抬起制动踏板，待汽车缓慢起步后，再缓慢踩下加速踏板。

在一般道路上向前行驶时，应将变速杆置于D位，并接通超速挡开关。在一般坡道上行驶时，可按一般道路行驶的方法，将变速杆置于D位，用加速踏板或制动踏板来控制上下坡车速。如果遇较长的陡坡，应将变速杆从D位移至S位或L位（视坡度而定）。

倒车时，应在汽车完全停稳后将变速杆移至R位。

停放时将变速杆置于P位，并拉紧驻车制动器。

注意：如果要按“D位→S位→L位”顺序变换变速杆时，必须在不高于相应的升挡车速时进行。

（五）汽车安全带

汽车安全带就是在汽车上用于防止乘客以及驾驶员在车身受到猛烈打击时被弹出的安全气囊伤害的装置。现代汽车的速度很快，一旦发生碰撞，车身停止运动，而乘客身体由于惯性会继续向前运动，在车内与车身撞击，严重时可能把风窗玻璃撞碎而向前飞出窗外。为防止撞车时发生类似的事故，公安部门要求小型客车的驾驶员和前排乘客必须使用安全带，以便发生交通事故时，安全带对人起到缓冲的作用，防止出现二次伤害。在高档轿车上，除了前、后排座位都有安全带外，还安装有安全气囊系统，一旦发生车祸，气囊就会自动充气弹出，使人不撞到车身上。

图1-7所示为三点式惯性轮安全带。当缓慢拉动安全带时安全带可以活动；当汽车突然制动时，安全带会锁止；在汽车加速、下坡或转弯时，自动限位装置也会锁止安全带。

（1）系上安全带　缓慢拉出安全带舌片，将其通过胸部，然后插入座椅侧的锁止机构，听到啮合声后拉动检查。注意安全带不要扭曲。

（2）取下安全带　按下锁止机构上的橘黄色按钮取出安全带，安全带舌片会弹出。将舌片送回车门处使回位器卷起安全带，挡板会将舌片保持在合适的位置。

（六）电动座椅

现代汽车座椅必须满足调整便利性和舒适性两大要求。也就是说，驾驶者通过调节操纵，可以将座椅调整到最佳的位置上，以获得最好视野，便于操纵转向盘、踏板、变速杆等操纵件，还可以获得最舒适和最习惯的乘坐角度。

座椅的调节可以通过手动或电动的方式来完成。

最早的手动调节座椅在1921年面世。手动调节方式需要成员先通过手柄放松座椅的锁止机构，之后通过改变身体的坐姿和位置来带动座椅移动，最后将锁止机构的手柄放松，将座椅固定在所选择的位置上。这种调节方式的主动施力方是座椅上的乘客，座椅调节起来不是十分的方便。

在中高档轿车上，生产商都会提供可电动调节的座椅。

电动座椅是由坐垫、靠背、靠枕、骨架、悬架和调节机构等组成。其中调节机构由控制器、可逆性直流电动机和机械传动部件组成，是电动座椅中最复杂和最关键的部分，可逆性直流电动机必须体积小，负荷能力要大；而机械传动部件在运行时要求有良好的平稳性，噪声要低。控制器的操纵按钮设置在驾驶者操纵方便的位置，一般在门内侧的扶手上面或坐垫侧面，如图 1-8 所示。

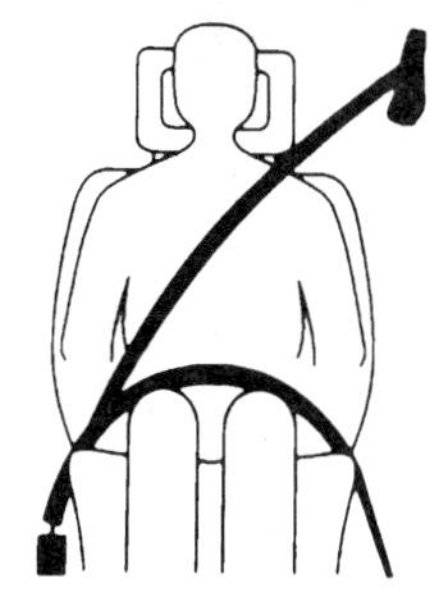

图 1-7　汽车安全带使用

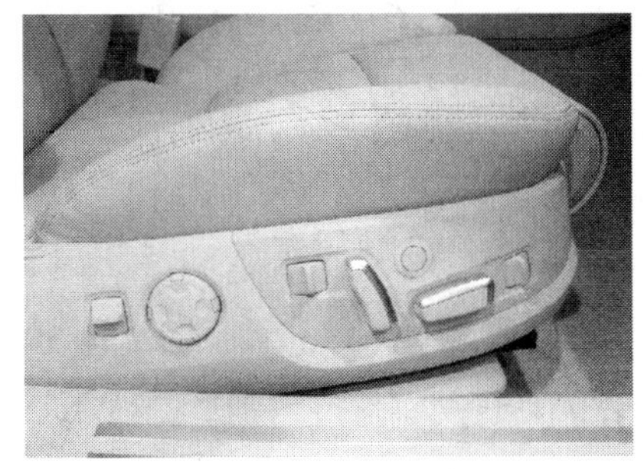

图 1-8　汽车电动座椅操纵按钮

（七）转向盘、灯光开关及转向信号灯

汽车转向系统可按转向的能源不同分为机械转向系统和动力转向系统两类。机械转向系统是依靠驾驶员操纵转向盘的转向力来实现车轮转向；动力转向系统则是在驾驶员的控制下，借助于汽车发动机产生的液体压力或电动机驱动力来实现车轮转向。

机械转向系统由转向操纵机构、转向器和转向传动机构组成，如图 1-9 所示。从转向盘到转向传动轴的一系列部件和零件属于汽车转向操纵机构，它包括转向盘、转向柱管、转向轴等部件，其作用是将驾驶员转动转向盘的操纵力传给转向器。

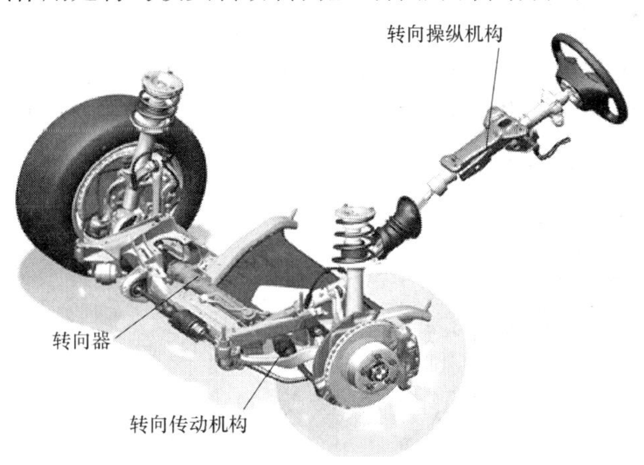

图 1-9　汽车机械转向系统

灯光开关用来控制转向信号灯、前照灯远近光变换、车道信号变换以及停车灯，其安装位置如图 1-10 所示。

转向信号灯一般有 4 个或 6 个，装在汽车前后或侧面，功率一般为 20W，用于汽车转弯时发出明暗交替的闪光信号，使前后车辆、行人、交警知其行驶方向。

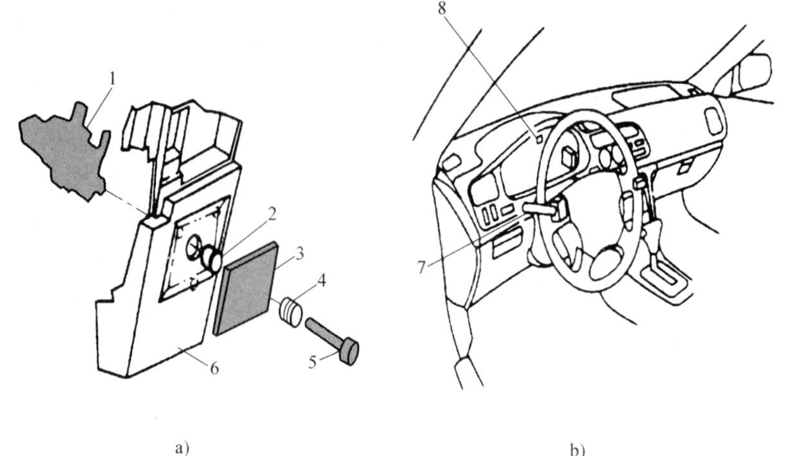

a)　　　　　　b)

图 1-10　灯光开关的安装位置

a）安装在仪表板上　b）安装在转向柱上

1—灯光开关　2—衬套　3—面板　4—定位件　5—拉杆　6—仪表板　7—变光拨杆　8—远光指示灯

下面介绍变光拨杆的使用原理。

转向信号灯由变光拨杆（图 1-11）控制，只有在点火开关接通后才工作。当拨杆朝上时右转向信号灯亮，拨杆朝下时左转向信号灯亮，转向后转向信号灯自动熄灭。

前照灯远近光变换：拨杆朝后抬起，可以进行前照灯近光、远光变换。拨杆朝后轻轻抬起，前照灯远光闪烁，当作用力解除后，拨杆自动回到零位。

车道信号变换：可根据车辆需要变换的车道，操作变光拨杆，操作方法与转向信号灯操作相同，但不必拨到底，当作用力解除后，拨杆自动回位。

停车灯操作：在点火开关关闭以后，拨杆向上，右停车灯亮；拨杆向下，左停车灯亮。

（八）刮水器及洗涤器

刮水器的作用是刮除风窗玻璃上的雨水、雪或灰尘，确保驾驶员有良好的视线。

目前在汽车上广泛采用的电动刮水器，普遍具有高速、低速及间歇 3 个工作挡位，而且除了变速之外，还有自动回位的功能。

电动刮水器是由电动机、传动机构总成和刮水片三部分组成，如图 1-12 所示。

图 1-11　变光拨杆

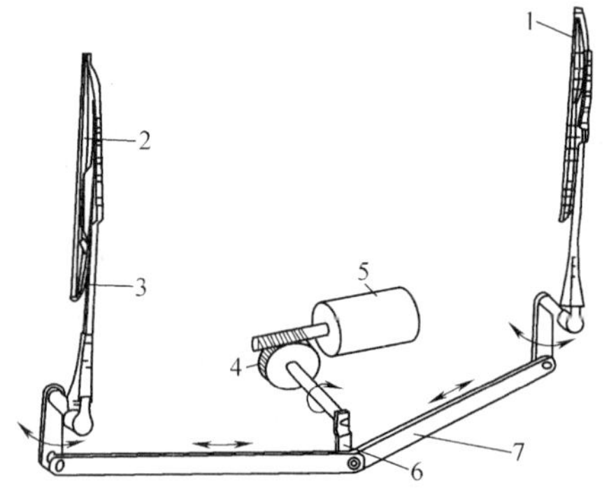

图 1-12　电动刮水器的组成

1—刮水片　2—刮水片架　3—刮水臂

4—蜗轮　5—电动机　6—摇臂　7—拉杆

电动机轴端的蜗杆驱动蜗轮4，蜗轮4带动摇臂6旋转，摇臂6使拉杆7往复运动，从而带动刮水片左右摆动。

刮水系统还备有自动洗涤装置，朝上抬起刮水开关拨杆，刮水器及洗涤器开始工作。复原拨杆，洗涤器停止而刮水器继续工作约4s。

（九）空调功能与控制

汽车空调的功能是通过人为的方式创造一个对人体适宜的环境，提高汽车的舒适性，如图1-13所示。汽车空调系统除了具有对车内的温度、湿度、气流速度进行调节和净化空气的功能外，还能除去风窗玻璃上的雾、霜、冰、雪，给驾驶员一个清晰的视野，确保行车安全。

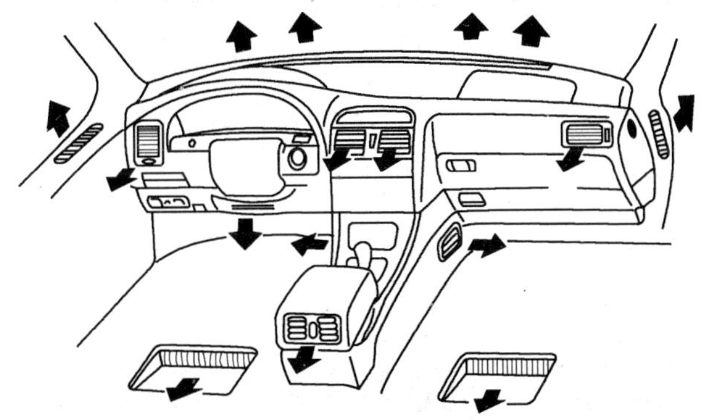

图1-13　汽车空调功能

汽车空调控制如图1-14所示，打开开关E，空调开始工作；左右拉动拨杆A和B，可以开闭各出风口，调节空气分布；左右拉动拨杆C，可以进行温度选择，拨杆C向右，温度提高，向左则温度降低；旋转鼓风机转速调节开关D，可以调节鼓风机转速。

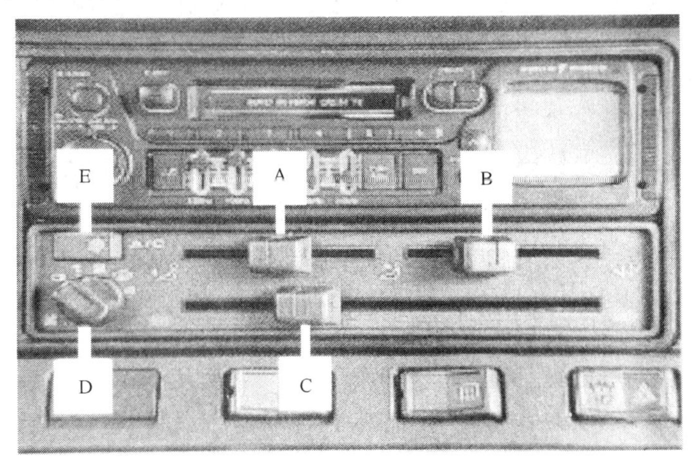

图1-14　汽车空调控制

A、B、C—拨杆　D—鼓风机转速调节开关　E—空调（A/C）开关

思　考　题

1. 汽车主要由哪几大部分组成？各起什么作用？
2. 汽车的主要操纵机构有哪些？了解其工作原理和操作方式。

单元 2

发动机工作原理和总体结构

项目 2　发动机工作原理及外部零件拆装

一、发动机的分类

发动机是汽车的动力源，为汽车的行驶提供动力。汽车发动机大多是热能动力装置，简称热力机。热力机是借助工质的状态变化将燃料燃烧产生的热能转变为机械能，分为内燃机和外燃机，在汽车上广泛应用的是内燃机。简单地讲，发动机就是一个能量转换机构，即将汽油（柴油）通过在密封气缸内燃烧产生的热能使同时产生的气体膨胀，推动活塞做功，转变为机械能，这是发动机的最基本原理。汽车用活塞式内燃机根据不同特征进行以下分类：

（1）按活塞运动方式分类　按活塞运动方式不同可分为往复活塞式和旋转活塞式两种。前者活塞在气缸内作往复直线运动，后者活塞在气缸内作旋转运动。

（2）按进气系统分类　按进气系统是否采用增压方式可以分为自然吸气（非增压）式发动机和强制进气（增压）式发动机。若进气是在接近大气状态下进行的，则为非增压式内燃机或自然吸气式内燃机；若利用增压器将进气压力增高，进气密度增大，则为增压式内燃机，增压可以提高内燃机功率。

（3）按气缸排列方式分类　按气缸排列方式不同可分为单列式、双列式和三列式。单列式发动机的各个气缸排成一列，一般是垂直布置的，但为了降低高度，有时也把气缸布置成倾斜的甚至水平的。双列式发动机把气缸排成两列，两列之间的夹角小于180°（一般为90°）称为V形发动机，若两列之间的夹角等于180°称为对置式发动机。三列式把气缸排成三列，称为W形发动机。

（4）按气缸数目分类　按气缸数目不同可分为单缸发动机和多缸发动机。仅有一个气缸的发动机称为单缸发动机；有两个以上气缸的发动机称为多缸发动机。现代车用发动机多采用四缸、六缸、八缸发动机。

（5）按照冷却方式分类　按冷却方式不同可分为水冷发动机和风冷发动机。水冷发动机是利用在气缸体和气缸盖冷却水套中进行循环的冷却液作为冷却介质进行冷却的；而风冷发动机是利用流动于气缸体与气缸盖外表面散热片之间的空气作为冷却介质进行冷却的。水冷发动机冷却均匀，工作可靠，冷却效果好，被广泛地应用于现代车用发动机。

（6）按照行程分类　按照完成一个工作循环所需的行程数可分为四冲程发动机和二冲程发动机。把曲轴转两圈（720°），活塞在气缸内上下往复运动四个行程，完成一个工作循环的发动机称为四冲程发动机；而把曲轴转一圈（360°），活塞在气缸内上下往复运动两个行程，完成一个工作循环的发动机称为二冲程发动机。汽车发动机广泛使用四冲程发动机。

（7）按照所用燃料分类　发动机按照所使用燃料的不同可分为汽油机和柴油机。使用汽油为燃料的发动机称为汽油机；使用柴油为燃料的发动机称为柴油机。汽油机与柴油机各有特点；汽油机转速高，质量小，噪声小，起动容易，制造成本低；柴油机压缩比大，热效率高，经济性能和排放性能都比汽油机好。

二、发动机的工作原理

往复活塞式内燃机所用的燃料主要是汽油或柴油。由于汽油和柴油具有不同的性质，因而在发动机的工作原理和结构上有差异。在这里主要以四冲程汽油机为例，讲述一下发动机的工作原理。

汽油机是将空气与汽油以一定的比例混合成良好的可燃混合气，在进气行程被吸入气缸，经压缩点火燃烧而产生热能，高温高压的气体作用于活塞顶部，推动活塞作往复直线运动，通过连杆、曲轴飞轮机构对外输出机械能。四冲程汽油机经过进气行程、压缩行程、做功行程和排气行程完成一个工作循环，如图 2-1 所示。

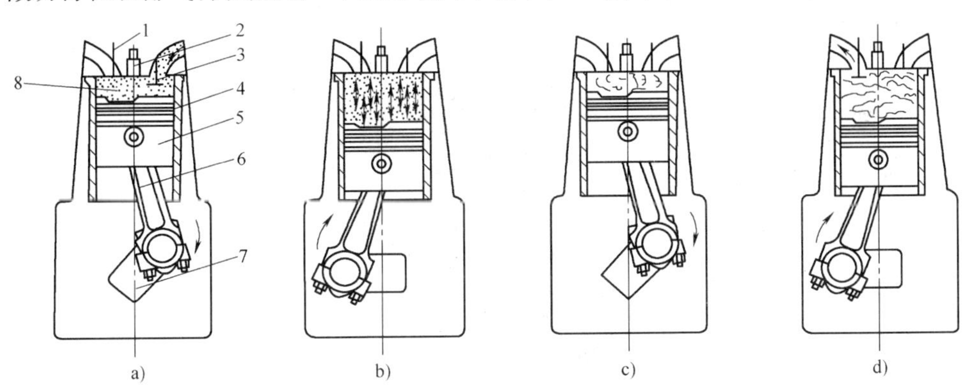

图 2-1　四冲程汽油机工作原理示意图

a）进气行程　b）压缩行程　c）做功行程　d）排气行程

1—排气门　2—火花塞　3—进气门　4—气缸　5—活塞　6—连杆　7—曲轴　8—可燃混合气

（1）进气行程（图 2-1a）　活塞在曲轴的带动下由上止点移至下止点。此时进气门开启，排气门关闭，曲轴转动 180°。在活塞移动过程中，气缸容积逐渐增大，气缸内气体压力逐渐降低，气缸内形成一定的真空度，空气和汽油的混合气通过进气门被吸入气缸，并在气缸内进一步混合形成可燃混合气。由于进气系统存在阻力，进气终点时气缸内气体压力小于大气压力，为 0.075 ~0.09MPa。进入气缸内的可燃混合气的温度，由于进气管、气缸壁、活塞顶、气门和燃烧室壁等高温零件的加热以及与残余废气的混合而升高到 370 ~400K。

（2）压缩行程（图 2-1b）　压缩行程时，进、排气门同时关闭。活塞从下止点向上止点运动，曲轴转动 180°。活塞上移时，工作容积逐渐缩小，缸内混合气受压缩后压力和温度不断升高，到达压缩终点时，其压力可达 0.6～1.2MPa，温度达 600～700K。压缩前气缸中气体的最大容积与压缩后的最小容积之比为压缩比。

（3）做功行程（图 2-1c）　当活塞接近上止点时，由火花塞点燃可燃混合气，混合气燃烧释放出大量的热能，使气缸内气体的压力和温度迅速提高。燃烧最高压力可达 3～5MPa，温度可达 2200～2800K。高温高压的燃气推动活塞从上止点向下止点运动，并通过曲柄连杆机构对外输出机械能。随着活塞下移，气缸容积增加，气体压力和温度逐渐下降，到达做功终了，其压力降至 0.3～0.5MPa，温度降至 1300～1600K。在做功行程，进气门、排气门均关闭，曲轴转动 180°。

（4）排气行程（图 2-1d）　排气行程时，排气门开启，进气门仍然关闭，活塞从下止点向上止点运动，曲轴转动 180°。排气门开启时，燃烧后的废气一方面在气缸内外压差作用下向缸外排出，另一方面通过活塞的排挤作用向缸外排气。由于排气系统的阻力作用，排气终点的压力稍高于大气压力，为 0.105～0.115MPa，排气终点温度为 900～1200K。活塞运动到上止点时，燃烧室中仍留有一定容积的废气无法排出，这部分废气叫残余废气。

综上所述，四冲程汽油机完成一个工作循环，活塞在上、下止点间往复移动了 4 个行程，曲轴旋转了两周。

三、发动机外部零件拆装

汽车发动机整体外部构造如图 2-2 所示（以桑塔纳 2000GSi 为例）。

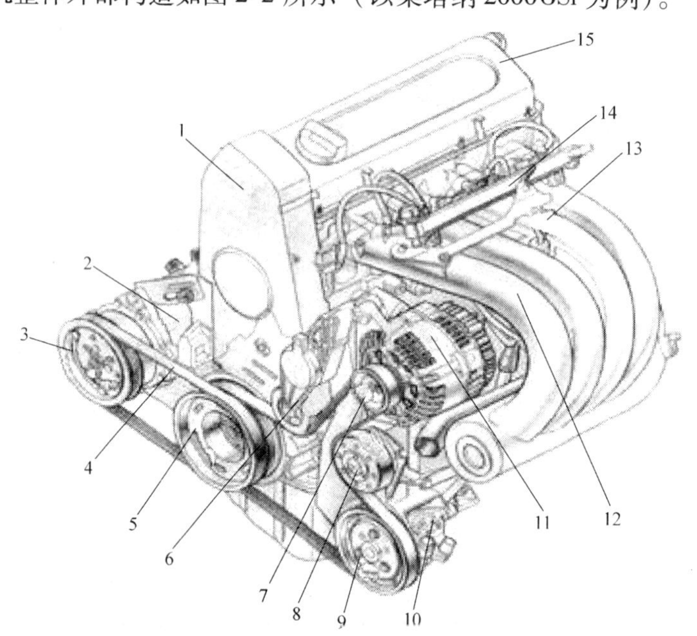

图 2-2　桑塔纳 2000GSi 发动机

1—正时同步带护罩　2—空调压缩机　3—空调压缩机带轮　4—多楔带　5—曲轴正时同步带轮　6—张紧轮　7—发电机带轮　8—导向轮　9—动力转向泵带轮　10—动力转向泵　11—发电机　12—进气歧管　13—机油尺　14—燃油分配管　15—气缸盖罩

发动机外部零件拆装步骤如下：

1）旋松空调压缩机 2 的固定螺钉，拆卸多楔带，拆下空调压缩机。

2）旋松张紧轮 6 的固定螺钉，取下正时同步带。

3）旋松发电机 11 的固定螺钉，拆卸发电机。

4）旋松曲轴正时同步带轮 5 的固定螺钉，拆卸曲轴正时同步带轮。

5）拔出机油尺 13。

6）拆卸点火线圈组件及其外部连线。

7）拆卸燃油分配管 14 的各连接油管及固定螺钉，拆卸燃油分配管和喷油器。

8）旋松进气歧管 12 的固定螺钉，拆卸进气歧管，取下进气歧管垫片。

9）旋松排气歧管的固定螺钉，拆卸排气歧管，取下排气歧管垫片。

10）用专用工具拆卸机油滤清器。

11）拆卸发动机外部各进出水连接管。

12）按照与拆卸相反的顺序进行发动机外部零件的安装。

注意：安装时按照相关的技术参数拧紧固定螺钉。

项目 3　发动机主要机构组成及拆装

一、发动机的组成

汽油机由两大机构和五大系统组成，即由曲柄连杆机构、配气机构、燃油供给系统、润滑系统、冷却系统、点火系统和起动系统组成；柴油机由以上两大机构和四大系统组成，即由曲柄连杆机构、配气机构、燃油供给系统、润滑系统、冷却系统和起动系统组成，柴油机是压燃的，不需要点火系统。

1. 曲柄连杆机构

组成：由气缸体、气缸盖、活塞、连杆、曲轴和飞轮等机件组成，如图 2-3 所示。

功能：曲柄连杆机构是发动机实现工作循环，完成能量转换的主要运动零件。在做功行程中，活塞承受燃气压力在气缸内作直线运动，通过连杆转换成曲轴的旋转运动，并从曲轴对外输出动力。而在进气、压缩和排气行程中，飞轮释放能量又把曲轴的旋转运动转化成活塞的直线运动。

图 2-3　曲柄连杆机构

2. 配气机构

组成：由气门、气门弹簧、凸轮轴、挺柱、凸轮轴传动机构等机件组成，如图 2-4 所示。

功能：配气机构是根据发动机的工作顺序和工作过程，定时开启和关闭进气门和排气门，使可燃混合气或空气进入气缸，并使废气从气缸内排出，实现换气过程。

3. 燃油供给系统

组成：化油器式由汽油箱、汽油泵、汽油滤清器等组成，如图 2-5 所示。电控燃油喷射式由空气供给系统、燃油供给系统和电子控制系统组成。

功能：汽油机燃油供给系统是根据发动机的要求，配制出一定数量和浓度的混合气，供入气缸，并将燃烧后的废气从气缸内排出到大气中去；柴油机燃油供给系统是把柴油和空气分别供入气缸，在燃烧室内形成混合气并燃烧，最后将燃烧后的废气排出。

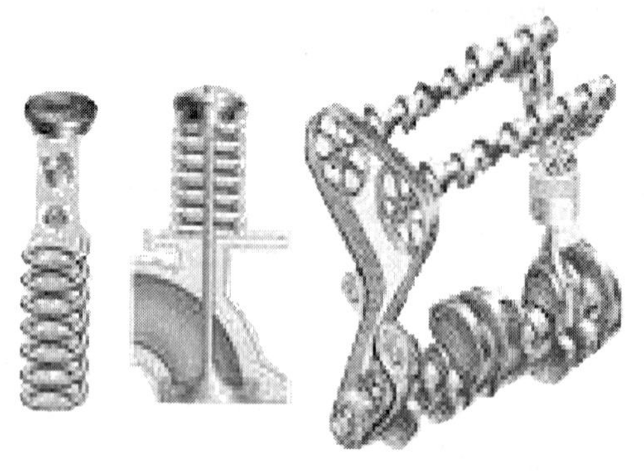

图 2-4　配气机构

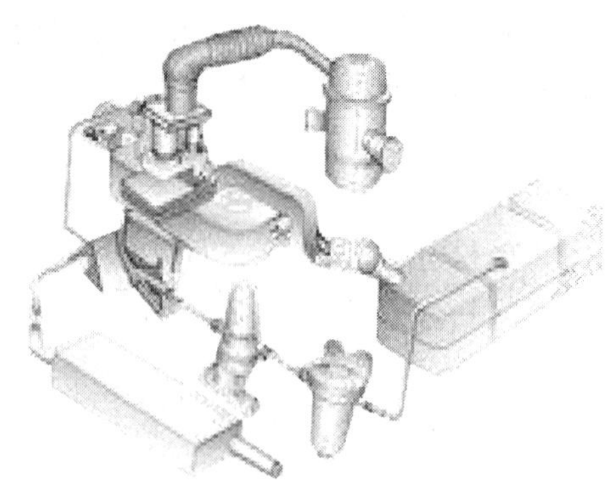

图 2-5　燃油供给系统

4. 点火系统

组成：传统式由蓄电池、发电机、点火线圈、断电器、火花塞等组成，如图 2-6 所示。普通式和传统式点火系统类似，只是用电子元件取代了断电器。电子点火式是全电子点火系统，完全取消了机械装置，由电子系统控制点火时刻，包括蓄电池、发电机、点火线圈、火花塞和电子控制系统等。

功能：在汽油机中，气缸内的可燃混合气是靠电火花点燃的，为此在汽油机的气缸盖上装有火花塞，火花塞头部伸入燃烧室内。能够按时在火花塞电极间产生电火花的全部设备称为点火系统。

5. 冷却系统

组成：水冷式由水套、水泵、散热器、风扇、节温器等组成，如图 2-7 所示。风冷式由风扇和散热片等组成。

功能：冷却系统是将受热零件吸收的部分热量及时散发出去，保证发动机在最适宜的温度状态下工作。

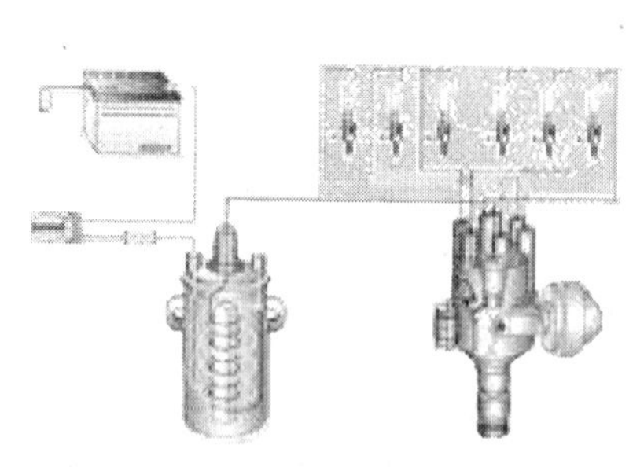

图 2-6　点火系统

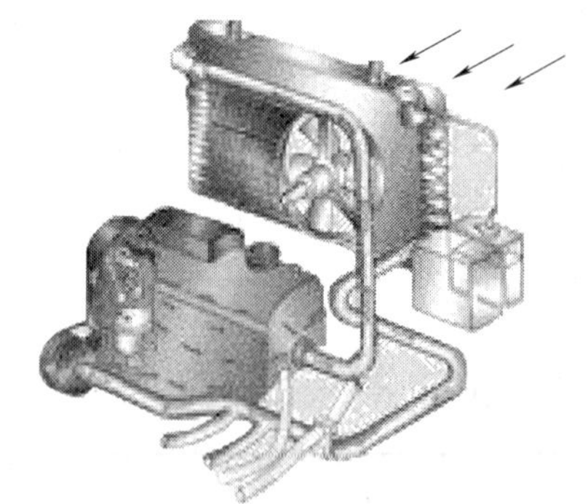

图 2-7　冷却系统

6. 润滑系统

组成：由机油泵、集滤器、限压阀、油道、机油滤清器等组成，如图 2-8 所示。

功能：润滑系统是向作相对运动的零件表面输送定量的清洁润滑油，以实现液体摩擦，减小摩擦阻力，减轻机件的磨损，并对零件表面进行清洗和冷却。

7. 起动系统

组成：由起动机及其附属装置组成，如图 2-9 所示。

功能：要使发动机由静止状态过渡到工作状态，必须先用外力转动发动机的曲轴，使活塞作往复运动，气缸内的可燃混合气燃烧膨胀做功，推动活塞向下运动使曲轴旋转，发动机才能自行运转，工作循环才能自动进行。因此，曲轴在外力作用下开始转动到发动机开始自动地怠速运转的全过程，称为发动机的起动。完成起动过程所需的装置，称为发动机的起动系统。

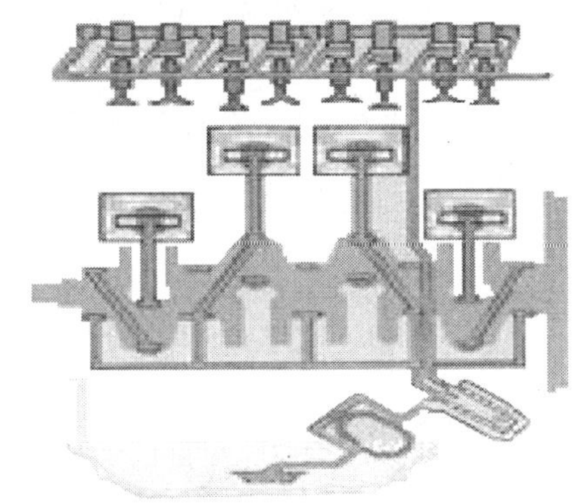

图 2-8 润滑系统

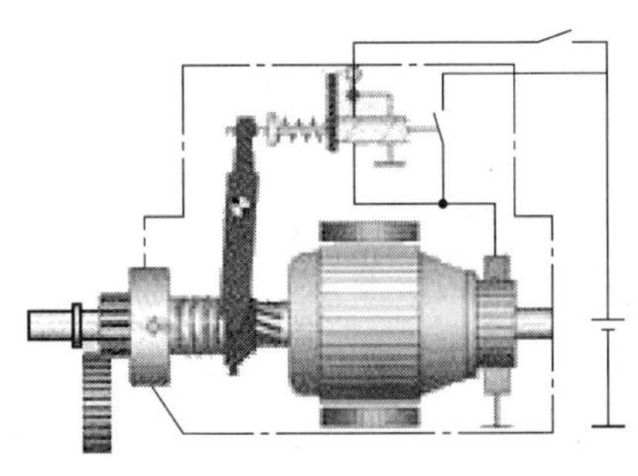

图 2-9 起动系统

二、汽油发动机拆装

以桑塔纳 2000GSi 轿车所配用的 AJR 发动机为例（图 2-2）。

1. 拆卸发动机外部零件

详细步骤见项目 2。

2. 拆卸配气机构传动组件

配气机构传动组件如图 2-10 和图 2-11 所示。

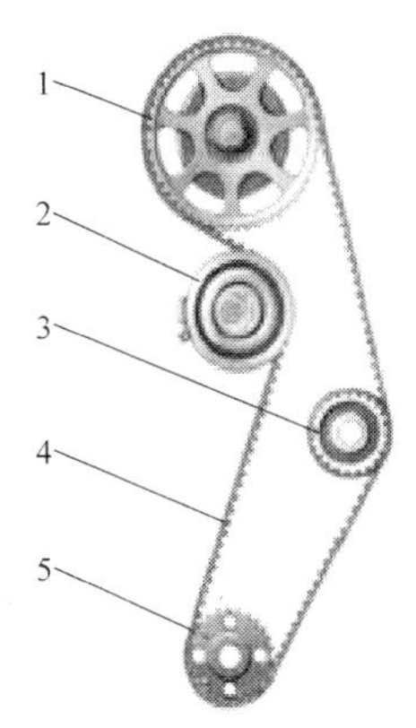

图 2-10 正时同步带

1—凸轮轴正时同步带轮 2—张紧轮 3—惰轮 4—正时同步带 5—曲轴正时同步带轮

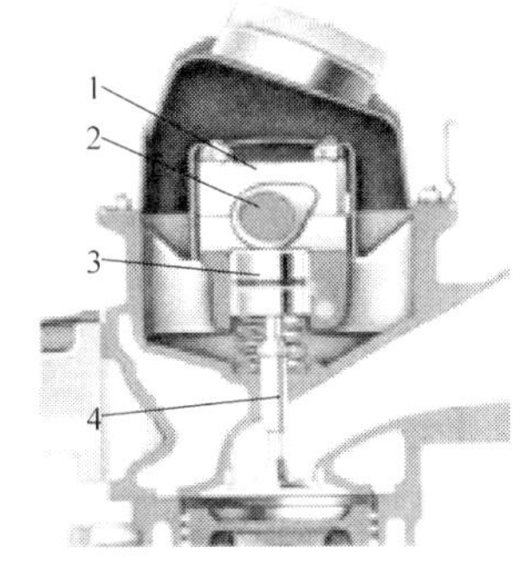

图 2-11 配气机构组件

1—轴承座盖 2—凸轮轴 3—挺柱体 4—气门

1）拆卸正时同步带护罩的固定螺钉，拆卸正时同步带护罩，观察此时凸轮轴正时同步带轮的位置，以备以后正确安装。

2）旋松气缸罩盖的固定螺钉，拆卸气缸罩盖。

3）旋转张紧轮，拆卸发动机的正时同步带。

4）拆卸曲轴正时同步带轮、曲轴链轮、水泵同步带轮、张紧轮、惰轮和凸轮轴正时同步带轮，拆下正时同步带后防护罩。

5）旋松凸轮轴轴承座盖的固定螺钉，拆卸凸轮轴轴承座盖，取下凸轮轴和气门挺杆。

3. 拆卸机体组件

1）拆下气缸盖固定螺钉，注意螺钉应从两端向中间交叉旋松，其顺序如图 2-12 所示。

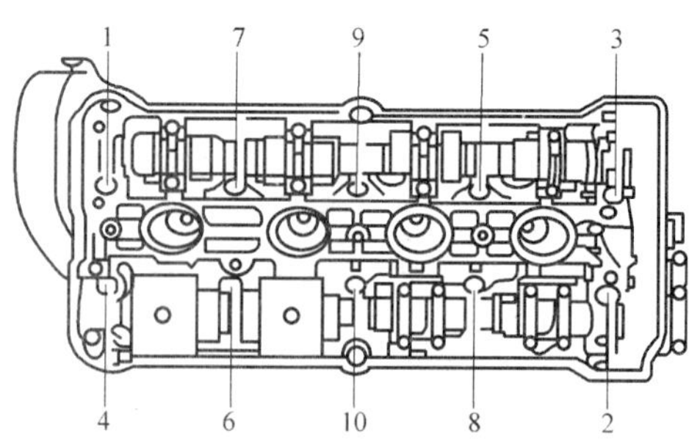

图 2-12　气缸盖固定螺钉

2）抬下气缸盖。

3）取下气缸垫，注意气缸垫的安装朝向。

4）旋松油底壳的放油螺塞，放出油底壳内润滑油。

5）翻转发动机，拆卸油底壳固定螺钉（注意螺钉也应该从两端向中间旋松），拆下油底壳密封垫。

6）旋松机油滤清器固定螺钉，拆卸机油滤清器、机油泵链轮和机油泵。

4. 拆卸发动机活塞连杆组

发动机活塞连杆组如图 2-13 和图 2-14 所示。

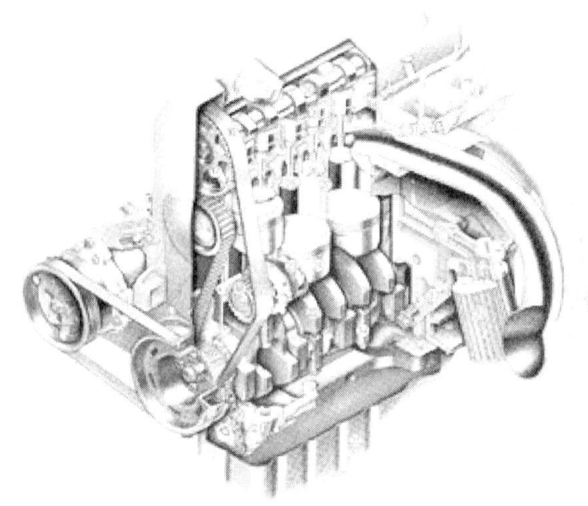
图 2-13　发动机部分解剖图

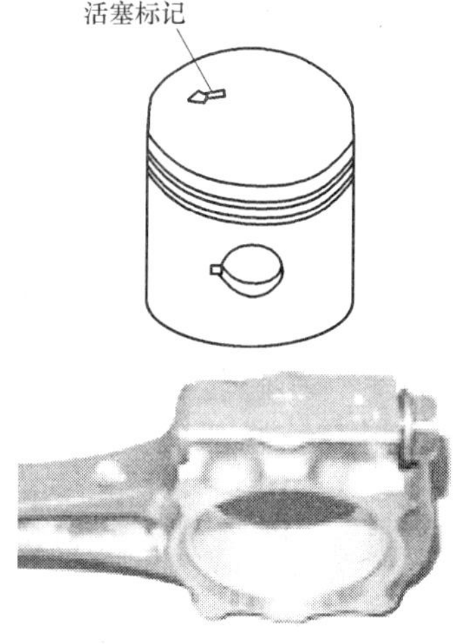

图 2-14　活塞连杆安装标记

1）转动曲轴，使发动机 1、4 缸活塞处于下止点。

2）分别拆卸 1、4 缸连杆的紧固螺母，取下连杆轴承盖，注意连杆配对记号，并按顺序放好。

3）用橡胶锤或铁锤木柄分别推出 1、4 缸的活塞连杆组件，用手在气缸出口接住并取出活塞连杆组件，注意活塞安装方向。

4）将连杆轴承盖、连杆螺栓、螺母按原位置装回，不同缸的连杆也不能互相调换。

5）用同样方法拆卸 2、3 缸的活塞连杆组。

5. 拆卸发动机曲轴飞轮组

1）旋松飞轮紧固螺钉，拆卸飞轮，由于飞轮较重，拆卸时要注意安全。

2）拆卸曲轴前端及后端密封凸缘及油封。

3）按图 2-15 中序号从两端到中间旋松曲轴主轴承盖紧固螺钉，并注意主轴承盖的装配记号与朝向，不同缸的主轴承盖及轴瓦不能互相调换。

4）抬下曲轴，再将主轴承盖及垫片按原位装回，并将固定螺钉拧入少许。注意曲轴推力轴承的定位及开口的安装方向。

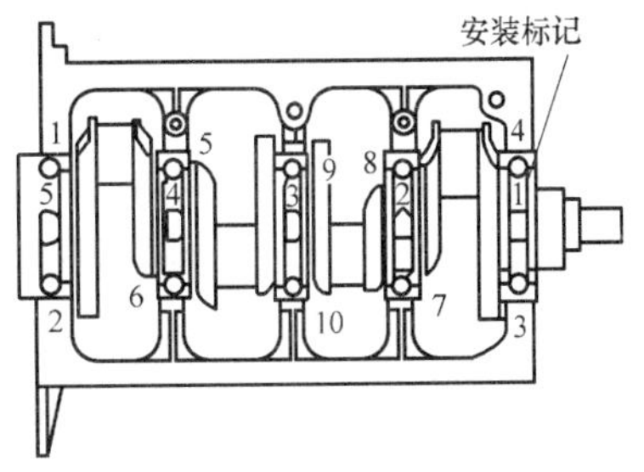

图 2-15　曲轴主轴承盖螺钉旋松顺序

6. 发动机零部件清洗

1）清除发动机零部件的所有油泥和污垢，刮除气缸、气缸盖及活塞上的积炭。

2）在专用油池中清洗发动机零部件，尤其是活塞连杆组件和曲轴飞轮组件。

7. 发动机总体安装

1）按照发动机拆卸的相反顺序安装所有零部件。

2）安装注意事项如下：

① 安装活塞连杆组件和曲轴飞轮组件时，应该特别注意相互配合运动表面的高度清洁，并于装配时在相互配合的运动表面上涂抹润滑油。

② 各配对的零部件不能互相调换，安装方向也应该正确。

③ 各零部件螺钉应按规定力矩和方法拧紧。

④ 活塞连杆组件装入气缸前，应使用专用工具（图 2-16）将活塞环夹紧，再用锤子木柄将活塞组件推入气缸。

⑤ 安装正时同步带轮时，应注意使曲轴正时同步带轮位置与凸轮轴正时同步带轮的位置配合正确（图 2-17）。

图 2-16　活塞安装专用工具

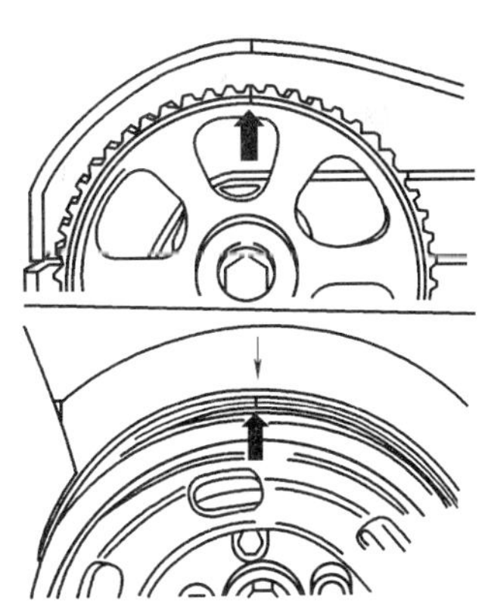
图 2-17　正时同步带轮标记

8. 现场清理

发动机拆装完成时，应清洁整理拆装工具，清理实训现场。

思　考　题

1. 试述四冲程汽油机的工作原理。
2. 发动机由哪些机构和系统组成？各部分的功用是什么？

单元3

曲柄连杆机构

项目4　曲柄连杆机构结构原理及拆装调整

一、曲柄连杆机构的功用

曲柄连杆机构是往复式内燃机的主要工作机构，是发动机实现工作循环，完成能量转换的主要运动零件。在做功行程，它将燃料燃烧产生的热能通过活塞往复运动、曲轴旋转运动而转变为机械能，对外输出动力；在其他行程，则依靠曲柄和飞轮的转动惯性、通过连杆带动活塞上下运动，为下一次做功创造条件。

曲柄连杆机构的作用是提供燃烧场所，把燃料燃烧后气体作用在活塞顶上的膨胀压力转变为曲轴旋转的转矩，不断输出动力。

二、曲柄连杆机构的组成和工作情况

曲柄连杆机构由机体组、活塞连杆组、曲轴飞轮组三部分组成。

（1）机体组　机体组由气缸体、曲轴箱、气缸盖及油底壳组成。

1）气缸体如图3-1所示。发动机的气缸体和曲轴箱常铸成一体，称为气缸体-曲轴箱，也可以称为气缸体。气缸体上半部有一个或若干个为活塞在其中运动导向的圆柱形空腔，称为气缸；下半部为支承曲轴的曲轴箱，其内腔为曲轴运动的空间。

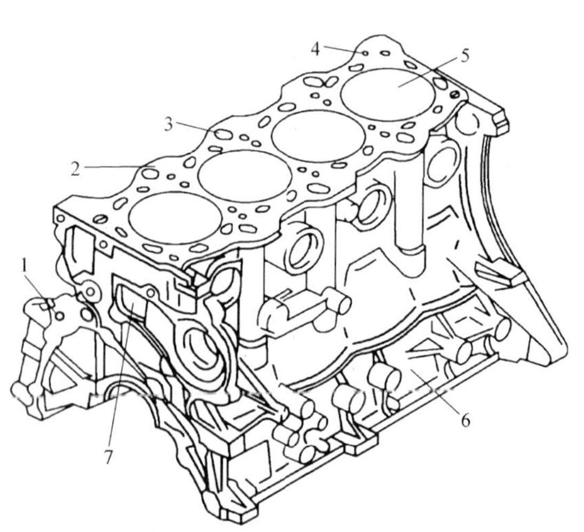

图3-1　发动机气缸体
1、4—机油道　2、7—冷却液通路
3—油、气通路　5—气缸　6—上曲轴箱

气缸工作表面由于经常与高温、高压燃气相接触，且有活塞在其中作高速往复运动，所以必须耐高温、耐磨损、耐腐蚀。为

满足以上要求，一般从材料、加工精度和结构等方面采取措施。气缸冷却方式有水冷和风冷两种（图3-2a、b），汽车发动机多采用水冷式。

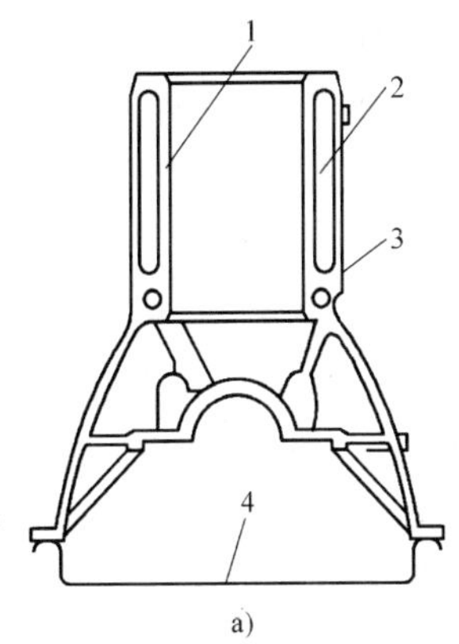

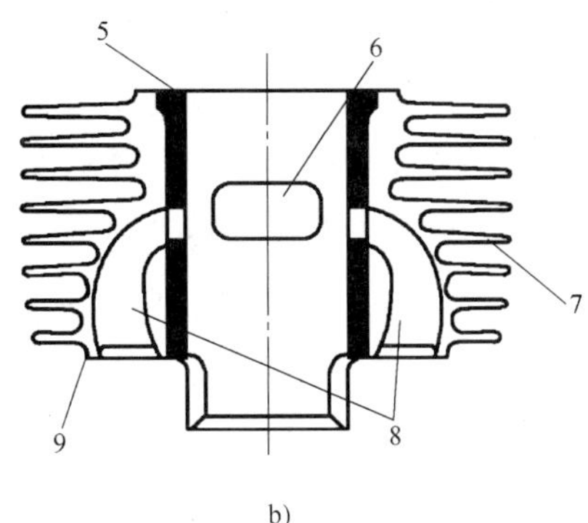

图3-2　气缸冷却方式

a）水冷式　b）风冷式

1—气缸　2—水套　3—气缸体　4—油底壳

5—铸铁气缸套　6—排气孔　7—散热片　8—扫气孔　9—铝合金气缸体

发动机用冷却液冷却时，气缸周围和气缸盖中均有用以充冷却液的空腔，称为水套，如图3-2a所示，气缸体和气缸盖上的水套是相互连通的。发动机用空气冷却时，在气缸体和气缸盖外表面铸有许多散热片，以增加散热面积，保证散热充分，如图3-2b所示，一般风冷式发动机的缸体与曲轴箱是分开铸造的。

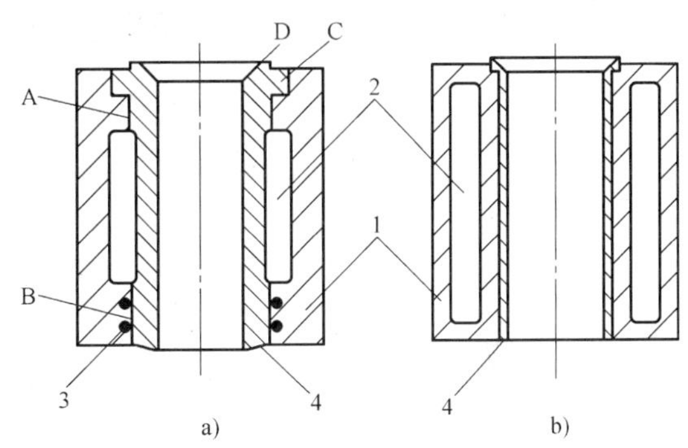

图3-3　气缸套

a）湿式气缸套　b）干式气缸套

1—气缸体　2—水套　3—阻水圈　4—气缸套

气缸套有干式和湿式两种（图3-3），干缸套不直接与冷却液接触，壁厚一般为1～3mm；湿缸套则与冷却液直接接触，壁厚一般为5～9mm。湿缸套装入座孔后，通常缸套顶面略高于气缸体上平面0.05～0.15mm。这是为了在紧固气缸盖螺栓时，可将气缸盖衬垫压得更紧，以保证气缸的密封性，防止冷却液和气缸内的高压气体窜漏。

汽车发动机气缸排列基本上有以下几种形式，如图3-4所示。

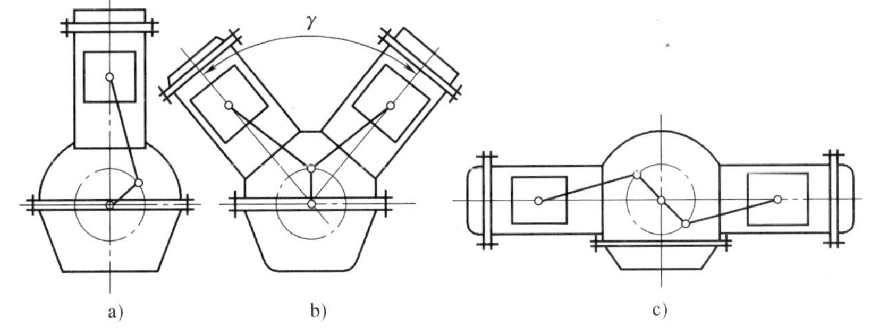

图3-4　多缸发动机气缸排列形式

a）直列式（单列式）　b）V形　c）对置式

与直列式发动机相比，V 形发动机缩短了发动机的长度和高度，增加了气缸体的刚度，质量也有所减轻，但加大了发动机宽度，且形状复杂，加工困难，一般多用于缸数多的大功率发动机上。有的多缸发动机为了满足需要，气缸排列还采用了 W 形。

2）气缸盖与气缸衬垫。气缸盖的主要功用是密封气缸上部，并与活塞顶部和气缸壁一起形成燃烧室。气缸盖内部也有冷却水套，其端面上的冷却水孔与气缸体的冷却水孔相通，以便利用循环冷却液来冷却燃烧室等高温部分。

发动机的气缸盖上有进、排气门座及气门导管和进、排气门通道等（图 3-5）。

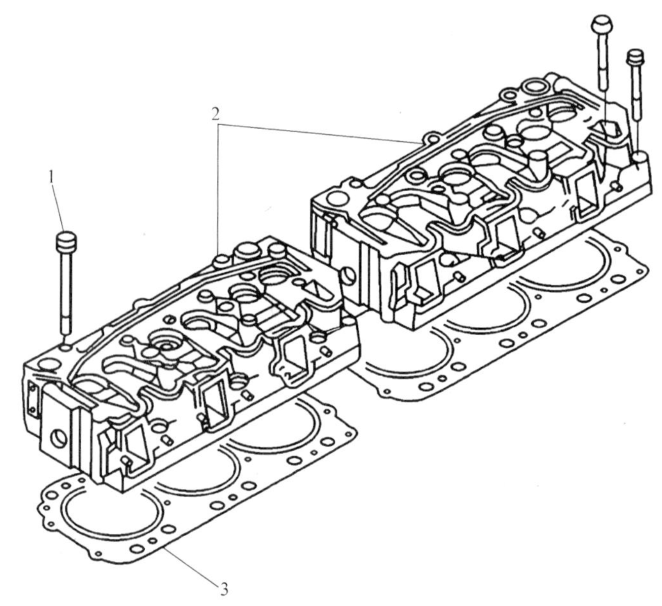

图 3-5　发动机气缸盖与气缸衬垫

1—气缸盖螺栓　2—气缸盖　3—气缸衬垫

汽油机的燃烧室是由活塞顶部及气缸盖上相应的凹部空间组成。汽油机常用燃烧室类型有以下几种（图 3-6）：

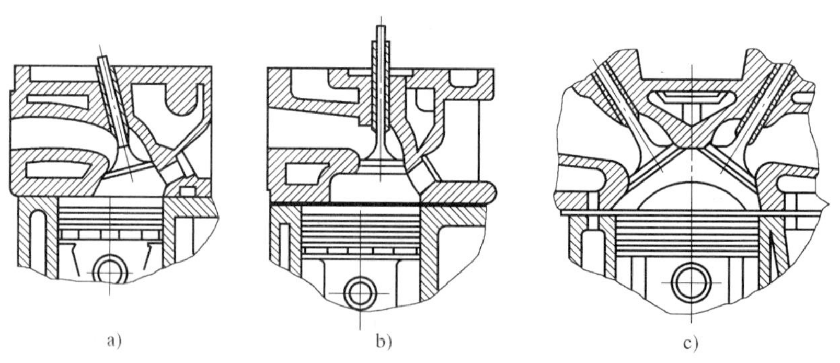

图 3-6　汽油机燃烧室类型

a）楔形燃烧室　b）盆形燃烧室　c）半球形燃烧室

① 楔形燃烧室。结构简单、紧凑，在压缩终了时能形成挤气涡流，但存在较大的激冷面积，对 HC 排放不利。

② 盆形燃烧室。结构较简单，但不够紧凑。

③ 半球形燃烧室。结构较前两者紧凑，散热面积小，有利于促进燃料的完全燃烧和减少排气中的有害气体。但因进、排气门分别置于气缸盖两侧，故使配气机构比较复杂。

气缸盖与气缸体之间置有气缸衬垫，以保证燃烧室的密封。气缸衬垫须耐热、耐腐蚀，有足够的强度和一定的弹性，保证密封，并且拆装方便，能重复使用，寿命长。目前应用较多的是金属—石棉气缸衬垫，具体结构形式如图 3-7 所示。

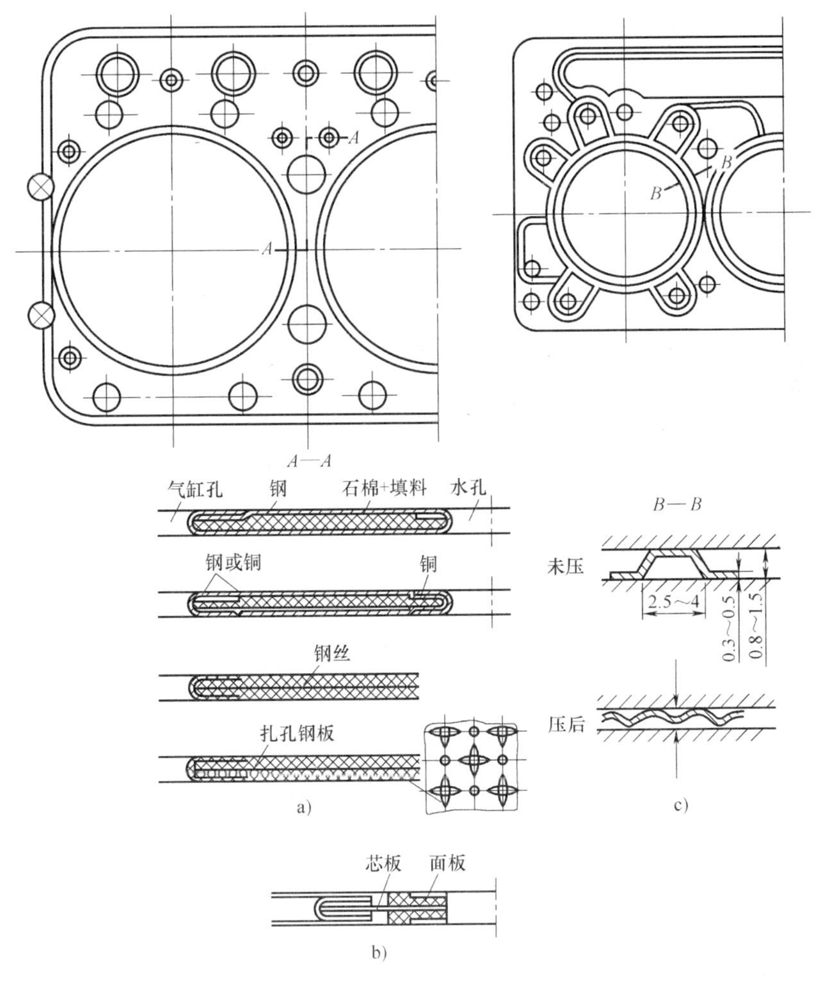

图 3-7　气缸衬垫结构形式

a）金属—石棉垫　b）无石棉气缸垫　c）钢板垫

3）油底壳（图 3-8）。油底壳的功用是储存油并封闭曲轴箱。油底壳一般采用薄钢板冲压而成，其形状取决于发动机的总体布置和润滑油的容量。

为了保证机油泵在发动机倾斜时仍能吸到润滑油，油底壳后部一般做得比较深。油底壳内设有挡油板，防止汽车行驶时油面波动过大。油底壳底部有放油螺塞，在拆检发动机或更换润滑油时用于放掉润滑油。有的油底壳内放有磁性装置，可吸集润滑油中的金属屑，以减少发动机运动零件的磨损。

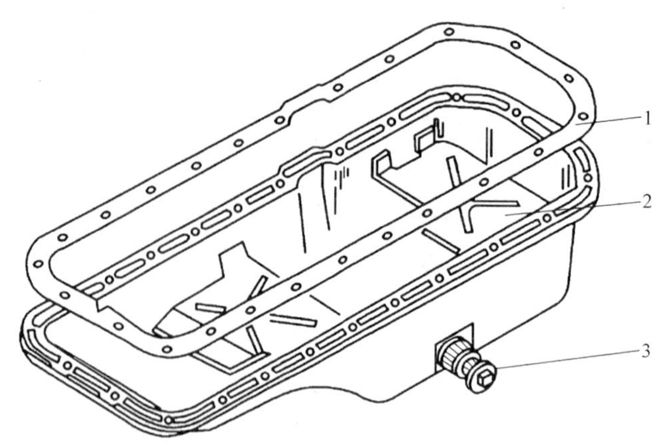

图 3-8 油底壳

1—衬垫 2—挡油板 3—放油螺塞

（2）活塞连杆组 活塞连杆组包括活塞、活塞环、活塞销、连杆。

1）活塞（图 3-9）。活塞的功用是承受气缸中的气体压力，并将此力通过活塞销传给连杆，以推动曲轴旋转。活塞顶部与气缸盖、气缸壁共同组成燃烧室。汽车发动机目前采用的活塞材料是铝合金，在个别汽车柴油机上的活塞采用高级铸铁或耐热钢。

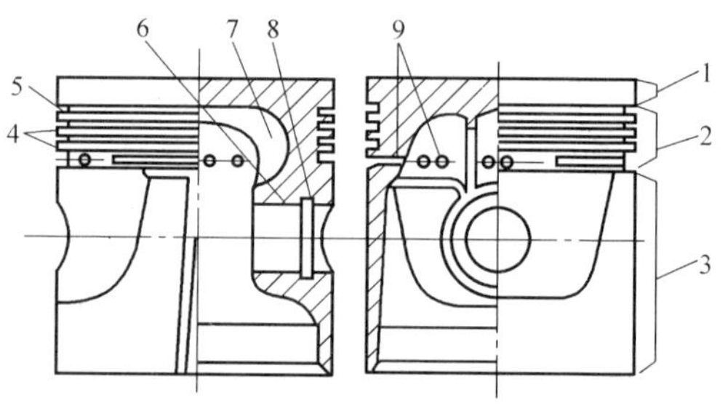

图 3-9 活塞

1—顶部 2—头部 3—裙部

4—环岸 5—环槽 6—销座

7—加强筋 8—卡环槽 9—泄油孔及泄油槽

活塞的基本构造可分为顶部、头部和裙部三部分。

① 活塞顶部。活塞顶部的形状与选用的燃烧室形式有关。汽油机活塞顶部多采用平顶，其优点是吸热面积小，制造工艺简单。有些汽油机为改善混合气形成和燃烧采用凹顶活塞。

② 活塞头部。活塞头部是活塞环以上的部分。主要作用是：承受气体压力并传给连杆；与活塞环一起实现气缸的密封；将活塞顶部所吸收的热量通过活塞环传给气缸壁。

头部有用以安装活塞环的环槽。汽油机一般有 2 ~3 道环槽，上面两道用以安装气环，下面一道用以安装油环。在油环槽底面上径向钻有许多小孔，使被油环从气缸壁上刮下来的多余润滑油流回油底壳。

③ 活塞裙部。活塞裙部是指自油环槽下端面起至活塞底面的部分，其作用是为活塞在气缸内作往复运动导向和承受侧压力。

活塞工作时，燃烧气体的压力 F_{p1} 均匀作用在活塞顶部，而活塞销给予的支反力则作用在活塞裙部的销座处，由此而产生的变形是裙部直径沿活塞销座轴线方向增大（图 3-10a）。侧压力 F_{p2} 的作用也使活塞裙部直径在同一方向上增大（图 3-10b）。此外，活塞销座附近的金属堆积受热膨胀量大，致使裙部在受热变形时，在沿活塞销座轴线方向的直径增量大于其他方向。所以，活塞工作时产生的机械变形和热变形，使得裙部端面变成长轴在活塞销方向上的椭圆。

因此，为使活塞在正常工作温度下与气缸壁间保持比较均匀的间隙，必须预先在冷态下把活塞加工成裙部断面为长轴垂直于活塞销方向的椭圆形（图3-10c）。为减少销座附近的热变形量，有的活塞将销座附近的裙部外表面制成下陷0.5~1.0mm。

2）活塞环（图3-11）。活塞环分为气环和油环两种。气环的功用是保证活塞与气缸壁间的密封，防止气缸中的高温、高压燃气大量漏进曲轴箱，同时还将活塞顶部的大部分热量传导到气缸壁，再由冷却液或空气带走。

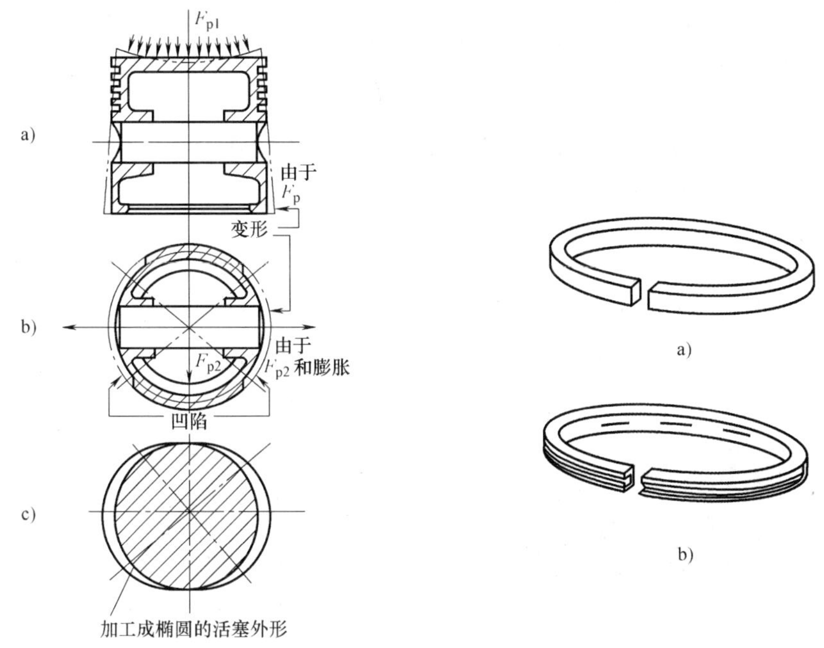

图3-10　活塞裙部变形

a）弯曲变形　b）挤压变形　c）改变活塞外形

图3-11　活塞环

a）气环　b）油环

油环用来刮除气缸壁上多余的润滑油，并在气缸壁面涂上一层均匀的润滑油膜，这样既可以防止润滑油窜入气缸燃烧，又可以减小活塞、活塞环与气缸的磨损和摩擦阻力。此外，油环也起到密封的辅助作用。

气环的断面形状有多种（图3-12），其中矩形断面是常用的，其工艺性和导热性效果较好，但矩形断面的气环随活塞作往复运动时，会把气缸壁上的润滑油不断送入气缸，这

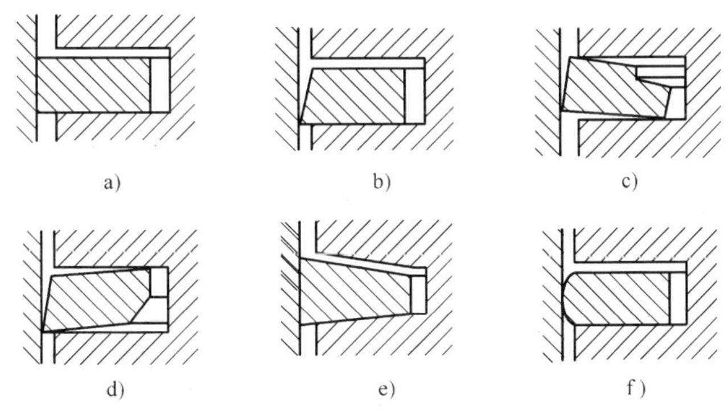

图3-12　气环的断面形状

a）矩形环　b）锥形环　c）正扭曲内切环　d）反扭曲锥形环　e）梯形环　f）桶面环

种现象称为“气环的泵油作用”。为消除或减少有害的泵油作用，除在气环的下面装有油环外，广泛采用非矩形断面的扭曲环。安装扭曲环时，必须注意环的断面形状和方向，应将其内圆切槽向上，外圆切槽向下，不能装反。

油环分为整体式油环和组合式油环两种。

整体式油环（图3-13a）一般是用合金铸铁制造的。其外圆面的中间切有一道凹槽，在凹槽底部加工有很多排油小孔或狭缝。油环的上端面外缘一般设有导角，使油环向上运动能够形成油膜，于是润滑油可以将油环推离气缸壁，易于进入油环的切槽内；而下端面外缘并没有导角，这样向下刮油能力较强。

组合式油环（图3-13b）一般由三个刮油钢片和两个弹性衬环组成。这种油环的优点是：

① 片环很薄，对气缸壁的比压大，刮油能力强。

② 刮油钢片各自独立，对气缸的适应性好。

③ 质量轻。

④ 回油通路大。因此，组合式油环在高速发动机上广泛应用。其缺点是制造成本高。

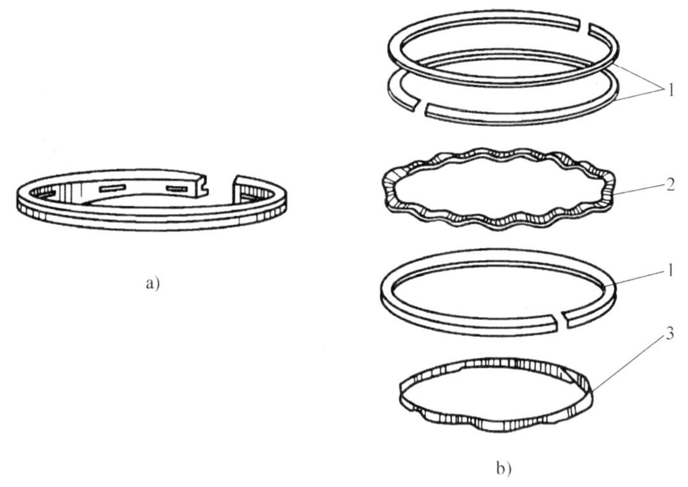

图3-13　油环

a）整体式油环　b）组合式油环

1—刮油钢片　2—轴向衬环　3—径向衬环

3）活塞销（图3-14）。活塞销的功用是连接活塞和连杆小头，将活塞承受的气体作用力传给连杆。

活塞销一般是用低碳钢或低碳合金钢制造，为达到要求的刚度和强度，通常做成空心圆柱体。

活塞销与活塞销座孔和连杆小头衬套孔的连接配合，一般多采用全浮式，即在发动机运转过程中，活塞销不仅可以在连杆小头衬套孔内转动，还可以在销座孔内转动，以使活塞销各部分的磨损比较均匀。

当采用铝制活塞时，活塞销座的热膨胀量大于钢制活塞销。为保证高温工作时有正常的工作间隙（0.01～0.02mm），在冷态装配时活塞销与活塞销座孔为过渡配合。装配时应先将铝制活塞放在温度为70～90℃的水或油中加热，然后将销装入。为了防止销的轴向窜动而刮伤气缸壁，在活塞销两端用卡环嵌在销座孔凹槽中加以轴向定位。

4）连杆（图 3-15）。连杆的功用是将活塞承受的力传给曲轴，从而使得活塞的往复运动转变为曲轴的旋转运动。连杆一般用中碳钢或合金钢经模锻或辊锻而成，然后经过机械加工和热处理。

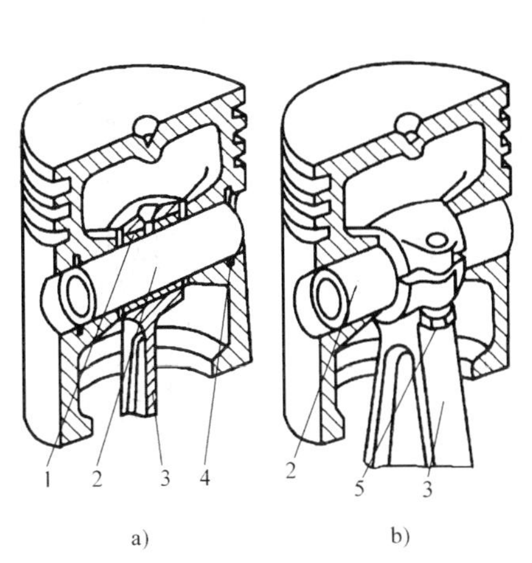

图 3-14　活塞销
a）全浮式　b）半浮式
1—连杆衬套　2—活塞销　3—连杆
4—活塞销卡环　5—紧固螺栓

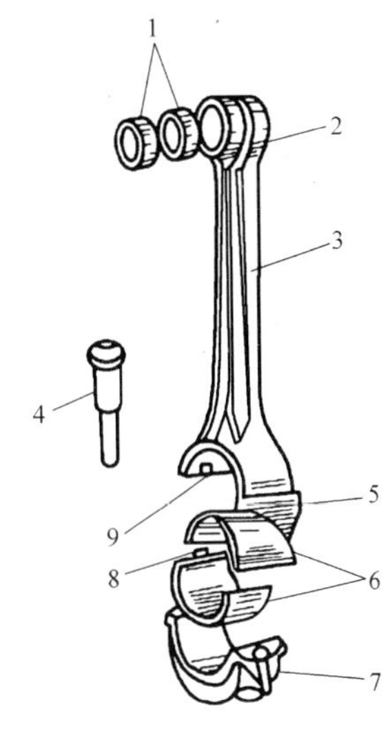

图 3-15　连杆组件
1—连杆衬套　2—连杆小头　3—杆身
4—连杆螺栓　5—连杆大头　6—轴瓦
7—连杆盖　8—轴瓦上的凸块　9—凹槽

连杆主要由连杆小头 2、杆身 3 和连杆大头 5（包括连杆盖 7）三部分组成。连杆小头与活塞销相连。工作时，小头与销之间有相对转动，因此小头孔中一般压入减磨的青铜衬套。为润滑活塞销与衬套，在小头和衬套上钻出集油孔或铣出集油槽，用以收集发动机运转时溅上来的润滑油，以便润滑。有的发动机连杆小头采用压力润滑，在连杆身内钻有纵向的压力油通道。

连杆大头与曲轴的曲柄销相连，一般做成剖分式的。按剖分面的方向可分为平切口和斜切口两种，平切口连杆的剖分面垂直于连杆轴线。一般汽油机连杆大头尺寸都小于气缸直径，可采用平切口。柴油机的连杆大头尺寸往往超过气缸直径，为便于拆卸，一般采用斜切口。斜切口连杆的大头剖分面与连杆轴线成 30°～60°夹角。

在连杆大头孔内装有连杆轴瓦 6，其是剖分成两半的滑动轴承，具有保持油膜、减少摩擦阻力和加速磨合的作用。

V 形发动机左右两侧对应两气缸的连杆是共同连接在一个曲柄销上的，一般有三种形式：

① 并列连杆式。相对应的左右两缸的连杆一前一后装在同一个曲柄销上。优点是连杆可以通用，两列气缸的活塞连杆组运动规律相同，缺点是使曲轴长度增加，刚度降低。

② 主副连杆式（图 3-16a）。一列气缸的连杆为主连杆，其大头直接安装在曲柄销全长上；另一列气缸的连杆为副连杆，其大头与对应的主连杆大头上的两个凸耳作铰链联接。这种形式不使曲轴长度增加，但主、副连杆不能互换，左右两列气缸的活塞连杆组的运动规律和受力均不相同。

③ 叉形连杆式（图 3-16b）。左右两列气缸的对应两个连接中，一个连杆的大头做成

叉形，跨于另一个连杆的厚度较小的片形大头两端。优点是两列气缸中的活塞连杆组的运动规律相同，左右对应的两气缸轴心线不需要在曲轴轴向上错位，缺点是叉形连杆大头结构和制造工艺比较复杂，而且大头刚度也不高。

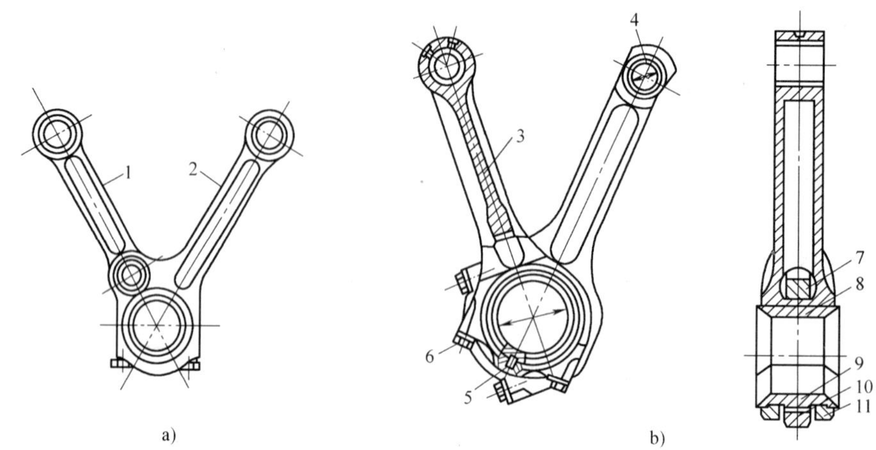

图 3-16　主副连杆式与叉形连杆式

a）主副连杆式　b）叉形连杆式

1—副连杆　2—主连杆　3—叉形连杆　4—片形连杆小头　5—销钉

6—叉形大头连杆与连杆盖的紧固螺钉　7—片形大头轴瓦　8、9—叉形大头轴瓦

10—片形大头连杆盖　11—叉形大头连杆盖

（3）曲轴飞轮组　曲轴飞轮组主要由曲轴和飞轮以及其他不同功用的零件和附件组成。

1）曲轴。曲轴的功用是承受连杆传来的力，并由此产生绕其本身轴的力矩。要保证工作可靠，曲轴必须具有足够的刚度和强度，各工作表面要耐磨而且润滑良好。

如图 3-17 所示，曲轴主要由三部分组成：曲轴前端；若干个曲柄销和曲柄以及主轴颈组成的曲拐；曲轴后端凸缘。

曲轴的曲拐数目取决于气缸的数目和排列方式，直列式发动机曲轴的曲拐数等于气缸数，V 形发动机曲轴的曲拐数等于气缸数的一半。

主轴颈是发动机中用来支承曲轴的。曲柄销一般做成空心的，从主轴颈经曲柄孔道输来的润滑油就储存在此空腔中，曲柄销与轴瓦上钻有径向孔与油腔相通，以便在发动机工作时用来润滑各支承部件。曲轴油道如图 3-18 所示。

平衡重用来平衡发动机不平衡的离心力和离心力矩，有时还用来平衡一部分往复惯性力。为减轻主轴颈负荷，改善其工作条件，一般都在曲柄的相反方向设置平衡重。

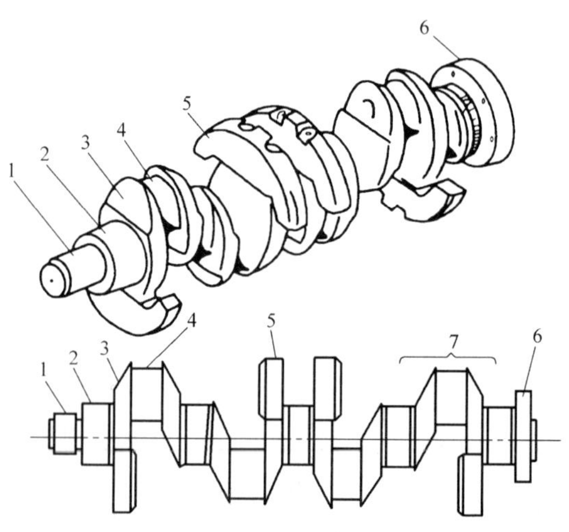

图 3-17　曲轴

1—曲轴前端　2—主轴颈　3—曲柄

4—曲柄销　5—平衡重

6—曲轴后端凸缘　7—曲拐

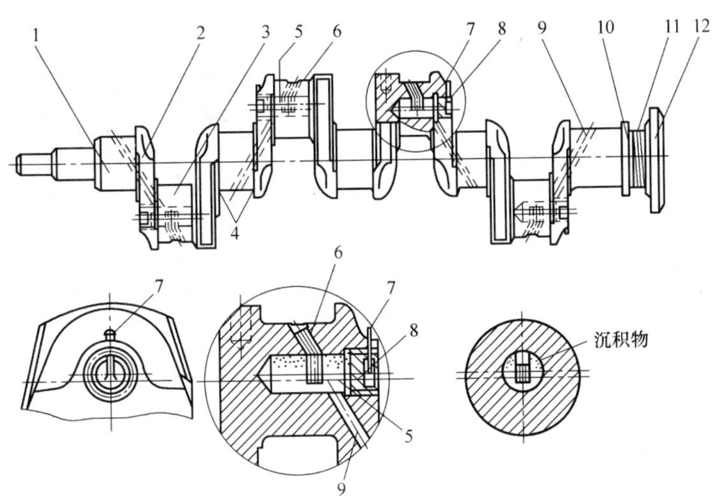

图 3-18　曲轴油道

1—主轴颈　2—曲柄　3—曲柄销　4—圆角　5—积污腔　6—吸油管　7—开口销　8—螺塞　9—油道　10—挡油盘　11—回油螺纹　12—后端凸缘

曲轴前端装有驱动配气凸轮轴的正时齿轮，驱动风扇和水泵的带轮以及止推垫片。为防止润滑油沿主轴颈外漏，在曲轴前端上有一个甩油盘，随着曲轴旋转。曲轴后端有安装飞轮用的凸缘。为防止润滑油从曲轴后端漏出，通常在曲轴后端车出回油螺纹或安装有其他封油装置。

发动机工作时，曲轴经常受到离合器加于飞轮的轴向力作用而有轴向窜动的趋势，必须用推力轴承加以限制。而在曲轴受热膨胀时，又应允许它能自由伸长，所以曲轴上只能有一处设置轴向定位装置。滑动推力轴承的形式有两种：一种是翻边轴瓦的翻边部分，另一种是单制的具有减磨合金层的止推垫片（图 3-19），后者应用更为广泛。

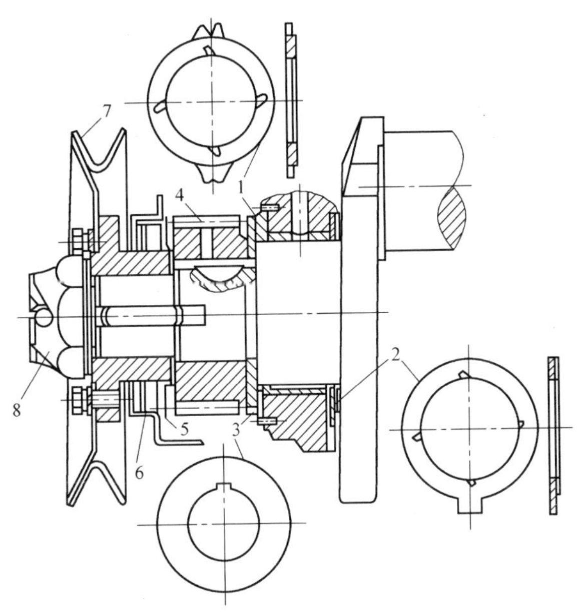

图 3-19　曲轴前端结构

1、2—滑动推力轴承　3—止推垫片　4—正时齿轮　5—甩油盘　6—油封　7—带轮　8—起动爪

曲轴的形状和各曲拐的相对位置，取决于缸数、气缸排列方式（直列或 V 形）和发火次序。

几种常用的多缸发动机曲拐布置和发火次序如下：

四冲程直列四缸发动机发火次序：发火间隔角为 180°。其曲拐布置如图 3-20a所示，四个曲拐布置在同一平面内。发火次序有两种可能：1－2－4－3 或 1－3－4－2。

四冲程直列六缸发动机发火次序：发火间隔角为 120°。其曲拐布置有两种方案，图3-20b所示为其中一种，发火次序为 1－5－3－6－2－4，另一种发火次序为 1－4－2－6－3－5。

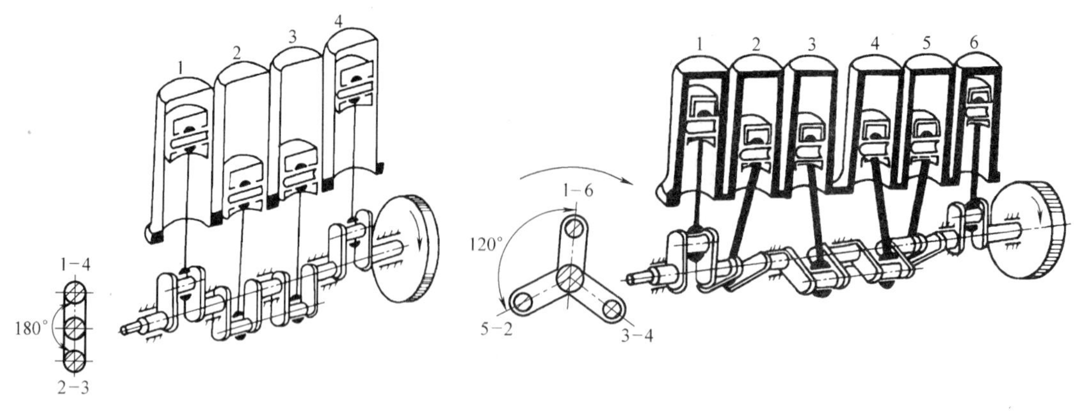

图 3-20　发动机曲拐布置与发火次序

a）直列四缸发动机　b）直列六缸发动机

2）飞轮。飞轮是一个转动惯量很大的圆盘，其主要功用是将做功行程中传输给曲轴的功的一部分储存起来，用以在其他行程中克服阻力，带动曲柄连杆机构越过上、下止点，保证曲轴的旋转角速度和输出转矩尽可能均匀，并使发动机有可能克服短时间的超载荷；此外在结构上又往往作为汽车传动系统中摩擦离合器的驱动件。

飞轮多采用灰铸铁制造，当轮缘的圆周速度超过50m/s时，要采用强度较高的球铁或铸钢制造。

飞轮外缘上压有一个齿环，可与起动机的驱动齿轮啮合，供起动发动机用。飞轮上通常刻有第一缸发火正时标记，以便较准发火时间，如图 3-21 所示。

多缸发动机的飞轮应与曲轴一起进行平衡，否则在旋转时因质量不平衡而产生的离心力，将引起发动机振动并加速主轴承的磨损。为了在拆装时不破坏它们的平衡状态，飞轮与曲轴之间要有严格的相对位置，用定位销或不对称布置螺钉予以保证。

三、曲柄连杆机构的拆装与调整

以桑塔纳轿车发动机拆装为例。

（一）机体组的拆装

1. 机体组的分解

（1）V 带及正时同步带的拆卸

V 带及正时同步带的拆卸如图 3-22 所示。

1）旋松发动机支承臂的固定螺栓，拆卸水泵、发动机的传动 V 带。

2）拆卸水泵带轮、曲轴正时同步带轮，拆卸正时同步带上护罩，注意观察正时标记。

3）旋松正时同步带张紧轮紧固螺母，转动张紧轮的偏心轴，使正时同步带松弛，取下正时同步带。

4）拆下曲轴正时同步带轮、中间轴正时同步带轮，拆下正时同步带后护罩。

（2）发动机外部附件的拆卸

1）拆卸水泵上未拆卸的连接管。

2）拆卸水泵、发电机、起动机、分电器、机油泵、机油滤清器、进排气歧管、火花塞等。

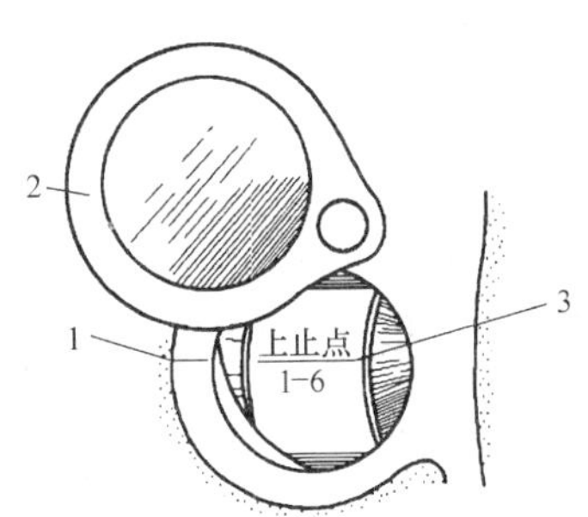

图 3-21 发动机发火止时标记
1—离合器外壳标记 2—观察孔盖板
3—飞轮上的标记

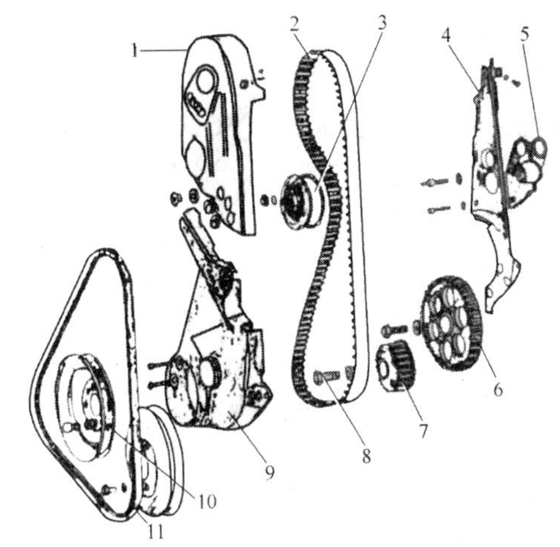

图 3-22 发动机前部零部件
1—正时同步带上护罩 2—正时同步带 3—正时同步带张紧轮
4—正时同步带后护罩 5—塞盖 6—中间轴正时同步带轮
7—主轴正时同步带轮 8—主轴正时同步带轮紧固螺钉
9—正时同步带下护罩 10—主轴 V 带轮 11—V 带

（3）发动机机体解体

1）放出油底壳内润滑油，拆下油底壳，更换润滑油密封衬垫。

2）拆卸机油泵、机油滤清器。

3）拆卸气缸盖罩，更换气缸盖罩密封垫（图 3-23）。

4）拆下气缸盖，其螺栓应从两端向中间分次、交叉拧松，拆卸顺序如图 3-24 所示。

2. 机体组的装配

按照拆卸相反顺序装配，各部件应按规定力矩拧紧。

注意：转动凸轮轴时，曲轴不得转到使活塞位于上止点位置，以免损坏气门或活塞顶部。

1）安装油底壳，安装机油滤清器、机油泵。

2）安装气缸盖，其螺栓应从中间向两端拧紧，如图 3-25 所示。一般应预紧所有螺栓至 40N·m，然后用扳手将所有螺栓再拧紧 1/4 圈，最后再将所有螺栓拧紧 1/4 圈。

3）注意正时标记，装上正时同步带，检查调整松紧度。

4）装复发动机的外部附件。

5）安装 V 带及正时同步带，检

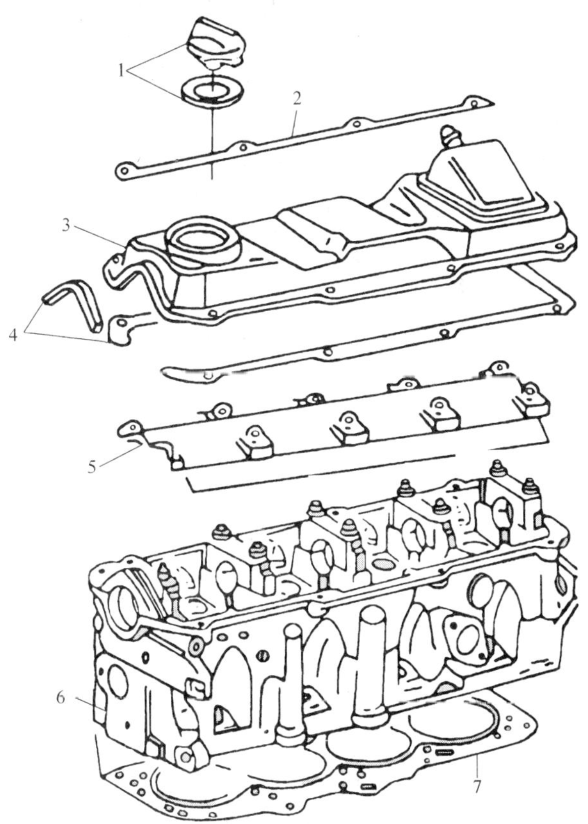

图 3-23 发动机缸盖分解图
1—加油口盖 2—压条 3—气缸盖罩 4—气缸盖罩密封垫 5—机油反射罩 6—气缸盖 7—气缸垫

查正时同步带的张紧度。

注意事项：

1）在拆卸与拧紧气缸盖螺栓时应按照规定进行。

2）一旦拆卸正时同步带，不得再随意转动凸轮轴。

3）观察气缸垫的安装方向。

4）观察装配标记并做好装配记号。

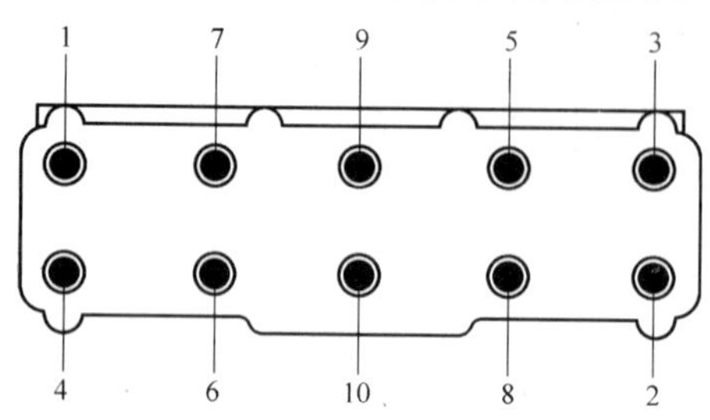

图 3-24　气缸盖螺栓拆卸顺序

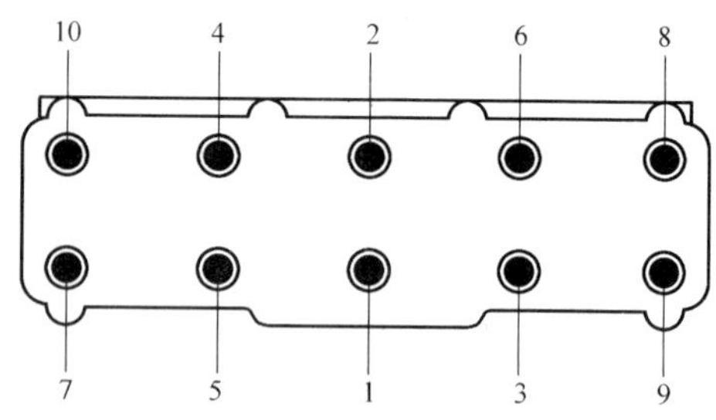

图 3-25　气缸盖螺栓装配顺序

（二）活塞连杆组的拆装

1. 活塞连杆组的分解

（1）活塞连杆组的拆卸

1）按照由上至下的顺序拆卸外围附件。

2）拆卸气缸盖，需注意将缸盖螺栓按照由两端向中间对称分几次旋松，以免缸盖变形。

3）拆卸油底壳。

4）检查活塞顶部的装配标记，若无则打上标记并标明气缸号。

5）转动曲轴，将准备拆卸的连杆相对应的活塞转至下止点位置。

6）拆下连杆螺母，取下连杆盖、轴承，并按次序放好。

7）用橡胶锤或铁锤木柄推出活塞连杆组，注意不要倾斜，不要硬撬、硬敲，以免损坏气缸。

8）取出活塞连杆组后，应将连杆盖、螺栓、螺母按原位装回，并检查连杆的装配标记。标记应朝向传动带盘，连杆和连杆大头打上对应缸号。

（2）活塞连杆组的分解

1）用活塞环装卸钳拆下活塞环。如图 3-26 所示，观察活塞环上的标记，“TOP”朝向活塞顶部。

2）拆卸活塞，加热到 60℃后拆下活塞销。

2. 活塞连杆组的装配

（1）活塞连杆组的检验

1）活塞圆度的检验：活塞为椭圆形，其短轴在活塞销方向上。活塞圆度的检验应在圆度检验仪上进行，其圆度的值是 0.40mm。

2）活塞环的检验

① 用塞尺检查活塞环的侧隙，如图 3-27a 所示。标准间隙为 0.02～0.05mm，使用极限为 0.15mm。

② 用塞尺检查活塞环的端隙，如图 3-27b 所示。倒置

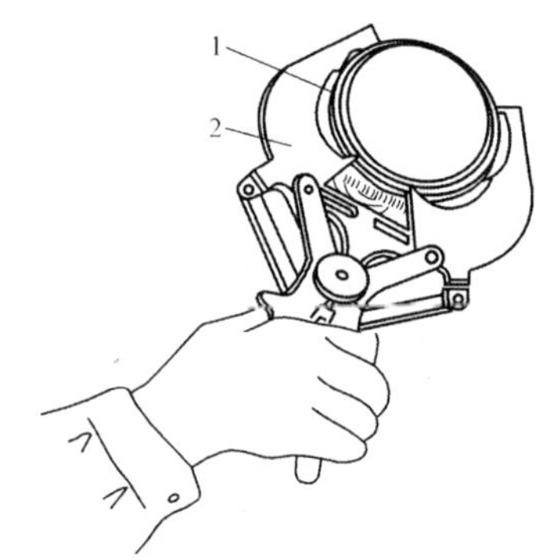

图 3-26　活塞环的拆装
1—活塞环　2—活塞环装卸钳

活塞，用其顶部将活塞环垂直推入气缸，在离气缸顶面 15mm 处进行测量。

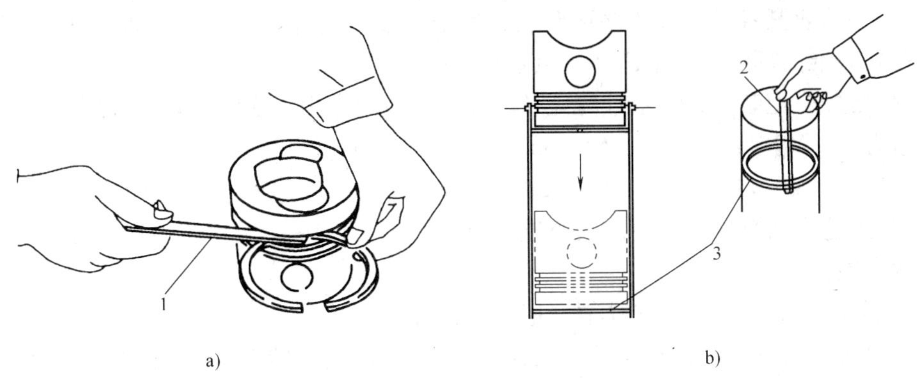

图 3-27　活塞环间隙的测量

a）活塞环侧隙的测量　b）活塞环端隙的测量

1、2—塞尺　3—活塞环

新环：第一道气环为 0.03 ~ 0.45mm，第二道气环为 0.25 ~ 0.40mm；油环为 0.20 ~ 0.50mm，磨损极限值为 1.0mm。

③ 活塞销为全浮式，即正常工作时活塞销和连杆衬套及活塞销座之间均为间隙配合。在（25 ±5）℃时，将涂有润滑油的活塞销用大拇指仅需很小的力就可推入连杆衬套内，同时靠活塞销本身重力（垂直向下时）又会从衬套中滑出一点且无松旷感。

冷态装配时，活塞销与活塞销座为过渡配合。将活塞放入水中加热到 60℃ 取出，此时用大拇指应可压入，即为合格（图 3-28）。

（2）安装活塞销卡环　卡环与活塞销端面应有 0.15mm 间隙，以满足活塞销和活塞热胀冷缩的需要。

（3）安装活塞环　第一道气环是矩形环，第二道气环是锥形环，油环为组合式，用活塞环装卸钳依次装好。注意："TOP" 朝向活塞顶部，三环开口错开 120°，第一环开口位置与活塞销中心错开 45°。

（4）将活塞连杆组装入气缸（图 3-29）

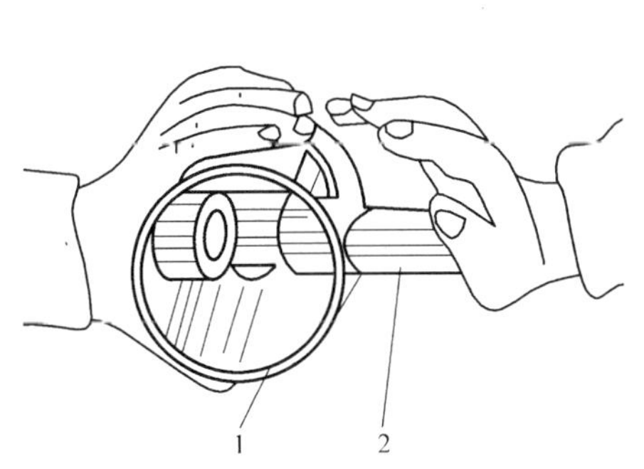

图 3-28　活塞销与销座的试配

1—活塞　2—活塞销

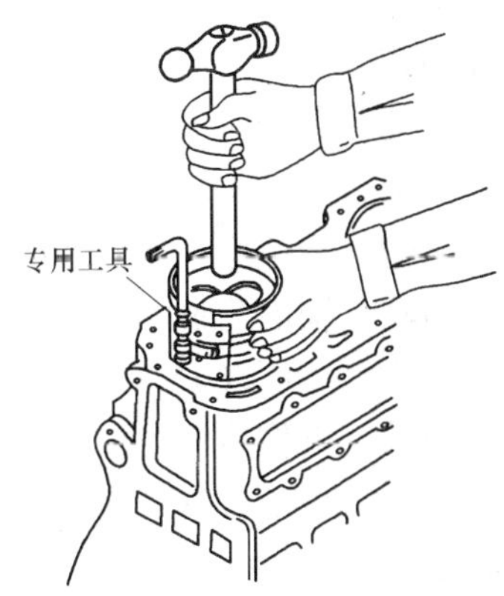

图 3-29　活塞连杆组装入气缸

1）将第一缸曲柄销转到下止点位置，安装第一缸的活塞连杆总成（不带连杆盖，上轴瓦应放在座内，将油孔对正)，各部位进行预润滑，并检验各环口是否处于规定方位。

2）用夹具收紧各环。按活塞顶部装配标记将活塞连杆从气缸顶部装入缸筒，用手引导连杆使其对准曲柄销，用木锤柄将活塞轻轻推入。

3）按装配标记装上第一缸连杆盖及轴瓦，并按规定力矩交替拧紧连杆螺母。

拧紧力矩：M9 ×1　　45N · m

M8 ×1　　30N · m

4）按上述方法顺序装上各缸活塞连杆组。

注意事项：

1）安装活塞和连杆时，应认清标记，对正方向。

2）装合活塞连杆组时应每拧紧一次即转动曲轴，确定转动灵活无阻滞感时再进行第二次拧紧，如此操作直至达到规定力矩。

（三）曲轴飞轮组的拆装

图 3-30 所示为曲轴飞轮组分解示意图。

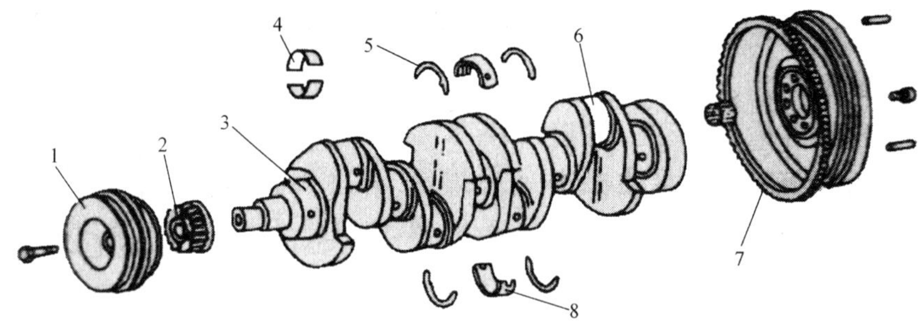

图 3-30　曲轴飞轮组分解示意图

1—带轮　2—正时齿轮　3—曲轴主轴颈　4—连杆轴瓦　5—止推垫片　6—曲柄销　7—飞轮　8—主轴瓦

1. 曲轴飞轮组的拆卸

1）将气缸体翻转倒置在工作台上。

2）拆卸中间轴密封凸缘，其紧固螺钉的拧紧力矩是 25N · m。

3）拆卸缸体前端中间轴密封凸缘的油封，装配时必须更换。

4）拆卸中间轴。

5）拆卸传动带盘端曲轴油封。

6）拆卸前油封凸缘及衬垫。

7）旋出飞轮固定螺栓，从曲轴后端凸缘拆下飞轮。

8）拆下曲轴主轴承盖紧固螺栓，不能一次全部拧松，必须分次从两端到中间逐步拧松。该螺栓的拧紧力矩为 65N · m。

9）抬下曲轴，再将轴承盖及垫片按原位置装回，并将固定螺栓拧入少许。注意：推力轴承定位及开口的安装方向应正确，且轴瓦不能互换。

2. 曲轴飞轮组的装配

1）将经过清洗、擦拭干净的曲轴、飞轮、选配或修配好的轴承、轴承盖及垫片等零件依次摆放整齐，准备装配。

2）将曲轴安装在缸体上。在第 3 道主轴颈两侧安装止推垫片，垫片上带油槽的减磨合金表面必须朝向曲轴。注意：轴承盖按序号安装，不得装错和装反，并由中间向外对称紧固螺栓，力矩为65N·m。

3）安装曲轴前后油封和油封座。

4）安装飞轮和滚针轴承。新换飞轮时，还应在飞轮“0”标记（1、4缸上止点记号）附近打印上点火正时记号。曲轴后端孔内变速器输入轴的滚针轴承标记朝外，外端面距曲轴后端面1.5mm。

5）检验曲轴的轴向间隙（图3-31）：检验时，在曲轴端装上百分表，然后用撬棍将曲轴撬向一端，通过百分表指针的摆动量测量曲柄与止推垫片之间的间隙。装配新件的间隙值为0.07～0.17mm，磨损极限为0.25mm。如曲轴轴向间隙过大，则应更换止推垫片。

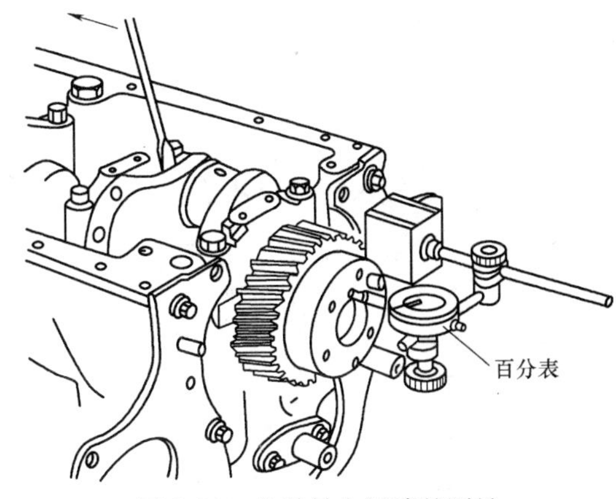

图3-31 曲轴轴向间隙的测量

注意事项：

1）第1、4、5道曲轴轴瓦，只有装在缸体上的那片轴瓦有油槽，装在轴承盖上的没有油槽；但第3道轴瓦两片上均有油槽。

2）曲轴飞轮组标记：四冲程直列四缸汽油机，在飞轮上刻有“1、4缸上止点”的标记，当该标记与飞轮壳前端的刻线对齐时，第1、4缸活塞处于上止点。

3）曲轴轴承上均有定位凸块，该凸块与轴承座上的凹槽相嵌合。同一道轴承的轴承盖和底座不能分开放置，以免错乱。

思 考 题

1. 试说明曲柄连杆机构的作用、组成和工作过程。
2. 一般活塞的形状有何特点？为什么要做成这样？
3. 试述连杆的作用及构造。
4. 试述曲轴的作用、曲拐的布置与哪些因素有关。
5. 飞轮的作用是什么？

单元 4

配 气 机 构

项目 5 配气机构结构原理及拆装调整

一、配气机构的功用

配气机构的功用是按照发动机每一气缸内所进行的工作循环和发火次序的要求，定时开启和关闭各气缸的进、排气门，使新鲜可燃混合气（汽油机）或空气（柴油机）得以及时进入气缸，废气得以及时从气缸排出；在压缩与膨胀行程中，保证燃烧室的密封。

二、配气机构的组成和工作情况

各式配气机构中，按其功用都可分为气门组和气门传动组两大部分。气门组包括气门及与之相关联的零件，其组成与配气机构的形式基本无关，主要包括气门、气门导管、气门座、弹簧座、气门弹簧、锁片等零件。气门传动组是从正时齿轮开始至推动气门动作的所有零件，其组成视配气机构的形式而有所不同，它的功用是定时驱动气门使其开闭，一般由摇臂、摇臂轴、推杆、挺柱、凸轮轴和正时齿轮组成。

（一）气门的布置形式

1. 气门顶置式配气机构

进气门和排气门都倒挂在气缸盖上，其组成如图 4-1 所示。

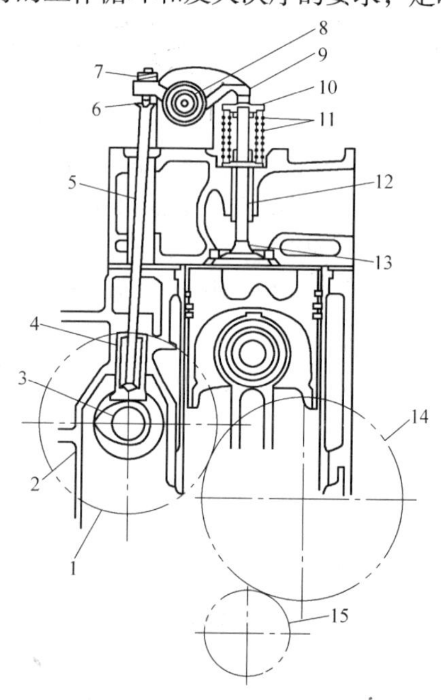

图 4-1　气门顶置式配气机构

1—凸轮轴正时齿轮　2—气缸体　3—凸轮　4—挺柱　5—气门推杆　6—气门调整螺钉　7—锁紧螺母　8—摇臂轴　9—摇臂　10—气门弹簧座　11—气门弹簧　12—气门导管　13—气门　14—惰轮　15—曲轴正时齿轮

气门顶置式配气机构的工作情况是：当气缸的工作循环需要将气门打开进行换气时，由曲轴通过传动机构驱动凸轮轴旋转，使凸轮轴上的凸轮凸起部分通过挺柱、推杆、调整螺钉推动摇臂摆转，摇臂的另一端便向下推开气门，同时使弹簧进一步压缩。当凸轮的凸起部分的顶点转过挺柱以后，便逐渐减小了对挺柱的推力，气门在弹簧张力的作用下开度逐渐减小，直至最后关闭。压缩和做功行程中，气门在弹簧张力的作用下严密关闭。

2. 气门侧置式配气机构

气门侧置式配气机构的进气门和排气门都装在气缸体的一侧，目前已淘汰。

（二）凸轮轴的布置形式

气门顶置式配气机构根据凸轮轴的位置有以下三种形式：

1. 凸轮轴下置式配气机构

凸轮轴装在曲轴箱内，直接由凸轮轴正时齿轮与曲轴正时齿轮相啮合，由曲轴带动。气门传动组包括上述全部零件，其应用最为广泛。

2. 凸轮轴中置式配气机构

凸轮轴位于气缸体的上部。为了减小气门传动机构的往复运动的质量，对于高转速的发动机，可将凸轮轴的位置移到气缸体的上部，由凸轮轴经过挺柱直接驱动摇臂而省去推杆。该形式的配气机构因曲轴与凸轮轴的中心线距离较远，一般要在中间加入一个中间齿轮（惰轮）。

3. 凸轮轴上置式配气机构

凸轮轴布置在气缸盖上。凸轮轴直接通过摇臂来驱动气门，没有挺柱和推杆，使往复运动的质量大为减小，对凸轮轴和气门弹簧的要求也较低，因此它适用于高速强化发动机。

（三）气门开启的方法和凸轮轴的传动方式

1. 气门开启的方法

气门开启的方法有两种：一种是利用摇臂驱动，另一种通过凸轮轴直接驱动。摇臂驱动方式必须在凸轮和气门杆之间布置有摇臂，通过选择摇臂两段的长度比来改变气门升程的大小，此种形式便于调整气门间隙但结构复杂。凸轮轴直接驱动方式提高了气门机构的刚件，对提高转速有利，但不足是气门升程不能太大。

常见的凸轮驱动机构如图 4-2、图 4-3 所示。

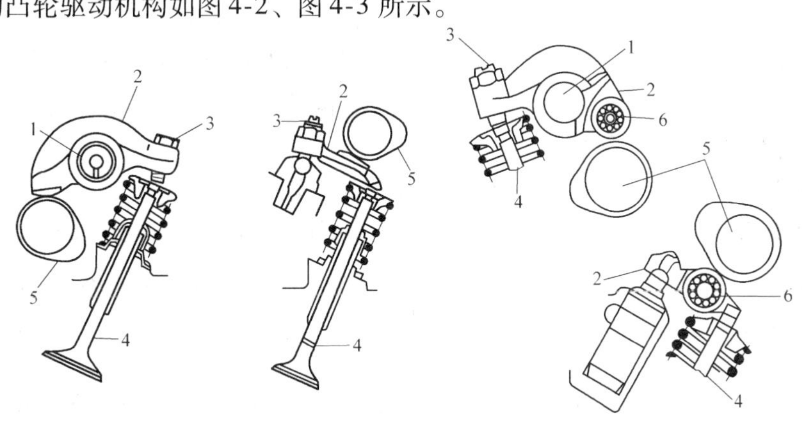

图 4-2　凸轮—摇臂式驱动机构

1—摇臂轴　2—摇臂　3—调整螺钉　4—气门　5—凸轮　6—滚动轴承

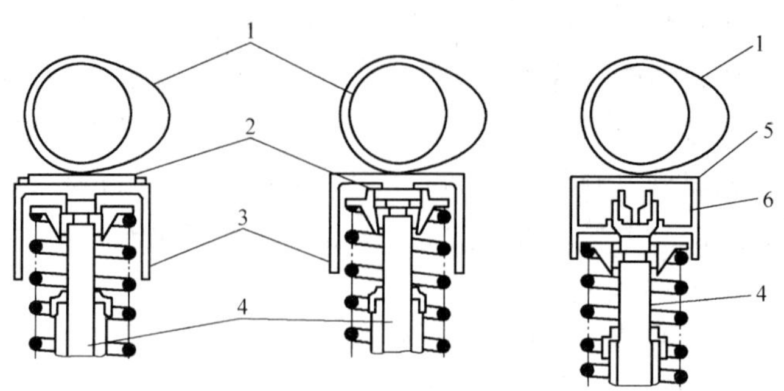

图 4-3　凸轮—挺杆式驱动机构
1—凸轮　2—垫块　3—挺柱　4—气门杆　5—液压挺柱　6—油腔

2. 凸轮轴的传动方式

曲轴和凸轮轴之间的传动方式有齿轮传动、链传动和带传动。

凸轮轴下置、中置的配气机构大多采用正时齿轮传动，为了保证啮合平稳，正时齿轮多用斜齿轮。在中小功率发动机上，曲轴正时齿轮用钢来制造，凸轮轴正时齿轮则采用铸铁或夹布胶木制成以减少噪声。

链传动适合凸轮轴上置的配气机构，其工作可靠性不如齿轮传动，传动性能取决于链条的质量。近年来在高速汽车发动机上广泛采用传动带来代替传动链。采用正时同步带传动，对减少噪声、减少结构质量和降低成本有很大好处。

（四）每缸气门数及其排列方式

一般发动机都采用每缸两个气门，即一个进气门和一个排气门。为改善气缸的换气，一般进气门比排气门大一些。由于燃烧室尺寸的限制，气门直径最大一般不能超过气缸直径的一半。

当气缸直径较大，活塞平均速度较高时，每缸一进一排就不能保证良好的换气质量。因此在很多新型汽车发动机上多采用每缸四气门、甚至五气门的结构，即 2 ~ 3 个进气门和 2 个排气门。多气门结构提高了工作可靠性，有利于改善 HC 和 CO 的排放性能。

两气门气缸多采用气门沿机体纵向轴线排成一列的方式，这样相邻两缸的同名各气门就可以合用一个气道，使气道简化并获得较大的气道通过截面；另一种是将进、排气门交替，每缸单独用一个气道，有助于气缸盖冷却均匀。柴油机的进、排气道一般分置于机体的两侧，以免排气对进气加热。老式汽油机的进、排气道通常置于机体的同一侧，以便进气受到排气的预热。

当每缸采用四个气门时，气门的排列有两种方式：①同名气门排成两列（图 4-4a），由一个凸轮通过 T 形驱动杆同时驱动，并且所有气门都可以由一根凸轮轴驱动；两同名气门在气道中的位置不同，可能会使二者的工作条件和工作效果不一致。②同名气门排在同一列（图 4-4b）则没有上述缺点，但一般要用两根凸轮轴。

（五）气门间隙

发动机工作时，气门将因温度的升高而膨胀。如果气门及其传动件之间在冷却时无间隙或间隙过小，则在热态下气门关闭不严，造成漏气使功率下降，严重时不易起动。为消除这种现象，通常在冷态装配时在气门与其传动机构中留有一定的间隙，以补偿气门受热后的膨胀量，这一间隙称为气门间隙。有的发动机采用液力挺柱，挺柱的长度能自动变化，随时补偿气门受热后的膨胀量，故不需要预留气门间隙。

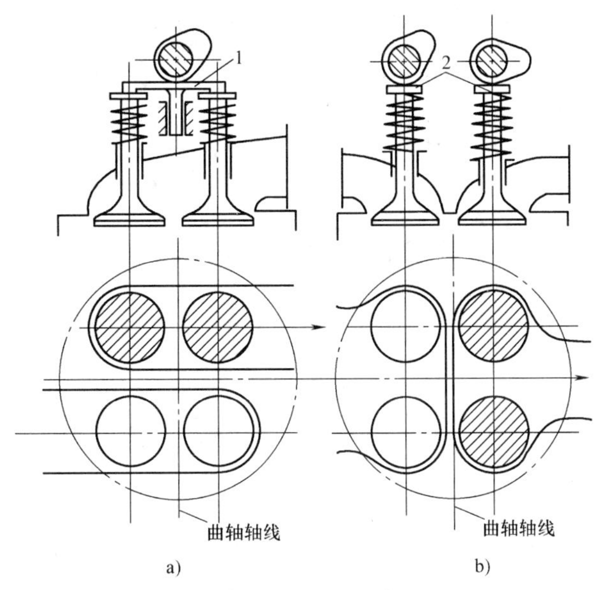

图 4-4 每缸四气门的布置及其驱动

a）同名气门排成两列 b）同名气门排成一列

1—T 形杆 2—气门尾端的从动盘

气门间隙的大小一般由发动机制造厂根据试验确定。一般在冷态时，进气门的间隙为 0.25 ~ 0.3mm，排气门的间隙为 0.3 ~ 0.35mm。若间隙过小，热态下仍会漏气，导致功率下降甚至气门烧坏。间隙过大则使传动零件之间以及气门和气门座之间产生撞击响声，而且加速磨损，同时也会使得气门开启的持续时间减少，气缸的充气及排气情况变坏。

气门间隙及其调整位置如图 4-5 所示。

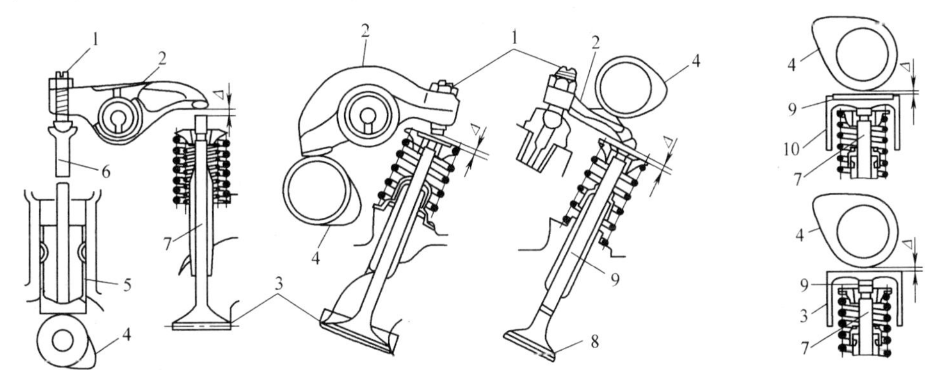

图 4-5 气门间隙 Δ 及其调整位置

1—调整螺钉 2—摇臂 3—气门座 4—凸轮 5、10—挺柱 6—推杆 7—气门杆 8—气门头 9—垫块

（六）配气相位

用曲轴转角表示的进、排气门开闭时刻和开启持续时间，称为配气相位。配气相位的

各个角度可用配气相位图来表示，如图 4-6 所示。

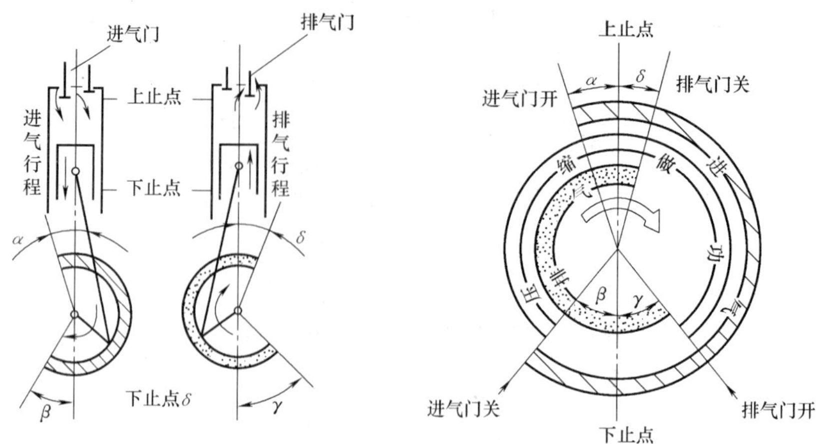

图 4-6　配气相位图

1. 进气门的配气相位

（1）进气提前角　在排气行程接近终了，活塞到达上止点之前，进气门便开始开启。从进气门开始开启到上止点所对应的曲轴转角称为进气提前角，用 α 表示，一般为 10°～30°。进气门提前角开启的目的是为了保证进气行程开始时进气门已经开大，新鲜空气能顺利进入气缸。

（2）进气迟后角　在进气行程下止点过后，活塞又上行一段，进气门才关闭。从下止点到进气门关闭所对应的曲轴转角称为进气迟后角，用 β 表示，一般为 40°～80°。进气门晚关，是因为活塞到达下止点时，由于进气阻力的影响，气缸内的压力仍低于大气压，且气流还有相当大的惯性，仍能继续进气。下止点过后，随着活塞的上行，气缸内压力逐渐增大，进气气流速度逐渐减小，至速度等于零时进气门便关闭，此时的 β 角最适宜。若 β 过大，便会将进入气缸的气体重新又压回进气管。

综上所述，可知进气门开启持续时间内的曲轴转角，即进气持续角为 $\alpha+180°+\beta$。

2. 排气门的配气相位

（1）排气提前角　在做功行程的后期，活塞到达下止点前，排气门便开始开启。从排气门开始开启到下止点所对应的曲轴转角称为排气提前角，用 γ 表示，一般为 40°～80°。排气门恰当地早开，气缸内还有 0.3～0.5MPa 的压力，做功作用已经不大，但利用此压力可使气缸内的废气迅速地自由排出，待活塞到达下止点时，气缸内只剩 0.11～0.12MPa 的压力，使排气行程所消耗的功率大为减少。此外，高温废气的早排，还可防止发动机过热。但 γ 角过大则得不偿失。

（2）排气迟后角　在活塞越过上止点后，排气门才关闭。从上止点到排气门关闭所对应的曲轴转角称为排气迟后角，用 δ 表示，一般为 10°～30°。由于活塞到达上止点时，气缸内的压力仍高于大气压，且废气气流有一定的惯性，所以排气门适当晚关可使废气排得更干净。

综上所述，可知排气门开启持续时间内的曲轴转角，即排气持续角为 $\gamma+180°+\delta$。

3. 气门叠开角

由于进气门早开和排气门晚关，就出现了一段进、排气门同时开启的现象，称为气门叠开。同时开启的角度，即进气提前角与排气迟后角的和 $\alpha+\delta$，称为气门叠开角。

对于不同发动机，由于结构形式、转速各不相同，因而配气相位也不相同。合理的配气相位应根据发动机性能要求，通过反复试验确定。

（七）配气机构的零件和组件

1. 气门组

气门组的结构如图 4-7 所示。

（1）气门　气门的工作环境十分恶劣，气门材料需要耐热、有良好的导热性，在高温下仍能保持足够的硬度和强度，耐冲击、耐磨损、耐腐蚀。进气门一般用中碳合金钢制造，排气门则采用耐热合金钢制造。为节省耐热合金钢，有的排气门头部用耐热合金钢而杆部用普通合金钢制造，然后将二者对焊在一起。

汽车发动机的进、排气门均为菌形气门，由气门头部和气门杆两部分组成，如图 4-8 所示。

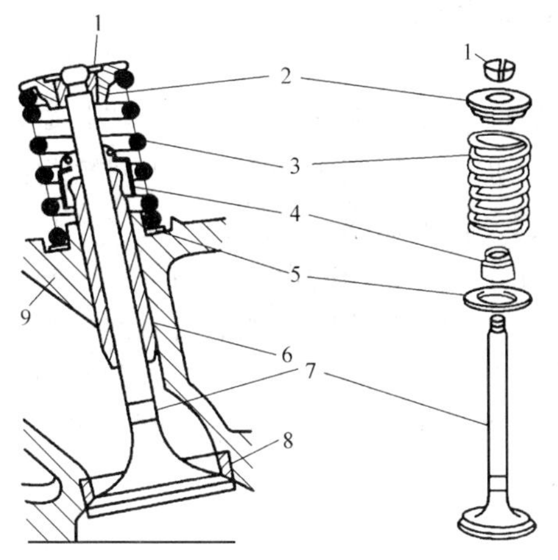

图 4-7　气门组

1—气门锁片　2—气门弹簧座　3—气门弹簧　4—气门油封
5—气门弹簧垫　6—气门导管　7—气门　8—气门座　9—气缸盖

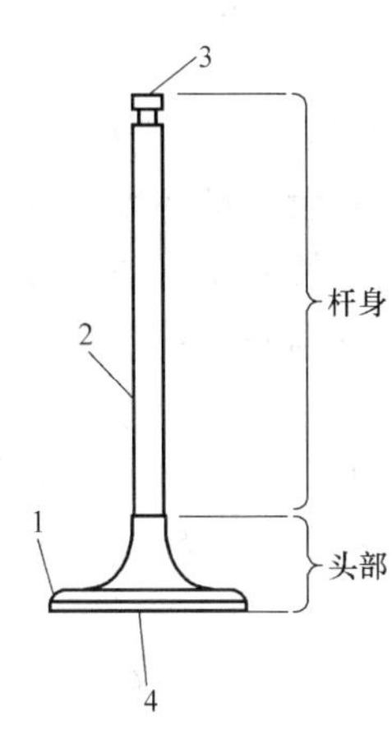

图 4-8　气门

1—气门密封锥面　2—气门杆
3—气门杆端面　4—气门顶

1）气门头部：

① 气门顶的形状（图 4-9）。

a)

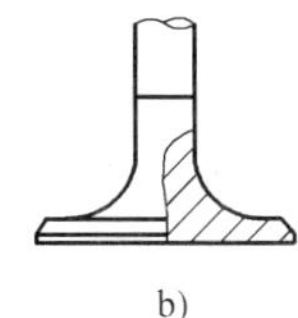
b)

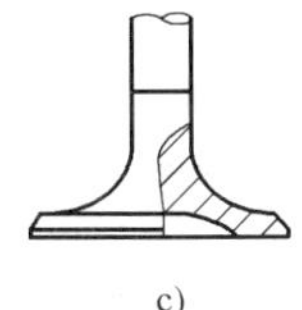
c)

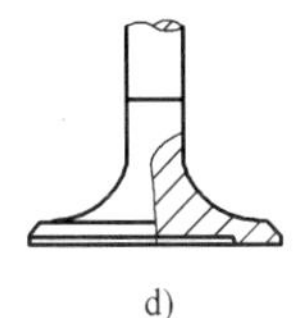
d)

图 4-9　气门顶的形状

a）球面顶　b）平顶　c）喇叭形顶　d）凹面顶

球面顶：这种气门顶具有较大的强度，吸热面积大，质量也大，排气阻力小，适于作排气门。

喇叭形顶：这种气门顶与杆部过渡具有一定的流线形，可减少进气阻力，但受热面积大，一般用在高功率和赛车发动机上作进气门。

平顶：这种气门顶吸热量少，制造简单，若用较大一点的圆弧连接则流动阻力也小，故是所有发动机中最常用的形式。

改良型内凹顶：它是介于喇叭形与平顶之间的一种形式。比喇叭形有改进，故也有应用。

② 气门锥角：气门头部与气门座之间的配合面做成锥面，以便落座时自行对正中心，接触良好。气门密封锥面并不是以全宽参加工作，接触带过大，工作面比压下降，杂物和硬颗粒卡在气门锥面和气门座面之间妨碍密封性。为了保证密封可靠，气门与气门座相配研磨后，要求得到 1 ~2mm 宽的密封带（图 4-10 中 b）。

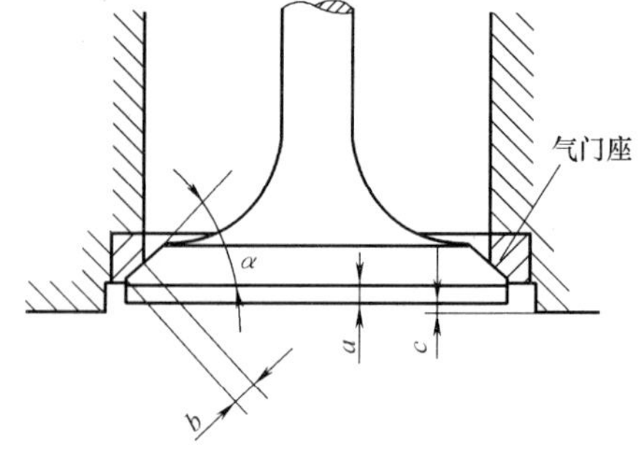

图 4-10　气门密封锥面

气门锥角（图 4-10 中 α）对气门头部与气门座的密封性和导热性，以及气门的刚度都有影响，一般多采用 45°，有的采用 30°，个别情况下也有用 60°或 15°的。

2）气门杆：气门杆用来为气门运动时导向、承受侧压力并传走一部分热量。气门杆的圆柱形表面需经磨光。有的发动机排气门杆加粗，以利于传热，降低排气门的温度。但出于工艺上的考虑，绝大多数发动机的进、排气门杆制成一样粗。

气门尾端的形状取决于气门弹簧座的固定形式。常用的形式有两种：一种是在气门杆尾端制有凹槽，其中嵌入制成两半的锥形锁片，利用弹簧座的锥形内表面将锁片卡住，如图 4-11a 所示，大多数轿车发动机采用此种方法。另一种是气门杆尾端制有圆柱形径向通孔，利用插在孔内的锁销来支承弹簧座，而弹簧座的边缘又可阻止锁销松脱，如图 4-11b 所示。

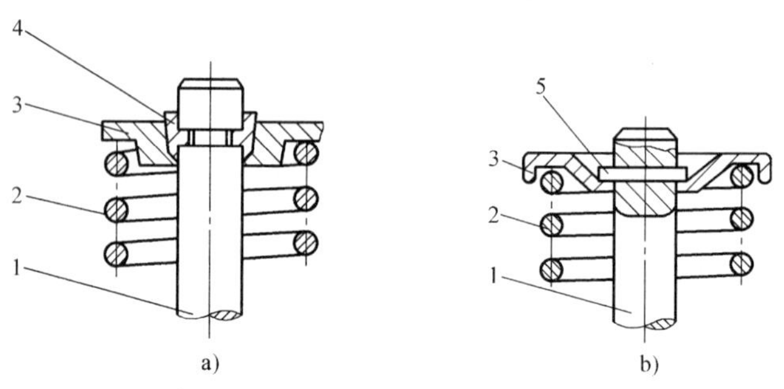

图 4-11　弹簧座的固定形式

a）锁片式　b）锁销式

1—气门杆　2—气门弹簧　3—弹簧座　4—锁片　5—锁销

为了防止当气门弹簧万一折断时气门落入气缸造成严重事故，可在气门杆尾部加工一个环形槽，在槽内装上弹簧卡环。一般环形槽的位置相应于气门最大升程后再下降1 ~2mm。

（2）气门座　气缸盖上与气门锥面贴合的部位称为气门座。气门座与气门共同执行密封功能，可以直接在气缸盖上镗出，也可以用耐热钢、球墨铸铁或合金铸铁单独制成，然后压入气缸盖或气缸体的相应孔中，后者称为镶嵌式气门座（气门座圈）。

气门座的锥角与气门锥角相适应。一般气门锥角比气门座或气门座圈锥角小0.5°～1°，其作用是使二者不以锥面的全宽接触，这样可以增加密封锥面的接触压力，加速磨合，并能切断和挤出二者之间任何积垢或积炭，保持锥面良好的密封性。但是若在气门锥面上镀铬钴耐磨合金，气门座经过电感应法硬化处理后，气门与气门座或气门座圈则采用相同的锥角。

(3) 气门导管　气门导管的作用是对气门的运动导向，保证气门作往复直线运动，使气门与气门座或气门座圈能正确贴合。此外还将气门杆接受的热量部分传给气缸盖。

气门导管由灰铸铁、球墨铸铁或铁基粉末冶金制造。以一定的过盈将导管压入气缸盖上的气门导管孔后，再精铰气门导管孔，以保证气门导管与气门杆的正确配合间隙。

有的发动机不装气门导管，直接在气缸盖上加工出气门杆孔，作为气门的导向孔。

(4) 气门弹簧　气门弹簧的功用是克服在气门关闭过程中气门及传动件的惯性力，防止各传动件之间由于惯性力的作用而产生间隙，保证气门及时落座并紧密贴合，防止气门发生跳动，破坏其密封性。为此，气门弹簧应有足够的刚度和预紧力。

气门弹簧多为圆柱形螺旋弹簧，其材料为高碳锰钢、铬钒钢等冷拔钢丝，加工后要进行热处理，钢丝表面要光滑，经抛光或喷丸处理，借以提高疲劳强度，增强弹簧的工作可靠性。

气门弹簧的一端支撑在气缸盖上，另一端则压靠在气门杆端的弹簧座上，弹簧座用锁片固定在气门杆的末端。为防止弹簧发生共振，可采用变螺距的圆柱弹簧（图4-12a）。高速发动机多数采用的是一个气门有同心安装的内外两根气门弹簧（图4-12b），不但可防止共振，而且当一根弹簧折断时另一根继续维持工作，还可以使气门弹簧的高度降低。当采用两根气门弹簧时弹簧圈的螺旋方向应相反，这样可以防止折断的弹簧圈卡入另一个弹簧内。

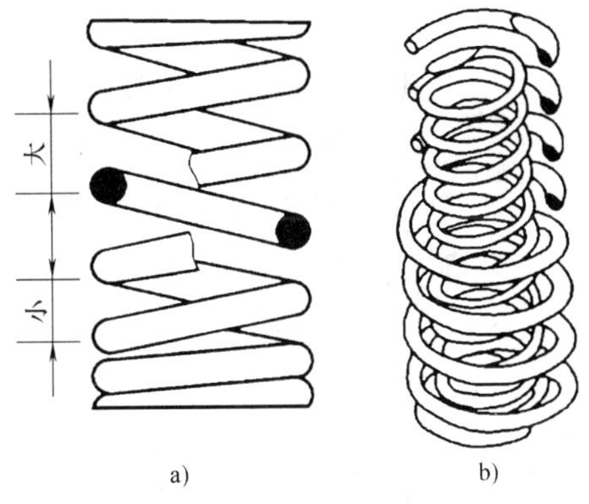

图4-12　气门弹簧
a）变螺距弹簧　b）双气门弹簧

2. 气门传动组

气门传动组的作用是使进、排气门能够按配气相位规定的时刻开闭，且保证有足够的开度。

(1) 凸轮轴　凸轮轴上主要有各缸进、排气门凸轮，用以使气门按一定的工作次序和配气相位及时开闭，并保证气门有足够的升程。汽油机的凸轮轴布置在气缸的侧面下方，一般将驱动汽油泵的偏心轮和驱动分电器的螺旋齿轮也设置在凸轮轴上，如图4-13所示。

凸轮轴材料一般用优质钢模锻而成，也可采用合金铸铁或球墨铸铁铸造。凸轮和轴颈的工作表面一般经热处理后精磨，以改善其耐磨性。

由图4-13可以看出，同一气缸的进、排气凸轮的相对角位置是与既定的配气相位相适应的。发动机各个气缸的进气（或排气）凸轮的相对角位置应符合发动机各气缸的发火次序和发火间隔的要求。因此，根据凸轮轴的旋转方向以及各进气（或排气）凸轮的工作次序，就可以判定发动机的发火次序。

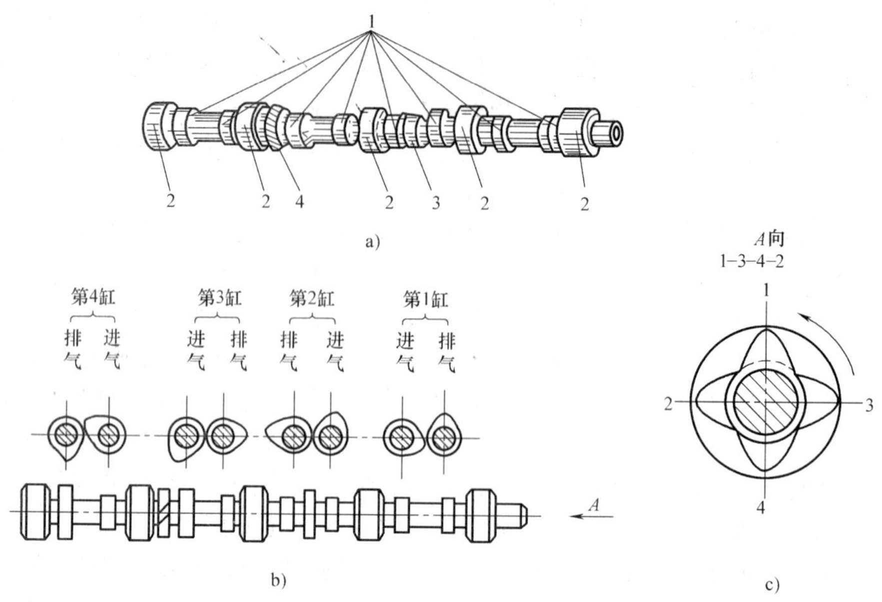

图 4-13　四缸四冲程汽油机凸轮轴

a）凸轮轴　b）各凸轮的相对角位置图　c）排（或进）气凸轮投影

1—凸轮　2—凸轮轴轴颈　3—驱动汽油泵的偏心轮　4—驱动分电器的螺旋齿轮

凸轮的轮廓应保证气门开启和关闭的持续时间符合配气相位的要求，且使进气门有合适的升程（它决定了气门通道的面积）及其升降过程的运动规律。凸轮轮廓曲线如图 4-14 所示。O 点为凸轮旋转中心。$\overset{\frown}{EA}$为以 O 点为圆心的圆弧。当凸轮按图中箭头方向转过弧$\overset{\frown}{EA}$时，挺柱不动，气门关闭；凸轮转过 A 点后，挺柱（液压挺柱除外）开始上移；至 B 点，气门间隙消除，气门开始开启；凸轮转到 C 点，气门开度达最大；至 D 点，气门完全闭合。φ 对应着气门开启持续角，ρ_1 和 ρ_2 则分别对应着消除和恢复气门间隙所需要的转角。凸轮轮廓$\overset{\frown}{BCD}$段的形状决定了气门的升程及其升降过程的运动规律。

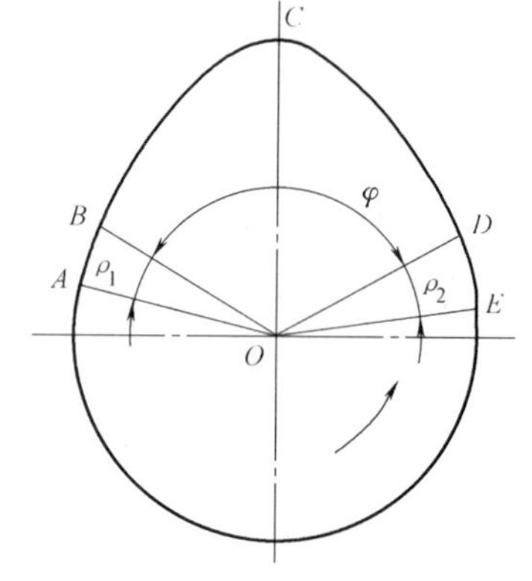

图 4-14　凸轮的轮廓曲线

（2）挺柱　挺柱是凸轮的从动件，其功用是将来自凸轮的运动和作用力传给推杆和气门，同时还承受凸轮所施加的侧向力，并将其传给机体或气缸盖。

挺柱工作时其底面与凸轮接触。由于接触面积小，接触应力较大，因此摩擦和磨损都相当严重。此外在凸轮不变方向的侧向力作用下，还加重了起导向作用的挺柱侧表面与挺柱孔的偏磨。因此，挺柱工作面应该耐磨并得到良好的润滑。

挺柱的材料有碳钢、合金钢、镍铬合金钢和冷敷合金铸铁等。

挺柱可分为机械挺柱和液压挺柱两大类，每一类中又有平面挺柱和滚子挺柱等多种结构形式，如图 4-15 所示。

1）机械挺柱。机械挺柱的结构形式如图 4-15a 所示，其中筒式由于结构简单，质量轻，在中、小发动机中应用广泛。挺柱上推杆球面支座的半径比推杆球头半径略大，以便在两者之间形成楔形油膜来润滑推杆球头和挺柱上的球面支座。

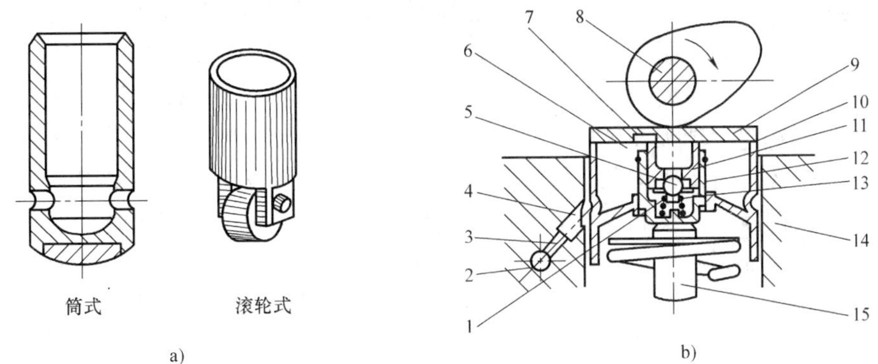

图 4-15　挺柱

a）机械挺柱　b）液压挺柱（桑塔纳）

1—高压油腔　2—气缸盖油道　3—油量孔　4—斜油孔　5—球阀　6—低压油腔　7—键形槽　8—凸轮轴　9—挺柱体　10—挺柱焊缝　11—柱塞　12—液压缸　13—补偿弹簧　14—气缸盖　15—气门杆

为减轻挺柱工作面的局部磨损，将挺柱工作面做成半径较大的球面，将凸轮的母线做成斜率很小的锥体，这样可以使挺柱在工作中绕其中心线稍有转动，从而达到磨损均匀的目的。

2）液压挺柱。桑塔纳和奥迪轿车发动机所采用的液压挺柱如图 4-15b 所示。圆筒挺柱体 9 是由上盖和圆筒经加工再用激光焊成一体的薄壁零件。液压缸 12 的内孔和外圆都要精加工研磨，外圆与挺柱内导向孔相配合，内孔则与柱塞 11 配合，两者都有相对运动。液压缸底部装有一个补偿弹簧 13，把球阀 5 压靠在柱塞的阀座上，补偿弹簧还可以使挺柱顶面和凸轮轮廓线保持紧密接触，以消除气门间隙。当球阀关闭柱塞中间孔时，可将柱塞分成两个油腔：上部的低压油腔 6 和下部的高压油腔 1。当球阀开启后，则成为一个通腔。

当挺柱体外圆上的环形槽与缸盖上的斜油孔 4 对齐时（图 4-15b 中的位置），发动机润滑系统中的润滑油经油量孔 3、斜油孔 4 和环形槽流入液压挺柱的低压油腔，位于挺柱体背面的键形槽 7 可将润滑油引入柱塞上方的低压油腔，这时缸盖上主油道与液压挺柱的低压油腔连通。当凸轮转动，挺柱体和柱塞向下移动时，高压油腔中的润滑油被压缩，油压升高，加上补偿弹簧的作用，使球阀紧压在柱塞的下端阀座上，这时高压油腔与低压油腔被分隔开。由于液体具有不可压缩性，整个挺柱如同一个刚体一样下移，推开气门并保证气门应达到的升程。此时，挺柱体外圆上的环形槽已经离开了进油的位置，停止进油。

当挺柱到达下止点后开始上行时，在气门弹簧上顶和凸轮下压的作用下，高压油腔陆续封闭，球阀也不会打开，液压挺柱仍可认为是一个刚性挺柱，直至上升到凸轮处于基圆，使气门关闭时为止。此时气缸盖油道 2 中的压力油经油量孔、挺柱体环形槽进入液压挺柱的低压油腔，同时，高压油腔内油压下降，补偿弹簧推动柱塞上行。从低压油腔来的压力油推开球阀而进入高压油腔，使两腔连通充满润滑油。这时挺柱体顶面仍和凸轮紧贴。在气门受热膨胀时，柱塞和液压缸轴向相对移动，高压油腔中的油液可经过液压缸与柱塞间的缝隙挤入低压油腔。因此，使用液压挺柱时可以不预留气门间隙。

液压挺柱结构复杂，加工精度要求高，而且磨损后无法调整只能更换，所以目前在一般的货车上用得很少，而在轿车上则应用很广。

（3）推杆　推杆（图4-1）处于挺柱和摇臂之间，其功用是将挺柱传来的运动和作用力传给摇臂。在凸轮轴下置式的配气机构中，推杆是一个细长的杆件，加上传递的力很大，所以极易弯曲。因此要求推杆有较好的纵向稳定性和较大的刚度。推杆一般用冷拔无缝钢管制造，两端焊上球头和球座；也可以用中碳钢制成实心推杆，这时两端的球头或球座与推杆锻成一体。对于机体和气缸盖都是用铝合金制造的发动机，宜采用锻铝或硬铝制造推杆，并将其两端压入钢制球头和球座，其目的是当发动机温度变化时，不致因为材料热膨胀系数的不同而引起气门间隙的改变。推杆两端的球头或球座均需淬硬和磨光，以提高其耐磨性。

（4）摇臂和摇臂轴　摇臂组的组成如图4-16所示。

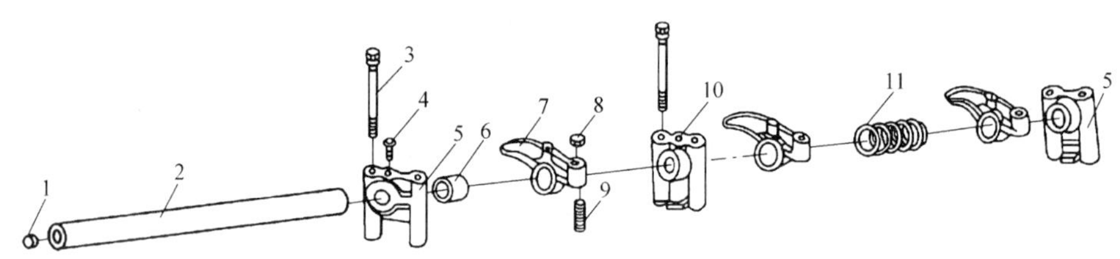

图4-16　摇臂组

1—碗形塞　2—摇臂轴　3—螺栓　4—摇臂轴紧固螺钉　5—摇臂前、后支座　6—摇臂衬套　7—摇臂　8—摇臂调整螺钉锁紧螺母　9—调整螺钉　10—摇臂轴中间支座　11—定位弹簧

摇臂（图4-17）实际上是一个双臂杠杆，用来使推杆传来的力改变方向，从而作用到气门杆端以推开气门。摇臂端头的工作表面一般制成圆柱形，当摇臂摆动时可沿气门杆的端面滚滑，这样可以使两者之间的力尽可能沿气门轴线作用。摇臂内还钻有润滑油道和油孔。在摇臂的短臂端螺纹孔中，旋入可以调节气门间隙的气门调整螺钉，螺钉的球头与推杆顶端的凹球座相接触。

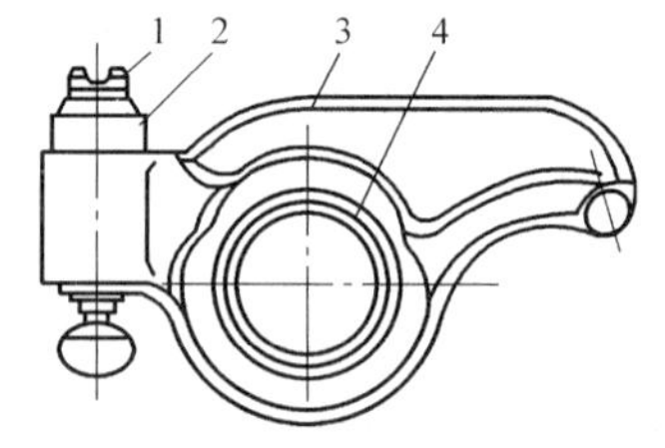

图4-17　摇臂

1—气门间隙调整螺钉　2—锁紧螺母　3—摇臂　4—摇臂衬套

摇臂通过气门摇臂衬套空套在摇臂轴上，而后者又支承在摇臂轴座上，摇臂上钻有油孔。摇臂轴为空心管状结构，润滑油从摇臂轴座的油道经摇臂轴内腔和摇臂中的油道流向摇臂两端进行润滑。为了防止摇臂窜动，在摇臂轴上每两摇臂之间都装有定位弹簧。

（八）气门间隙的调整

气门间隙的调整原则是挺柱（或摇臂）必须落在凸轮的基圆上时才可调整。由于气门开始开启和关闭时，挺柱（或摇臂）是在凸轮的缓冲段内某点上，而且配气相位往往产生一定的偏差，所以不仅气门开启过程不能调整，而且将要开启和刚关闭不久的一段时间内也不能调整，即正在进气、将要进气、进气刚完时的进气门不能调整；正在排气、将要排气、排气刚完时的排气门不能调整。

根据气门调整原则，对于一个六缸发动机，1缸压缩终了时可调气门有：1缸双门，2、4缸进气门，3、5缸排气门。同理6缸压缩终了时，可调整剩下的6个气门。如此两遍调整完全部气门。

三、配气机构的拆装与调整

以桑塔纳轿车发动机配气机构的拆装为例。

1. 配气机构的拆卸

桑塔纳轿车的配气机构装配在气缸盖上，气缸盖的分解（图4-18）步骤如下：

1）拆卸加油口盖。

2）拆卸气缸盖罩，分次逐渐松开紧固螺母。

3）取下气缸盖罩压条、密封条及密封垫。

4）拆卸机油反射罩。

5）拆卸凸轮轴前端正时同步带轮紧固螺母，取下凸轮轴正时同步带轮及半圆键。

6）先拆第1、3、5轴承盖固定螺栓，然后对角交替松开第2、4、6轴承盖固定螺栓。

7）拆下轴承盖。

8）拆卸凸轮轴（图4-19），再将轴承盖按原位置装回，以免错位。

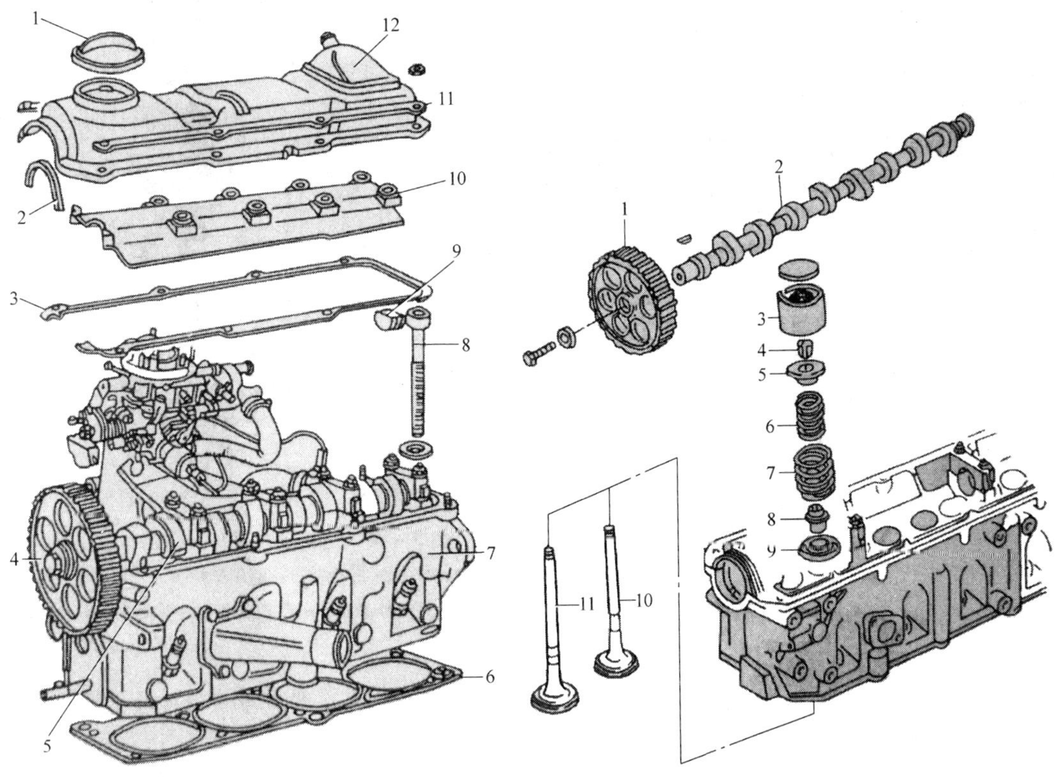

图4-18　1.8LJ V型发动机气缸盖的分解示意图
1—加油口盖　2—气缸盖罩密封条
3—气缸盖罩密封垫　4—凸轮轴正时同步带轮
5—凸轮轴　6—气缸衬垫　7—气缸盖
8—气缸盖螺栓　9—半圆键　10—机油反射罩
11—气缸盖罩压条　12—气缸盖罩

图4-19　配气机构零部件分解示意图
1—凸轮轴正时同步带轮　2—凸轮轴　3—液压挺柱
4—气门锁片　5—气门锁片座圈　6—气门内弹簧
7—气门外弹簧　8—气门油封　9—弹簧座
10—进气门　11—排气门

9）取液压挺柱总成。

10）检查气门顶部有无标记，若无应按顺序用钢字做出标记。

11）用专用工具压下气门弹簧，取下气门锁片。

12）取下气门弹簧、气门锁片座圈。

13）拆卸气门及气门油封（图 4-20）。

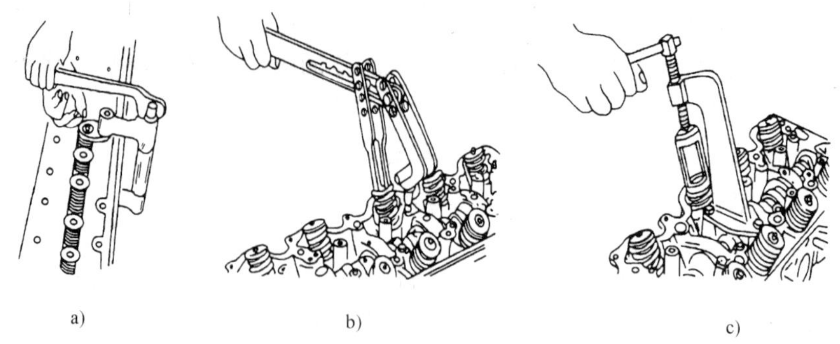

图 4-20　拆卸气门专用工具的使用方法

14）分解完毕后，将零件进行清洗、分类和检验。

2. 配气机构的组装

（1）安装气门　装上气门后，再往气门导管上装上新的气门油封。安装气门油封时应先套上塑料保护套，最好用专用工具压入。气门杆部先涂以润滑油，插入导管中不要损伤油封。装上气门弹簧和气门锁片后，用橡胶锤轻敲几下，以确保气门锁片安装可靠（凡是使用过的锁片不许再用）。

（2）检查凸轮轴轴向间隙（图 4-21）　测量轴向间隙时，不装液压挺柱，装好 1 号和 5 号轴承盖，轴向间隙 $\Delta \leqslant 0.15$mm。

图 4-21　凸轮轴轴向间隙的检查

（3）装入液压挺柱总成

（4）安装凸轮轴和油封

1）安装凸轮轴时，第 1 缸的凸轮必须朝上。

2）安装凸轮轴轴承时，注意轴孔上下两部分必须对准。

3）将凸轮轴放入各轴承座上，按拆卸的逆顺序安装、紧固轴承盖固定螺栓，拧紧力矩为 20N · m。

4）用专用工具安装凸轮前油封时，不要压到底，否则会堵塞油道。

5）放入半圆键，安装凸轮轴正时同步带轮并加以紧固，拧紧力矩为 80N · m。

注意：凸轮轴转动时，曲轴不可位于上止点，否则将损坏气门和活塞顶部。

3. 安装气缸盖

安装气缸盖顺序与拆卸顺序相反，但应注意以下几点：

1）安装气缸垫时，气缸垫上有“OPEN TOP”字样的一面朝向气缸盖。

2）将定位螺栓旋入第 8、10 号位的气缸盖螺栓孔内，以便起到定位作用。待气缸盖装合并用手拧紧螺栓后，再旋出定位螺栓，然后旋入第 8、10 号螺栓。

3）拧紧气缸盖螺栓的顺序按拆卸的逆顺序分 4 次进行，前三次力矩均为 40N · m，第四次再用扳手转动 1/4 圈。使用中不允许将气缸盖螺栓再次拧紧。

4）安装气缸盖时，各缸活塞不可置于上止点，否则会顶坏气门和活塞。当任一活塞被确认为处于上止点时，必须再旋转1/4圈。

5）将各机油道清洗干净，并用压缩空气吹通。

4. 安装正时同步带

1）将正时同步带套在曲轴和中间轴正时同步带轮上。

2）装上曲轴带盘（螺栓不必拧紧），注意带盘的定位。

3）将凸轮轴正时同步带轮上的标记与正时同步带护罩上的标记对齐。

4）使曲轴带盘上的上止点标记和中间轴正时同步带轮上的标记对齐。

5）将正时同步带套在凸轮轴正时同步带轮上。

6）转动张紧轮，以张紧正时同步带，张紧至用手指捏住正时同步带中间刚好可以扭转90°为宜（图4-22）。

7）拧紧中间轮紧固螺钉，转动曲轴两周，再次检查正时标记是否正确。

8）拆下曲轴V带盘，装上正时同步带下护罩，再安装V带盘，并以20N·m的力矩拧紧固定螺栓。

5. 气门间隙的调整

1）1.8L发动机采用液压挺柱，气门间隙不需调整。

2）1.6L发动机气门间隙仍需调整（图4-23）。

① 调整时，活塞不可位于上止点，曲轴反转1/4圈，使气门在挺柱下压时不致碰到活塞。

② 用钳子取出调整垫片，换上适当厚度的垫片，有字的一面必须朝下，如果用最薄的垫片仍调整不好，则可更换短一点的气门。

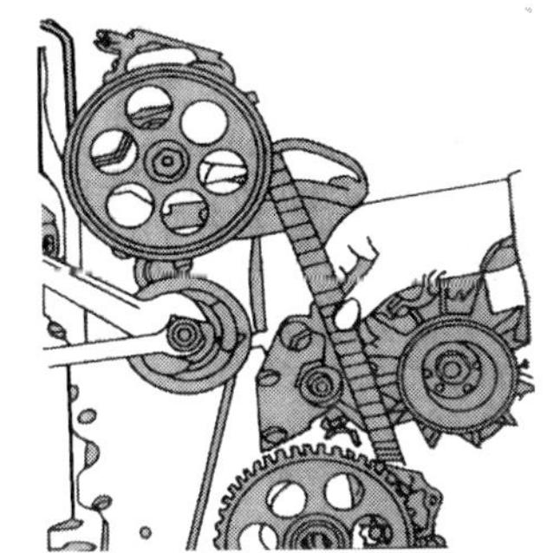

图4-22　正时同步带张紧度的检查

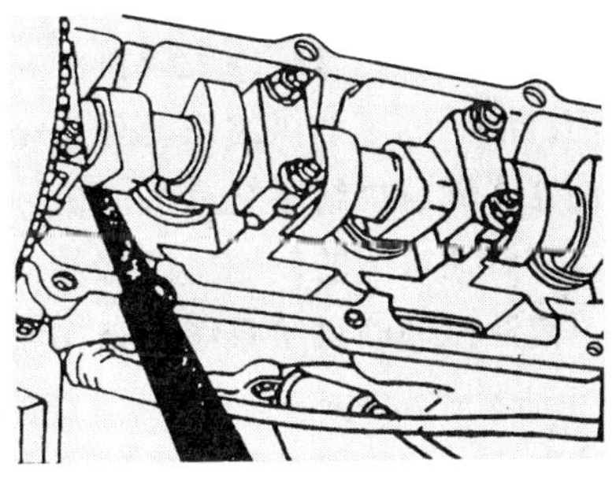

图4-23　1.6L发动机气门间隙的调整

单元5

汽油机燃油供给系统

项目6 汽油机燃油供给系统结构原理及总体拆装

一、汽油机燃油供给系统的功用

汽油机燃油供给系统的功用是将汽油经过雾化、蒸发（汽化），并和空气按一定比例均匀混合成可燃混合气，再根据发动机各种不同工况的要求，向发动机气缸内供给不同质（即不同浓度）和不同量的可燃混合气，以便在临近压缩终了时点火燃烧而放出热量使燃气膨胀做功，最后将气缸内废气排至大气中。

目前汽油机的燃油供给系统分为化油器式燃油供给系统和电控燃油喷射式燃油供给系统。化油器式燃油供给系统是汽油机传统的供给系统，仍在应用，而电控燃油喷射式燃油供给系统在汽油机上的使用已经普及。

二、汽油机燃油供给系统的结构原理

1. 化油器式汽油机燃油供给系统的组成与基本原理

化油器式汽油机燃油供给系统的组成如图5-1所示。

燃油供给装置：汽油箱、汽油滤清器、汽油泵、油管等。

空气供给装置：空气滤清器。

可燃混合气形成装置：化油器。

可燃混合气供给和废气排出装置：进气管、进气歧管、排气管、排气歧管、排气消声器、三元催化转化器等。

（1）汽油箱

1）功用：储存汽油。普通汽车只有一个油箱，越野汽车则通常有主、副两个油箱。

2）构造：用薄钢板冲压焊接而成，上部有加油管、油面指示表的传感器、出油开关；

下部有放油螺塞，箱内有挡油板以加强油箱的强度，并减轻行车时汽油的振荡。油箱是密封的，一般在油箱盖上装有空气蒸气阀，保持油箱内油压正常。加油时，应先放沉淀后加油。

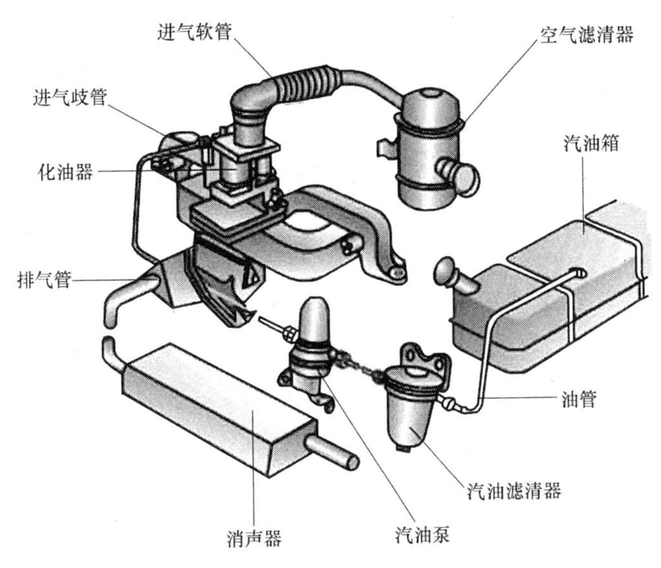

图 5-1　化油器式汽油机燃油供给系统的组成

3）安装位置：货车的油箱通常安装在车架外侧、驾驶员座下或货台下面，而轿车的油箱则装在车架的后部。

（2）汽油泵

1）功用：将汽油从油箱吸出，经管路和汽油滤清器，然后泵入化油器浮子室，保证连续不断地供油。这里介绍机械驱动膜片式汽油泵，装在曲轴箱一侧，由配气凸轮轴上的偏心轮驱动。

2）构造：外形如图 5-2 所示，由膜片、进/出油阀、拉杆、摇臂、手摇臂、膜片弹簧、壳体等组成。

3）安装位置：安装在发动机曲轴箱的一侧，由发动机配气机构凸轮轴上的偏心轮驱动。

4）工作原理：

进油过程：当凸轮轴转动时，偏心轮的凸起部分驱动摇臂→内摇臂→拉杆将膜片向下拉，迫使膜片克服弹簧力而下行，膜片上腔容积增大，油压降低，进油阀被吸开，出油阀关闭，汽油经过进油阀进入膜片上腔。

压油过程：当偏心轮偏心部分转过后，膜片弹簧将膜片向上顶，迫使膜片上行，使膜片上腔容积减小，油压升高，进油阀关闭，出油阀打开，油液被从出油口压出，经过油管进入化油器。

（3）汽油滤清器

1）功用：除去汽油中的杂质和水分。

2）形式：汽油滤清器采用的滤清方式有沉淀式和过滤式。

3）安装位置：安装于油箱与汽油泵之间。

（4）空气滤清器

1）功用：把空气中的尘土分离出来，保证供给气缸足够量的清洁空气，以减少气缸、活塞环及活塞的磨损，延长发动机的使用寿命。

2）安装位置：多安装在化油器的上方。轿车为降低发动机的高度，将空气滤清器安装在远离化油器的地方，用软管与化油器连通。

3）种类：离心式、油浴式、湿纸式、干纸式（图 5-3）。

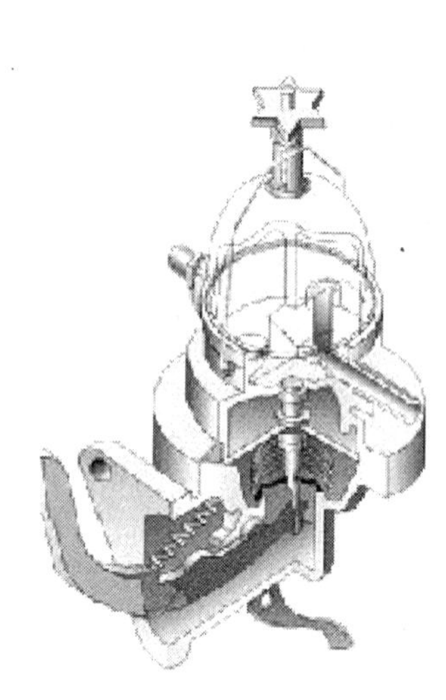

图 5-2　汽油泵

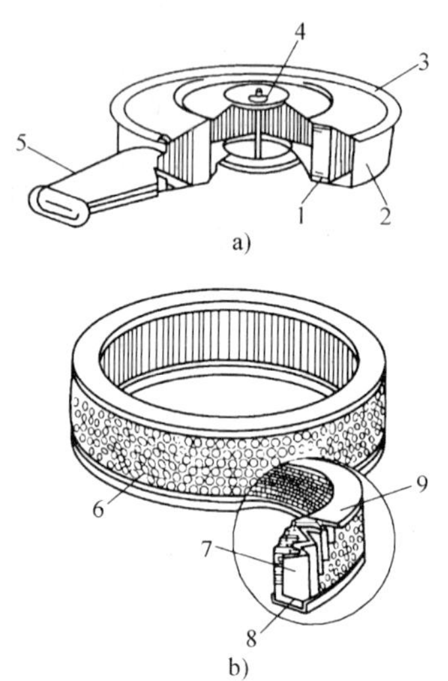

图 5-3　干纸式空气滤清器

a）滤清器总成　b）纸滤芯

1—滤芯　2—滤清器外壳　3—滤清器盖　4—碟形螺母　5—进气导流管　6—金属网　7—打褶滤纸　8—滤芯下密封面　9—滤芯上密封面

（5）化油器

1）功用：根据发动机不同的负荷，配制不同成分和数量的可燃混合气，供给气缸燃烧以满足发动机所需功率的要求。

2）构造：由主供油装置、起动装置、怠速装置、加速装置和加浓装置组成，其结构如图 5-4 所示。

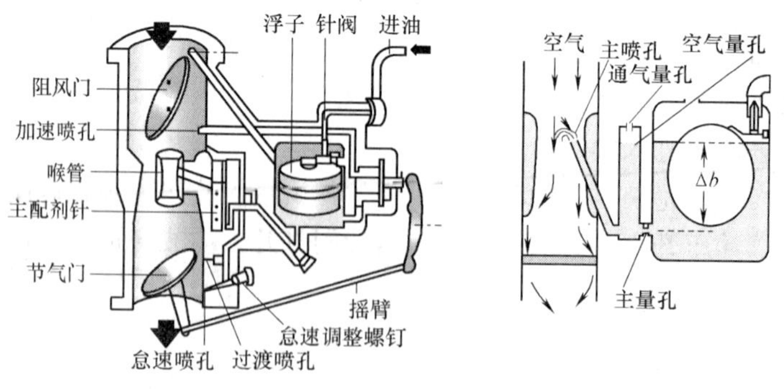

图 5-4　化油器组成与工作原理

（6）进排气管

1）功用：进气管是将化油器所供给的可燃混合气分别送到发动机的各个气缸。排气管是汇集各气缸的废气，经过排气消声器后排出。

2）安装位置：用螺柱固定在气缸体或气缸盖上，其接合面处装有石棉衬垫，以防漏气。进气管以凸缘连接化油器，排气管则连接排气消声器，而进、排气管的各支管则分别与进排气门的通道相连。

化油器式燃油供给系统的工作基本原理是：在汽油泵的作用下，汽油从汽油箱中被吸出，经汽油滤清器过滤，进入化油器与空气混合，形成可燃混合气，经进气管进入气缸燃烧。

2. 电控汽油机燃油供给系统的组成与基本原理

电控汽油机燃油供给系统的作用是根据电控单元（ECU）的指令，以恒定的压差将一定数量的汽油喷入进气管中。它主要由汽油箱、电动汽油泵、汽油滤清器、燃油压力调节器、燃油压力脉动阻尼减振器、喷油器和燃油管路组成，如图 5-5 所示。

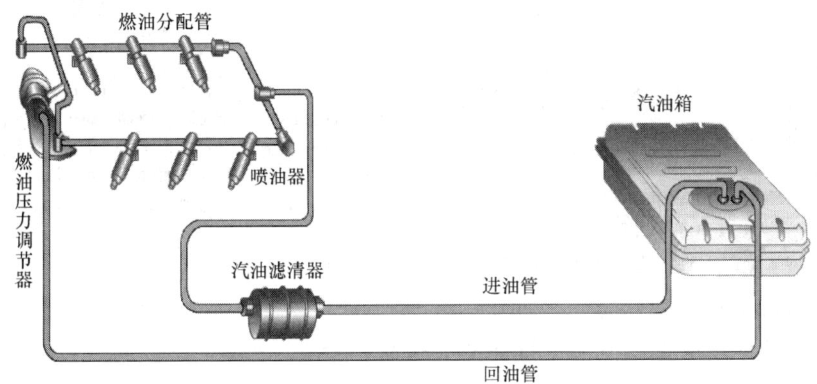

图 5-5　电控汽油机燃油供给系统示意图

汽油由汽油泵从汽油箱中泵出，经过汽油滤清器除去杂质及水分后，再送至燃油压力脉动阻尼减振器。这样具有一定压力的汽油流至供油总管，再经各供油歧管送至各缸喷油器。

三、汽油机燃油供给系统的总体拆装与检查

1. 燃油供给系统的拆装

以桑塔纳 2000GSi 型轿车发动机的电控燃油供给系统为例。

1）拆下蓄电池接地线，放出汽油箱中的汽油。

2）放掉发动机的冷却液，并将冷却液存放在适当的容器中，以备再用。

3）释放燃油供给系统的压力。

4）拆下怠速调节器组件并进行分解。

5）拆下燃油分配管组件并进行分解。

6）拆下节气门组件，并进行分解。

注意事项：

1）为了安全起见，进行燃油供给系统的拆装前应先拆下蓄电池接地线。

2）燃油供给系统有一定的压力，在打开系统之前先在开口处放置抹布，然后小心地松开接头以放出压力。

3）将拆下的零件放置在干净的地方并覆盖，不要使用带纤维的布。

4）安装时一定要更换新的 O 形密封圈。

2. 汽油箱的拆装

汽油箱的结构如图 5-6 所示。

1）在点火开关断开的情况下，拔下蓄电池的接地线。

2）使用专用设备抽取汽油箱内的汽油，使汽油箱内汽油的容量不能超过 2/3。

3）旋下位于行李箱内地毯下的燃油密封凸缘。

4）拔下导线插头。

5）打开加油口盖板，撬出环绕在加油口颈部的橡胶件系统的夹环将橡胶件推入。

6）旋下在车底部的加油颈口固定螺栓。

7）拔下位于车辆底部的进油管、回油管和通气管。

8）将托架放置在汽油箱下。

9）松开汽油箱固定箍带，放下汽油箱。

10）按拆卸的相反顺序装配汽油箱。

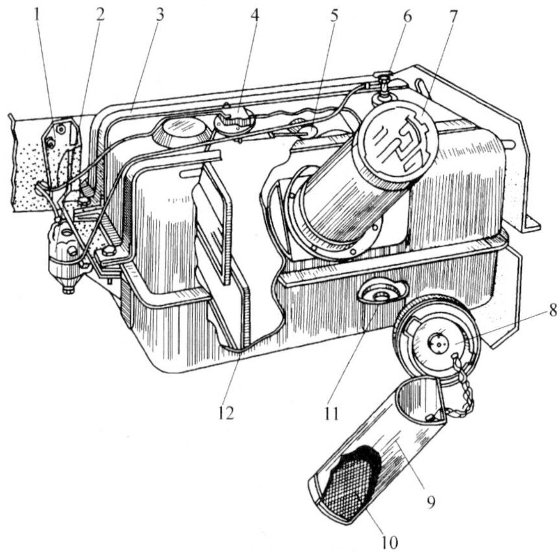

图 5-6　汽油箱

1—汽油箱支架　2—汽油滤清器　3—汽油箱固定箍带　4—油面指示表传感器　5—油面指示表传感器浮子　6—出油开关　7—加油管　8—汽油箱盖　9—加油延伸管　10—滤网　11—放油螺塞　12—挡油板

注意：不要使皮肤接触汽油，操作时要带防护手套。

3. 汽油滤清器的拆装

（1）可拆式汽油滤清器（图 5-7a）的拆装

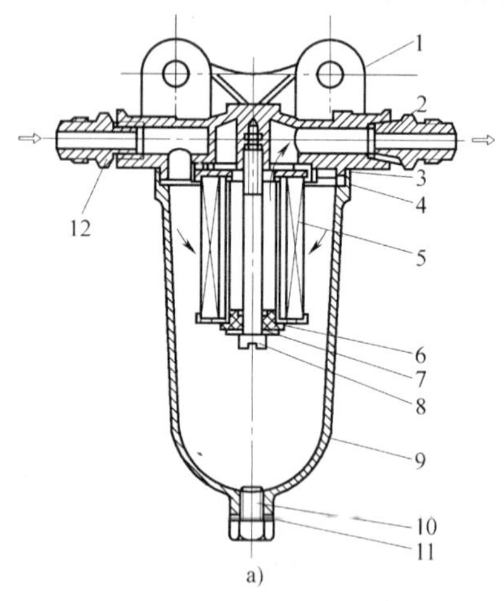

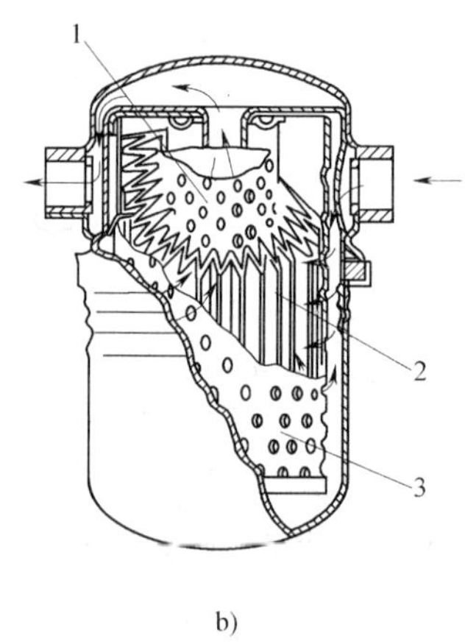

图 5-7　汽油滤清器

a）可拆式汽油滤清器
1—盖　2—出油管　3、6、11—密封圈　4—密封垫　5—纸滤芯　7—平垫圈　8—螺栓　9—沉淀杯　10—放油螺塞　12—进油管接头

b）不可拆式汽油滤清器
1—中央多孔筒　2—特制折叠纸滤芯　3—多孔滤纸外筒

1）拧松汽油滤清器总成上的紧固螺母，同时扶住沉淀杯，将汽油滤清器总成从发动机上拆下。

2）取下汽油滤清器，拧松沉淀杯，取下沉淀杯。

3）拧下滤芯紧固螺栓，取下滤芯上的密封圈、滤芯、滤芯下的密封圈。

4）取下沉淀杯密封圈，拆下进、出油管接头。

5）检查滤芯和各种密封圈的完好状况，清洗滤芯和各油道，若损坏应及时更换。

6）装合汽油滤清器时，应按上述拆卸的相反顺序进行，特别注意密封圈的安装，以确保汽油滤清器的正常工作。

（2）不可拆式汽油滤清器（图 5-7b）的更换　现代轿车上一般都是使用不可拆式汽油滤清器，应整体更换。桑塔纳 2000GSi 轿车汽油滤清器更换的步骤如下：

1）松开车辆底部汽油滤清器托架紧固螺栓，取下汽油滤清器托架。

2）松开夹箍，拔下汽油滤清器的油管。

3）取下汽油滤清器。

4）安装上新的汽油滤清器。

注意事项：

1）在拔下汽油滤清器的油管时，应注意使用一块抹布防止剩余的汽油滴落。

2）在安装新的汽油滤清器时，应注意汽油滤清器上箭头应该指向汽油的流向。

3）更换汽油滤清器后，一般应更换新的 O 形密封圈。

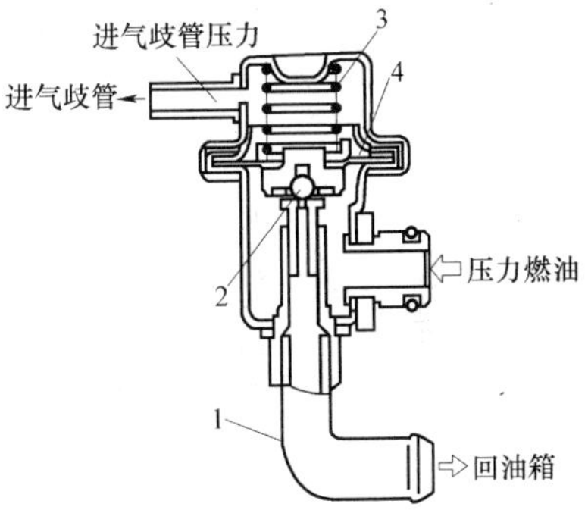

进气歧管压力
进气歧管
压力燃油
回油箱

图 5-8　燃油压力调节器

1—回油管　2—球阀　3—弹簧　4—膜片

4. 燃油压力调节器的拆装

燃油压力调节器如图 5-8 所示。

以桑塔纳 2000GSi 轿车燃油压力调节器为例，其拆装步骤如下（图 5-9）：

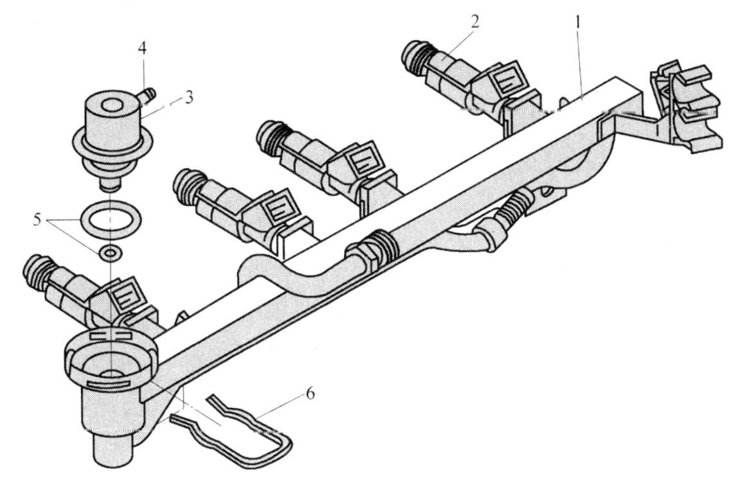

图 5-9　燃油压力调节器的拆装

1—燃油分配管　2—喷油器　3—燃油压力调节器　4—与进气歧管相连　5—O 形圈　6—卡簧

1）按要求拆下节气门体。

2）卸下燃油分配管上的发动机线束固定螺栓，把线束与燃油分配管脱开。

3）拔下4个喷油器的导线插接器。

4）拆下燃油压力调节器上的真空软管和燃油回流软管。

5）卸下燃油分配管固定螺栓，并拆下燃油分配管。

6）卸下燃油压力调节器的卡簧，然后拆下调节器并从调节器上拆下O形圈。

7）按拆卸的相反顺序进行燃油压力调节器的安装。

注意事项：

1）在安装时，要在新O形圈上涂一层润滑油。

2）应对所有拆卸零件进行清洗，避免污染汽油。

5. 电磁喷油器的拆装

以桑塔纳2000GSi轿车AJR发动机的电磁喷油器为例，拆装过程如下：

（1）电磁喷油器的拆卸

1）释放燃油供给系统油压。

2）拆下蓄电池负极接地线。

3）拔下各缸喷油器线束插头。

4）拔下连接在燃油分配管上的进油管和回油管。

5）拔下燃油压力调节器上的真空软管，拆下燃油压力调节器。

6）拧下燃油分配管的固定螺栓，将燃油分配管和喷油器一同拆下。

7）从燃油分配管上取下4个喷油器并从喷油器上拆下O形密封圈及橡胶密封圈。

注意事项：

1）对于上方供油式喷油器，可从燃油分配管中拔出喷油器；对于侧方供油式喷油器，在拆下燃油分配管后，一般按照维修手册指定的方法将喷油器从燃油分配管中拆下。

2）有些车型在拆卸喷油器时，应先拆除发动机上方影响喷油器拆卸的油管零件，如进气管、节气门体等，才能按上述步骤拆卸喷油器。

（2）电磁喷油器的安装

1）如图5-10所示，将喷油器安装在燃油分配管上。

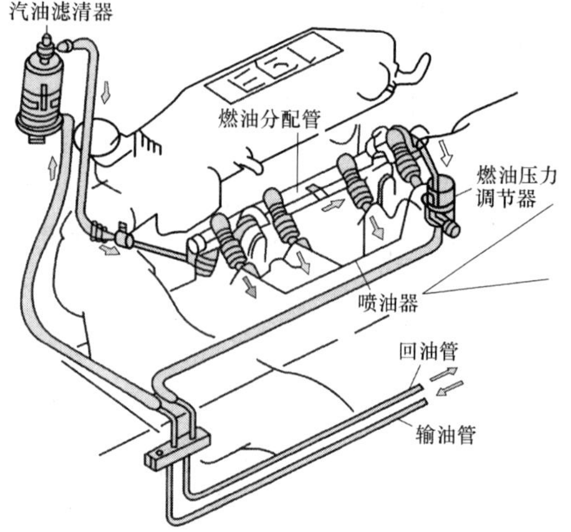

图5-10　电磁喷油器的安装

2）在将喷油器装入燃油分配管时应不断转动喷油器，以免损坏O形密封圈。

3）在进气歧管的喷油器孔上安放好橡胶密封圈，将喷油器和燃油分配管一同装在发动机上，拧紧燃油分配管固定螺栓。

4）用手转动喷油器，检查是否能平顺地转动。

5）安装进油管和回油管，插上燃油压力调节器真空软管，插好各喷油器线束插头。

6）按拆卸相反的顺序安装进气管等其他零件。

7）预置燃油供给系统压力，检查有无漏油。

注意事项：

1）安装时应更换所有的O形密封圈，并在O形密封圈上涂有少量干净的汽油或润滑油。

2）如果喷油器不能用手转动，说明 O 形密封圈安装不当，应拆下喷油器重新安装。

项目 7　汽油机电控燃油喷射系统原理及各传感器结构认识

一、汽油机电控燃油喷射系统的结构与工作原理

电控燃油喷射系统（见图 5-11，以桑塔纳 2000GSi 发动机为例）以一个电子控制装置（又称电脑或 ECU）为控制中心，利用安装在发动机不同部位上的各种传感器，测得发动机的各种工作参数，按照在电脑中设定的控制程序，通过控制喷油器，精确地控制喷油量，使发动机在各种工况下都能获得最佳浓度的混合气。

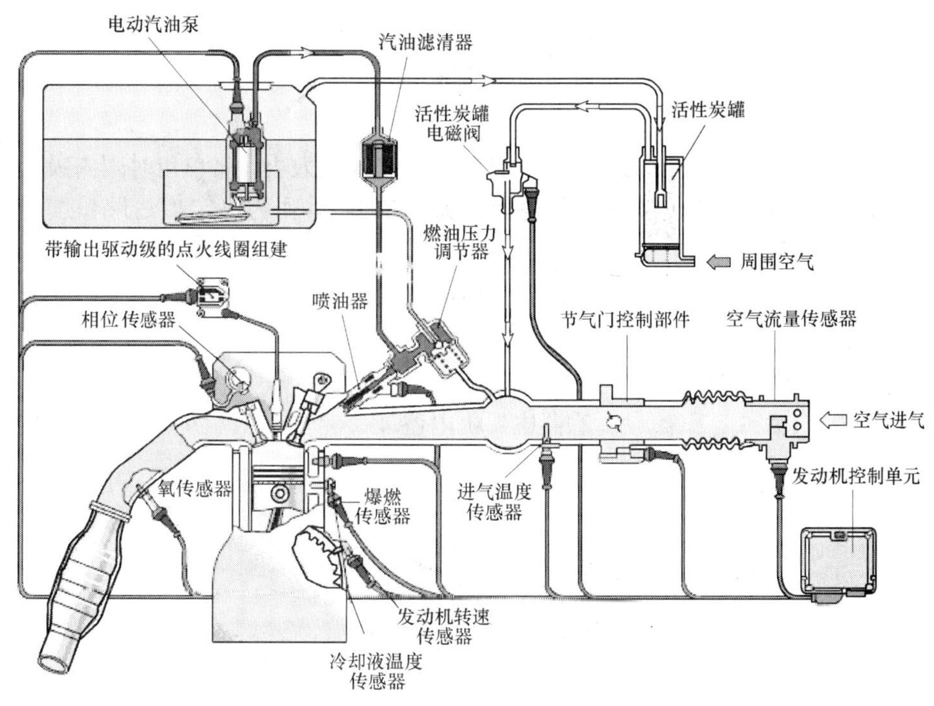

图 5-11　电控燃油喷射系统总体结构图

电控燃油喷射系统通过电脑中的控制程序，还能实现起动加浓、暖机加浓、加速加浓、全负荷加浓、减速调稀、强制断油、自动怠速控制等功能，满足发动机特殊工况对混合气的要求，使发动机获得良好的燃油经济性和排放性，也提高了汽车的使用性能。

电控燃油喷射系统的喷油压力是由电动汽油泵提供的，电动汽油泵装在汽油箱内，浸在汽油中。汽油箱内的汽油被电动汽油泵吸出并加压，压力汽油经汽油滤清器滤去杂质后，被送至发动机上方的燃油分配管。燃油分配管与安装在各缸进气歧管上的喷油器相通。喷油器是一种电磁阀，由电脑控制，通电时电磁阀开启，压力汽油以雾状喷入进气歧管内，与空气混合，在进气行程中被吸进气缸。燃油分配管的末端装有燃油压力调节器，

用来调整燃油分配管中汽油的压力，使汽油压力保持某一定值，多余的汽油从燃油压力调节器上的回油口返回汽油箱。

进气量由驾驶员通过加速踏板操纵节气门来控制。节气门开度不同，进气量也不同，进气歧管内的真空度也不同。在同一转速下，进气歧管真空度与进气量成一定的比例关系。进气压力传感器可将进气歧管内真空度的变化转变成电信号的变化，并传送给电脑，电脑根据进气歧管真空度的大小计算出发动机进气量，再根据曲轴位置传感器测得信号计算出发动机转速，然后根据进气量和转速计算出相应的基本喷油量。电脑根据进气压力和发动机转速控制各缸喷油器，通过控制每次喷油的持续时间来控制喷油量。喷油持续时间越长，喷油量就越大，一般每次喷油的持续时间为 2 ~ 10ms。各缸喷油器每次喷油的开始时刻则由电脑根据安装于离合器壳体上的发动机转速（曲轴位置）传感器测得某一位置信号来控制。这种类型的燃油喷射系统的每个喷油器在发动机每个工作循环中喷油两次，喷油是间断进行的，属于间歇喷射方式。

二、电控燃油喷射系统各传感器的结构认识

（一）空气流量传感器

空气流量传感器（MAF）的作用是检测发动机进气量大小，将单位时间内吸入发动机气缸的空气量转换成电信号送至发动机电控单元（ECU），作为决定喷油量和点火正时的主控信号之一。

空气流量传感器类型可分为：体积流量型（叶片式、卡门旋涡式）、质量流量型（热线式、热膜式）。

1. 叶片式空气流量传感器

（1）结构　叶片式空气流量传感器主要由电位计、旋转叶片、进气温度传感器和接线插座等组成，如图 5-12 所示。

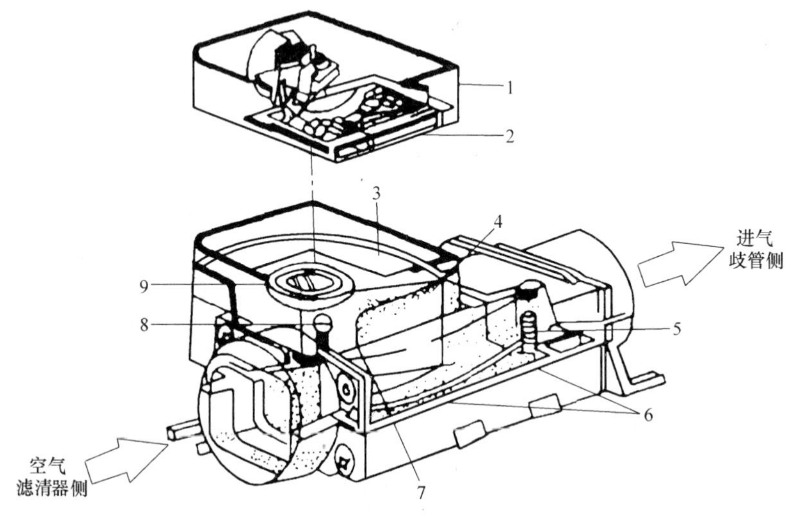

图 5-12　叶片式空气流量传感器

1—电位计　2—线束插接器　3—缓冲室　4—缓冲叶片　5—调整螺钉　6—旁通空气道　7—测量叶片　8—进气温度传感器　9—回位弹簧

（2）工作原理

如图5-13所示，来自空气滤清器的空气通过空气流量传感器时，空气推力使测量叶片打开一个角度，当吸入空气推开测量叶片的力与弹簧变形后的回位力相平衡时，叶片停止转动。与测量叶片同轴转动的电位计检测出叶片转动的角度，将进气量转换成电压信号 U_S 输送给ECU。

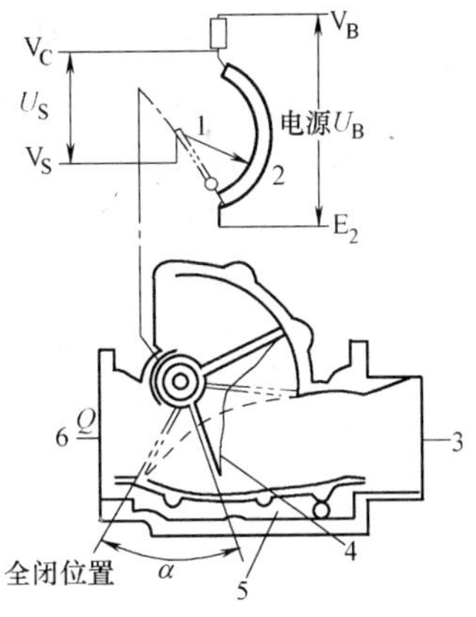

图5-13　叶片式空气流量传感器工作原理
1—电位计滑臂　2—可变电阻　3—接进气歧管
4—测量叶片　5—旁通空气道　6—接空气滤清器

2. 卡门旋涡式空气流量传感器

在进气管道正中间设有一流线型或三角形的涡流发生器，当空气流经该涡流发生器时，在其后部的气流会不断产生一列不对称却十分规则的空气涡流（卡门涡流）。在单位时间内通过涡流发生器后方某点的旋涡数量与空气流速成正比，可通过测量单位时间内旋涡数量就可计算出空气流速和流量。

根据传感器输出信号的形成原理，卡门旋涡式空气流量传感器可以分为反光镜式和超声波式两种，如图5-14所示。

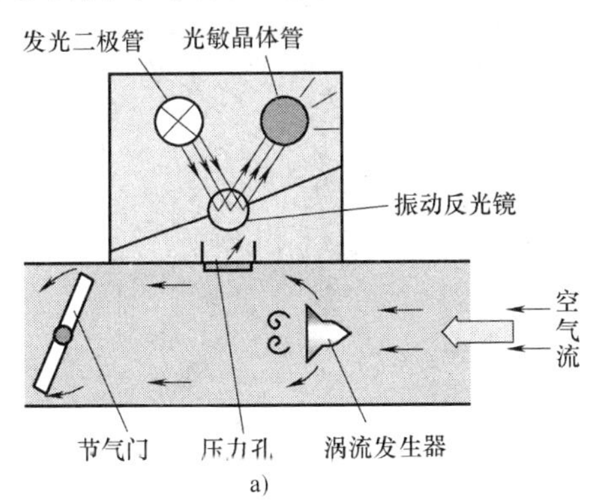

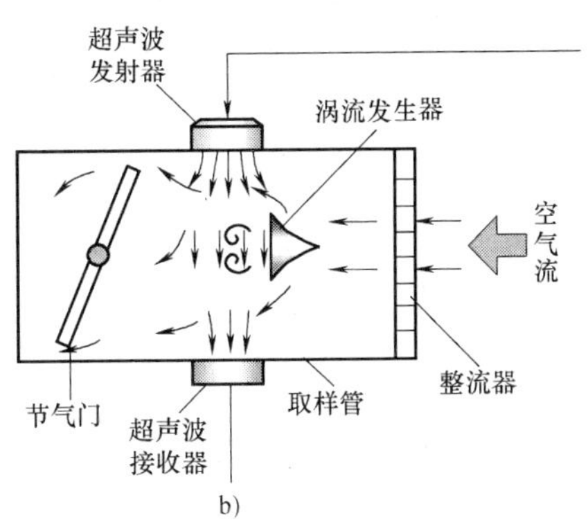

图5-14　卡门旋涡式空气流量传感器结构原理
a）反光镜式　b）超声波式

图5-14a所示是反光镜式卡门旋涡空气流量传感器，其内有一只发光二极管和一只光敏晶体管。发光二极管发出的光束被一片反光镜反射到光敏晶体管上，使光敏晶体管导通。反光镜安装在一个很薄的金属簧片上。金属簧片在空气流旋涡的压力作用下产生振动，其振动频率与单位时间内产生的旋涡数量相同。由于反光镜随簧片一同振动，因此被反射的光束也以相同的频率变化，致使光敏晶体管也随光束以同样的频率导通、截止。ECU根据光敏晶体管导通、截止的频率即可计算出进气量。雷克萨斯LS400小轿车即用了这种形式的卡门旋涡式空气流量传感器。

图5-14b所示为超声波式卡门旋涡式空气流量传感器。在其后半部的两侧有一个超声波发射器和一个超声波接收器。在发动机运转时，超声波发射器不断地向超声波接收器发出一定频率的超声波。当超声波通过空气流到达接收器时，由于受气流中旋涡的影响，使超声波

的相位发生变化。ECU 根据接收器测出的相应变化的频率，计算出单位时间内产生的旋涡数量，从而求得空气流速和流量，然后根据该信号确定基准空气量和基准点火提前角。

3. 热线式和热膜式空气流量传感器

热线式空气流量传感器的基本结构由感知空气流量的白金热线（铂金属线）、根据进气温度进行修正的温度补偿电阻（冷线）、控制热线电流并产生输出信号的控制线路板以及空气流量传感器壳体等元件组成，如图 5-15 所示。根据白金热线在壳体内的安装部位不同，热线式空气流量传感器分为主流测量方式、旁通测量方式两种结构形式。图 5-15 所示是采用主流测量方式的热线式空气流量传感器的结构图。它两端有金属防护网，取样管置于主空气通道中央，由两个塑料护套和一个热线支承环构成。热线线径为 70μm 的白金丝（R_H），布置在支承环内，其阻值随温度变化，是单臂电桥电路的一个臂（图 5-16）。热线支承环前端的塑料护套内安装一个白金薄膜电阻器，其阻值随进气温度变化，称为温度补偿电阻（R_K），是单臂电桥电路的另一个臂。热线支承环后端的塑料护套上粘接着一只精密电阻（R_A），此电阻能用激光修整，也是单臂电桥电路的一个臂，该电阻上的电压降即为热线式空气流量传感器的输出信号电压。单臂电桥电路还有一个臂的电阻 R_B 安装在控制线路板上。

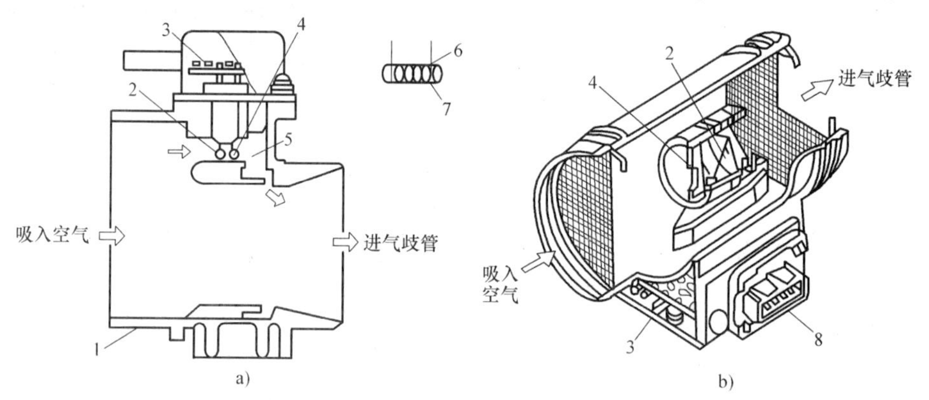

图 5-15　热线式空气流量传感器

1—空气流量传感器壳体　2—白金热线　3—控制线路板　4—温度补偿电阻（冷线）
5—旁通道　6—热线与冷线　7—陶瓷绕线管　8—电插头

工作原理：热线电阻 R_H 用铂丝制成，R_H 和温度补偿电阻 R_K 均置于空气通道中的取气管内，与 R_A、R_B 共同构成桥式电路，R_H、R_K 阻值均随温度变化。当空气流经 R_H 时，使热线温度发生变化，电阻减小或增大，使电桥失去平衡，若要保持电桥平衡，就必须使流经热线电阻的电流改变，以恢复其温度与阻值，精密电阻 R_A 两端的电压也相应变化，并且该电压信号作为热线式空气流量传感器输出的电压信号送往 ECU。

热膜式空气流量传感器的工作原理与热线式空气流量传感器类似，都是用单臂电桥工作的。所不同的是：热膜式不使用白金丝作为热线，而是将热线电阻、温度补偿电阻及电桥电阻用厚膜工艺制作在同一陶瓷基片上构成的。桑塔纳 2000GSi 采用的便是热膜式空气流量传感器。

（二）曲轴/凸轮轴位置传感器

1. 功用与类型

曲轴位置传感器又称为发动机转速与曲轴转角传感器，其功用是采集曲轴转动角度和发动机转速信号，并输入电子控制单元（ECU），以便确定点火时刻和喷油时刻。

凸轮轴位置传感器又称为气缸识别传感器，其功用是采集配气凸轮轴的位置信号，并输入 ECU，以便 ECU 识别气缸 1 压缩上止点，从而进行顺序喷油控制、点火时刻控制和爆燃控制。此外，凸轮轴位置信号还用于发动机起动时识别出第一次点火时刻。因为凸轮轴位置传感器能够识别哪一个气缸活塞即将到达上止点，所以称为气缸识别传感器。

2. 光电式曲轴/凸轮轴位置传感器

（1）结构特点　日产公司生产的光电式曲轴/凸轮轴位置传感器（图 5-17）是由分电器改进而成的，主要由信号盘（即信号转子）、信号发生器、配电器、传感器壳体和线束插头等组成。

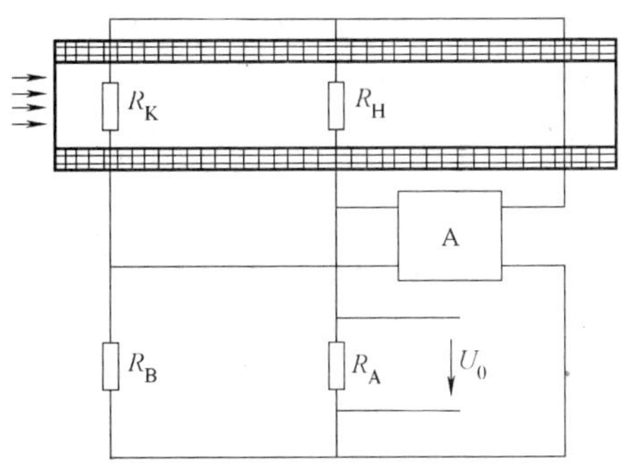

图 5-16　热线式空气流量传感器电路

R_K—温度补偿电阻　R_H—热线电阻

R_B—电桥电阻　R_A—精密电阻

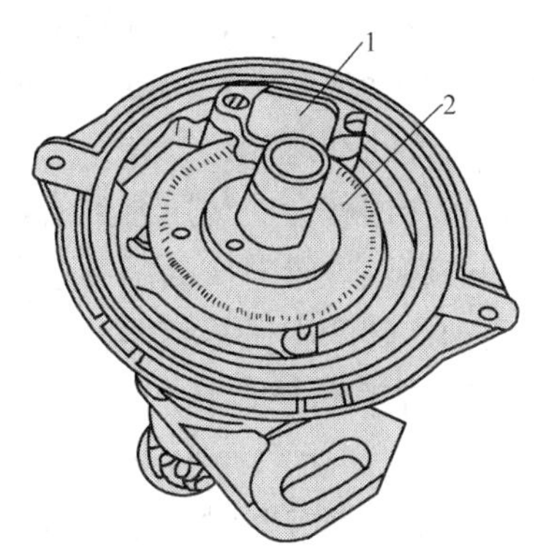

图 5-17　光电式曲轴/凸轮轴位置传感器

1—曲轴/凸轮轴位置传感器　2—信号盘

信号盘（图 5-18）是传感器的信号转子，压装在传感器轴上。在靠近信号盘的边缘位置制作有均匀间隔角度的内、外两圈透光孔。其中，外圈制作有 360 个透光孔（缝隙），间隔角度为 1°（透光孔占 0.5°，遮光部分占 0.5°），用于产生曲轴转角与转速信号；内圈制作有 6 个透光孔，间隔角度为 60°，用于产生各个气缸的上止点信号，其中有一个长方形的宽边稍长，用于产生气缸 1 的上止点信号。

信号发生器（图 5-19）固定在传感器壳体上，它由 Ne 信号（转速与转角信号）发生器、G 信号（上止点信号）发生器以及信号处理电路组成。Ne 信号与 G 信号发生器均由一个发光二极管（LED）和一个光敏晶体管（或光敏二极管）组成，两个 LED 分别正对着两个光敏晶体管。

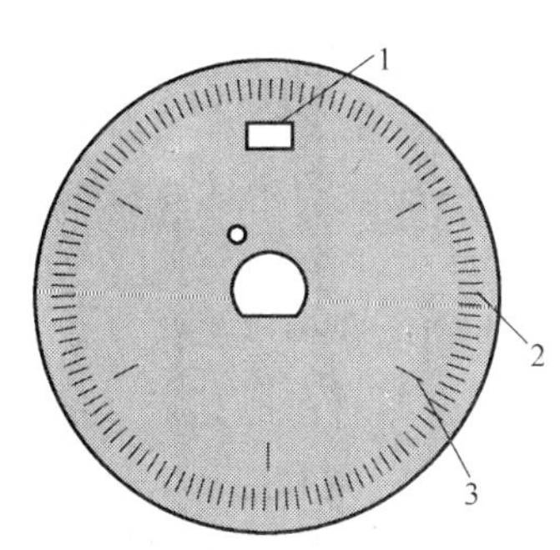

图 5-18　光电式信号盘结构

1—120°信号孔（1 缸）　2—1°信号缝隙

3—120°信号孔

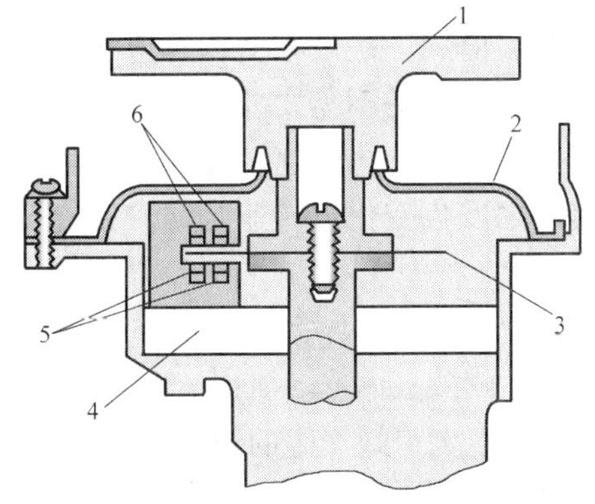

图 5-19　光电式信号发生器的布置

1—分火头　2—密封盖　3—信号盘

4—波形电路　5—光敏晶体管　6—发光二极管

(2) 工作原理　光电式传感器的工作原理如图所示。信号盘安装在发光二极管（LED）与光敏晶体管（或光敏二极管）之间。当信号盘上的透光孔旋转到LED与光敏晶体管之间时，LED发出的光线就会照射到光敏晶体管上，此时光敏晶体管导通，其集电极输出低电平（0.1～0.3V）；当信号盘上的遮光部分旋转到LED与光敏晶体管之间时，LED发出的光线就不能照射到光敏晶体管上，此时光敏晶体管截止，其集电极输出高电平（4.8～5.2V）。

如果信号盘连续旋转，透光孔和遮光部分就会交替地转过LED而透光或遮光，光敏晶体管集电极就会交替地输出低电平和高电平。当传感器轴随曲轴和配气凸轮轴转动时，信号盘上的透光孔和遮光部分便从LED与光敏晶体管之间转过，LED发出的光线受信号盘透光和遮光作用就会交替照射到信号发生器的光敏晶体管上，信号传感器中就会产生与曲轴位置和凸轮轴位置对应的脉冲信号。

由于曲轴旋转两圈，传感器轴带动信号盘旋转一圈，因此，G信号传感器将产生6个脉冲信号，Ne信号传感器将产生360个脉冲信号。因为G信号透光孔间隔角度为60°，曲轴每旋转120°就产生一个脉冲信号，所以通常G信号称为120°信号。设计安装保证120°信号在上止点前70°时产生，且长方形宽边稍长的透光孔产生的信号对应于发动机气缸1上止点前70°，以便ECU控制喷油提前角与点火提前角。因为Ne信号透光孔间隔角度为1°，所以在每一个脉冲周期中，高、低电平各占1°曲轴转角，360个信号表示曲轴旋转720°。曲轴每旋转120°，G信号传感器产生一个信号，Ne信号传感器产生60个信号。

3. 磁感应式曲轴/凸轮轴位置传感器

磁感应式传感器结构组成如图5-20所示。

磁感应式传感器的工作原理：磁力线穿过的路径为永久磁铁N极→定子与转子间的气隙→转子凸齿→转子凸齿与定子磁头间的气隙→磁头→导磁板→永久磁铁S极。当信号转子旋转时，磁路中的气隙就会周期性地发生变化，磁路的磁阻和穿过信号线圈磁头的磁通量随之发生周期性变化。根据电磁感应原理，感应线圈中就会感应产生交变电动势。

信号转子每转过一个凸齿，感应线圈中就会产生一个周期性交变电动势，即电动势出现一次最大值和一次最小值，感应线圈也就相应地输出一个交变电压信号。磁感应式传感器的突出优点是不需要外加电源，永久磁铁起着将机械能转换为电能的作用，其磁能不会损失。当发动机转速变化时，转子凸齿转动的速度将发生变化，铁心中的磁通变化率也将随之发生变化。转速越高，磁通变化率就越大，感应线圈中的感应电动势也就越高。

捷达AT和GTX、桑塔纳2000GSi型轿车的磁感应式曲轴位置传感器安装在曲轴箱内靠近离合器一侧的缸体上。捷达AT和GTX、桑塔纳2000GSi型轿车磁感应式曲轴位置传感器信号转子上大齿缺产生的信号为基准信号，ECU控制喷油时间和点火时间是以大齿缺产生的信号为基准进行控制的。当ECU接收到大齿缺产生的信号后，再根据小齿缺信号来控制点火时间、喷油时间和点火线圈一次电流接通时间（即导通角）。

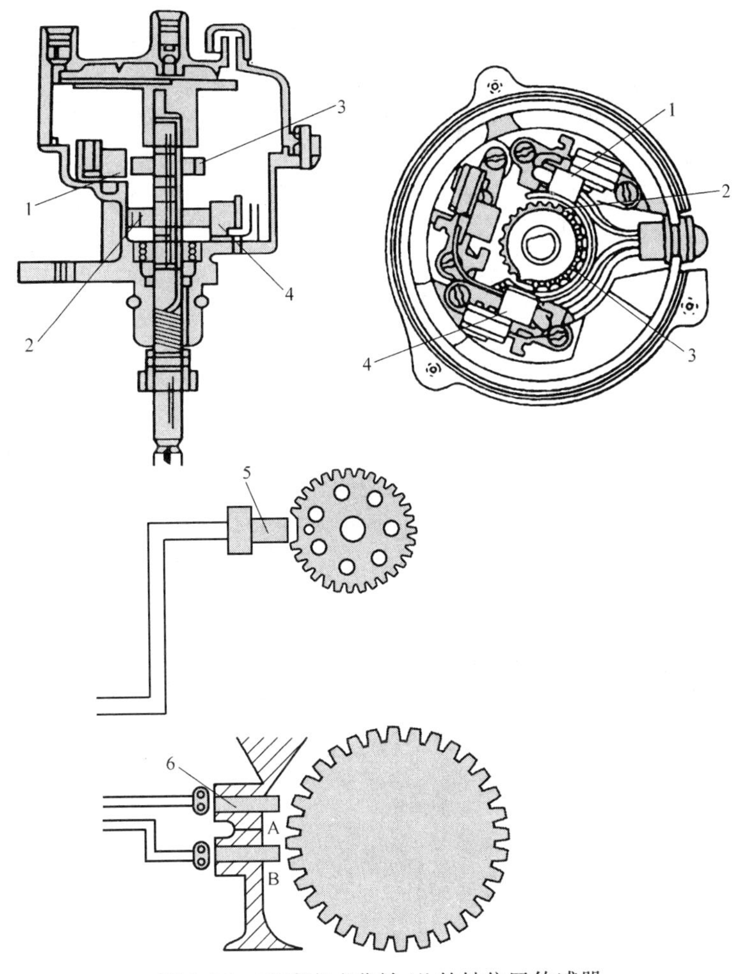

图 5-20　磁感应式曲轴/凸轮轴位置传感器

1—转速信号感应线圈　2—转速信号转子　3—上止点信号转子　4—上止点信号感应线圈
5—凸轮轴位置传感器和触发轮　6—曲轴位置传感器和触发轮

4. 霍尔式曲轴/凸轮轴位置传感器

霍尔式传感器是一种利用霍尔效应的信号发生器。霍尔信号发生器安装在分电器内，与分火头同轴，如图 5-21 所示，由封装的霍尔芯片和永久磁铁做成整体固定在分电器盘上。触发叶轮上的缺口数和发动机气缸数相同。

当触发叶轮上的叶片进入永久磁铁与霍尔元件之间时，霍尔触发器的磁场被叶片旁路（图 5-22a），这时不产生霍尔电压，传感器无输出信号；当触发叶轮上的缺口部分进入永久磁铁和霍尔元件之间时，磁感线进入霍尔元件，霍尔电压升高，传感器输出电压信号（图 5-22b）。

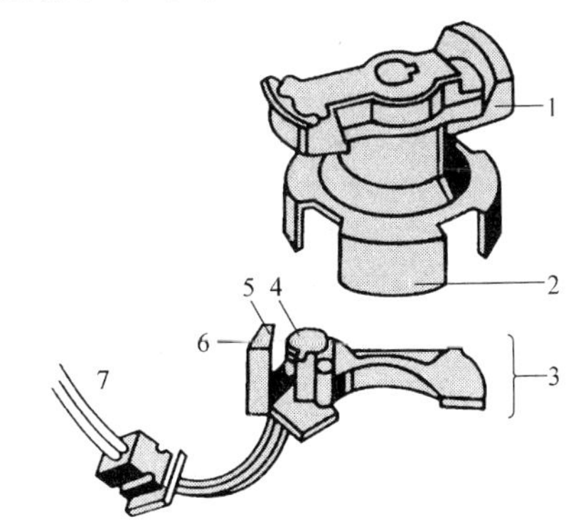

图 5-21　霍尔信号发生器

1—分火头　2—触发叶轮　3—触发开关板　4—永久磁铁
5—霍尔芯片和集成电路　6—气隙　7—电插头

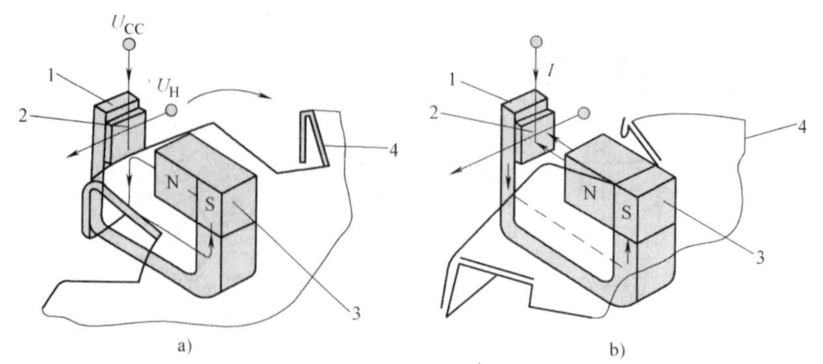

图 5-22　霍尔式曲轴/凸轮轴位置传感器工作原理
a）叶片进入气隙，磁场被旁路　b）叶片离开气隙，磁场饱和
1—磁轭　2—霍尔集成电路　3—永久磁铁　4—触发叶轮

由于霍尔式传感器输出电压的幅度不像磁感应式传感器受发动机转速的影响，且其结构简单、工作可靠、抗干扰能力强，因此应用十分广泛，如奥迪、桑塔纳和红旗等轿车均采用这种形式。霍尔式传感器可以装在曲轴前、后端以检测发动机的转速和曲轴位置，若装在凸轮轴前端，则可作为点火控制和顺序喷油控制的判缸信号。

（三）节气门位置传感器

节气门位置传感器安装在节气门体上，用以检测节气门的开度及开度变化，并将此信号输入 ECU，控制燃油喷射及其他辅助控制。

（1）触点开关式节气门位置传感器　由滑动触点和两个固定触点（全负荷触点和怠速触点）组成，通过触点间的接触，可检测节气门开度状态，判定发动机运行工况，如图 5-23 所示。

节气门全关闭时，滑动触点与怠速触点接触；当节气门开度达 50°以上时，滑动触点与全负荷触点接触。

（2）线性可变电阻式节气门位置传感器　利用触点在电阻体上的滑动来改变电阻值，测得节气门开度的线形输出电压，可知节气门开度。全关时电压信号应约为 0.5V，随节气门增大，信号电压增强，全开时约为 5V，如图 5-24 所示。

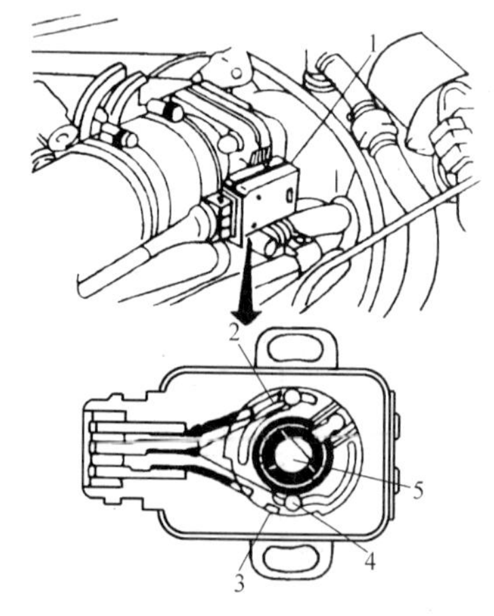

图 5-23　触点开关式节气门位置传感器
1—节气门位置传感器　2—怠速触点
3—全负荷触点　4—滑动触点　5—节气门轴

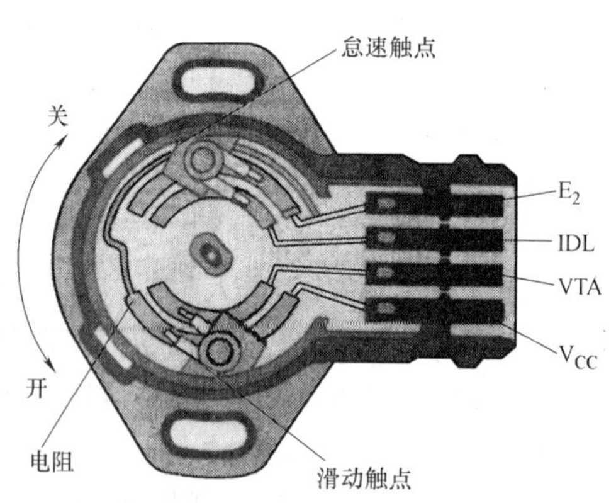

图 5-24　线性可变电阻式节气门位置传感器

(3) 触点与可变电阻组合式节气门位置传感器　由一个电位计和一个怠速触点组成，工作原理和前两种相同。

(四) 温度传感器

在电控汽油喷射发动机上有两种温度传感器：一种是冷却液温度传感器，另一种是进气温度传感器。

冷却液温度传感器通常采用热敏电阻来检测冷却液温度，其结构如图 5-25 所示，热敏电阻由铜套封住。当热敏电阻阻值发生变化时，冷却液温度传感器输出的电压信号随之改变。热敏电阻是一种负温度系数的敏感元件，冷却液温度降低时，热敏电阻阻值增大，冷却液温度升高时热敏电阻阻值减小。若 ECU 检测到的冷却液温度传感器信号电压高，ECU 将控制增加喷油，改善冷机的驱动性能；反之，则减少喷油。

进气温度传感器（图 5-26）与冷却液温度传感器相同，也采用负温度系数的热敏电阻作为敏感元件，只是热敏电阻裸露在大气中，用以检测发动机的进气温度。在采用速度—密度法测量的喷射系统中，进气温度传感器安装在空气滤清器的壳体内或进气管内。由于进气密度随温度而变化，因此 ECU 必须根据温度信号对喷油量进行修正，以获得最佳空燃比。

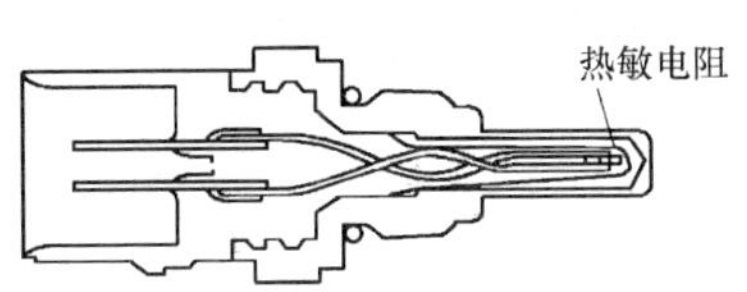

图 5-25　热敏式冷却液温度传感器

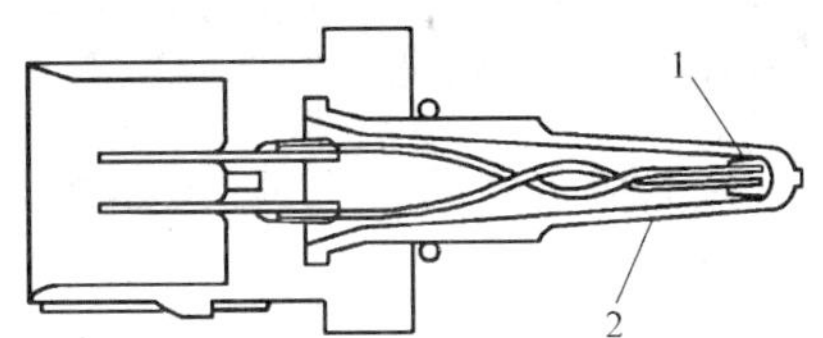

图 5-26　热敏式进气温度传感器
1—热敏电阻　2—外壳（树脂材料）

(五) 氧传感器

在使用三元催化转化器以减少排气污染的发动机上，氧传感器是必不可少的元件。由于混合气的空燃比一旦偏离理论空燃比，三元催化剂对 CO、HC 和 NO_x 的净化能力将急剧下降，故在排气管中安装氧传感器，用以检测排气中氧的浓度，并向 ECU 发出反馈信号，再由 ECU 控制喷油器喷油量的增减，从而将混合气的空燃比控制在理论值附近。

目前常用的氧传感器由氧化锆式和氧化钛式两种。图 5-27 所示为氧化锆式氧传感器实物和工作原理图。

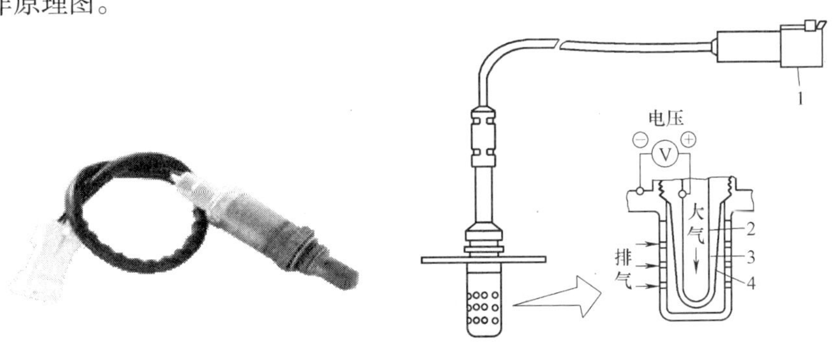

图 5-27　氧化锆式氧传感器实物和工作原理
1—接线端子　2—大气侧铂电极　3—陶瓷体　4—排气侧铂电极

氧传感器的工作原理与干电池相似，传感器中的氧化锆元素起类似电解液的作用。其基本工作原理是：在一定条件下（高温和铂催化），利用氧化锆内外两侧的氧浓度差，产生电位差，且浓度差越大，电位差越大。大气中氧的含量约为21%，浓混合气燃烧后的废气实际上不含氧，稀混合气燃烧后生成的废气或因缺火产生的废气中含有较多的氧，但仍比大气中的氧少得多。在高温及铂的催化下，带负电的氧离子吸附在氧化锆套管的内外表面上。由于大气中的氧气比废气中的氧气多，套管上与大气相通一侧比废气一侧吸附更多的负离子，两侧离子的浓度差产生电动势。当套管废气一侧的氧浓度低时，在电极之间产生一个高电压（0.6～1V），这个电压信号被送到ECU放大处理，ECU把高电压信号看作浓混合气，而把低电压信号看作稀混合气。根据氧传感器的电压信号，ECU按照尽可能接近14.7:1的理论最佳空燃比来稀释或加浓混合气，因此氧传感器是电子控制燃油量的关键传感器。氧传感器只有在高温时（端部达到300℃以上）其特性才能充分体现，才能输出电压。它在约800℃时，对混合气的变化反应最快，而在低温时这种特性会发生很大变化。

项目8　汽油机电控燃油喷射系统执行器结构认识

一、汽油机电控燃油喷射系统执行器的功用

汽油机电控燃油喷射系统如图5-28所示。

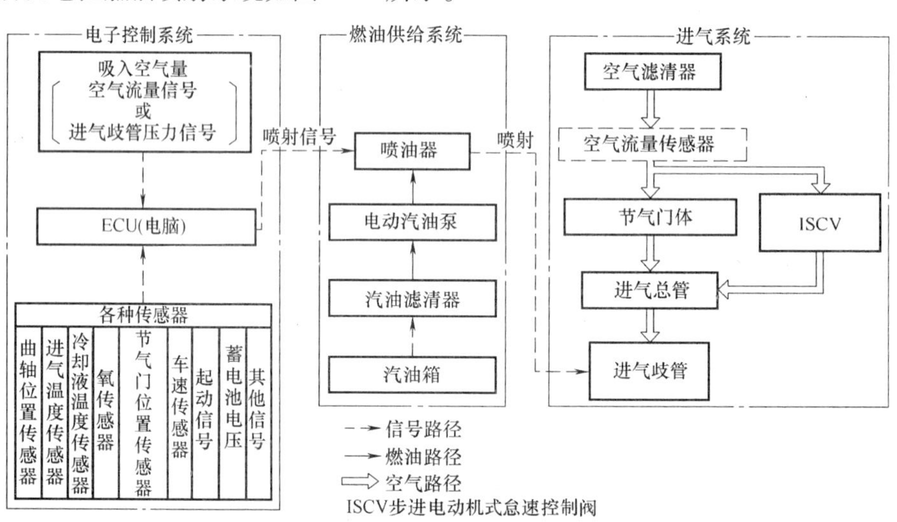

图5-28　汽油机电控燃油喷射系统图

在汽油机电控燃油喷射系统中，执行器主要用以执行发动机ECU发出的各种控制指令，主要由电动汽油泵、电磁喷油器、怠速控制阀、废气再循环阀及自诊断系统等组成。

二、电控燃油喷射系统主要执行器的结构认识

1. 电动汽油泵

电动汽油泵的作用是把汽油从汽油箱中吸出并通过喷油器供给发动机各气缸。

电动汽油泵的类型按安装位置不同分为：内置式（安装在汽油箱中，具有噪声小、不

易产生气阻、不易泄漏、管路安装简单等特点）和外置式（串接在汽油箱外部的输油管路中，易布置、安装自由大，但噪声大、易产生气阻）两种。

按电动汽油泵的结构不同分为：涡轮式、滚柱式和转子式三种。

（1）涡轮式电动汽油泵

1）结构：主要由汽油泵电动机、涡轮泵、出油阀、卸压阀组成，如图5-29所示。

2）原理：汽油泵电动机通电时，电动机驱动涡轮泵叶片旋转，由于离心力的作用，使叶轮周围小槽内的叶片贴紧泵壳，将汽油从进油室带往出油室。由于进油室的汽油不断增多，形成一定的真空度，将汽油从进油口吸入；而出油室汽油不断增多，汽油压力升高，当达到一定值时，顶开出油阀出油口输出。出油阀在汽油泵不工作时阻止汽油流回汽油箱，保持油路中有一定的压力，便于下次起动。

3）优点：泵油量大、泵油压力较高、供油压力稳定、运转噪声小、使用寿命长等。此外，由于不需要消声器，所以可以小型化，因此广泛地应用在轿车上，如捷达、本田雅阁等。

（2）滚柱式电动汽油泵

1）结构：主要由汽油泵电动机、滚柱式汽油泵、出油阀、卸压阀等组成，如图5-30所示。

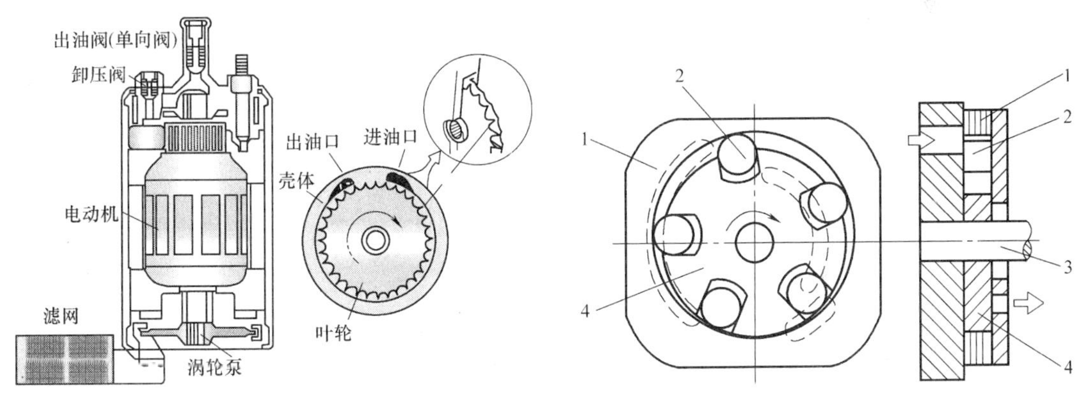

图5-29　涡轮式电动汽油泵

图5-30　滚柱式电动汽油泵
1—定子　2—滚柱　3—电动机轴　4—转子

2）原理：当转子旋转时，位于转子槽内的滚柱在离心力的作用下，紧压在泵体内表面上，对周围起密封作用，在相邻两个滚柱之间形成工作腔。在汽油泵运转过程中，工作腔转过出油口后，其容积不断增大，形成一定的真空度，当转到与进油口连通时，将汽油吸入；而吸满汽油的工作腔转过进油口后，容积不断减小，使汽油压力提高，受压汽油流过电动机，从出油口输出。

（3）转子式电动汽油泵

1）结构：主要由汽油泵、永磁电动机、溢流阀、单向阀和外壳等组成，如图5-31所示。

2）原理：汽油泵装在汽油箱内，由电动机驱动。当转子旋转时，各个工作腔的容积在不断变化。某一工作腔从进油口转过时，容积增大，产生真空而形成吸油过程；当某一工作腔从出油口转过时，则容积减小，产生高压而形成泄油过程。当泵体油压超过一定值时，汽油顶开单向阀向油路供油。当油路堵塞时，卸压阀开启，泄出的汽油返回汽油箱。

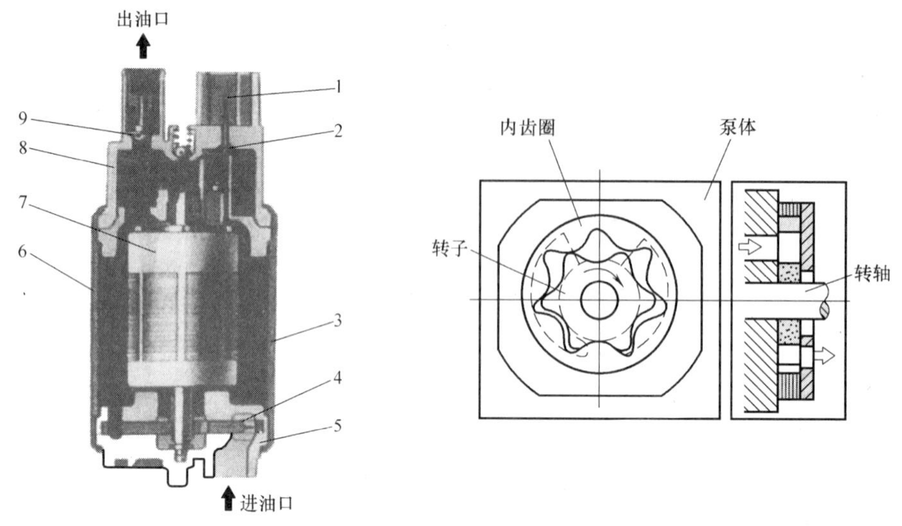

图 5-31　转子式电动汽油泵
1—插头　2—溢流阀　3—磁铁　4—叶轮　5—下端盖　6—壳体　7—电枢　8—上端盖　9—出油阀

桑塔纳 2000GSi 轿车就是用的这种类型的电动汽油泵。

2. 电磁喷油器

电磁喷油器的作用是根据 ECU 发出的喷油信号，精确地计量汽油喷射量，同时将汽油喷射后雾化。

如图 5-32 所示，电磁喷油器的结构主要是由喷油器壳体、针阀、弹簧、衔铁及电磁线圈等组成。

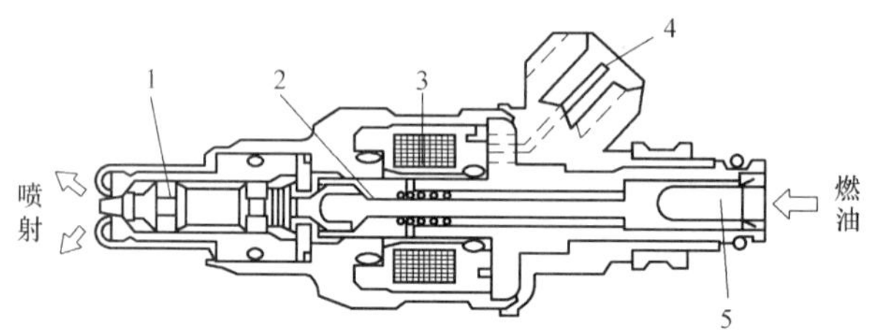

图 5-32　电磁喷油器的基本结构
1—针阀　2—电磁衔铁　3—电磁线圈　4—电插头　5—喷油器壳体

当 ECU 发出喷油脉冲信号时，喷油器的电磁线圈电路被触发接通，电磁线圈产生电磁吸力，吸动衔铁带动针阀离开阀座上移约 0.1mm，压力油从针阀与阀座之间的精密环形缝隙中喷出。为使汽油能被充分雾化，轴针的前端被加工成针状。当喷油信号结束后，喷油器电磁线圈的电流被切断，电磁力迅速消失，在喷油器螺旋弹簧的作用下，针阀迅速回位，阀门关闭，喷油器停止喷油。

3. 怠速控制阀

发动机怠速控制系统除了稳定的发动机怠速转速外，还能根据发动机怠速时的负荷变化情况，自动调节发动机怠速转速，使发动机处于最佳的怠速状态，既保证怠速运转的稳定，又尽可能降低汽油消耗和排放污染。

汽油机电控燃油喷射系统怠速控制方式分为两类：一类是控制节气门关闭位置的节气门直动式，另一类是控制节气门旁通气道空气量的旁通空气道式。

图 5-33 所示为桑塔纳 2000GSi 轿车 AJR 型发动机所采用的节气门直动式怠速控制。它采用怠速控制电动机，通过齿轮传动机构来操纵节气门开度。节气门位置传感器将节气门开度信号输送给发动机 ECU，发动机 ECU 根据传感器检测到的发动机工况信息，确定目标转速，并与发动机实际转速进行比较，再根据差值确定相应的控制量，对怠速控制电动机进行控制，保证发动机维持在最佳怠速。

控制节气门旁通气道空气量的旁通空气道式怠速控制机构如图 5-34 所示。

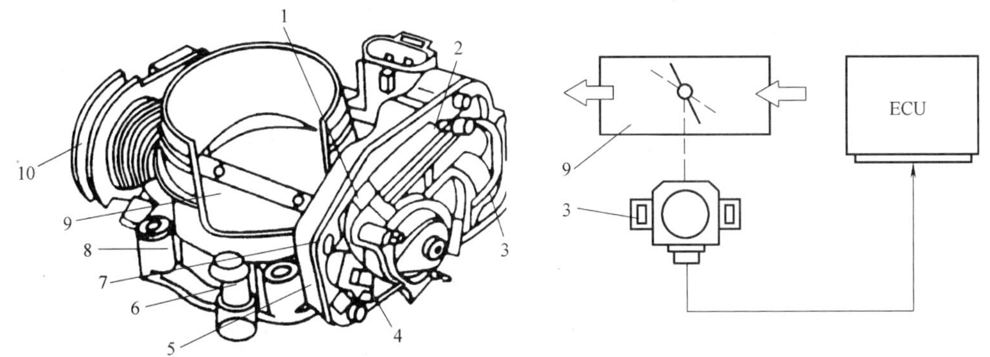

图 5-33　节气门直动式怠速控制

1—怠速节气门位置传感器　2—应急弹簧　3—怠速控制电动机
4—节气门位置传感器　5—整体式怠速调节装置　6—热水进口
7—怠速开关　8—热水出口　9—节气门　10—节气门调节机构

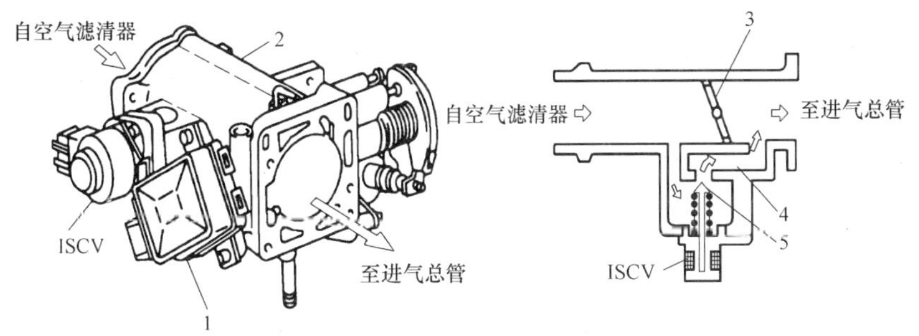

图 5-34　旁通空气道式怠速控制机构示意图

1—节气门位置传感器　2—节气门体　3—节气门　4—旁通道　5—阀门

单元6

柴油机燃油供给系统

柴油机燃油供给系统的任务，就是按照柴油机工作次序及不同工况的要求，在每一工作循环中，把干净的柴油按一定规律和要求供给气缸，使其与空气形成可燃混合气并自行着火燃烧，把柴油中含有的化学能释放出来，通过曲柄连杆机构转变为机械能。与汽油相比，柴油粘度大，蒸发性差，不可能像汽油机一样在气缸外部与空气形成均匀的混合气，故采用高压喷射，在压缩行程终了时把柴油喷入气缸，直接在气缸内部形成混合气；柴油的着火点较汽油低，可利用压缩行程末期气缸内气体的高温、高压自行着火燃烧。

项目9 柴油机燃油供给系统结构原理及总体拆装

一、柴油机燃油供给系统的总体组成

柴油机燃油供给系统由燃油供给、空气供给、混合气形成及废气排出四套装置组成。柴油机燃油供给系统总体组成如图6-1所示，可分为低压与高压两个油路。所谓低压是指从柴油箱到喷油泵入口的这段油路中的油压，因它是由输油泵建立的，而输油泵的出油压力一般为0.15~0.3MPa，故这段油路称为低压油路。高压油路是指从喷油泵到喷油器的这段油路，该油路中的油压是由喷油泵建立的，一般在10MPa以上。

二、基本工作原理

在低压油路中，输油泵6从柴油箱2内将柴油吸出，经柴油粗滤器1滤去较大颗粒的杂质，再经柴油细滤器13滤去细微杂质后进入喷油泵4。喷油泵将低压柴油增压后，经高压油管10、喷油器9以一定的压力和一定的雾化质量喷入燃烧室，形成可燃混合气。输油泵输送给喷油泵的多余柴油和喷油器泄漏的柴油经回油管8流回柴油箱。

三、柴油机燃油供给系统的主要零部件结构及原理

喷油器的功用是把柴油雾化成细小的颗粒，并喷射到燃烧室中。对喷油器的要求是：

1）应具有一定的喷射压力和射程，以及合适的喷注锥角。

2）在规定的停止喷油时刻应立即切断柴油的供给，不发生滴油现象。

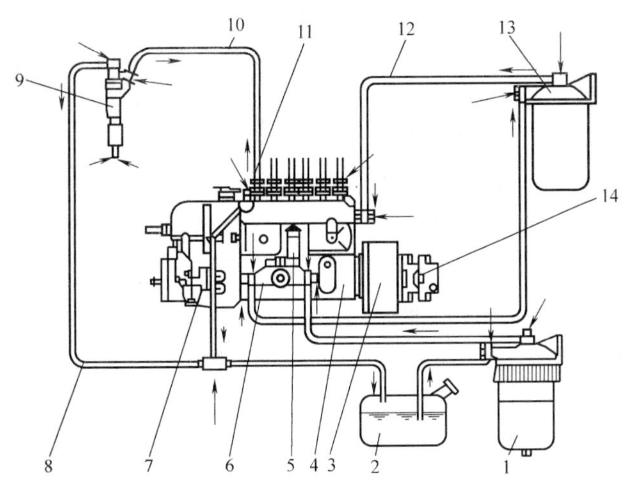

图 6-1　柴油机燃油供给系统总体组成
1—柴油粗滤器　2—柴油箱　3—供油提前角自动调节器　4—喷油泵
5—手油泵　6—输油泵　7—调速器　8—回油管　9—喷油器
10—高压油管　11—溢油阀　12—低压油管　13—柴油细滤器　14—联轴节

常见的喷油器有孔式和轴针式两种形式：

（1）孔式喷油器　孔式喷油器主要用于具有直接喷射燃烧室的柴油机。孔式喷油器结构如图 6-2 所示，它主要由针阀、针阀体、顶杆、调压弹簧、调压螺钉、喷油器体组成。

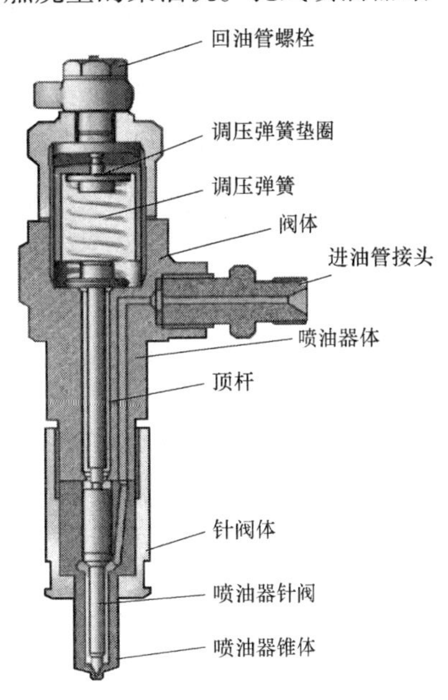

图 6-2　孔式喷油器结构示意图

孔式喷油器的针阀和针阀体是用优质轴承钢制成的一对不能互换的高精密偶件。针阀上部的圆柱表面与针阀体的相应内圆柱面作高精度的滑动配合，配合间隙为 0.002 ~0.004mm。此间隙过大则能发生漏油而使油压下降，影响喷雾质量；间隙过小时针阀将不能自由滑动。针阀中部的环形承压锥面位于针阀体的环形油腔中，其作用是承受由油压产生的轴向推力，以使针阀上升。针阀底部的圆锥头磨成与阀座锥角略有不同的一个夹角，这样就造成了线接触阀座，这种锥面的配合不仅用于打开或切断高压油与燃烧室的通路，而且防止了漏油。针阀体与喷油器体的接合处一般有 1 ~2 个定位销防止转动，以免影响正常供油。

其工作原理为：装在喷油器体上部的调压弹簧通过顶杆使针阀紧压在针阀体的密封锥面上，将喷孔关闭。由喷油泵输出的高压柴油从进油管接头经过针阀体中的孔道进入针阀中部周围的环状空间。油压作用在针阀的承压锥面上，造成一个向上的轴向推力，当此推力克服了调压弹簧的预紧力以及针阀与针阀体间的摩擦力后，针阀即上移而打开喷孔，高压柴油便从针阀体下端的两个喷孔喷出。当喷油泵停止供油时，由于油压迅速下降，针阀在调压弹簧作用下及时回位，将喷孔关闭。喷射开始时的喷油压力取决于调压弹簧的预紧力，其预紧力用调压弹簧垫圈调节。

在喷油器工作期间，有少量柴油渗入针阀体与针阀之间的间隙。这部分柴油对针阀起润滑作用，并沿顶杆周围的空隙上升，通过回油管螺栓上的孔进入回油管，流回柴油箱。

孔式喷油器一般在喷油器头部加工 1 ~8 个小孔，孔径 0.2 ~0.8mm，其优点是喷孔的位置和方向与燃烧室形状相适应，以保证油雾直接喷射在燃烧室空间或燃烧室内壁上；喷射压力较高，柴油雾化效果较好。其缺点是喷油头细长，喷孔小，加工精度高，且喷孔易堵塞。

孔式喷油器喷油嘴结构如图 6-3 所示。

（2）轴针式喷油器　轴针式喷油器的工作原理与孔式的相同，在构造上与孔式的不同之处是：轴针式喷油器的针阀下端的密封锥面以下还延伸出一个轴针，其形状呈倒锥形或圆柱形。轴针伸出喷孔外，使喷孔呈圆环状的狭缝，喷油时喷注呈空心的锥状或柱形。

为使发动机工作柔和，改善后期燃烧条件，喷油器最好在每一循环的供油过程中，开始喷油少，中间时刻喷油多，后期喷油少。轴针式喷油器有两个可变的节流断面，如图 6-4所示，喷孔的截面积随针阀的升程增大，其通过断面是先小后大又变小，因而喷油量前、后期少，而中期多，因此喷油特性好。

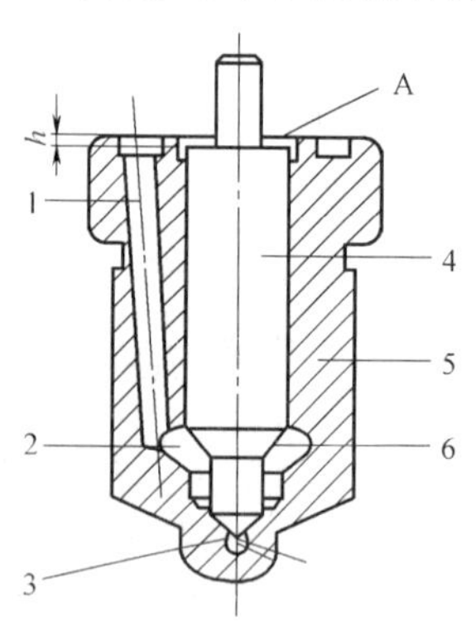

图 6-3　喷油器喷油嘴结构示意图

1—进油道　2—高压油枪　3—喷孔　4—针阀　5—针阀体　6—承压锥面　A—限位面　*h*—针阀升程

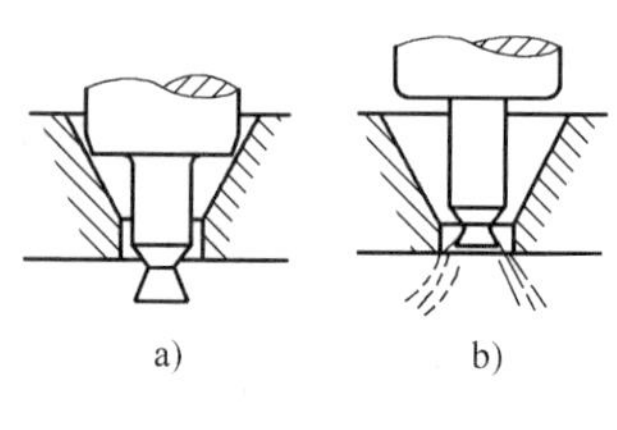

图 6-4　喷油器的喷油情况

a）不喷油　b）喷油

常见的轴针式喷油器只有一个喷孔。由于喷孔直径较大，一般为 1 ~3mm，易于加工。喷油压力为 10 ~13MPa，适用于对喷雾质量要求不高的涡流室式燃烧室和预燃室式燃烧室。而且轴针式喷油器在工作时，孔内有轴针上下运动，喷孔不易积炭，还能自行清除积炭，因此有自洁功能。

四、柴油机燃油供给系统总体拆装

按以下顺序依次拆卸：

1. 拆卸油路及其相关元件

1）放完柴油箱及油管中的柴油，关闭柴油箱下面的油管阀门。

2）依次拆卸油管螺母、油管、柴油滤清器、柴油箱和水箱。

注意：油路元件务必做好保洁工作，不要让其受到污染。

2. 拆卸电起动装置

1）断开电源。

2）依次拆卸电源、起动开关和电动机。

3. 拆卸进、排气装置

依次拆卸进/排气管、空气滤清器，并将其放到指定的位置。

4. 拆卸气缸盖罩、气缸盖及其相关元件、喷油器

1）拆卸气缸盖罩，然后依次拆卸摇臂、推杆。

2）拆卸喷油器，卸载气缸盖。

5. 拆卸飞轮和线圈

6. 拆卸齿轮盖及齿轮组、调速器、凸轮轴及挺柱

1）拆卸齿轮盖边缘螺母，并取下齿轮盖。

2）依次拆卸齿轮、调速器、凸轮轴及挺柱。

注意：调速器上有6颗钢球及相关元件，确保其不掉落丢失；先取下凸轮轴，然后再取出挺柱。

7. 拆卸活塞和曲轴

8. 拆卸机油缸及其设备

1）应拧开放油螺塞放尽机油。

2）放倒发动机，拆下油底壳以及其他相关设备。

安装顺序一般与拆卸相反，在此不再叙述。

项目10 柱塞式喷油泵结构总成原理及拆装

一、柱塞式喷油泵结构总成及工作原理

1. 喷油泵作用

1）提高油压（定压）：将喷油压力提高到10～20MPa。

2）控制喷油时间（定时）：按规定的时间控制喷油和停止喷油。与各个气缸的发火顺序有关。

3）控制喷油量（定量）：根据柴油机的工作情况，改变喷油量的多少，以调节柴油机的转速和功率。

2. 柱塞式喷油泵结构和工作原理

（1）柱塞式喷油泵结构　柱塞式喷油泵由四大部分组成：分泵、油量调节机构、驱动机构和泵体，如图6-5所示。

1）分泵：分泵是带有一副柱塞偶件的泵油机构，分泵的数目与发动机的缸数相等。如图6-6所示，分泵主要由柱塞偶件、柱塞弹簧、弹簧下座出油阀偶件、出油阀弹簧、减容器及出油阀压紧座等零件组成。

两大偶件（见图6-7）：柱塞和柱塞套是一对精密偶件，配对研磨后不能互换，要求其具有高的精度和表面粗糙度以及好的耐磨性，其径向间隙为0.002～0.003mm。柱塞头部圆柱面上切有斜槽，并通过径向孔、轴向孔与顶部相通，其作用是改变循环供油量；柱塞套上制有进、回油孔，柱塞套装入泵上体后，用定位螺钉定位。

图 6-5　喷油泵结构
1—分泵　2—驱动轴　3—油量调节机构　4—泵体　5—输油泵

出油阀和出油阀座也是一对精密偶件，配对研磨后不能互换。出油阀是一个单向阀，在弹簧压力作用下，阀上部圆锥面与阀座严密配合。出油阀的下部呈十字断面，既能导向，又能通过柴油。出油阀的锥面下有一个小的圆柱面，称为减压环带，其作用是在供油终了时，使高压油管内的油压迅速下降，避免喷孔处产生滴油现象。当环带落入阀座内时则使上方容积很快增大，压力迅速减小，喷油器立即停止喷油。

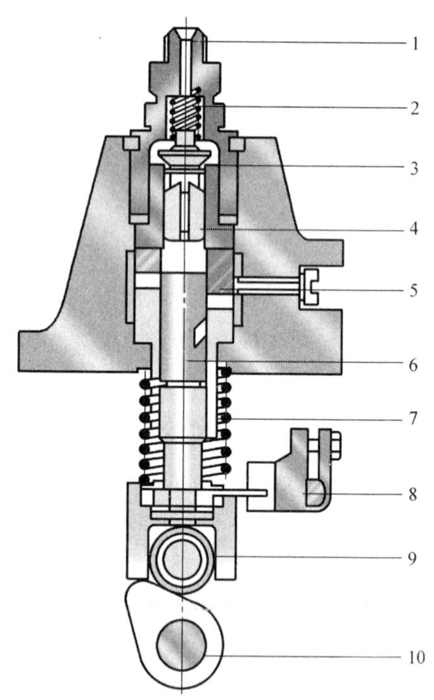

图 6-6　分泵结构图
1—高压油管接头　2—出油阀弹簧　3—出油阀座
4—出油阀　5—柱塞套　6—柱塞　7—柱塞弹簧
8—油量调节机构　9—滚轮体　10—凸轮轴

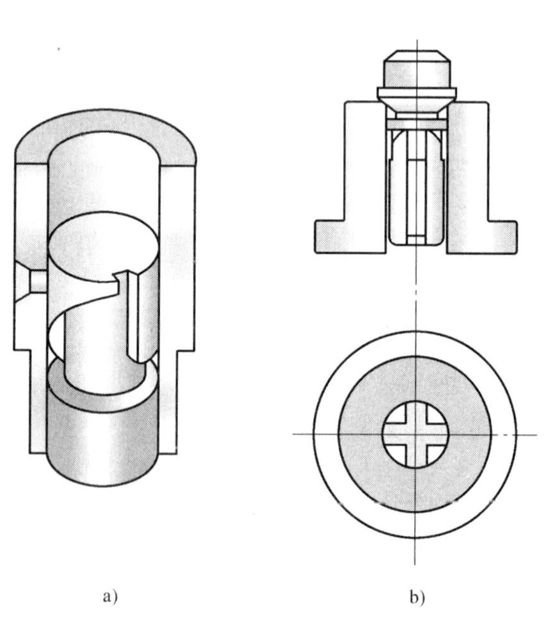

图 6-7　柱塞式喷油泵两大偶件
a）柱塞 + 柱塞套　b）出油阀 + 出油阀座

2）油量调节机构：它是根据柴油机负荷和转速的变化相应改变喷油泵的供油量。改变供油量的办法是转动柱塞，通过改变供油行程来完成的。多缸机还要注意各缸供油均匀性的调整。常用的油量调节机构有齿杆式油量调节机构和拨叉式油量调节机构，如图6-8所示。

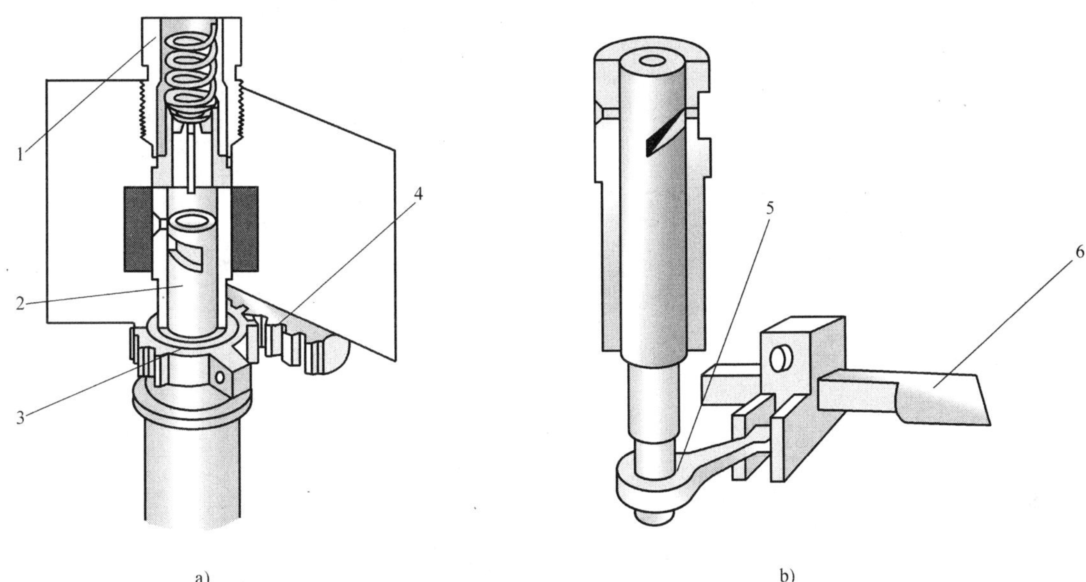

图6-8　油量调节机构

a）齿杆式油量调节机构　b）拨叉式油量调节机构

1—柱塞套　2—柱塞　3—齿圈　4—齿杆　5—拨叉　6—供油拉杆

齿杆式油量调节机构原理：齿杆的轴向位置由驾驶员或调速器控制。移动齿杆时，齿圈带动柱塞相对于柱塞套转动，以调节供油量。

拨叉式油量调节机构原理：供油拉杆的轴向位置由驾驶员或调速器控制。轴向移动供油拉杆时，拨叉带动调节臂及柱塞相对柱塞套转动，从而调节了供油量。

3）驱动机构：它是由凸轮轴和滚轮体总成组成。凸轮轴上的凸轮数目与缸数相同，排列顺序与柴油机的工作顺序相同。喷油泵凸轮轴是曲轴通过齿轮驱动的，曲轴转两圈，各缸喷油一次，凸轮轴只需转一圈就喷油一次，二者速比为2∶1。喷油泵凸轮轴的旋转方向与曲轴相同。相邻工作两缸凸轮间的夹角叫供油间隔角，角度的大小同配气机构凸轮轴同名凸轮的排列，四缸柴油机为90°，六缸柴油机为60°。

滚轮体的功用是把凸轮的旋转运动变为自身的直线往复运动，推动柱塞上行供油。另外，通过调整滚轮体的高度还可以调整各分泵的供油提前角和供油间隔角。如图6-9所示，滚轮体有调整螺钉式和调整垫块式两种形式。

调整螺钉式：在滚轮架上端有工作高度可调节的调整螺钉，拧出调整螺钉，供油提前角即增大；拧入螺钉，供油提前角即减小。

调整垫块式：带有滑动配合衬套的滚轮体松套在滚轮轴上，滚轮轴也松套在滚轮架的座孔中。调整垫块安装在滚轮架的座孔中，用耐磨材料制成，调整垫块厚度即可调整供油提前角。

4）泵体：泵体是喷油泵的基础件，所有零件通过它组合在一起构成喷油泵整体，用铝合金铸造成形。

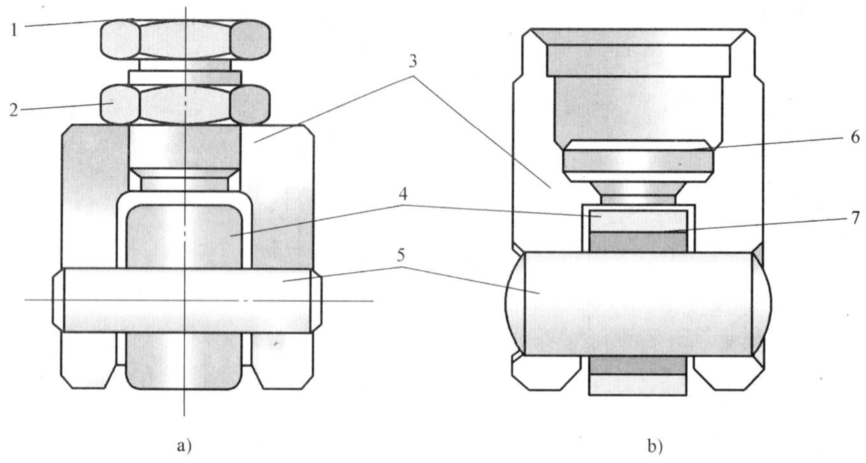

图 6-9　滚轮体结构示意图
a）调整螺钉式　b）调整垫块式
1—调整螺钉　2—锁紧螺母　3—滚轮架
4—滚轮　5—滚轮轴　6—调整垫块　7—衬套

（2）柱塞式喷油泵工作原理　喷油泵的工作原理如图 6-10 所示。柱塞圆柱表面上铣有斜槽，斜槽内腔与柱塞上面的泵油腔有孔道相通。柱塞套上有油孔与低压油腔相通。柱塞上方有出油阀偶件，其上方装有出油阀弹簧（图中未画出）。柱塞由凸轮驱动，在柱塞套内做往复直线运动，还可以绕自身轴线在一定角度内转动。柱塞工作过程可分为吸油、压油和回油三个过程。

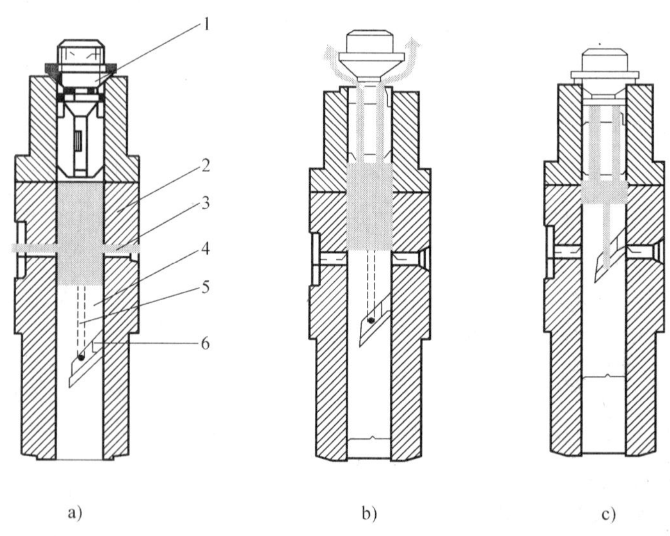

图 6-10　柱塞式喷油泵工作原理示意图
a）吸油　b）压油　c）回油
1—出油阀　2—柱塞套　3—油孔
4—柱塞　5—中央油孔　6—斜槽

1）吸油：如图 6-10a 所示，柱塞下移时，柱塞上方容积加大，压力下降，油自柱塞套上的油孔 3 被吸入，充满柱塞上方空间。

2）压油：当凸轮驱动柱塞上移时，上方容积减小，油压增大，起初有一部分油自油孔 3 流回低压油腔，直到柱塞上升到柱塞圆柱面将油孔 3 完全封闭为止。此时柱塞继续上移，上方油压继续升高，直到克服出油阀弹簧弹力，推开出油阀，高压油自出油阀流出至喷油器（图 6-10b）。

3）回油：当柱塞继续上移到图 6-10c 位置时，斜槽 6 与油孔 3 接通，于是柱塞上方的高压油便经过柱塞中央的孔道 5 流回斜槽 6，经油孔 3 流回低压油腔，这时油压迅速下降，出油阀在弹簧压力下立即回位，喷油泵停止供油。

二、柱塞式喷油泵拆装

1. 拆卸

1）拆卸前应用清洁柴油将喷油泵的外部和拆装工具清洗干净。

2）拆下出油阀座、柱塞套定位螺钉、推杆体和导向螺钉，其余零件从喷油泵体前后分别取出。如出油阀垫圈因长期压紧而变形，使出油阀座和柱塞套不能靠其自身重量自由取出时，可用直径大于柱塞套外直径的清洁木棒从泵体后部推压柱塞套取出。

3）柱塞偶件、出油阀偶件的工作面不能碰伤、刮伤，不能沾上污物，拆下后应在清洁柴油中清洗干净，成对装好放置，更换时必须成对更换。

2. 装配

1）将柱塞套装入喷油泵体内，并使定位槽对准喷油泵体上定位螺钉孔，把密封垫圈装入定位螺钉孔，拧上定位螺钉（注意千万不要漏装密封垫圈）。柱塞套装好后，应能轴向移动并可作微量转动，不应卡滞，然后安装出油阀及其垫圈，拧紧出油阀座。

2）将调节齿轮上的装配记号朝上，此时与柱塞联动的环槽也朝上，并与调节齿杆上的钢印记号对准。

3）将柱塞清洗干净，蘸上一层清洁柴油装入柱塞套内。柱塞台肩上的钢印记号应朝上，并与柱塞套上的记号对准。如看不清或没有装配记号，可将调节齿杆扳到停止供油位置，从泵壳内看到齿杆露出最后一个齿，再把柱塞放在调节齿轮的夹槽内使柱塞的直槽对准柱塞套的进油孔，把柱塞装入柱塞套内。柱塞在柱塞套内应能灵活转动和上下运动，不应卡滞。

4）在装配推杆体时，推杆体上定位槽应对准泵体上的定位孔，装配后滚轮体应转动灵活，拉动调节齿杆时，应灵活无卡滞，在停止供油位置时柱塞头部的直槽应对准柱塞套上的进油孔。

5）将喷油泵总成装入调速器时必须将调节齿杆的凸柄插入调速器杠杆的槽内。然后将节气门关到最小位置，摇转曲轴时喷油泵不喷油，再把节气门开到最大位置，摇转曲轴时喷油泵喷油。经上述试验后方可起动，以免因装配错误造成“飞车”或不能起动。

图 6-11 为 A 型喷油泵零件分解图。

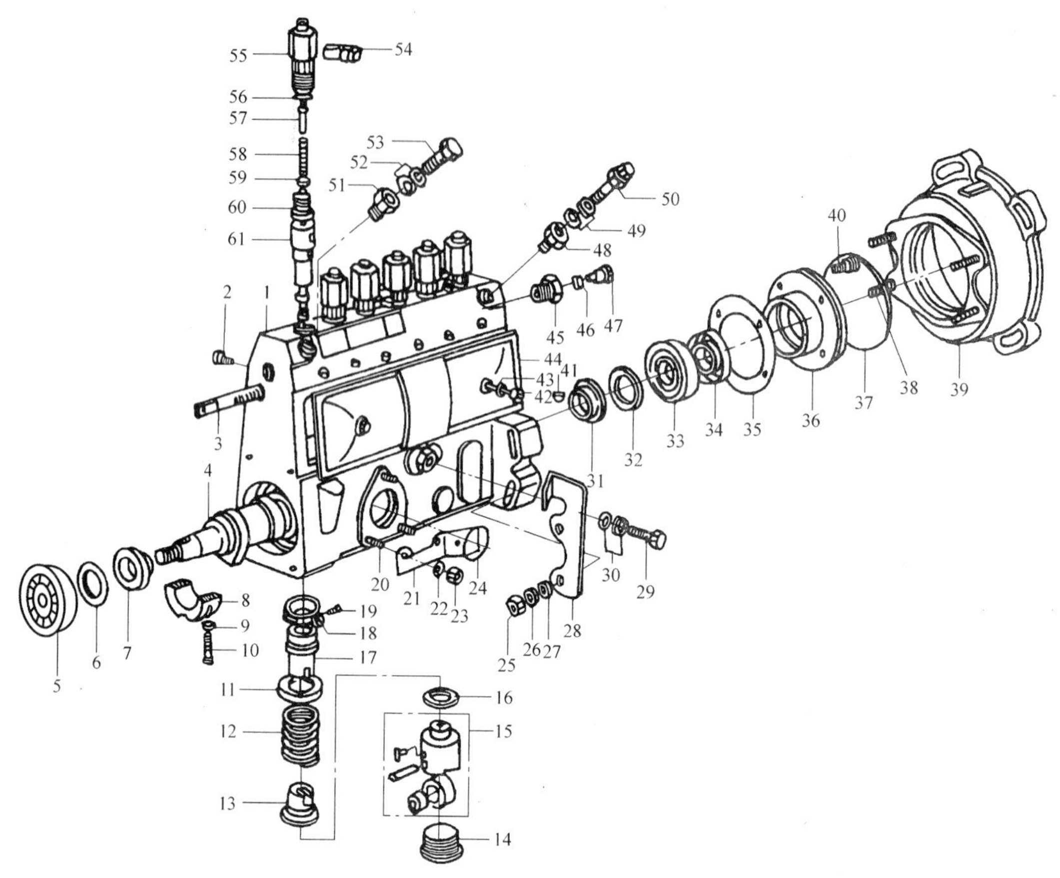

图 6-11　A 型喷油泵零件分解图

1、45、48、51—泵体元件　2—定位螺钉　3—齿杆　4—凸轮轴　5、33—轴承　6—垫片　7、31—轴套　8—中间轴承　9、16、30、32、46、49、52、59—密封垫片　10、19、40、47—螺钉　11—弹簧上座　12—柱塞弹簧　13—弹簧下座　14—螺塞　15—推杆体　17—油量控制套　18—齿圈　20、61—柱塞　21、28—支架　22、26—弹簧垫片　23、25—螺母　24、37、56—O 形密封圈　27、43—平垫片　29—润滑油进油螺钉　34—油封　35—调整垫片　36—轴承座　38、42—螺栓　39—法兰　41—半圆键　44—窗口盖板　50—回油螺钉　53—进油螺钉　54—锁夹　55—出油阀座　57—减容体　58—出油阀弹簧　60—出油阀

思　考　题

1. 柴油机燃油供给系统由哪几部分组成?
2. 试述喷油器的构造及工作原理。
3. 说明柱塞式喷油泵的基本结构及泵油原理。
4. 柱塞式喷油泵是怎样调节供油量的?

单元 7

发动机点火系统

汽油机在压缩行程接近上止点时，可燃混合气是由火花塞点燃的，从而燃烧对外做功，为此，汽油机的燃烧室中都装有火花塞。火花塞有一个中心电极和一个侧电极，两电极之间是绝缘的。当在火花塞两电极间加上直流电压并且电压升高到一定值时，火花塞两电极之间的间隙就会被击穿而产生电火花，能够在火花塞两电极间产生电火花所需要的最低电压称为击穿电压；能够在火花塞两电极间产生电火花的全部设备称为发动机点火系统。

汽车发动机的点火系统同汽车上的其他电器设备一样采用单线制连接，即一端接地，接地的电极可以是正极也可以是负极。由于热的金属表面比冷的金属表面容易发射电子，发动机工作时，火花塞的中心电极较侧电极温度高，因而电子容易从中心电极向侧电极发射。因此，无论是正极接地还是负极接地，均应保证点火瞬间火花塞中心电极为负，即火花电流应从火花塞的侧电极流向中心电极。

项目 11　传统点火系统工作原理及检查调整

一、传统点火系统的组成

传统点火系统的组成如图 7-1 所示。

1）电源：蓄电池，提供低压直流电。

2）点火开关：控制低压电路的通断。

3）点火线圈：变压（初级线圈、次级线圈）。

4）分电器：断电、配电、调整点火时间。

5）火花塞：引入高压电，产生电火花。

6）附加电阻及其短接装置：起动时将附加电阻短接，增大初级电流，增强起动电火花能量，起动后能够稳定初级电流。

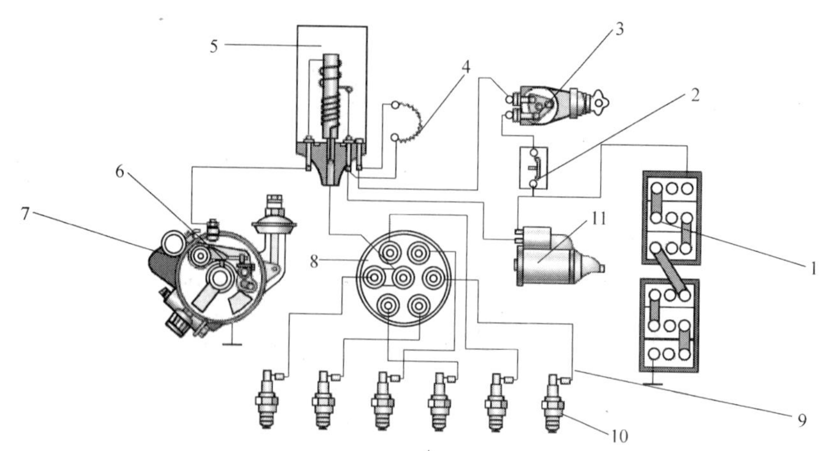

图 7-1 传统点火系统的组成

1—蓄电池 2—电流表 3—点火开关 4—附加电阻 5—点火线圈
6—断电器 7—电容器 8—配电器 9—高压线 10—火花塞 11—起动机

二、工作原理

如图 7-2 所示，电源是蓄电池，其电压为 12V 或 24V，由点火线圈和断电器共同作用产生高压 10000V 以上。点火线圈实际上是一个变压器，主要由初级线圈、次级线圈和铁心组成。断电器是一个由凸轮操纵的开关。断电器凸轮由发动机配气凸轮驱动，并以同样的转速旋转，即曲轴每转两圈，凸轮轴转一圈，为了保证曲轴转两圈各缸轮流点火一次，断电器凸轮的凸棱数一般等于发动机的气缸数，断电器的触点臂与点火线圈的初级线圈串联，用来切断或接通初级线圈的电路。

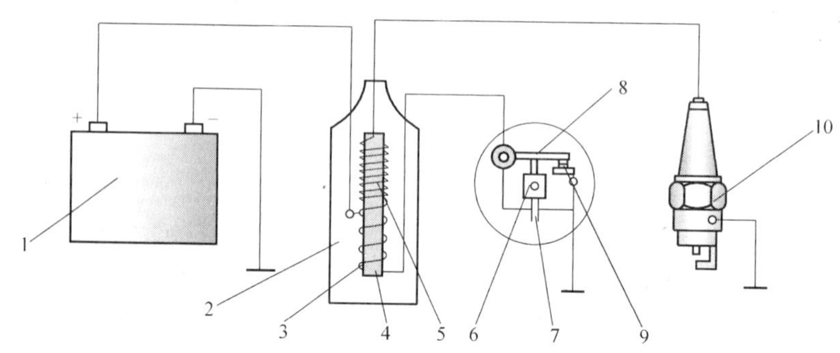

图 7-2 点火系统电路简图

1—蓄电池 2—点火线圈 3—初级线圈 4—铁心 5—次级线圈
6—断电器凸轮 7—电容器 8—触点臂 9—断电器触点 10—火花塞

图 7-3 是蓄电池点火系统的工作示意图。如图 7-3a 所示，触点闭合时，初级电路通电，电流从蓄电池的正极经点火开关→点火线圈的初级线圈→断电器触点→接地流回蓄电池的负极，此为低压电路。

如图 7-3b 所示，断电器凸轮顶开触点即触点断开时，初级电路被切断，初级电路电流迅速下降到零，铁心中的磁通随之迅速衰减以至消失，因而在匝数多的次级线圈中感应出很高的电压，此时分火头正好与侧电极对准，从而将高压电传到对应的火花塞上，使火花塞两极之间的间隙被击穿，产生火花，此为高压电路。

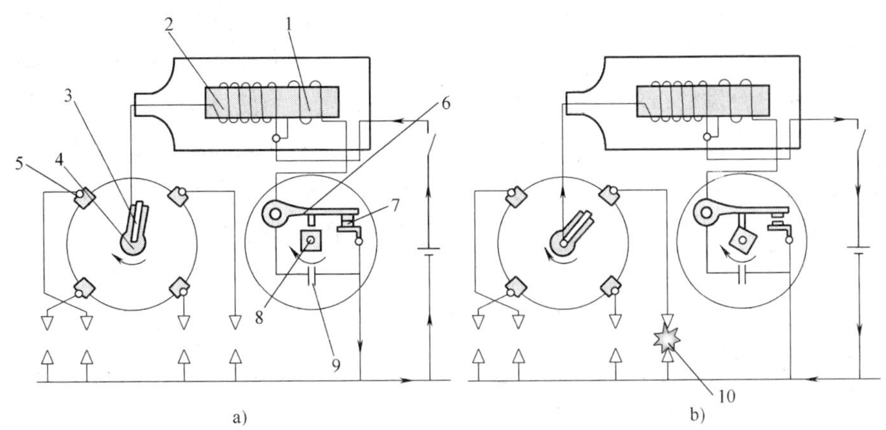

图 7-3　蓄电池点火系统工作示意图
a）触点闭合　b）触点断开
1—初级线圈　2—次级线圈　3—分火头　4—配电器中心电极
5—侧电极　6—活动触点臂　7—断电器触点　8—凸轮　9—电容器　10—火花塞

初级线圈中电流下降的速度越大，铁心中磁通的变化就越大，次级线圈中的感应电压也就越高。

电容器的作用是：断电器触点闭合时，初级线圈中产生自感电流，其方向与初级电流方向相反，从而使初级电流增长减慢，进而影响了次级线圈高压电的产生；触点断开时，初级线圈又感应出较高的自感电流和自感电压，其电压高达 300V，这一电压在触点间产生强烈的火花，造成触点烧蚀。在断电器触点两端并联上电容器后，触点断开时，自感电流对电容器充电，减小了断电器触点间的火花，同时加速了初级电流和磁通量的衰减，从而提高了次级电压。

三、点火提前角

发动机工作时，点火时刻对发动机的工作和性能有很大的影响。混合气燃烧有一定的速度，即从火花塞跳火到气缸内的可燃混合气完全燃烧是需要一定时间的，虽然这段时间很短，不过千分之几秒，但发动机转速很高，在这短时间内，曲轴转过的角度可达相当大的数值。若恰好在活塞到达上止点时点火，则混合气燃烧的同时活塞下移，从而使气缸容积增大，这将导致燃烧压力下降，发动机功率也随之减小。

若点火提前角过大，则活塞还在向上止点移动过程中，气体压力已经很大。这时气体压力作用的方向与活塞运动方向相反，此时发动机有效功减小，发动机功率也将下降。

因此，应当在活塞到达上止点前点火，但使气体压力在活塞到达上止点之后（一般 10°~15°）达到最大，这样在气体压力作用下，热能更多地转化为机械能。点火时，曲轴的曲拐位置与压缩行程结束而活塞在上止点时曲轴曲拐的位置之间的夹角，称为点火提前角。

影响最佳点火提前角的因素有很多，最主要的因素是发动机转速和发动机负荷。当发动机转速一定时，随着负荷的加大（节气门开度加大），进入气缸的可燃混合气增多，压缩终了时的压力和温度增高，因而混合气的燃烧速度增大，这时应适当减小点火提前角；

反之，发动机负荷减小时，应适当加大点火提前角。

当节气门开度一定时，发动机转速增高，相同的燃烧时间对应的曲轴转角增大，这时应适当加大点火提前角，否则燃烧会延续到膨胀过程中，造成功率和经济性下降。

在汽车行驶中，发动机的转速和负荷都经常在变化。为使发动机在不同工况下都能适时地点火，在发动机点火系统中应设有点火提前角自动调节装置，一般有两套，一套能随发动机转速的变化而自动改变点火提前角，即离心式点火提前调节装置；另一套则根据发动机负荷的不同自动调节点火提前角，即真空式点火提前调节装置。

除此之外，最佳提前角还与所用汽油的抗爆性有关。使用辛烷值较高的汽油时，所许用的点火提前角也较大，故当发动机换用不同牌号的汽油时，点火提前角也必须作相应的调整。因此，点火系统中还设有一套手动调节装置（辛烷值选择器）。

四、主要元件结构及作用

1. 分电器

分电器主要由断电器、配电器、点火提前调节装置和电容器组成，如图 7-4 所示。

（1）断电器　断电器的作用是在发动机凸轮轴的驱动下，周期性地接通和切断点火线圈初级电路，使点火线圈及时产生高压电。如图 7-5 所示，断电器主要由断电器底板、固定触点及支架、活动触点及触点臂、片簧和凸轮轴等组成，安装在分电器壳体内部的上方。断电器触点由坚硬而耐高温的钨合金制成，其中固定触点固定在托板上，由偏心螺钉调整其位置，托板套在销钉 5 上，并用紧固螺钉固定于固定底板 7。活动触点装在活动触点臂的一端，在触点臂的中部固定着夹布胶木顶块，靠片簧压紧在凸轮上。两触点断开时的最大间隙称为触点间隙，一般为 0.35 ~ 0.45mm。凸轮呈正多边形，凸轮的边数等于发动机的气缸数，下部呈长方形。

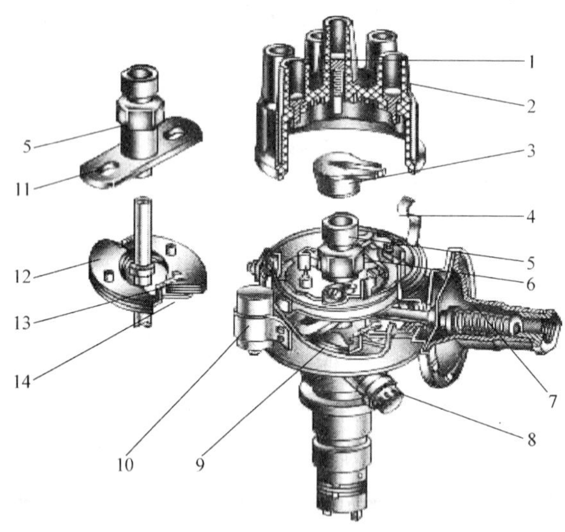

图 7-4　分电器结构

1—中央接线插孔　2—侧接线插孔　3—分火头
4—分电器盖弹簧夹　5—断电器凸轮带离心调节器拨板
6—断电器　7—真空式点火提前调节装置　8—油杯
9—离心式点火提前调节装置　10—电容器　11—拨板
12—离心调节器离心块　13—离心块弹簧　14—离心调节器底板

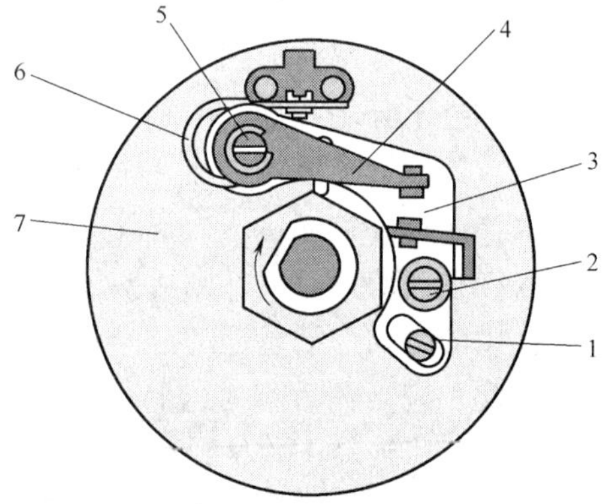

图 7-5　断电器结构示意图

1—偏心螺钉　2—紧固螺钉
3—托板　4—活动触点臂
5—销钉　6—片簧　7—固定底板

（2）配电器　配电器的作用是按点火顺序将高压电分送至各缸火花塞。如图 7-6 所示，主要由分火头和分电器盖等组成。分电器盖用胶木制成，盖内周围有与发动机气缸数相同的侧插孔，插孔用来安插分缸高压线。盖的中间有中央高压线插孔，在孔中有中心电极、弹簧和碳精柱，碳精柱弹性地压在分火头的导电片上，分电器盖用两个弹性夹固定在分电器壳体上。分火头装于断电器凸轮的顶端，由胶木制成，其顶部为一导电铜片，当其旋转时，其上的导电片对准盖内某一侧电极，高压电便由中心电极经带弹簧的碳精柱、导电片跳到侧电极，再经分缸高压线送到火花塞。

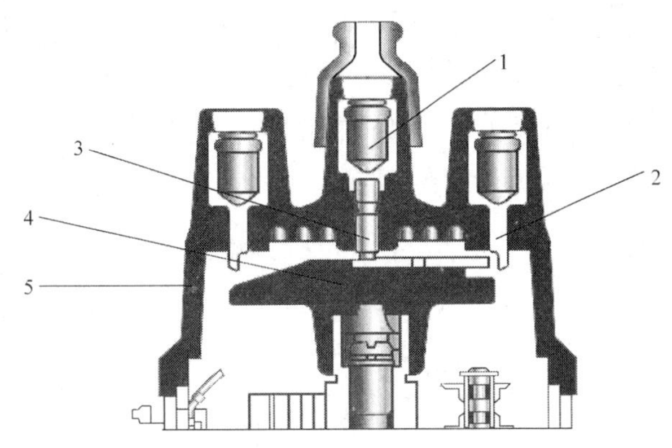

图 7-6　配电器结构示意图
1—中心电极　2—侧电极
3—碳精柱　4—分火头　5—分电器盖

（3）电容器　与断电器触点并联，其功用是在点火线圈初级电路断开时，减小触点间产生的电火花，防止触点烧损，并可加速点火线圈中的磁通变化率，提高点火电压。

（4）点火提前调节装置　其作用是实现对点火时间的调整。点火提前调节装置包括离心式点火提前调节装置、真空式点火提前调节装置和辛烷值选择器三部分。

1）离心式点火提前调节装置：离心式点火提前调节装置是利用离心原理，根据发动机转速的变化而自动改变点火提前角的装置。离心式点火提前调节装置通常装在断电器固定底板的下部，其结构如图 7-7 所示。在分电器轴上固定有托板，两个离心块分别套在托板的柱销上，可绕柱销转动。离心块的另一端由弹簧拉向轴心，凸轮及拨板制成一体，并松套在轴上，其拨板的长方形孔套在离心块的销钉上，受离心块驱动。离心式点火提前调节装置的工作情况是，当发动机转速升高时，离心块的离心力逐渐增大，直至离心块的离心力克服弹簧拉力，使离心块向外甩开，离心块上的销钉便推动拨板带着凸轮轴沿原来旋转的方向相对轴转过一个角度，使凸轮提前顶开触点，点火便提前一个角度，转速越高离心力越大，点火提前角也就越大。反之，点火提前角越小。当离心块甩到孔的极限位置时，点火提前角达到最大。

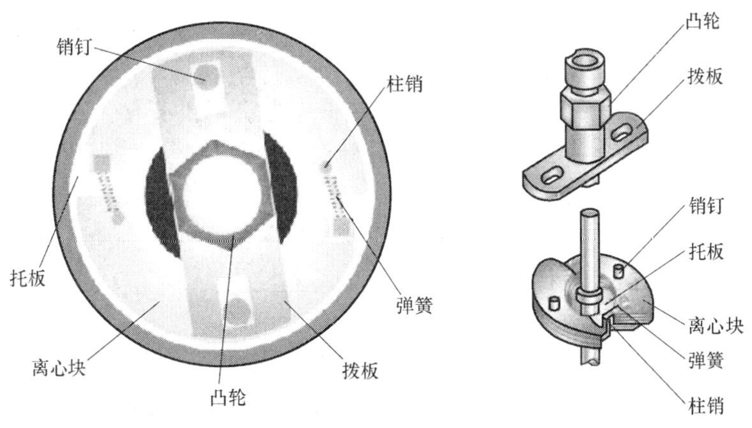

图 7-7　离心式点火提前调节装置

2）真空式点火提前调节装置：真空式点火提前调节装置是随发动机负荷的大小自动改变点火提前角的装置，它装在分电器外壳的侧面。如图 7-8 所示，其主要由外壳、膜片、弹簧、拉杆和支架等部件组成。真空式点火提前调节装置内的膜片，将其分成两个腔室，位于分电器壳体一侧的腔室与大气相通，另一个腔室用管子与化油器节气门的小孔连接（该孔在节气门开度较小时，正处于节气门前方），膜片中心固装着拉杆，拉杆的另一端固装在断电器底板一销钉上。

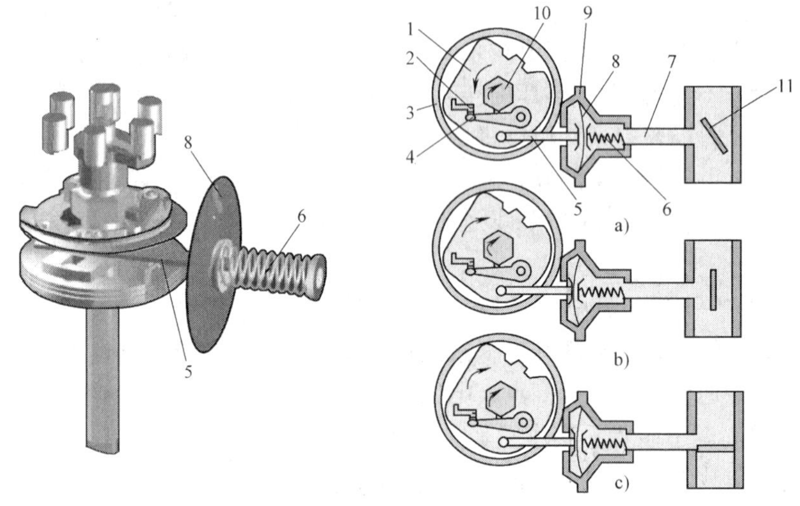

图 7-8　真空式点火提前调节装置

a）节气门部分开启　b）节气门全开　c）节气门全闭

1—断电器底板　2—固定触点　3—分电器壳体　4—活动触点　5—拉杆　6—弹簧

7—真空连接管　8—膜片　9—调节器外壳　10—断电器凸轮　11—节气门

真空式点火提前调节装置的工作情况如图 7-8 所示。当发动机负荷小时（图 7-8a），节气门下方的小孔处真空度较大，吸动膜片，膜片带动拉杆克服弹簧张力向右拱曲。同时，拉杆拉动活动底板带着断电器触点逆分电器轴旋转方向转动一定角度，使触点提前张开，点火提前角增大。当发动机负荷增大时（图 7-8b），小孔处真空度减小，吸力下降，在弹簧弹力作用下，膜片向左拱曲，拉杆带动活动底板并带着断电器触点顺着分电器轴旋转方向转动一定角度，使点火提前角减小。当节气门全闭时，通气孔处的真空度几乎为零，于是真空式点火提前调节装置的弹簧立即将断电器活动底板推回到点火提前角为零的位置，此时不需要进行真空提前。

3）辛烷值选择器：辛烷值选择器一般装在分电器下部的壳体上，通过人工转动分电器的壳体来带动触点，使触点与凸轮工作相对移动，从而改变起始点火提前角。当换用不同品质的汽油时，需要改变点火提前角。通常是先将分电器总成的固定螺钉松开，转动外壳，顺着分电器轴的旋转方向转动为推迟，逆着分电器轴的旋转方向转动为提早，壳体转动的多少，可以从刻度板上看出来。

2. 点火线圈

1）作用：将电源提供的 12V 低压电转变成能击穿火花塞电极间隙的高压电。

2）结构：点火线圈是利用电磁感应原理制成的。点火线圈按其磁路结构形式的不同，一般分为开磁路和闭磁路两种。图 7-9 为开磁路式点火线圈的内部结构。点火线圈主要由铁心、初级线圈、次级线圈、胶木盖、绝缘座、接线柱和外壳等组成。

为了减少涡流和磁路损失，铁心由若干层涂有绝缘漆的硅钢片叠成，包在硬纸做成的绝缘套管内，初级线圈和次级线圈都套在铁心上。外壳与线圈之间装有导磁用的钢套。钢套的作用是减小磁阻，并使初级线圈的热量易于散出。两个线圈连同铁心浸渍石蜡和松香的混合物后装入外壳中，并支于瓷质绝缘座上。点火线圈上端装有胶木盖，用来密封点火线圈内部，并可防止高压电击穿刺激线圈的绝缘层而向外壳放电。

点火线圈的胶木盖上装有与点火开关连接的接线柱，次级线圈一端与初级线圈焊接在一起，另一端接胶木盖中央的高压接线柱 1，初级线圈两端则分别接在低压接线柱 3 和 10 上，附加电阻 12 接到低压接线柱 10 和 11 之间，并与短路开关并联。

闭磁路点火线圈和开磁路点火线圈相比，其铁心不是条形的，而是“曰”字形或“口”字形。铁心磁化后，其磁感应线经铁心构成闭合磁路。由于闭磁路点火线圈漏磁小，磁路的磁阻小，能量损失小，所以能量转换率高达 75%。

3. 火花塞

1）作用：将高压电引入燃烧室产生火花，点燃混合气。

2）结构：火花塞主要由中心电极、侧电极、绝缘体、壳体、导电玻璃、导电金属杆等组成，如图 7-10 所示。

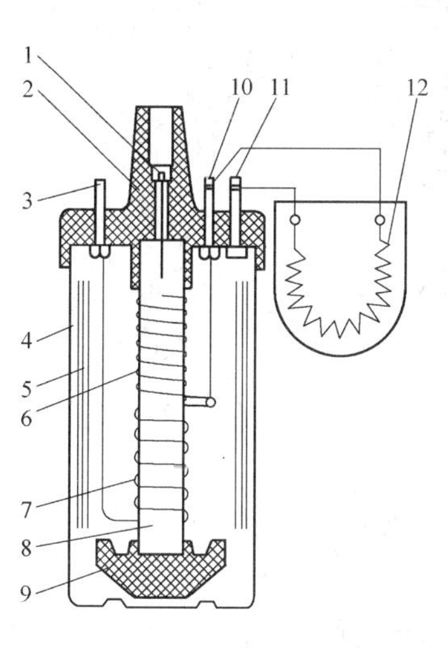

图 7-9　开磁路式点火线圈结构简图

1—高压接线柱　2—胶木盖　3—低压接线柱（接断电器）
4—外壳　5—导磁钢套　6—次级线圈　7—初级线圈
8—铁心　9—绝缘座　10—低压接线柱（接附加电阻及短路开关）
11—低压接线柱（接电源及附加电阻）　12—附加电阻

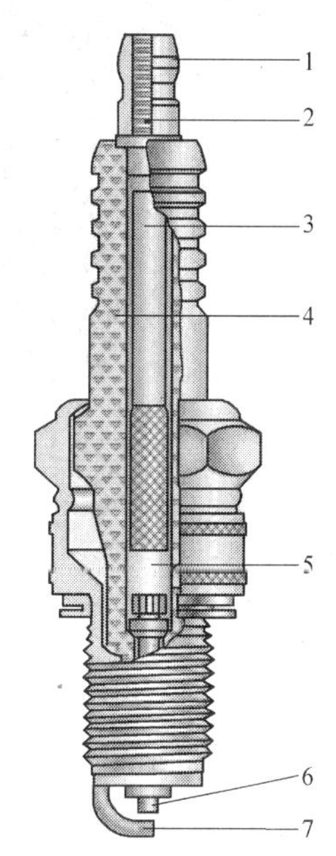

图 7-10　火花塞结构示意图

1—螺母　2—联接螺纹
3—金属杆（螺杆）　4—绝缘体
5—导电玻璃　6—中心电极
7—侧电极

在钢质壳体内部固定有高氧化铝陶瓷绝缘体，在绝缘体中心孔的上部有金属杆，杆的上端有接线螺母 1，用来接高压导线。壳体的下端侧面固定有弯曲的侧电极 7，下部中间有中心电极 6，金属杆 3 与中心电极 6 之间用导电玻璃密封。壳体的中部有便于拆装的六方形，下部有螺纹以备拧装在发动机气缸盖内。火花塞装入火花塞孔时，需加多层密封垫圈或铜包石棉垫圈以保证密封。为提高火花塞的使用寿命与耐化学腐蚀性能，电极多采用镍锰硅铬合金制成。

火花塞绝缘体裙部与燃烧的气体接触而吸收大量热量。吸收的热量传给壳体，然后传给气缸盖，散入大气中。试验表明，要使发动机正常工作，火花塞裙部的温度应保持在500～600℃（该温度称为火花塞的“自净温度”），若温度低于此值，落在裙部的油滴不能立即燃烧，从而形成积炭而导致火花塞两电极之间不能产生火花或火花微弱。若温度过高，达到800～900℃，则混合气可能在火花塞产生火花之前就自行燃烧，从而引发发动机早燃，影响发动机效率。

各种发动机气缸中的热状况是不同的，例如具有高压缩比的高速发动机，气缸内的温度较高，火花塞的散热时间又短，要保持火花塞裙部温度适宜，就要减少吸热面积和缩短传热路程，因此火花塞裙部要做得短一些，这种裙部较短的火花塞称为冷型火花塞（图7-11a）。相反，低压缩比且转速较慢的发动机，其火花塞裙部要做得长一些，这种火花塞称为热型火花塞(图7-11c)。裙部长度介于这两者之间的称为中型火花塞（图7-11b）。一般来说裙部长度 $h=8$mm 的属于冷型，$h=11$mm 和 $h=14$mm 的属于中型，$h=16$mm 和 $h=20$mm 的属于热型。

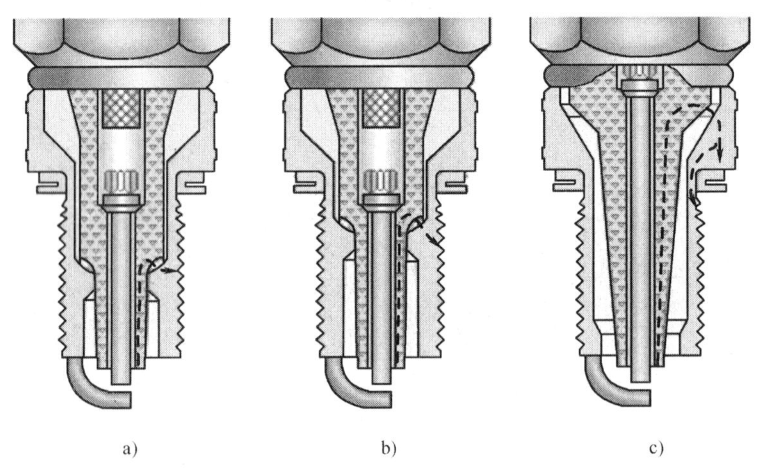

图7-11　火花塞的形式
a）冷型　b）中型　c）热型

火花塞电极间的间隙大小对火花塞的工作有很大影响。间隙过小，则火花微弱，且容易产生积炭而造成漏电；间隙过大，则所需的击穿电压增高，发动机不易起动。故火花塞中心电极与侧电极之间的间隙应适当，目前一般为0.6～0.8mm，近年来为适应发动机排气净化的要求，采用稀混合气燃烧，火花塞间隙有增大的趋势，有的已增大到1.0～1.2mm。

五、传统点火系统的拆装检查与调整

1. 火花塞拆装与检查

拔下一缸高压线，用火花塞套筒取出火花塞，检查火花塞表面及火花塞间隙，应无积炭和损坏。间隙应为0.7～0.8mm。

就车检查火花塞跳火：将火花塞套入中心高压线，火花塞外壳金属与机体搭铁，起动发动机，观察火花塞跳火（图7-12）。

关闭发动机，装复火花塞和高压线。

2. 分电器拆装与检查

拆下分电器盖与分电器盖固定螺钉，转动分电器外壳使断电器触点处于最大张开位置，用塑料塞尺检查触点间隙，应为0.35～0.45mm（图7-13），如不符合要求，松开紧固螺钉，调整偏心螺钉，调整符合后，将紧固螺钉拧紧。

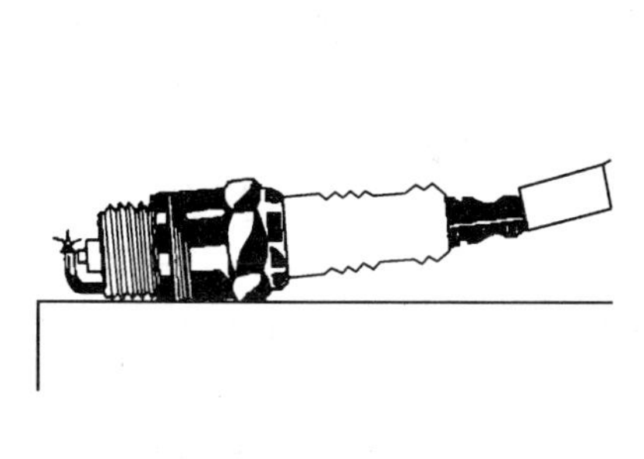

图7-12　就车检查火花塞

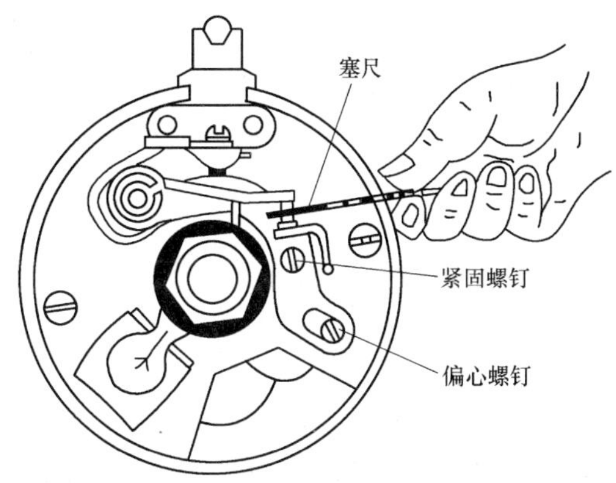

图7-13　断电器触点间隙的调整

电容器的检查：用万用表专用测试挡检测，应有充放电现象。

点火线圈的检查：检查初级线圈时，用万用表电阻挡测量“+”与“-”端子间的电阻，应符合标准要求；检查次级线圈时，用万用表电阻挡测量“+”与中央高压端子间的电阻，应符合标准要求。

3. 点火正时的检查与调整

1）使第一缸活塞处于压缩上止点位置。

2）检查分电器触点应处于刚刚分开状态，否则应调整点火正时。

3）调整方法是：松开分电器外壳夹子的紧固螺钉，旋转外壳进行调整。

项目12　微机控制点火系统原理及检查调整

一、微机控制点火系统的组成及原理

微机控制点火系统主要由与点火有关的各种传感器、电子控制单元（ECU）、执行器组成，如图7-14所示。

1. 传感器

传感器用来不断地检测与点火有关的发动机工作状况信息，并将检测结果输入电子控制单元（ECU），作为运算和控制点火时刻的依据。各车型使用的传感器类型、数量、结构及安装位置不同，但其作用大同小异。微机控制的电子点火系统中所用的传感器主要有以下几种：

1）曲轴位置传感器：向ECU提供发动机转速及曲轴转角信号，其中转速信号用于计算确定点火提前角，转角信号用于控制点火时刻。

2）凸轮轴位置传感器：采集凸轮轴的位置信号输入 ECU，以便 ECU 识别 1 缸压缩上止点，从而进行点火时刻控制和爆燃控制。

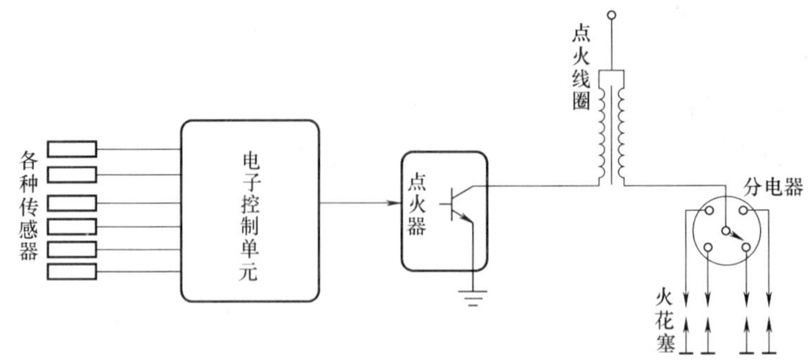

图 7-14　微机控制点火系统组成图

曲轴位置信号和凸轮轴位置信号是保证 ECU 控制电子点火系统正常工作的基本信号。

3）爆燃传感器：它是电子控制点火系统专用的一个传感器。ECU 根据爆燃传感器输出的信号来判断发动机是否发生爆燃，从而对点火提前角进行修正，实现点火提前角的闭环控制。

4）节气门位置传感器：用来检测节气门的开度（即发动机负荷）。ECU 根据节气门位置传感器信号调整点火提前角。

5）空气流量传感器（进气管负压传感器）：主要用来检测进气量（负荷）信号，调节点火时刻。

6）冷却液温度传感器：用来检测发动机冷却液温度信号。ECU 根据冷却液温度判断发动机的工况，确定最佳点火提前角。

2. 电子控制单元

汽车发动机电子控制单元（ECU）是汽车发动机控制系统的核心，它可以根据发动机的不同工况，向发动机提供最佳空燃比的混合气和最佳点火时间，使发动机始终处在最佳工作状态，发动机的性能（动力性、经济性、排放性）达到最佳。在 ECU 的只读存储器（ROM）中，除存储有监控和自检等程序外，还存储有由台架试验测定的该型发动机在各种工况下的最佳点火提前角。随机存储器（RAM）用来存储微机工作时暂时需要存储的数据，例如输入/输出数据、单片机运算得出的结果、故障码、点火提前角修正数据等，这些数据根据需要可随时被调用或被新的数据改写。CPU 不断接收上述各种传感器传来的信号，并按预先编制的程序进行计算和判断后，向点火控制器发出最佳点火提前角和点火线圈初级电路导通时间的控制信号。

3. 执行器

执行器主要由点火控制器、点火线圈、分电器（有分电器的电子控制点火系统）、火花塞等组成。

点火控制器又称为点火模块，是微机控制点火系统的功率输出级，它接收来自 ECU 的点火控制信号并进行功率放大，以驱动点火线圈工作。

点火线圈、火花塞、分电器及火花塞的结构原理与传统电子点火系统基本相同。

二、微机控制点火系统检查及调整

以桑塔纳轿车为例，说明霍尔式无触点电子点火系统的故障检测方法和步骤。

1. 确定点火系统故障

怀疑点火系统有故障时，可拔出分电器中央高压线，使其端部距气缸体 5 ~ 7mm，接通点火开关，起动发动机，观察高压线端是否跳火，如无强烈火花，说明点火系统有故障。正确检查点火系统的零件及连接导线，是排除点火系统故障的关键。

2. 点火线圈、高压线及分火头的检查

测量点火线圈初、次级线圈的电阻值，测量前先断开点火开关，拆除点火线圈上的导线。如果电阻值符合规定，说明点火线圈良好，应及时装上点火线圈上的所有导线。每根高压线的电阻值应为 0.6 ~ 7.4kΩ，分火头的电阻值应为 1kΩ 左右。

3. 点火控制器的检查

点火控制器的检查可在车上进行，方法如下：

1）先断开点火开关，然后拔下分电器壳体上的传感器线束插头。

2）将直流电压表正极接点火线圈端子 15，负极接点火线圈端子 1。

3）接通点火开关，电压表读数应为 6V，并且在 1 ~ 2s 内降低到 0V。如果电压保持 6V 不降低或不能到零，说明点火控制器失效，应予以更换。

项目 13　蓄电池、发电机的检测与拆装

一、蓄电池

蓄电池是车上较重要的电器部件。在发动机起动时，为起动机提供电流；发动机正常工作后，用来存储发电机的电能；当发动机转速较低或用电量过大时，蓄电池协助发电机向全车用电设备供电。

（1）电解液液面检测　如图 7-15 所示，用一内径 6 ~ 8mm，长约 150mm 的玻璃管，垂直插入加液口内，直到极板上缘为止，然后用拇指压紧管的上口，夹出玻璃管，玻璃管中的电解液高度即为蓄电池内电解液平面高出极板的高度，应为 10 ~ 15mm。

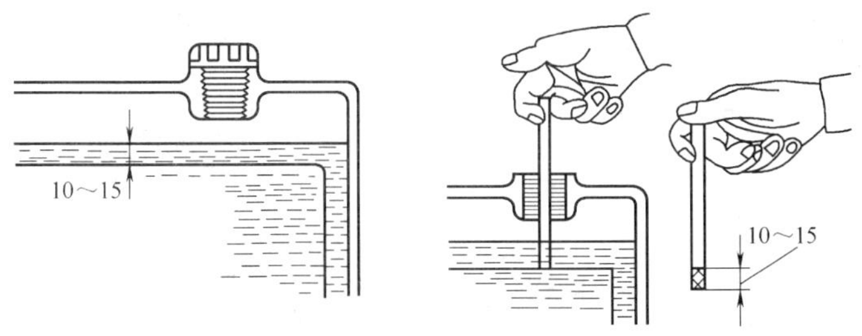

图 7-15　蓄电池电解液液面检测

使用半透明塑料容器的蓄电池，可以直接观察到液面高度。正常时，液面高度应在两条高度指示线之间。

（2）电解液密度检测　如图 7-16 所示，将密度计橡胶吸管插入蓄电池单格电池中，手捏一下橡胶球，然后慢慢松开，电解液吸入玻璃管中，浮子浮起，浮子与液面相平的读

数就是电解液的密度。

（3）蓄电池负荷电压检测　如图 7-17 所示，用高率放电计的触针用力压在单格电池的两个极柱或蓄电池的两个极桩上，每次时间不超过 5s，观察指针移动情况，确定蓄电池的存放电情况。

图 7-16　电解液密度检测

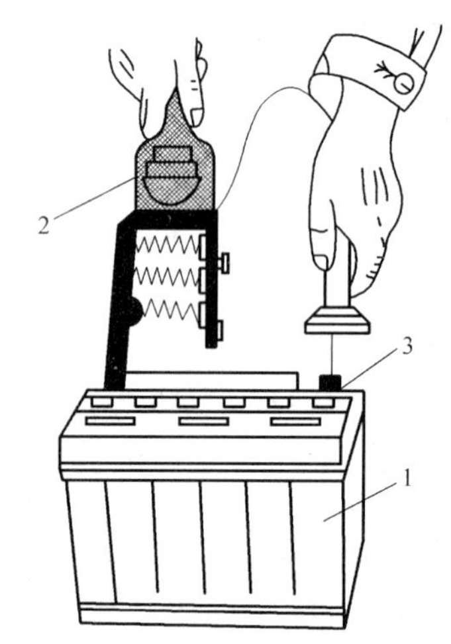

图 7-17　蓄电池负荷电压检测

1—蓄电池　2—高率放电计　3—极桩

二、发电机

以捷达轿车发电机为例，图 7-18 所示为其结构图。

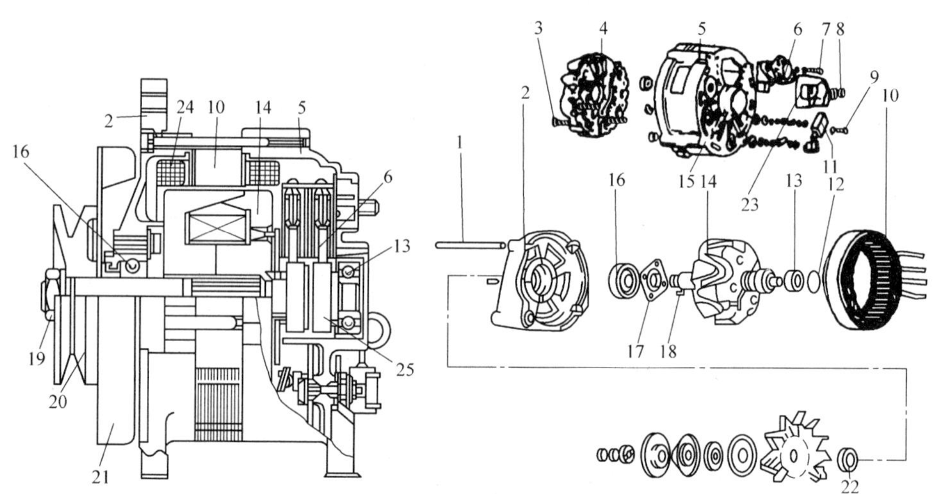

图 7-18　捷达轿车发电机结构图

1、3、7、9—螺栓　2—轴承盖　4—二极管板　5—发电机外壳　6—带电刷的电压调节器　8、19—螺母　10—定子　11—抗干扰电容　12—O 形圈　13、16—轴承　14—转子　15　接线柱　17—轴承压板　18—半圆键　20—带轮　21—风扇　22—垫圈　23—插接件座　24—定子线圈　25—集电环

1. 发电机的分解

1）带轮的拆卸：如图 7-19 所示，用台虎钳 2 夹住带轮 3，从发电机上旋下螺母 1，取下带轮 3 和风扇 4，再从发电机上拆下护罩。

2）轴承盖与发电机外壳的分解：如图 7-20 所示，先在轴承盖 2 与发电机外壳 9 上作好标记，然后旋下螺母1及螺栓15，使发电机外壳9与轴承盖2分离。再从转子3的轴上取下垫圈13（使用拔出装置）、轴套12、半圆键11，并从轴承盖2上冲下转子3。旋下螺栓4，从轴承盖2上取下轴承压板5，从轴承盖2上用拔出装置和拉出器撬下轴承6。撬出炭刷后，从发电机外壳9上取出转子3。

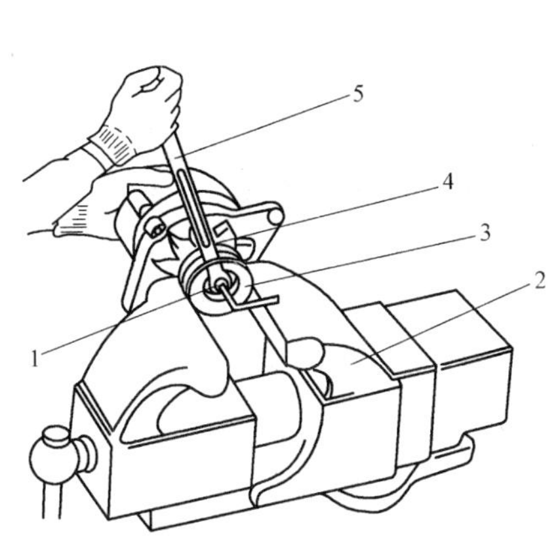

图7-19　带轮的拆卸
1—螺母　2—台虎钳　3—带轮
4—风扇　5—工具

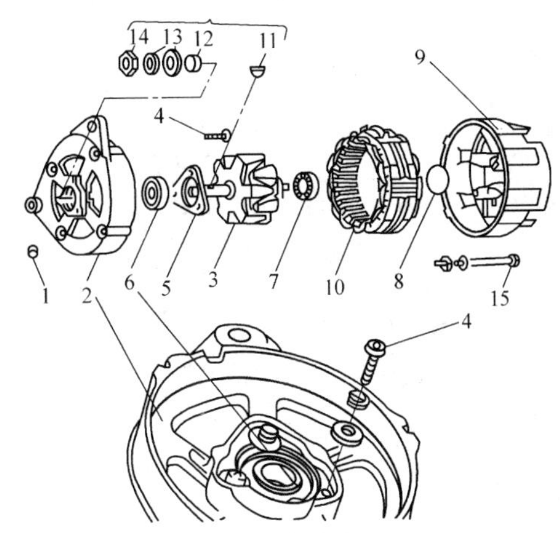

图7-20　轴承盖与发电机外壳的分解
1、14—螺母　2—轴承盖　3—转子　4、15—螺栓
5—轴承压板　6、7—轴承　8—O形圈　9—发电机外壳
10—定子　11—半圆键　12—轴套　13—垫圈

3）发电机外壳的分解：旋下螺栓，从发电机外壳上拆下二极管板。

2. 发电机的安装

按与拆卸相反的顺序进行，但需注意以下各项：轴承盖与发电机外壳的安装如图7-21所示，将轴承盖1上的标记与发电机外壳2上的标记对齐，并装到一起，旋上螺母4及螺栓（力矩8N·m）。安装好后，检查转子应能灵活转动，且无明显的轴间窜动。

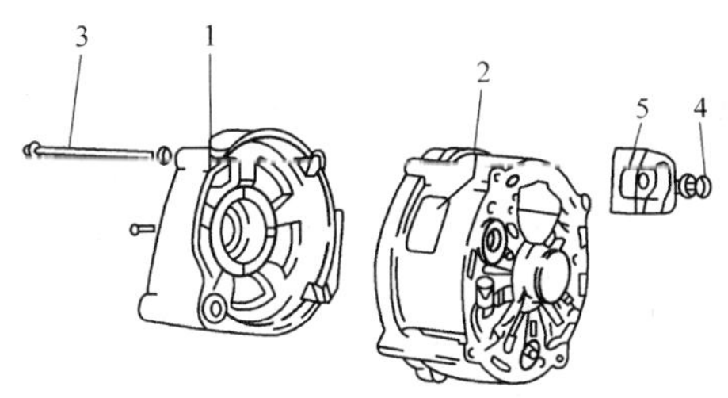

图7-21　轴承盖与发电机外壳的安装
1—轴承盖　2—发电机外壳　3—螺栓　4—螺母　5—接线柱座

思　考　题

1. 传统点火装置由哪些部件组成？叙述其工作原理。
2. 汽车点火系统的作用是什么？分类方法有哪几种？
3. 试画出传统点火装置的电路图。
4. 为什么要在点火线圈设附加电阻？其作用是什么？
5. 点火过早或过迟对发动机工作有何影响？如何进行点火正时的调整？
6. 汽油发动机气缸中的可燃混合气为什么要提前点火？点火提前角过大或过小有何影响？

单元8

发动机冷却、润滑及起动系统

项目14 发动机冷却系统原理及拆装检查

一、冷却系统的功用

发动机工作时，由于燃油的燃烧，气缸内气体温度可高达1927～2527℃，使发动机的零件温度升高，如不及时冷却将影响发动机的正常工作。发动机过热或过冷都会给发动机带来危害，冷却系统的作用就是把受热零件吸收的部分热量及时散发出去，保证发动机在最适宜的温度状态下工作。

二、冷却系统的形式

冷却系统按照冷却介质不同可以分为风冷和水冷。风冷却系统是把发动机中高温零件的热量直接散入大气而进行冷却的装置；水冷却系统是把这些热量先传给冷却液，然后再散入大气而进行冷却的装置。由于水冷却系统冷却均匀，效果好，而且发动机运转噪声小，目前在汽车发动机上被广泛采用。发动机正常工作时，水冷却系统中的冷却液温度应保持在80～90℃范围内。

三、水冷却系统组成及工作过程

1. 水冷却系统的组成

水冷却系统一般是由膨胀水箱、散热器、水泵、风扇、水套和温度调节装置等组成，如图8-1所示。

水冷发动机的气缸盖和气缸体中都铸造有储冷却液的、连通的水套，其作用是让冷却液接近受热的高温零件，并在其中循环流动。水泵将冷却液由散热器吸入，使之经分水管流入发动机水套，冷却液在水套内吸收热量后，沿水管进入散热器，经风扇的强力抽吸，空气流由前向后通过散热器，将冷却液热量带走。冷却后的冷却液又在水泵的加压下，经水管再压入水套，如此不断循环，从而使发动机在高温条件下工作的零件不断地得到冷却，以保证发动机的正常工作。

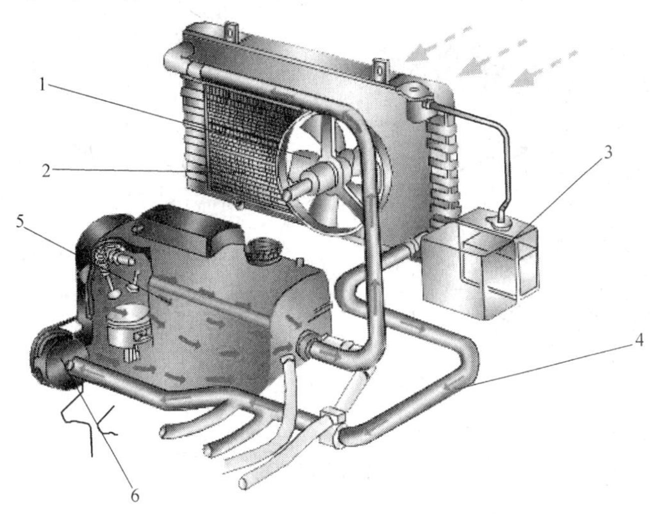

图 8-1　水冷却系统组成示意图

1—风扇　2—散热器　3—膨胀水箱　4—水管　5—水套　6—水泵

冷却系统中设有温度调节装置，其作用是保证发动机在不同的负荷和转速的条件下均在最适宜的温度范围内工作，如百叶窗和节温器等。通常冷却液在冷却系统中的循环流动路线有两条：当冷却液温度低时，冷却液不经过散热器而只在水泵和水套内进行循环，防止发动机过冷，这称为小循环；当冷却液温度高时，冷却液经过散热器进行循环流动，防止发动机过热，这称为大循环。

2. 水冷却系统的主要部件

（1）散热器

1）功用：增大散热面积，加速冷却液的冷却。为了将散热器传出的热量尽快带走，在散热器后面装有风扇，与散热器配合工作，其结构如图 8-2 所示。

2）安装位置：大多安装在发动机及风扇的前方。

3）结构：由上储水室、散热器芯和下储水室等组成。散热器上储水室顶部有加液口，平时用散热器盖盖住，冷却液即由此注入整个冷却系统中。在上、下储水室分别装有进水管和出水管，分别用橡胶软管与气缸盖的出水管和水泵的进水管相连。由发动机气缸盖上出水管流出的温度较高的热冷却液经过进水管进入上储水室，经冷却水管冷却后流入下储水室，由出水管流出被吸入水泵。在散热器下储水室的出水管上还有一个放水阀。

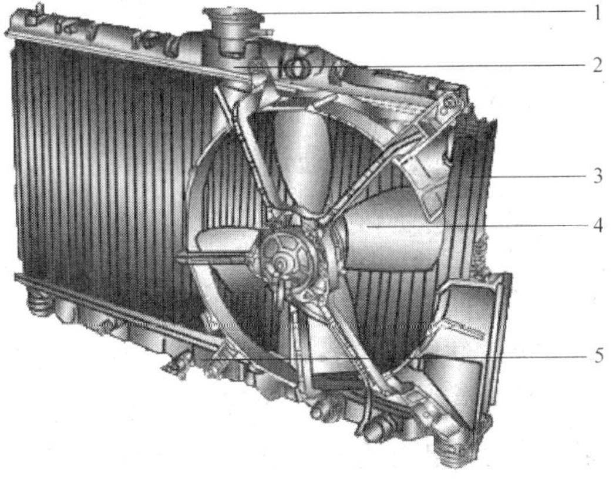

图 8-2　散热器结构

1—散热器盖　2—上储水室　3—散热器芯
4—风扇　5—下储水室

散热器芯由许多冷却水管和散热片组成，采用散热片是为了增加散热器芯的散热面积。散热器芯的结构形式有多种，常用的有管片式和管带式两种，如图 8-3 所示。

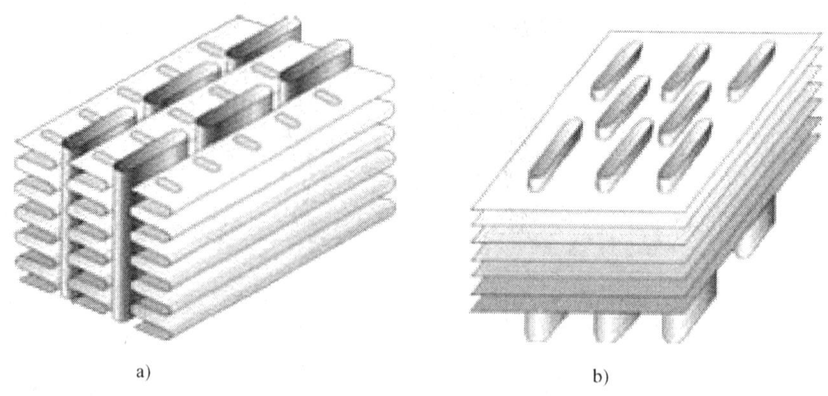

图 8-3　散热器芯结构
a）管带式　b）管片式

散热器盖上装有蒸汽阀和空气阀。一般情况下，两阀均在弹簧力作用下处于关闭状态，当散热器压力升高到一定数值（一般为 0.026 ~ 0.037MPa）时，蒸汽阀便开启使蒸汽排出，防止散热器胀裂，如图 8-4b 所示，当冷却液温度下降，冷却系统中产生真空度达一定数值（一般为 0.01 ~ 0.02MPa）时，空气阀开启，空气进入散热器，使散热器内压力升高，防止散热器被大气压瘪，如图 8-4a 所示。

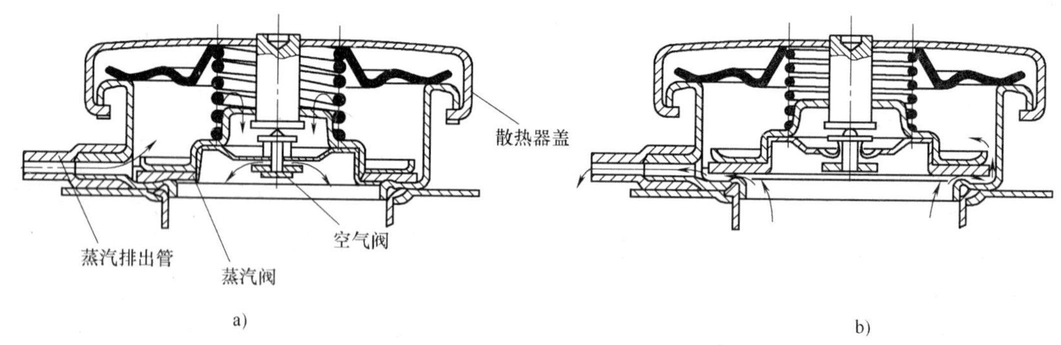

图 8-4　散热器盖结构示意图
a）空气阀开启　b）蒸汽阀开启

（2）风扇

1）功用：提高通过散热器芯的空气流速，增强散热效果，加速冷却液的冷却。

2）安装位置：通常安装在散热器后面，并与水泵同轴，与水泵一起转动。

3）形式：车用发动机的风扇有两种形式，即轴流式和离心式。轴流式风扇所产生的风，其流向与风扇轴平行；离心式风扇所产生的风，其流向为径向。轴流式风扇效率高，风量大，结构简单，布置方便，因而在车用发动机上得到了广泛的应用。

风扇常用的材料是钢板，经冲压成形。近年来轿车上开始使用整体压铸成的尼龙风扇，也有用铝合金板制作的。图 8-5a、b 所示的轴流式风扇由叶片和连接板铆接而成，叶片多由薄钢板冲压而成。图 8-5c 所示为整体铝合金铸造或用尼龙、聚丙烯等合成树脂注塑的轴流式风扇。

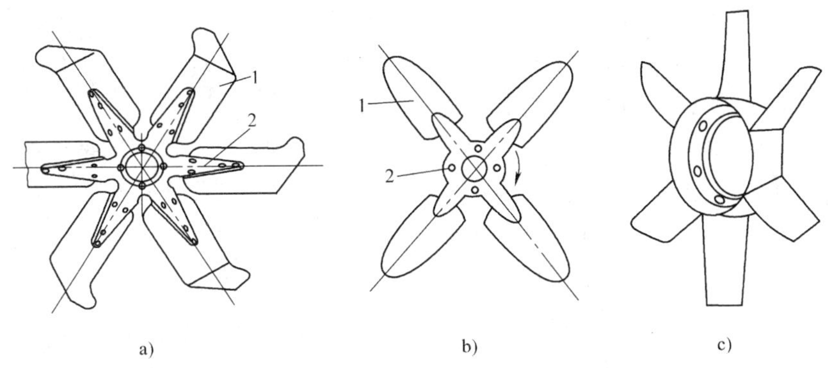

图 8-5　风扇形式
a）叶尖前弯的风扇　b）尖窄根宽的风扇　c）尼龙压铸的整体风扇
1—叶片　2—连接板

（3）水泵

1）功用：对冷却液加压，使冷却液循环流动。车用发动机多采用离心式水泵（见图 8-6）。

2）安装位置：水泵用螺栓固定在发动机前端面上，通过传动带与曲轴带轮相连。

3）组成：主要由泵壳、泵盖、叶轮、水泵轴、轴承、油封等组成。

4）工作过程：当叶轮旋转时，水泵中的冷却液被叶轮带动一起旋转，在离心力作用下，冷却液被甩向叶轮边缘，然后经外壳上与叶轮成切线方向的出水管压送到发动机水套内。与此同时，叶轮中心处的压力降低，散热器中的冷却液便经进水管被吸进叶轮中心部分。如此连续的作用，使冷却液在水管中不断地循环。

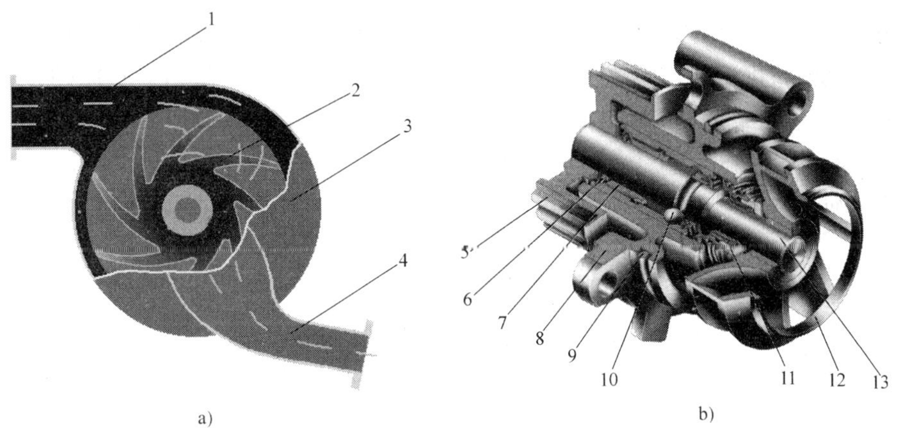

图 8-6　离心式水泵
a）工作原理　b）结构
1—出水管　2、12—水泵叶轮　3、8—水泵壳体　4—进水管　5—水泵带轮　6—轴承密封
7—圆柱滚子轴承　9—O 形密封圈　10—球轴承　11—密封组件　13—水泵轴

（4）冷却强度调节装置　冷却强度调节装置是根据发动机不同工况和不同使用条件，改变冷却系统的散热能力，即改变冷却强度，从而保证发动机在最有利温度的状态下工作。通常有两种调节方式：一种是改变通过散热器的空气流量，另一种是改变通过散热器的冷却液循环流量和循环范围。

1）改变通过散热器的空气流量：通常利用百叶窗和自动风扇离合器来实现。

① 百叶窗：安装在散热器前方，驾驶员可以通过驾驶室里的拉杆来操纵百叶窗的开度。当环境温度较低或冷却液温度较低时，可以减小百叶窗开度；当环境温度较高或冷却液温度较高时，可以增大百叶窗开度。

② 自动风扇离合器：有硅油式、机械式和电磁式三种。应用较多的是硅油式风扇离合器。硅油式风扇离合器是以硅油作为传递力矩的介质，利用散热器后面气流温度控制双金属感温器的一种液力传动离合器，其结构如图 8-7 所示。

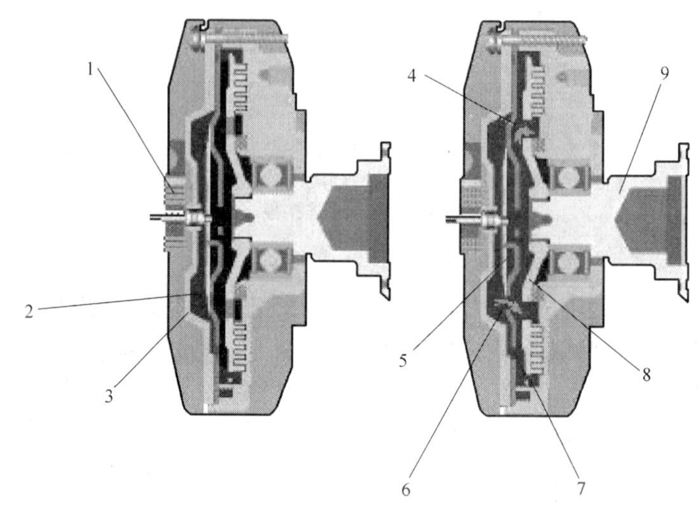

图 8-7 硅油式风扇离合器结构示意图

1—双金属感温器 2—储油室 3—前盖 4—从动板 5—感温阀片 6—进油口 7—回油口 8—主动板 9—主动轴

工作原理：当冷却液温度不高时，风扇随离合器壳体一起空转打滑；当流经散热器的空气温度升高时，即冷却液温度升高时，双金属感温器受热变形，迫使感温阀片相对于从动板转动，打开进油口，于是硅油进入主动板和从动板之间的工作室，主动板利用硅油的黏性即可带动从动板和风扇转动，此时风扇离合器处于接合状态。当冷却液温度下降时，双金属感温器恢复原状，感温阀片关闭进油口，在离心力作用下，硅油经回油口从工作室返回到储油室，离合器又回到分离状态，风扇转速逐渐下降。

电动冷却风扇：目前有一些发动机的冷却风扇直接由直流电动机驱动，而不是由曲轴驱动。这种风扇只有在冷却液温度达到一定值时才会转动，其系统组成包括风扇电动机、风扇继电器和冷却液温度开关。低温时，冷却液温度开关闭合，继电器触点断开，风扇电动机不转；高温时，冷却液温度开关断开，继电器触点闭合，电动机带动风扇转动。

2）改变通过散热器的冷却液循环流量：一般由节温器控制通过散热器的冷却液循环流量。

节温器的功用：改变冷却液的循环路线及流量，自动调节冷却强度，使冷却液温度经常保持在 80 ~90℃。

安装位置：装在冷却液循环的通路中，一般装在气缸盖的出水口。

形式：分为蜡式和折叠式。

① 蜡式节温器（见图 8-8）：在橡胶管和感应体之间的空间里装有石蜡，为提高导热性，石蜡中常掺有铜粉或铝粉。常温时，石蜡呈固态，主阀门压在阀座上，这时副阀门关闭通往散热器的通路，来自发动机缸盖出水口的冷却液经水泵又流回气缸体水套中，进行

小循环。当发动机冷却液温度升高时，石蜡逐渐变成液态，体积随之增大，迫使橡胶管收缩，从而对推杆下端产生向上的推力。由于推杆上端固定，故推杆对橡胶管、感应体产生向下反推力，主阀门开启；当发动机冷却液温度达到80℃以上时，主阀门全开，来自气缸盖出水口的冷却液流向散热器，而进行大循环。一汽奥迪100型轿车和CA1091型货车均采用蜡式节温器。

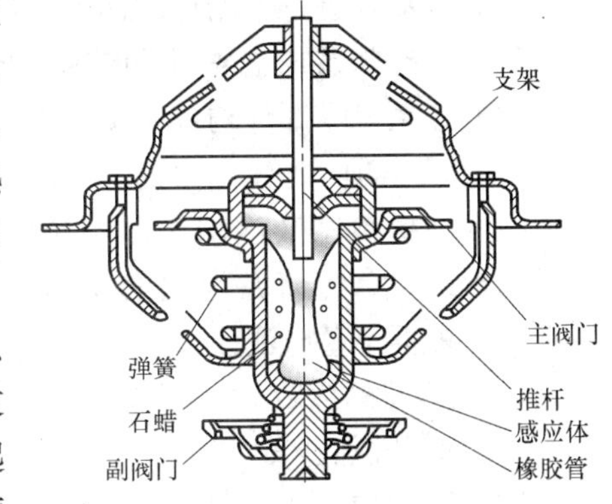

图8-8　蜡式节温器结构示意图

② 折叠式节温器（见图8-9）：由具有弹性的、折叠式的密闭圆筒（用黄铜制成），内装有易于挥发的乙醚而制的。主阀门和侧阀门随膨胀筒上端一起上下移动。膨胀筒内液体的蒸汽压力随着周围温度的变化而变化，故圆筒高度也随温度而变化。当发动机在正常热状态下工作时，即冷却液温度高于80℃，冷却液应全部流经散热器，形成大循环。此时节温器的主阀门完全开启，而侧阀门将旁通孔完全关闭；当冷却液温度低于70℃时，膨胀筒内的蒸汽压力很小，使圆筒收缩到最小高度，主阀门压在阀座上，即主阀门关闭，同时侧阀门打开，此时切断了由发动机水套通向散热器的通路，水套内的冷却液只能由旁通孔流出经旁通管进入水泵，又被水泵压入发动机水套，此时冷却液并不流经散热器，只在水套与水泵之间进行小循环，从而防止发动机过冷，并使发动机迅速而均匀地

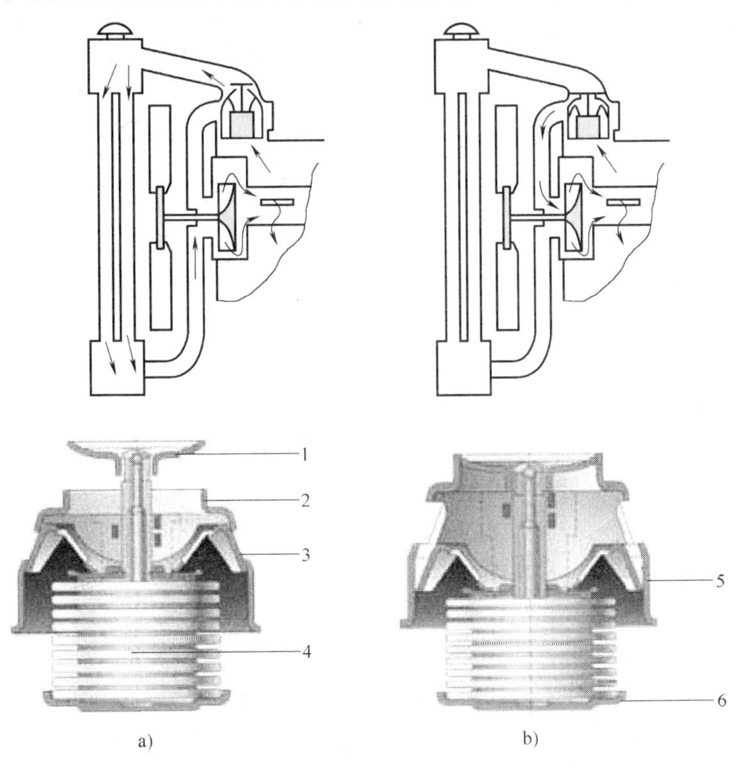

图8-9　折叠式节温器结构示意图

a）大循环（节温器主阀门打开）　b）小循环（节温器主阀门关闭）

1—主阀门　2—阀座　3—侧阀门　4—折叠式圆筒　5—外壳　6—支架

热起来；当发动机的冷却液温度在70～80℃范围内，主阀门和侧阀门处于半开闭状态，此时一部分冷却液进行大循环，而另一部分冷却液进行小循环。

四、水冷却系统主要部件的拆装与检查（以捷达轿车发动机为例）

水冷却系统零部件构成如图8-10所示。

1. 注意事项

在发动机冷却液冷却后，才允许进行散热器的拆卸。首先将蓄电池的正、负极导线拆下后，再拆下蓄电池。

2. 散热器的拆装

1）拆下散热器盖。

2）拆下散热器出水管，将冷却液放干净。

3）拆下散热器进水管和旁通水管。

4）拆卸散热器和风扇总成。

5）散热器的安装按照拆卸相反的顺序进行。

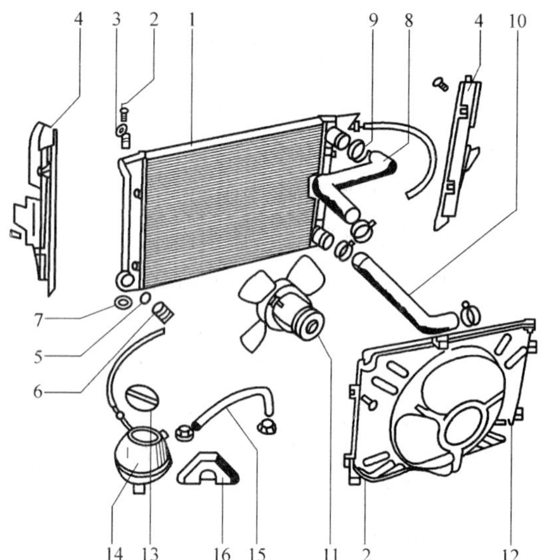

图8-10　冷却系统零部件组成

1—散热器　2—固定夹　3—固定橡胶　4—空气导板　5—O形圈　6—热敏开关　7—橡胶垫圈　8—冷却液上软管　9—弹性卡箍　10—冷却液下软管　11—散热器风扇　12—风扇护圈　13—膨胀水箱盖　14—膨胀水箱　15—接冷却水管　16—护罩

3. 水泵的拆装及检查

（1）拆卸

1）放出冷却液。

2）拆下多楔带。

3）从水泵的正时同步带轮上取下正时同步带。

4）从水泵上拧下紧固螺栓1，并拆下水泵2，如图8-11所示。

（2）安装

1）用冷却液浸润新O形密封圈。

2）装上水泵，安装位置：外壳上的堵塞向下。

3）将水泵2装到气缸体上并拧紧紧固螺栓1，如图8-11所示。

4）注意同步带的安装和配气相位的调整。

（3）检查

1）检查泵体及带轮有无磨损及损伤，必要时应更换。

图8-11　水泵的拆卸

1—紧固螺栓　2—水泵

2）检查水泵轴有无弯曲、轴颈磨损程度、轴端螺纹有无损坏。

3）检查叶轮上的叶片有无破碎、轴孔磨损是否严重。

4）检查水封和胶木垫圈的磨损程度，如超过使用限度应更换新件。

5）检查轴承的磨损情况，可用表测量轴承的间隙，如超过0.10mm，则应更换新的轴承。

4. 节温器的拆装与检查

（1）拆装

1）关闭点火开关，断开蓄电池接地线，排放冷却液。

2）转动张紧器，拆卸 V 带及发电机。

3）拆下冷却液管。

4）如图 8-12 所示，拧下螺栓，拆下连接管、O 形密封圈和节温器。

5）按拆卸相反顺序安装节温器。

（2）检查　将节温器放在水中加热。节温器的开启温度应约为 87℃，全开温度应约为 102℃（不可测量），节温器的开启行程应至少 8mm。如果检查与要求不符，则更换节温器。

5. 排放和加注冷却液

（1）排放

1）打开膨胀水箱盖。

2）通过散热器下软管放出冷却液。

3）从连接管 2 上拆下冷却液软管，如图 8-13 所示。

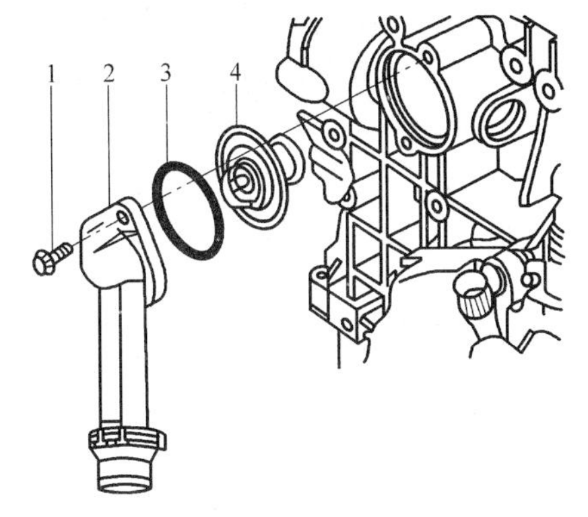

图 8-12　节温器的拆卸

1—螺栓　2—节温器盖　3—O 形密封圈　4—节温器

图 8-13　冷却液排放

1—螺栓　2—连接管　3　O 形密封圈　4　节温器

4）拧下螺栓 1，将连接管连同 O 形密封圈 3 和节温器 4 一起取下。

（2）加注

1）慢慢注入冷却液，直到膨胀水箱上最大标记处。

2）盖上膨胀水箱盖并拧紧。

3）起动发动机，直到风扇开启。

4）检查冷却液面高度，如需要，补充冷却液。热机时液面应在最大标记处；冷机时，液面应在最小和最大标记之间。

思　考　题

1. 叙述冷却系统的功用与组成。
2. 水冷却系统中为什么要装节温器？什么叫大循环？什么叫小循环？
3. 试分析汽车在路上行驶时，发动机开锅的故障原因。
4. 为什么要采用风扇离合器？试述硅油式风扇离合器的工作原理。

项目15　发动机润滑系统原理及拆装检查

一、润滑系统的功用

1）润滑：将润滑油不断地供给各零件的摩擦表面，减少零件的摩擦和磨损。

2）清洗：清除摩擦表面上的磨屑等杂质。

3）冷却：气缸壁上形成的油膜可冷却摩擦表面。

4）密封：在运动零件之间、气缸壁上形成的油膜可以提高密封性，防止漏气和漏油。

5）防锈：在运动零件表面形成油膜，防止零件生锈。

6）缓冲：在运动零件表面形成油膜，吸收冲击，减小振动。

二、润滑方式

1）压力润滑：曲轴主轴承、连杆轴承及凸轮轴轴承等处承受的载荷及相对速度较大，需要以一定的压力将润滑油输送至摩擦表面，形成润滑油膜进行润滑，这种润滑方式称为压力润滑。

2）飞溅润滑：利用发动机工作时运动零件飞溅起来的油滴或油雾润滑摩擦表面，称为飞溅润滑。这种方式可润滑裸露在外面的载荷较轻的气缸壁、相对滑动较小的活塞销以及配气机构的凸轮表面等。

3）定期润滑：在发动机辅助系统中有些零件如水泵及发电机的轴承，只需定期加注润滑脂，这种方式称为定期润滑。

三、润滑系统的组成及润滑油路

1. 组成

润滑系统一般由机油泵、油底壳、润滑油管、机油滤清器、机油散热器、各种阀、油压传感器和机油压力表、机油温度表及油压过低警报灯等组成。现代汽车发动机润滑系统的组成及油路布置方案大致相似，只是由于润滑系统的工作条件和具体结构的不同而稍有差别。

2. 润滑系统油路

润滑系统油路示意图如图8-14所示。

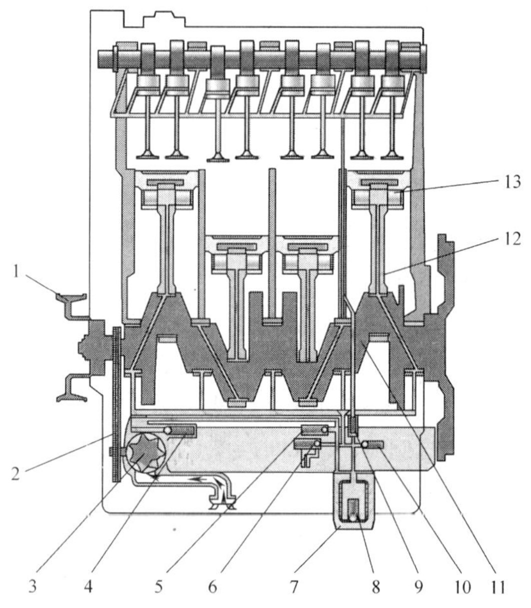

图8-14　润滑系统油路示意图

1—曲轴带轮　2—机油泵链条　3—机油泵
4、5、10—限压阀　6、8—旁通阀　7—机油滤清器
9—单向阀　11—曲轴　12—连杆　13—活塞销

3. 润滑系统的主要零部件

（1）机油泵

1）功用：将一定量的润滑油从油底壳中抽出加压后，源源不断地送至各零件表面进行润滑，维持润滑油在润滑系统中的循环。机油泵大多装于曲轴箱内，也有些柴油机将机油泵装于曲轴箱外面。

2）形式：有齿轮式机油泵和转子式机油

泵两种。

① 齿轮式机油泵。

组成：包括主动轴、主动齿轮、从动轴、从动齿轮、壳体等。

工作原理：工作时，主动齿轮带动从动齿轮反向旋转。在进油腔一侧由于齿轮脱开啮合，泵腔容积增大以及润滑油被不断带出而产生真空，使油底壳内的润滑油在大气压力作用下经集滤器进入进油腔；而在出油腔一侧由于齿轮进入啮合，泵腔容积减小和润滑油被不断带入而产生挤压作用，润滑油以一定压力被泵出，如图 8-15 所示。

② 转子式机油泵。

组成：包括壳体、内转子、外转子和泵盖等，如图 8-16 所示。

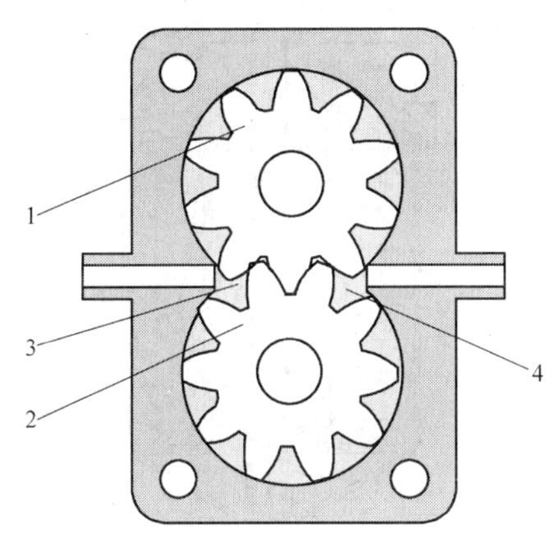

图 8-15 齿轮式机油泵工作原理
1—主动齿轮 2—从动齿轮 3—出油腔 4—进油腔

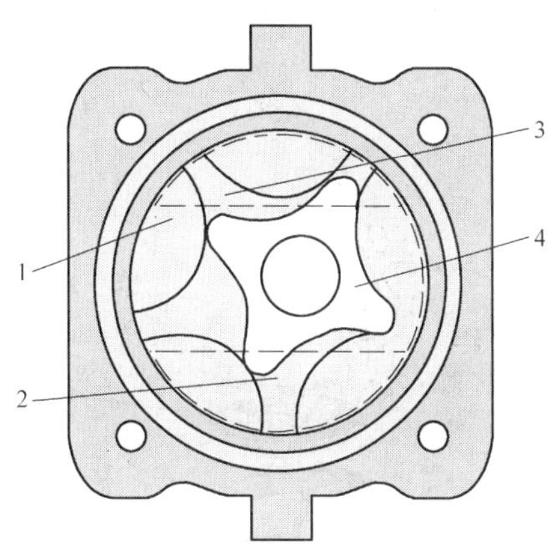

图 8-16 转子式机油泵工作原理
1—外转子 2—出油腔 3—进油腔 4—内转子

工作原理：在进油道的一侧空腔，由于转子脱开啮合，容积逐渐增大，产生真空，润滑油被吸入，转子继续旋转；润滑油被带到出油道的一侧，这时，转子正好进入啮合，使这一空腔容积减小，油压升高，润滑油从齿间挤出并经出油道压送出去。

（2）机油滤清器

1）功用：滤除润滑油中的金属磨屑及胶质等杂质，保持润滑油的清洁，延长润滑油的使用寿命，保证发动机的正常工作。

2）分类：过滤式和离心式两种。

一般润滑系统中装有几个不同滤清能力的滤清器：集滤器、粗滤器和细滤器，分别串联和并联在主油道中。与主油道串联的滤清器称为全流式滤清器，一般为粗滤器；与主油道并联的滤清器称为分流式滤清器，一般为细滤器。

① 集滤器：结构如图 8-17 所示。集滤器是具有金属网的滤清器，安装于机油泵进油管上，其作用是防止较大的机械杂质进入机油泵。浮式集滤器飘浮于润滑油表面，能吸入油面上较清洁的润滑油，但油面上的泡沫也易被吸入，使润滑油压力降低，润滑欠可靠，目前应用不多。固定式集滤器淹没在油面之下，吸入的润滑油清洁度较差，但可防止泡沫吸入，润滑可靠，结构简单，逐步取代浮式集滤器。

② 粗滤器：结构如图 8-18 所示。粗滤器用于滤去润滑油中粒度较大的杂质，对润滑油的流动阻力小，通常串联在机油泵与主油道之间，属于全流式滤清器。粗滤器是过滤式滤清器，其工作原理是利用润滑油通过细小的孔眼或缝隙时，将大于孔眼或缝隙的杂质留

在滤芯的外部。根据滤芯的不同，它有各种不同的结构形式，传统的粗滤器多是金属片缝隙式和绕线式，现多是纸质式和锯末式。

③ 细滤器：其结构如图 8-19 所示。机油细滤器用于清除细小的杂质，对润滑油的流动阻力较大，故多做成分流式，它与主油道并联，只有少量的润滑油通过它滤清后又回到油底壳。细滤器有过滤式和离心式两种，过滤式机油细滤器存在着滤清能力与通过能力的矛盾。为此多数发动机采用离心式细滤器。

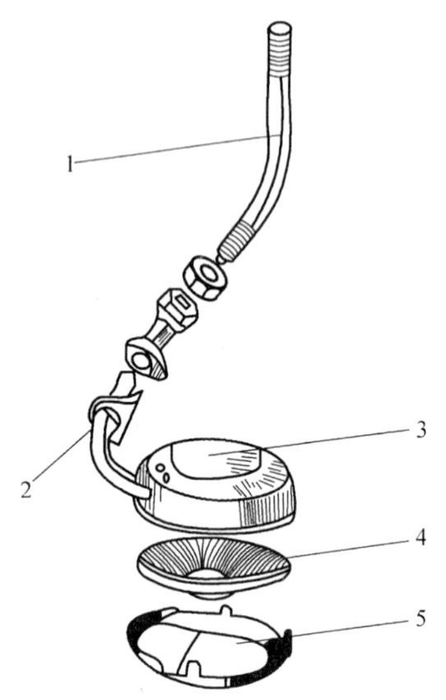

图 8-17　集滤器结构简图
1—固定管　2—吸油管　3—浮子
4—滤网　5—罩

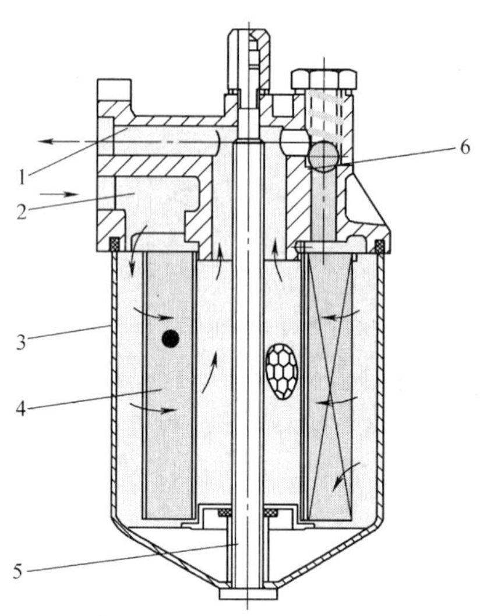

图 8-18　粗滤器结构简图
1—出油口　2—进油口　3—外壳
4—纸质滤芯　5—拉杆　6—旁通阀

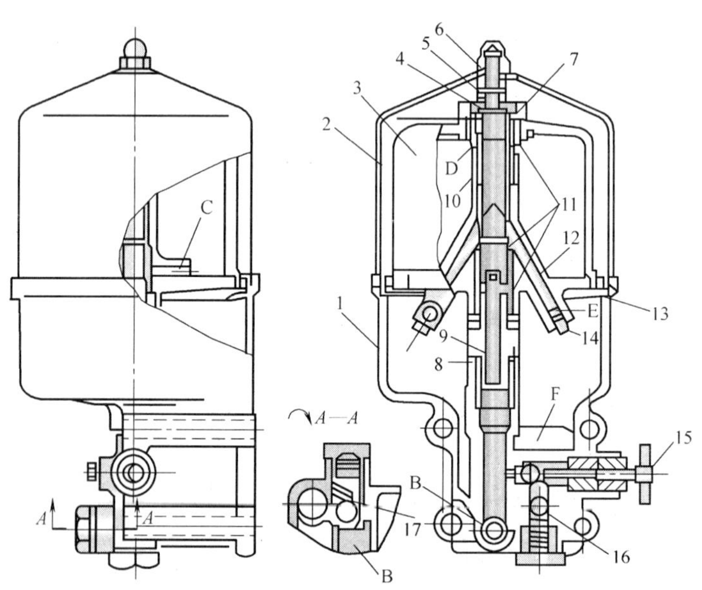

图 8-19　离心式机油细滤器结构示意图
1—壳体　2—滤清器盖　3—转子盖　4—支承垫圈　5—弹簧　6—压紧螺套　7—压紧螺母　8—锁片
9—转子轴　10—转子体端套　11—衬套　12—转子体　13—挡板　14—螺塞　15—调整螺钉　16—旁通阀
17—进油限压阀　B—滤清器进油口　C—出油口　D—进油口　E—通喷油嘴道　F—滤清器出油口

四、润滑系统的拆装与检查

以捷达轿车发动机为例，如图 8-20 所示。

1. 注意事项

按零件安装相反顺序，分别将各部件从发动机缸体上分解下来。

注意：重新装到发动机上去时，密封圈或密封垫均应更换。

拆卸下来后，应在清洗后检查泵油功能、装配尺寸和配合尺寸，同时对每个零件检查确认，是否能继续使用或修理，否则应更换新件。

2. 机油泵的拆装

此项工作应在放掉润滑油、拆下油底壳之后进行：

1）旋松并拆卸机油泵盖、机油泵体上的紧固螺栓，将机油泵及吸油部件一起拆下。

2）拆下吸油管组紧固螺栓，取下吸油管组，检查并清洗滤网。

3）拆下机油泵盖紧固螺栓，取下机油泵盖组，检查泵盖上的限压阀（旁通阀）。查看泵盖接合面磨损情况。

4）分解主从动齿轮，再分解齿轮和轴，并更换垫片。

装配时的顺序基本上与拆卸相反。但拆卸过后应清洗、检查，然后判定是否要修理或更换零件。

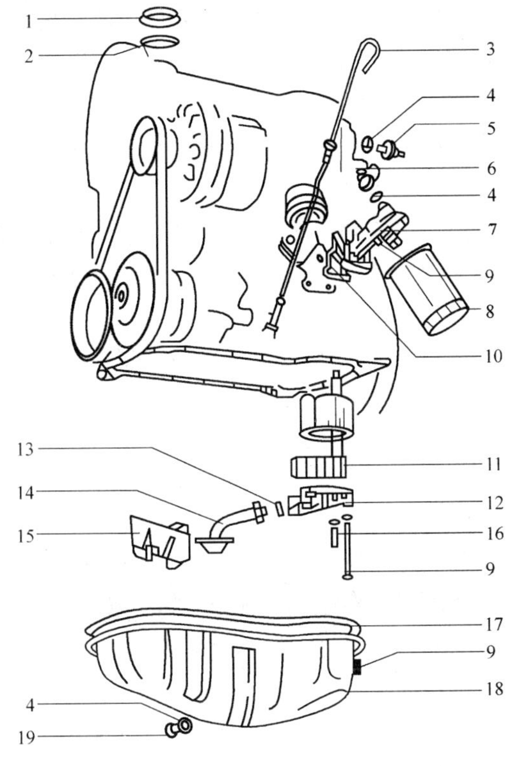

图 8-20　捷达轿车发动机润滑系统结构图
1—加机油口盖　2、10—密封垫　3—机油尺
4、13—O 形密封圈　5—30kPa 油压开关
6—180kPa 油压开关　7—机油滤清器支架
8—机油滤清器　9—联接螺栓　11—机油泵齿轮
12—机油泵盖及限压阀　14—吸油管　15—隔板
16—机油泵盖螺栓　17—油底壳密封垫
18—油底壳　19—放油螺塞

思　考　题

1. 一般润滑油路中有哪几种机油滤清器？它们应该串联还是并联？为什么？
2. 试用方框图示标明润滑系统中润滑油的流经路线。
3. 曲轴箱通风的空气滤清器堵塞对发动机工作有哪些影响？

项目 16　发动机起动系统原理及拆装检查

一、起动系统的功用

使发动机从静止状态过渡到工作状态的全过程，称为发动机的起动。完成起动所需要的装置称为起动系统。

1. 起动条件

（1）起动转矩　能够使曲轴旋转的最低转矩称为起动转矩。起动转矩必须克服气缸内被压缩气体的阻力和发动机本身及其附件内相对运动的零件之间的摩擦阻力，起动阻力矩与发动机压缩比、温度、润滑油黏度等有关。

（2）起动转速　保证发动机顺利起动所必须的最低曲轴转速称为起动转速。在0～20℃时，汽油机的起动转速为30～40r/min，柴油机的起动转速为150～300r/min。

2. 起动方式

汽车发动机常用的起动方式有两种：

（1）人力起动　起动时将起动手摇柄端头的横销嵌入发动机曲轴前端的起动爪内，以人力转动曲轴。

（2）电动机起动　电动机起动是用电动机作为机械动力。当电动机轴上的齿轮与发动机飞轮凸缘的齿圈啮合时，动力就传到飞轮和曲轴，使之旋转。电动机本身用蓄电池作为电源。多数汽车都采用电动机起动。

发动机在严寒冬季起动困难，这是由于润滑油黏度增高，起动阻力矩增大，蓄电池工作能力降低，以及燃油雾化性能变坏的缘故。为使之便于起动，在冬季应设法将进气、润滑油和冷却液预热。柴油机冬季起动相当困难，为了能在低温下迅速可靠的起动，常采用一些用以改善燃油着火条件和降低起动转矩的起动辅助装置，如电热塞、进气预热器、起动液喷射装置以及减压装置等。

二、起动系统组成

电动机起动系统一般由起动机、蓄电池、起动齿轮和飞轮等组成，如图8-21所示。

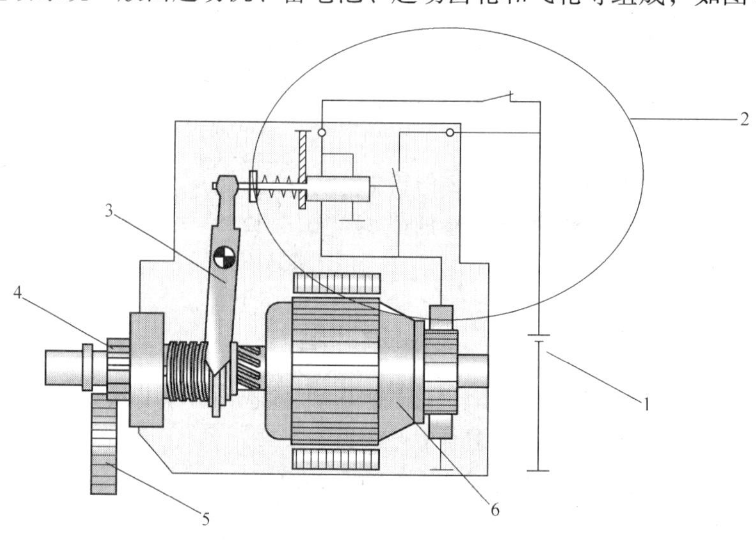

图8-21　起动系统示意图

1—蓄电池　2—起动电路　3—驱动杠杆　4—小齿轮　5—飞轮　6—起动机

（1）组成　起动机一般由直流电动机、操纵机构和离合机构三大部分组成。

（2）操纵机构

1）直接操纵：驾驶员通过起动踏板和杠杆机构直接操纵起动开关并使传动齿轮副进入啮合。其结构简单、使用可靠，但操作不便，且当驾驶员座位距起动机较远时难以布置，目前已很少使用。

2）电磁操纵（图 8-22）：由驾驶员通过起动开关操纵继电器，而由继电器操纵起动机电磁开关和齿轮副或通过起动开关直接操纵起动机电磁开关和齿轮副。其布置灵活、使用方便、适宜于远距离操纵。目前，车用汽油机或柴油机均采用电磁操纵式起动机。

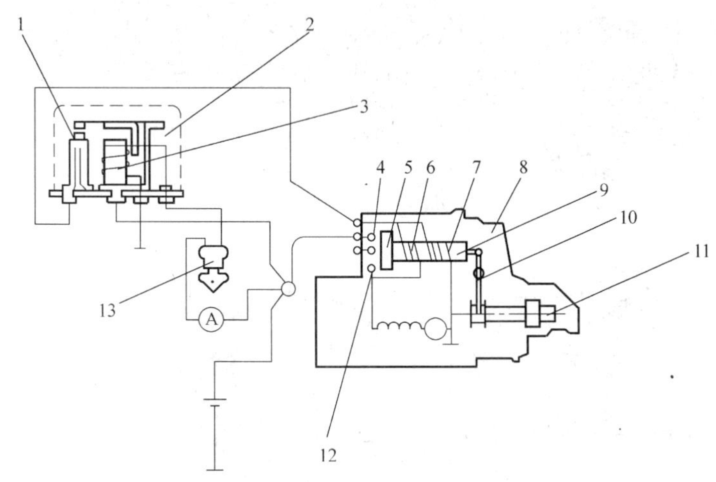

图 8-22　起动机电磁操纵机构电路图

1—起动继电器触点　2—起动继电器　3—起动继电器线圈　4—起动机蓄电池接线柱　5—接触片　6—吸引线圈　7—保持线圈　8—起动机　9—铁心　10—驱动杠杆　11—小齿轮　12—电动机接线柱　13—起动开关

如图 8-22 所示，起动时，接通起动开关 13，起动机电路通电，使起动继电器触点 1 闭合，接通继电器的吸引线圈 6 和保持线圈 7 的电路，使之产生很强的磁力，吸引铁心 9 左移，并带动驱动杠杆 10 绕其销轴转动，使小齿轮 11 移出与飞轮齿圈啮合。与此同时，由于吸引线圈的电流通过电动机的绕组，电枢开始转动，齿轮在旋转中移出，减小冲击。

当铁心移动到接触片 5 将电动机接线柱 12 与起动机蓄电池接线柱 4 接通时，吸引线圈被短路，失去作用，但保持线圈所产生的磁力足以维持铁心处于开关吸合的位置。

起动后松开起动开关，起动继电器线圈断电，磁场消失，在回位弹簧的作用下铁心右移回到原位。同时，驱动杠杆也在弹簧的作用下回位，并使齿轮退出啮合。

（3）离合机构　起动机应该只在起动时才与发动机曲轴相联，而当发动机开始工作之后，起动机应立即与曲轴分离。否则，随着发动机转速的升高，将使起动机大大超速，产生很大的离心力，而使起动机损坏（导致起动机电枢绕组松弛，甚至飞散）。

因此，起动机中须装有离合机构。在起动时，它保证起动机的动力能够通过飞轮传递给曲轴；起动完毕，发动机开始工作时，立即切断动力传递路线，使发动机不可能反过来通过飞轮驱动起动机以高速旋转。滚柱式离合机构是常用的离合机构，其结构如图 8-23 所示。

滚柱式离合机构由外座圈 2、开有楔形缺口的内座圈 3、滚子 4 以及连同弹簧 8 一起装在外座圈孔中的柱塞 5 组成。作为内座圈毂的套筒 6 和起动机轴用花键联接。固定在外座圈上的齿轮 1 随电枢轴一起转动，驱动飞轮齿圈而使曲轴旋转。

当电枢连同内座圈以箭头所示方向旋转时（图 8-23a），滚子借摩擦力和弹簧推力而楔紧在内外座圈之间的楔形槽的窄端，于是起动机轴上的转矩便可通过楔紧的滚子传到外座圈，因此固定在外座圈上的齿轮随电枢轴一同旋转，驱动飞轮齿圈而使曲轴旋转。

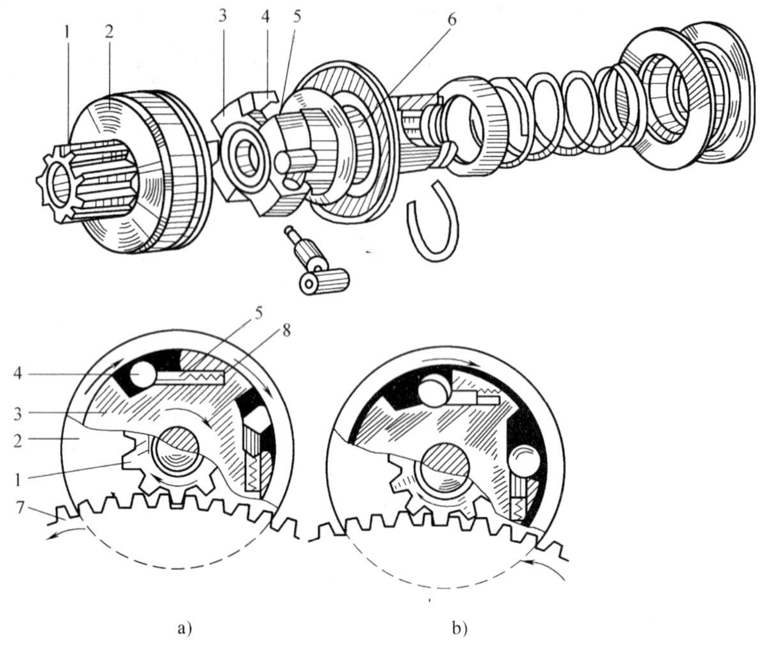

图 8-23　滚柱式离合机构
a）开始啮合　b）脱离啮合
1—起动机驱动齿轮　2—外座圈　3—内座圈　4—滚子　5—柱塞　6—花键套筒　7—飞轮齿圈　8—弹簧

当发动机开始工作，曲轴转速升高以后，即有飞轮齿圈带动起动机驱动齿轮高速旋转的趋势。此时虽然齿轮的旋转方向不变，但已由主动轮变成了从动轮。于是，滚子在摩擦力的作用下克服弹簧张力而向楔形槽较宽的一端滚动，内外座圈脱离联系而可以自由地相对滑动，从而高速旋转的小齿轮与电枢轴脱开，防止了起动机超速的危险。

三、起动系统拆装及检查

以桑塔纳轿车用 QD1229 型起动机为例。

1. 起动机的分解

（1）电刷端端盖的拆卸　如图 8-24 所示，首先旋下螺栓 4，从起动机电刷端端盖 8 拆下衬套座 1。从电枢上取下挡圈 11 后取出衬套 9 和调整垫圈 10。再旋下螺母 3，从起动机 5 上取下接线片 2 和电刷端端盖 8，并旋下长螺栓 7。

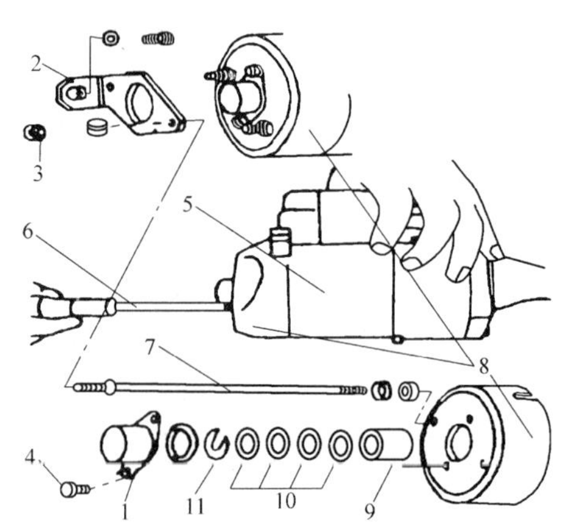

图 8-24　电刷端端盖的拆卸
1—衬套座　2—接线片　3—螺母
4—螺栓　5—起动机　6—工具
7—长螺栓　8—电刷端端盖　9—衬套
10—调整垫圈　11—挡圈

（2）电刷及电刷架的拆卸　如图 8-25 所示，用钳子 4 将电刷弹簧向上抬起，从起动机壳体 2 上取出电刷及电刷架 3，在起动机壳体 2 与驱动端端盖 5 上作好标记后，取下起动机壳体。

（3）电磁开关的拆卸　如图 8-26 所示，首先旋下螺栓 1 并作好标记后，从驱动端端盖 2 上拆下电磁开关端盖4及电磁开关3。再旋下拨叉销螺母9，取下拨叉销5和拨叉6。最后将电枢及小齿轮组件10一起取出。

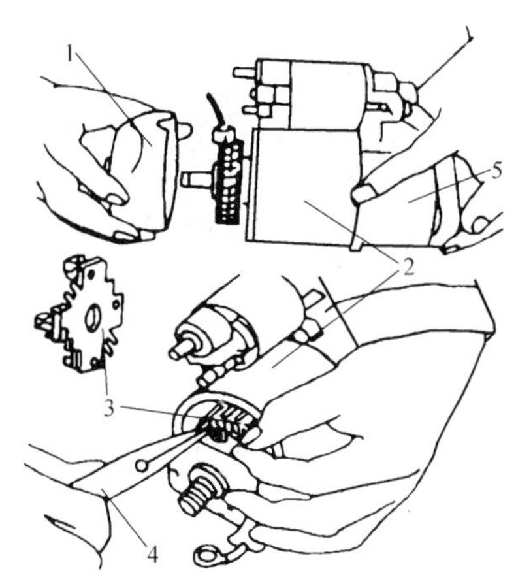

图8-25 电刷及电刷架的拆卸
1—电刷端端盖 2—起动机壳体
3—电刷及电刷架 4—钳子 5—驱动端端盖

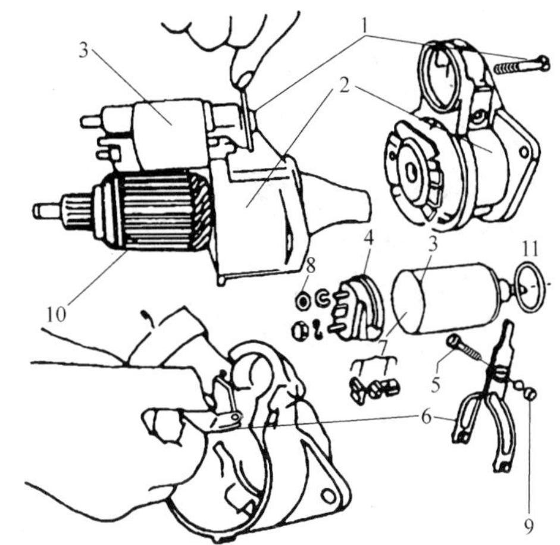

图8-26 电磁开关的拆卸
1—螺栓 2—驱动端端盖 3—电磁开关
4—电磁开关端盖 5—拨叉销 6—拨叉 7—橡胶垫
8、9—螺母 10—电枢及小齿轮组件 11—O形圈

（4）小齿轮组件的拆卸 从电枢的驱动端拆下衬套、止推垫圈和小齿轮组件。

2. 起动机的安装

起动机的安装按与拆卸相反的顺序进行，但需注意以下各项：

（1）小齿轮组件与电枢的安装 如图8-27所示，在电枢1的轴上涂上润滑脂后，装上小齿轮组件，并做以下检查：握住电枢1，当转动小齿轮组件外座圈2时，小齿轮组件应能沿电枢轴滑动自如。

（2）电磁开关的安装 如图8-28所示，电磁开关3应以倾斜的角度装入，以便电磁开关3的滑动阀组件4与拨叉1装在一起，最后旋上螺栓2。

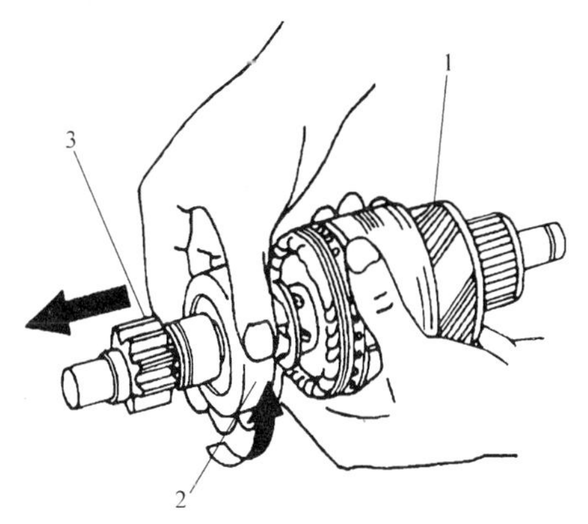

图8-27 小齿轮组件与电枢的安装
1—电枢 2—小齿轮组件外座圈 3—小齿轮

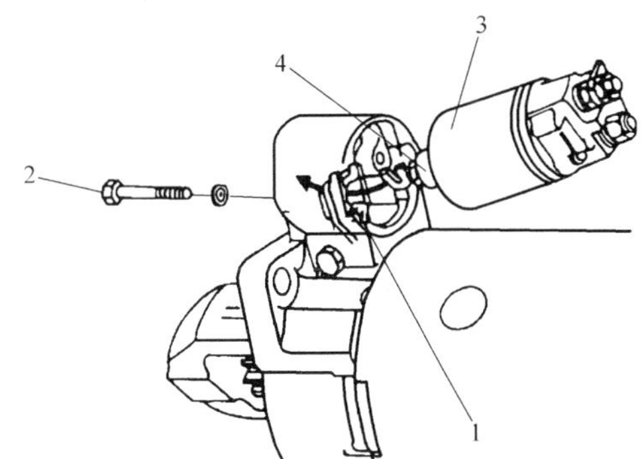

图8-28 电磁开关的安装
1—拨叉 2—螺栓 3—电磁开关 4—滑动阀组件

（3）定子的安装 如图8-29所示，应将定子1上的标记与驱动端端盖2的标记对正后装入。

（4）电刷及电刷架的安装　如图 8-30 所示，在换向器 1 上装上电刷架 2，将电刷架 2 装到适当的位置后，再在电刷架 2 上装上电刷 3。

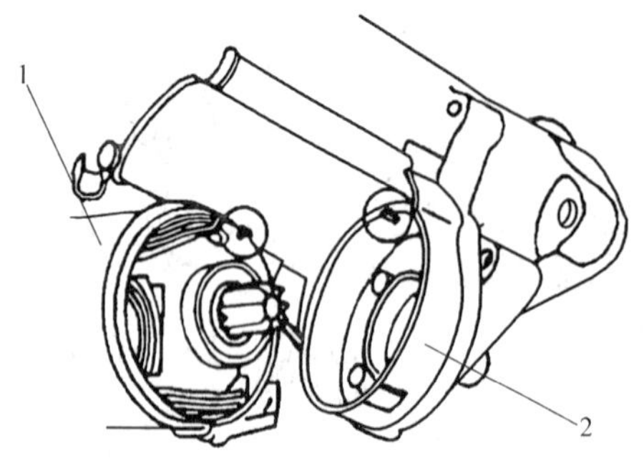

图 8-29　定子的安装
1—定子　2—驱动端端盖

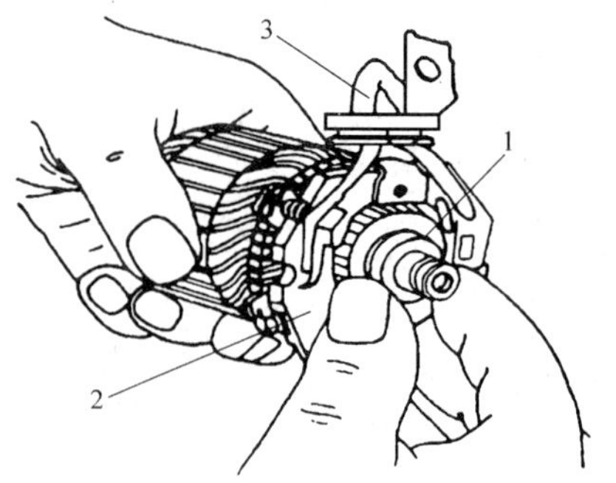

图 8-30　电刷及电刷架的安装
1—换向器　2—电刷架　3—电刷

（5）电刷端端盖的安装　首先旋上螺栓，装上电刷端端盖，再旋紧螺母。

思　考　题

1. 电磁操纵式起动机的电磁开关为什么设计成吸引和保持两个线圈？用一个行吗？
2. 为什么车用起动机上都装有离合机构？说明滚柱式离合机构的结构和工作原理。

单元9

汽车传动系统

汽车传动系统的基本功用是将汽车发动机发出的动力传递到驱动车轮，并改变转矩的大小，以适应行驶条件的需要。传动系统具有减速、变速、倒车、中断动力、轮间差速和轴间差速等功能。按结构和传动介质分，传动系统有机械式、液力机械式、液压式、电力式等几种类型，本书重点介绍机械式和液力机械式传动系统。

图9-1所示为典型机械式传动系统组成及布置形式示意图，其发动机前置，后轮为驱动轮。传动系统由离合器1、变速器2、万向节3和传动轴8组成的万向传动装置以及安装在驱动桥壳7内的主减速器4、差速器5和半轴6等组成。发动机的动力依次经离合器、变速器、万向传动装置、主减速器、差速器和半轴，最后传给驱动轮。

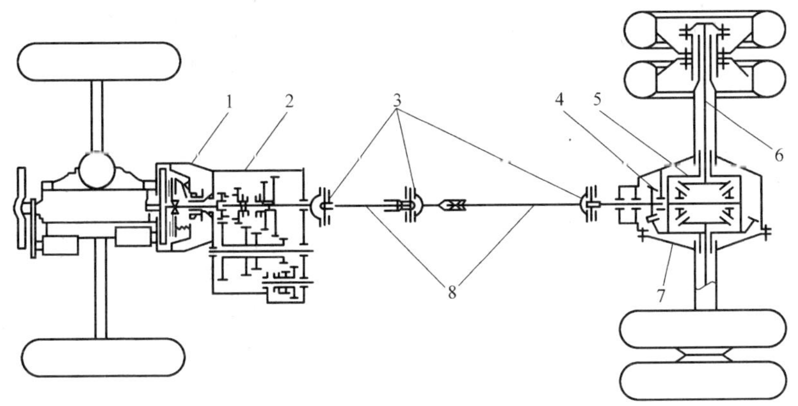

图9-1　典型机械式传动系统组成及布置形式示意图

1—离合器　2—变速器　3—万向节　4—主减速器　5—差速器　6—半轴　7—驱动桥壳　8—传动轴

传动系统各总成的基本功用分别是：

1）离合器：按需要，接通或者切断发动机与传动系统之间的动力传递。

2）变速器：实现车辆的变速，改变转矩大小及输出轴旋转方向，也可以切断动力。

3）万向传动装置：将变速器输出的动力传给主减速器，并且适应两者之间距离和轴线夹角的变化。

4）主减速器：减速增矩，改变动力传递方向。

5）差速器：将主减速器传来的动力分配给左右两半轴，并且允许左右两半轴以不同角速度旋转，实现左右车轮的差速。

6）半轴：将差速器传来的动力传给驱动轮。

液力机械式传动系统的特点是组合运用液力传动和机械传动，以液力机械变速器取代机械式传动系统中的摩擦片式离合器和普通齿轮式变速器，其他的组成部件与机械式传动系统相同。

项目17 离合器结构原理及拆装调整

一、功用

1）使发动机与传动系统逐渐接合，保证汽车平稳起步。

2）暂时切断发动机与传动系统的联系，便于发动机的起动和变速器的换挡。

3）限制所传递的转矩，防止传动系统过载。

二、摩擦片式离合器的基本组成和工作原理

1. 摩擦片式离合器的基本组成

由主动部分、从动部分、压紧装置、分离机构和操纵机构五部分组成，如图9-2所示。

1）主动部分由飞轮1、离合器盖7、压盘2等机件组成。离合器盖7与飞轮1靠螺栓9联接，压盘2与离合器盖7之间通过分离杠杆3连接。

2）从动部分是由单片、双片或多片从动盘8所组成，它将主动部分通过摩擦传来的动力传给变速器输入轴4。

3）压紧装置主要由压紧弹簧6组成，与主动部分一起旋转，它以离合器盖为依托，将压盘压向飞轮，从而将处于飞轮和压盘间的从动盘压紧。

4）分离机构主要由分离轴承5和分离杠杆3组成，分离轴承在变速器输入轴4上可以左右滑动，分离杠杆通过螺栓固定在离合器盖上，外端与压盘连在一起，内端自由翘起。

5）操纵机构包括离合器踏板及分离叉。

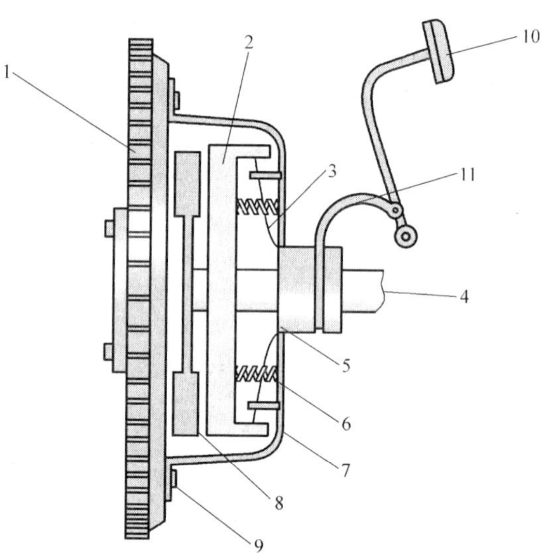

图9-2 摩擦片式离合器的基本组成和工作原理示意图

1—飞轮 2—压盘 3—分离杠杆 4—变速器输入轴 5—分离轴承 6—压紧弹簧 7—离合器盖 8—从动盘 9—螺栓 10—离合器踏板 11—分离叉

2. 工作原理

离合器接合时，压紧弹簧将压盘、从动盘及飞轮相互压紧，发动机的转矩通过摩擦面的摩擦力传给从动盘，再经变速器输入轴传出去。当驾驶员踩下离合器踏板时，通过机件的传递，使分离杠杆带动压盘右移，此时从动部分与主动部分分离，从而切断动力传递。

1）分离过程：踩下离合器踏板时，分离叉11推动分离轴承向左移动，从而推着分离杠杆内端左移，于是分离杠杆外端带着压盘向右移动，解除了压盘对从动盘的压力，动力切断。

2）接合过程：缓慢地松开离合器踏板，分离轴承对分离杠杆的压力减小，压盘在压紧弹簧的作用下逐渐压紧从动盘，从动盘与压盘、飞轮逐渐接合，动力开始传递。

三、周布弹簧离合器

周布弹簧离合器结构如图 9-3 所示。

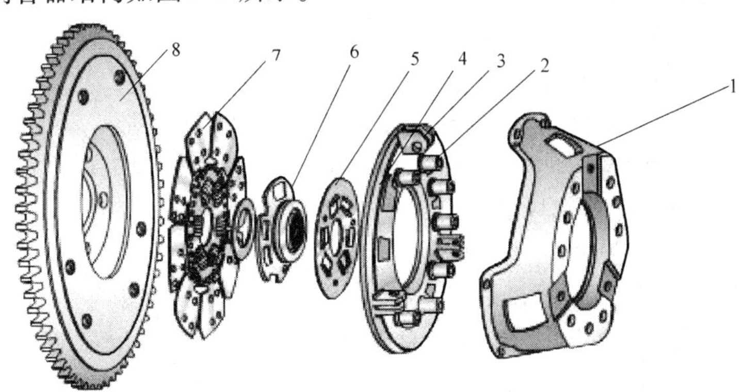

图 9-3　周布弹簧离合器结构图

1—离合器盖　2—压紧弹簧座　3—分离杠杆支座　4—压盘；　5—扭转减振器　6—从动盘毂　7—从动盘钢片　8—飞轮

1. 主动部分

离合器盖一般用低碳钢冲压而成，通过 6 个螺栓与飞轮固装在一起。离合器盖侧面加工了 3 个通风孔以加强散热。压盘与离合器盖之间通过分离杠杆装在一起（分离杠杆一端固定在压盘的支座上，另一端通过螺栓与离合器盖联在一起），作为主动摩擦件与飞轮一起旋转。压盘圆周上分布了若干个弹簧支座，压紧弹簧就套在上面。

2. 从动部分

从动部分主要是从动盘。从动盘的基本结构如图 9-4 所示。

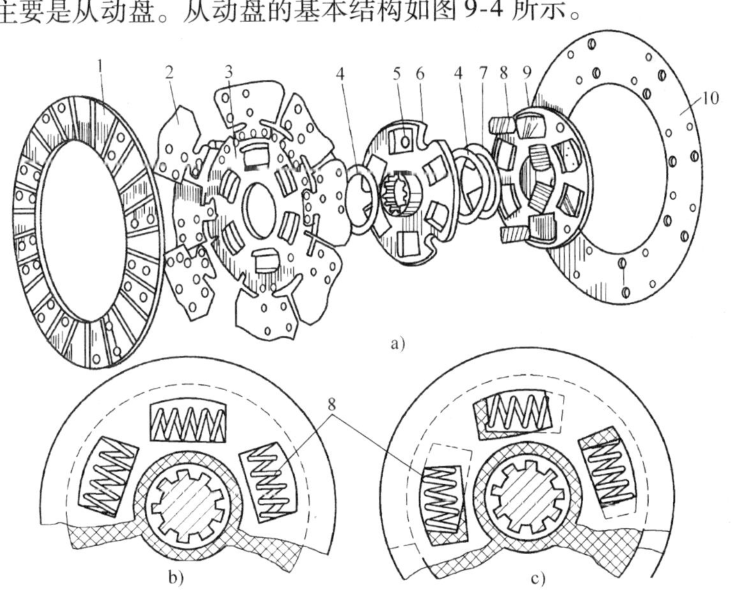

图 9-4　从动盘组成及扭转减振器原理示意图

a）从动盘组成　b）从动盘不工作时　c）从动盘工作时

1、10—摩擦衬片　2—波浪形弹簧钢片　3—从动盘钢片　4—摩擦片　5—特种铆钉　6—从动盘毂　7—调整垫片　8—减振器弹簧　9—减振器盘

从动盘主要由前后两个摩擦衬片 1 和 10、中间的波浪形弹簧钢片 2、从动盘钢片 3 以及扭转减振器等组成。摩擦衬片有较大的摩擦系数、良好的耐热性和耐磨性，衬片和从动盘钢片之间一般用铆钉铆合，也有的用树脂粘接。为了保证离合器接合柔和、起动平稳，从动盘钢片要具有轴向弹性，波浪形弹簧钢片 2 就起这个作用。波浪形弹簧钢片 2 与从动盘钢片 3，以及前后摩擦衬片之间通过铆钉铆接。整个从动盘在自由状态时，前后衬片与钢片之间有一定间隙，在离合器接合时产生弹性变形使压紧力逐渐增加，接合柔和。由于发动机传到传动系统的转速和转矩是周期性不断变化的，这就使传动系统产生扭转振动，另外汽车本身的振动也会引起传动系统的扭转振动，这些振动对传动系统零件造成冲击，缩短了零部件的寿命，甚至造成损坏。扭转减振器就是用来消除这种冲击振动的。

扭转减振器工作原理：从动盘毂 6、从动盘钢片 3 和减振器盘 9 上都有 6 个均匀分布的窗孔，减振器弹簧就装在孔中。从动盘和从动盘毂 6 通过减振器弹簧 8 弹性地连接在一起，构成了减振器的缓冲机构，从动盘毂与钢片 3 和减振器盘之间夹有环状摩擦片 4，摩擦片是阻尼耗能元件。特种铆钉 5 将波浪形钢片 2、减振器盘 9 铆接成一体，但铆钉从动盘毂上的缺口存在一定的距离，从动盘毂可以相对钢片和从动盘作一定量的转动。

当从动盘受转矩作用时，由摩擦衬片传来的转矩首先传到从动盘钢片 3 和减振器盘 9 上，再经减振器弹簧 8 传给从动盘毂，这时弹簧被压缩，然后再传给从动盘毂。因此，从发动机传来的扭转振动产生的冲击被弹簧及摩擦片吸收缓和，不会直接传到从动盘毂，进而传给变速器。

3. 压紧机构

沿压盘圆周上均匀分布的螺旋弹簧（套在压紧弹簧座上，图中未画出），将压盘和从动盘压向飞轮，使离合器处于接合状态。发动机的动力由飞轮、压盘与从动盘之间的摩擦面传给从动盘。

四、膜片弹簧离合器

膜片弹簧离合器与周布弹簧离合器基本相似，但采用膜片弹簧作为压紧弹簧，省略了分离杠杆，其结构如图 9-5 所示。

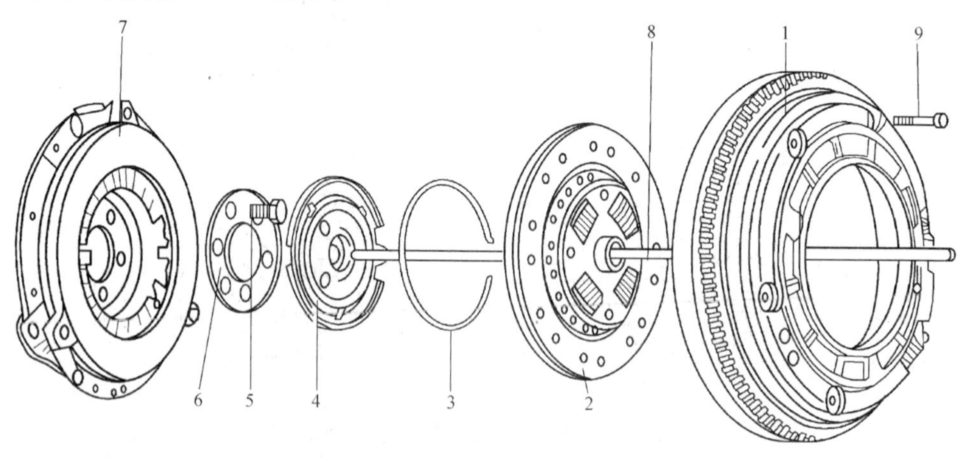

图 9-5　膜片弹簧离合器结构图

1—飞轮　2—从动盘　3—卡环　4—压板　5、9—螺栓　6—中间板　7—离合器盖总成　8—离合器分离推杆

（1）膜片弹簧　用优质弹簧钢板制成，形状为碟形，开有径向切槽，切槽内端连通，外端为圆孔避免应力集中（图9-6）。两个切槽之间钢板形成一个弹性杠杆，既是压紧弹簧又是分离杠杆。

（2）压紧装置　压紧装置由压盘、离合器盖、膜片弹簧、支承圈、定位铆钉、分离钩及传动片等组成（图9-7）。膜片弹簧5中部由定位铆钉6固定在离合器盖3上，这个支承为膜片变形时的支点，外端通过分离钩4与压盘2固定在一起。压盘在没有固定在飞轮上之前，离合器盖与飞轮之间有一定的距离 t（图9-7a）；当离合器盖通过螺栓9固定在飞轮8上后，膜片弹簧被挤压发生弹性变形，这样膜片弹簧的反弹力使其外端对压盘和从动盘产生压紧力，离合器处于接合状态(图9-7b)。分离时，分离轴承推动膜片内端向左移动，则膜片弹簧外端便通过分离钩将压盘向右拉，从而使离合器分离（图9-7c）。

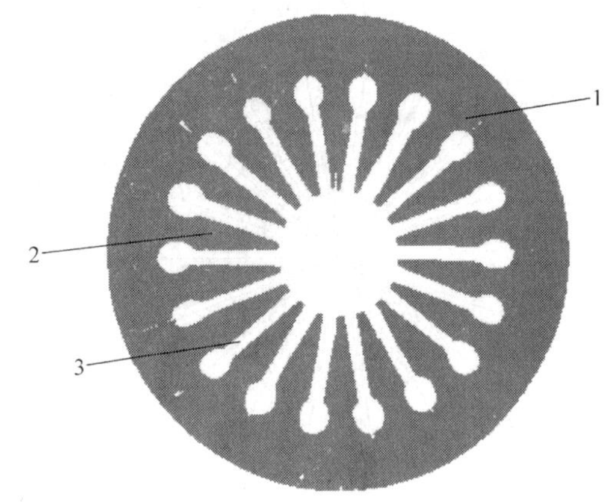

图9-6　膜片弹簧结构示意图

1—膜片弹簧　2—弹性杠杆　3—径向切槽

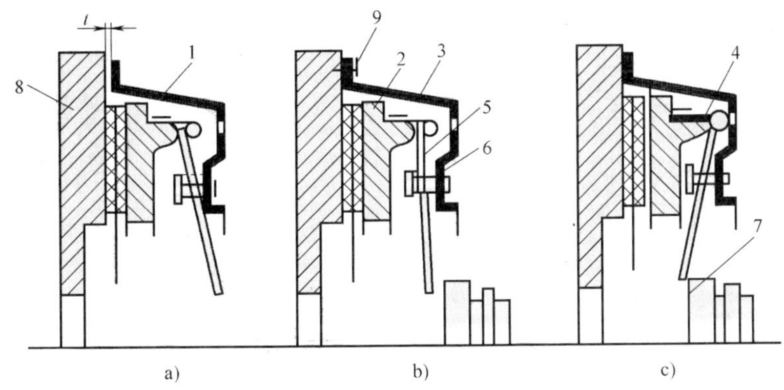

图9-7　膜片弹簧离合器工作原理图

a）自由位置　b）压紧位置　c）分离位置

1、3—离合器盖　2—压盘　4—分离钩　5—膜片弹簧　6—定位铆钉　7—分离轴承　8—飞轮　9—螺栓

五、离合器操纵机构

功用：它是驾驶员借以使离合器分离，而后又使之柔和地接合的一套机构。

组成：它是由位于离合器壳内的分离杠杆（在膜片弹簧离合器中，膜片弹簧兼起分离杠杆的作用）、分离轴承、分离叉等机件组成的分离机构和位于离合器壳外的离合器踏板及传动机构、助力机构等组成。

类型：汽车离合器操纵机构可分为液压式和机械式，机械式又包括杆式和绳索式。

1. 机械式操纵机构

机械式操纵机构结构简单，成本较低，但是其机械效率低。其中杆式操纵机构中关节点较多，因而磨损较大，此外易受到车身和车架变形的影响。绳索式操纵机构可消除上述缺点，且布置比较容易，但绳索寿命较短，拉伸刚度较小，故只适用于轻型和微型汽车。图9-8为绳索式操纵机构示意图。

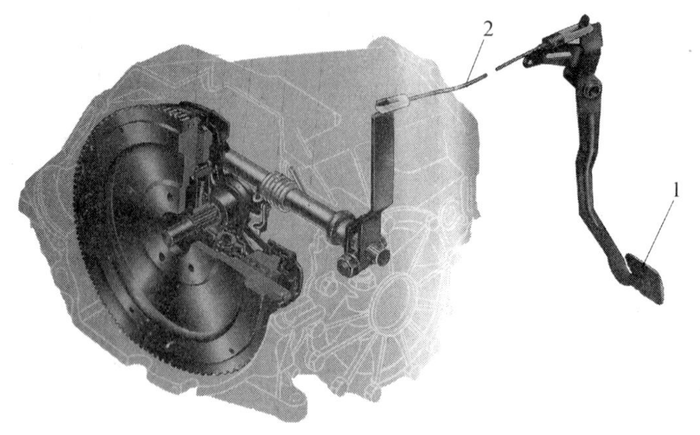

图 9-8　绳索式操纵机构示意图
1—离合器踏板　2—绳索组件

2. 液压式操纵机构

液压式操纵机构主要由主缸、工作缸及管路系统组成，如图 9-9 所示。

踩下离合器踏板 1，则主缸 2 活塞向右移动，液压油流向工作缸 7，在液压油的压力作用下，工作缸活塞右移推动分离叉 6 下端右移，分离叉上端则推动分离轴承 5 左移，进而压向分离杠杆 4，离合器分离。松开离合器踏板时，在回位弹簧的作用下，各部件回位。当液压系统因漏油或温度变化引起油液容积变化时，储液室 3 适时补偿，使整个油路系统保证正常的油压。

3. 弹簧助力式操纵机构

弹簧助力式操纵机构依靠助力弹簧的拉力，用以减轻驾驶员的劳动强度，其结构如图 9-10所示。

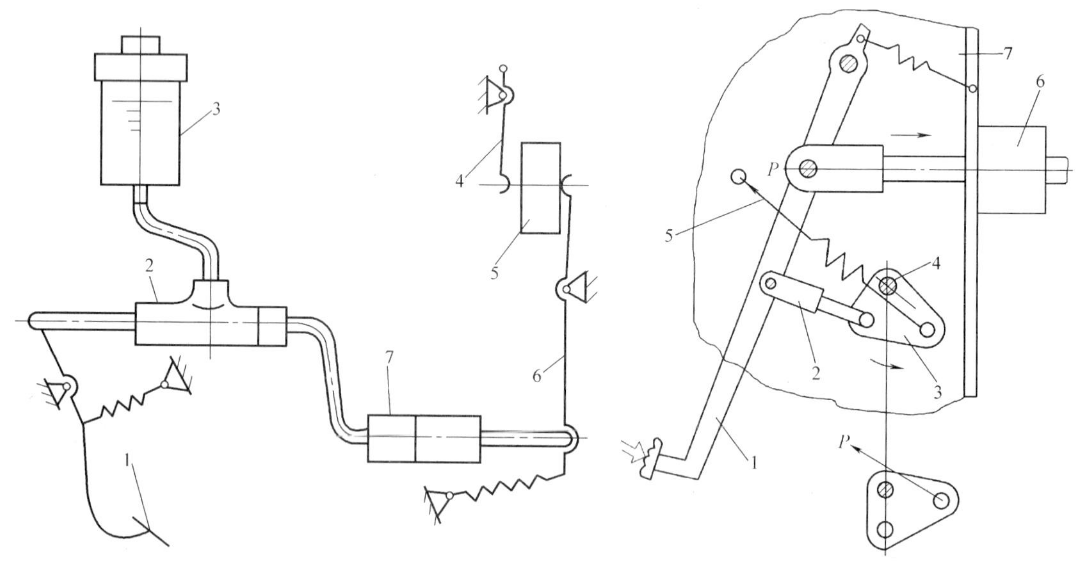

图 9-9　液压式操纵机构示意图
1—离合器踏板　2—主缸　3—储液室　4—分离杠杆
5—分离轴承　6—分离叉　7—工作缸

图 9-10　弹簧助力式操纵机构示意图
1—踏板　2—长度可调推杆　3—可转三角板
4—销轴　5—助力弹簧　6—主缸　7—支架板

助力弹簧5的两端分别固定在三角板和固定支架上，三角板通过销轴固定在支架上，并可绕销轴转动。不踩离合器踏板时，助力弹簧轴线位于三角板销轴下方；踩下离合器踏板后，在长度可调推杆2的作用下三角板绕销轴逆时针转动，助力弹簧5被拉长，这时助力弹簧的拉力对销轴的力矩实际上是阻碍踏板和三角板运动的阻力矩。随着踏板继续下移，当三角板转到弹簧轴线通过销轴中心时，弹簧反力矩为零，踏板继续下移，弹簧轴线处于销轴中心上方时，弹簧拉力的力矩与三角板和踏板的力矩方向一致，这时弹簧起到助力作用，且踏板踩得越低，助力越大。

六、摩擦片式离合器拆装与调整

1. 离合器总成的拆装

周布弹簧离合器总成拆装如图9-11所示。

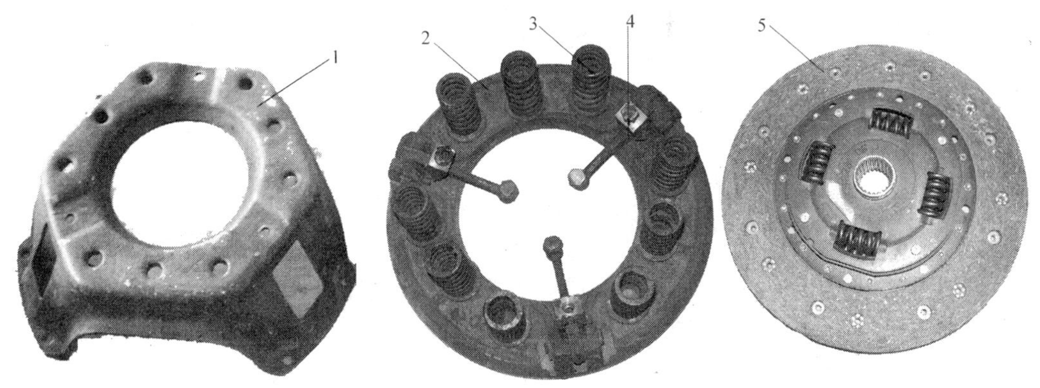

图9-11　离合器总成拆装图

1—离合器盖　2—压盘　3—压紧弹簧　4—分离杠杆　5—从动盘

1）观察离合器工作情况，在离合器与飞轮上作装配标记。

2）用对角线交叉法分两次旋下离合器盖总成固定螺栓，依次取下离合器盖、从动盘。

3）检查从动盘、压盘及飞轮摩擦面的磨损量和平面度。

4）安装时先将飞轮固定，使用变速器输入轴将离合器从动盘固定于飞轮和压盘的中心（注意：从动盘上减振器弹簧凸出的一面朝外）。

5）按照装配标记安装离合器盖总成。

2. 离合器的调整

（1）离合器分离杠杆高度的调整　离合器分离杠杆内端与分离轴承必须同时接触，汽车才能平稳起步。若分离杠杆内端高低不一，离合器接合时将发生抖动现象，因此装配时需查看各分离杠杆内端与分离轴承的接触情况，要求分离杠杆内端位于同一平面。调整方法是调整分离杠杆外端的调整螺栓。

（2）离合器踏板自由行程的调整　首先测出踏板完全放松时的高度，再测出踩下踏板感到有阻力时的高度，两者之差即为自由行程。自由行程过大，离合器分离不彻底；反之，离合器打滑。调整方法有如下几种：

1）机械杆式：通过调节拉杆调节叉来改变踏板的自由行程。旋进，自由行程减小；旋出，则自由行程增大。

2）机械绳索式：通过转动发动机旁边的调整螺母来调整离合器踏板的自由行程。

3）液压式：离合器踏板自由行程由两个间隙来构成：一个是主缸活塞与推杆之间的间隙，另一个是分离轴承与分离杠杆之间的间隙。因此，调整时先调整主缸活塞与推杆之间的间隙，再调整分离轴承与分离杠杆之间的间隙。

项目 18　手动变速器结构原理及拆装

一、变速器的功用与分类

1. 功用

1）改变传动比、汽车行驶速度和驱动轮上转矩的大小，满足不同行驶条件对速度和牵引力的需要，使发动机尽量工作在有利的工况下。

2）实现倒车行驶，用来满足汽车倒退行驶的需要。

3）中断动力传递，在发动机起动、怠速运转、汽车换挡或需要停车进行动力输出时，中断向驱动轮的动力传递。

4）驱动其他机构，如驱动自卸车的油泵、某些汽车的绞盘等。

2. 变速器分类

（1）按传动比的变化方式　变速器可分为有级式、无级式、综合式。

1）有级式变速器：有几个可选择的固定传动比，采用齿轮传动，其又可分为齿轮轴线固定的普通齿轮变速器和部分齿轮（行星齿轮）轴线旋转的行星齿轮变速器两种。

2）无级式变速器：传动比可在一定范围内连续变化，常见的有液力式、机械式和电力式等。

3）综合式变速器：由有级式变速器和无级式变速器共同组成的，其传动比可以在最大值与最小值之间几个分段的范围内作无级变化。

（2）按操纵方式分　变速器可分为强制操纵式、自动操纵式、半自动操纵式。

二、普通齿轮变速器的基本工作原理

1. 变速原理

如图 9-12 所示，一对齿数不同的齿轮啮合传动时，两轴转速之比 $i_{12}=n_1/n_2=z_2/z_1$，其中 z_1、z_2 分别是两个齿轮的齿数。变速器就是根据这一原理，利用不同大小的齿轮传动实现变速的。

2. 换挡原理

通过改变啮合的齿轮副，改变传动比，从而实现换挡。

3. 变向原理

相啮合的一对齿轮旋向相反，因此每经一对齿轮传动副，动力方向改变一次，如图 9-13 所示。

图 9-12　普通齿轮变速器变速原理示意图
1—主动轴　2—主动齿轮　3—从动齿轮　4—从动轴

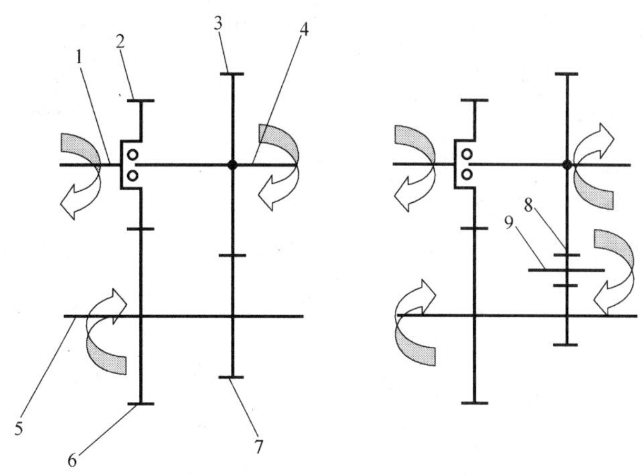

图 9-13　变速器变向原理示意图

1—输入轴　2、3、6、7、8—齿轮　4—输出轴　5—中间轴　9—倒挡轴

三、普通齿轮变速器的结构组成

1. 三轴式变速器

三轴五挡变速器有 5 个前进挡和一个倒挡，由壳体、第一轴（输入轴）、中间轴、第二轴（输出轴）、倒挡轴、各轴上齿轮、操纵机构等几部分组成，如图 9-14 所示。

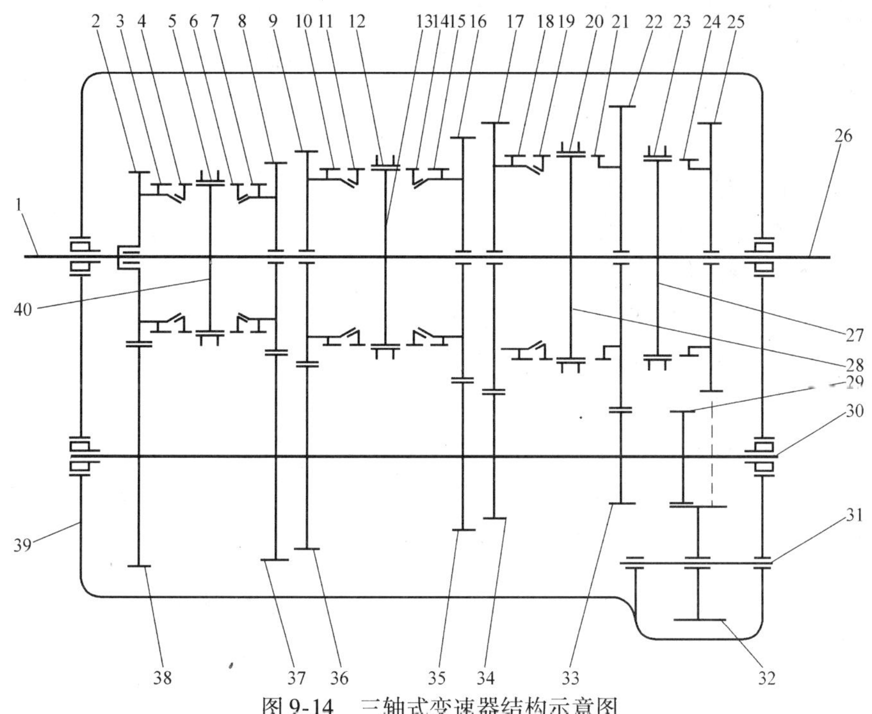

图 9-14　三轴式变速器结构示意图

1—第一轴　2—第一轴常啮合齿轮　3—第一轴齿轮接合齿圈　4—六挡同步器锁环　5、12、20、23—接合套　6—五挡同步器锁环　7—五挡齿轮接合齿圈　8—第二轴五挡齿轮　9—第二轴四挡齿轮　10—四挡齿轮接合齿圈　11—四挡同步器锁环　13、27、28、40—花键毂　14—三挡同步器锁环　15—三挡齿轮接合齿圈　16—第二轴三挡齿轮　17—第二轴二挡齿轮　18—二挡齿轮接合齿圈　19—二挡同步器锁环　21—一挡齿轮接合齿圈　22—第二轴一挡齿轮　24—倒挡齿轮接合齿圈　25—第二轴倒挡齿轮　26—第二轴　29—中间轴倒挡齿轮　30—中间轴　31—倒挡轴　32—倒挡中间齿轮　33—中间轴一挡齿轮　34—中间轴二挡齿轮　35—中间轴三挡齿轮　36—中间轴四挡齿轮　37—中间轴五挡齿轮　38—中间轴常啮合齿轮　39—变速器壳体

（1）第一轴　第一轴和第一轴常啮合齿轮为一个整体，是变速器的动力输入轴。第一轴前部花键插于离合器从动盘毂中。

（2）中间轴　在中间轴上制有（或固装）6个齿轮，作为一个整体而转动。最前面的齿轮与第一轴常啮合齿轮相啮合，称为中间轴常啮合齿轮，向后各齿轮依次为中间轴五挡、四挡、三挡、二挡和一挡齿轮。

（3）第二轴　在第二轴上，通过花键固装有4个花键毂，通过轴承安装有第二轴各挡齿轮。其中从前向后，在第一和第二花键毂之间装有五挡和四挡齿轮，在第二和第三花键毂之间装有三挡和二挡齿轮，它们分别与中间轴上各挡相应齿轮啮合。在三个花键毂上分别套有带有内花键的接合套，并设有同步机构。通过接合套的前后移动，可以使花键毂与相邻齿轮上的接合齿圈连接在一起，将齿轮上的动力传给第二轴。为了实现汽车倒向行驶，在第二个接合套上还制有倒挡齿轮，它与倒挡中间齿轮32为常啮合齿轮，齿轮32与中间轴上的齿轮29也为常啮合齿轮。由于增加了一个中间齿轮，故第二轴的旋转方向与第一轴相反。第二轴前端插入第一轴齿轮的中心孔内，两者之间设有滚针轴承。第二轴后端通过凸缘与万向传动装置相连。

（4）倒挡轴　倒挡轴采用过盈配合压装在壳体相应的轴孔中。倒挡齿轮通过轴承活套在倒挡轴上。

各挡动力传递情况：

1）一挡：第一轴→第一轴常啮合齿轮→中间轴→中间轴一挡齿轮→第二轴一挡齿轮→一挡齿轮接合齿圈→接合套→第二轴→输出。

2）二挡：第一轴→第一轴常啮合齿轮→中间轴→中间轴二挡齿轮→第二轴二挡齿轮→二挡齿轮接合齿圈→接合套→第二轴→输出。

3）三挡：第一轴→第一轴常啮合齿轮→中间轴→中间轴三挡齿轮→第二轴三挡齿轮→三挡齿轮接合齿圈→接合套→第二轴→输出。

4）四挡：第一轴→第一轴常啮合齿轮→第一轴上四挡齿轮接合齿圈→三、四挡齿轮接合套→第二轴→输出（直接挡）。

5）五挡：第一轴→第一轴常啮合齿轮→中间轴→中间轴五挡齿轮→第二轴五挡齿轮→五挡齿轮接合齿圈→接合套→第二轴→输出（超速挡）。

6）倒挡：第一轴→第一轴常啮合齿轮→中间轴→中间轴倒挡齿轮→倒挡中间齿轮→第二轴倒挡齿轮→倒挡齿轮接合齿圈→倒挡同步器接合套→第二轴→输出。

2. 两轴式变速器

两轴式变速器主要由输入和输出两根轴组成，如图9-15所示。与传统的三轴式变速器相比，由于省去了中间轴，在一般挡位只经过一对齿轮就可以将输入轴的动力传至输出轴，所以传动效率要高一些，

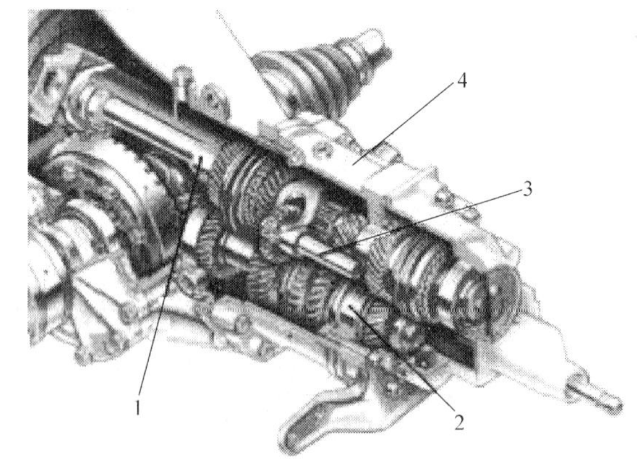

图9-15　两轴式变速器结构示意图
1—第一轴　2—第二轴　3—倒挡轴　4—变速器壳

但没有了直接挡。

四、同步器

1. 功用

同步器使接合套与待接合齿圈两者之间能迅速同步，缩短换挡时间；在同步之前齿轮进行啮合时，避免产生冲击和噪声，延长齿轮寿命。

2. 同步器的结构及其工作原理

目前所使用的同步器几乎都是采用摩擦式同步装置，但其锁止装置不同，因此工作原理也有所不同。按工作原理不同可分为常压式、惯性式和自行增力式等。这里仅介绍目前广泛采用的锁环式惯性同步器。

（1）结构　如图9-16所示，锁环式惯性同步器主要由花键毂4、接合套6、锁环1和7等组成。

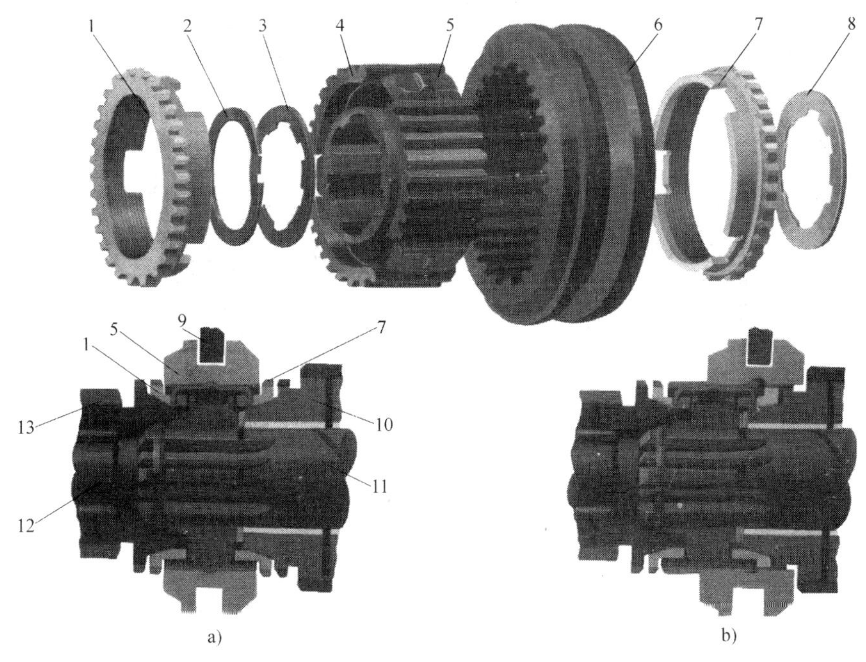

图9-16　锁环式惯性同步器结构

a）同步器脱开　b）同步器啮合

1、7—锁环　2—弹簧圈　3、8—调整垫片　4—花键毂　5—滑块　6—接合套　9—拨叉　10—第二轴换挡齿轮　11—第二轴　12—第一轴　13—第一轴换挡齿轮

花键毂与第二轴用花键联接，并用垫片和弹簧圈作轴向定位。在花键毂两端与齿轮之间，各有一个青铜制成的锁环（也称同步环）。锁环上有短花键齿圈，花键齿的断面轮廓尺寸与齿轮及花键毂上的外花键齿均相同。在两个锁环上，花键齿对着接合套的一端都有倒角（称锁止角），且与接合套齿端的倒角相同。锁环具有与齿轮上的摩擦面锥度相同的内锥面，内锥面上制出细牙的螺旋槽，以便两锥面接触后破坏油膜，增加锥面间的摩擦。在花键毂的三个轴向槽内均嵌合了一个滑块，滑块可沿槽轴向滑动。在两个弹簧圈的作用下，滑块压向接合套，使滑块中部的凸起部分正好嵌在接合套中部的凹槽中，起到空挡定位作用。滑块的两端伸入锁环的三个缺口中，但滑块宽度小于缺口宽度，二者之差等于锁

环上的花键齿宽，锁环相对于花键毂只能作用转动半个齿宽，只有当滑块位于缺口的中央时，接合套与锁环的齿方才能接合。

（2）工作原理（以五挡换六挡为例）

1）空挡位置（图9-17a）：此时接合套处于中间位置，齿圈1、锁环2和接合套3都在本身及其所联系的一系列运动件的惯性作用下，继续沿原方向转动。设其转速分别为 n_1、n_2、n_3，则此时 $n_2 = n_3 < n_1$，锁环轴向自由，其内锥面与六挡接合齿圈的外锥面并不接触。

2）挂六挡：接合套左移，推动锁环移向齿圈，两个锥面一经接触便产生摩擦作用，摩擦使锁环超前接合套一角度，直到滑块与锁环缺口的一边接触，此时锁环的齿较接合套的齿错开了半个齿宽，从而使接合套的齿端倒角与锁环相应的齿端倒角正好相互抵触而不能进入啮合（图9-17b）。

3）挂上六挡：在驾驶员轴向力的作用下齿圈与锁环的齿互相压紧产生摩擦，在摩擦力的作用下两者逐渐达到同步，惯性力矩消失，锁环与齿圈退后一角度，接合套与锁环啮合（图9-17c、d）。

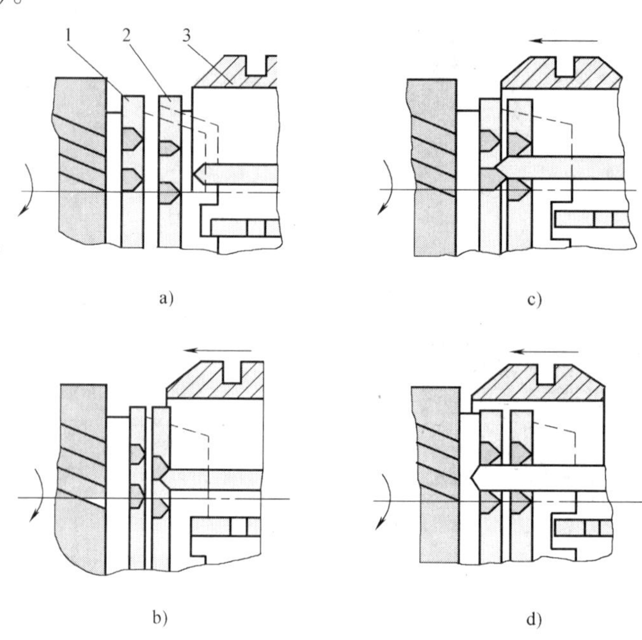

图9-17　锁环式惯性同步器工作原理

1—六挡接合齿圈　2—锁环　3—接合套

五、变速器操纵机构

1. 功用及要求

功用：保证驾驶员能准确可靠地使变速器换入某个挡位。

要求：自锁功能——防止自动挂挡、脱挡；互锁功能——保证变速器不会同时挂入两个挡位；倒挡锁——防止误挂入倒挡。

2. 组成及结构

变速器操纵机构由变速杆、拨叉、拨叉轴和锁止机构组成，其结构如图9-18所示。

变速杆 1 的球节支承于变速器盖顶部的球座内，并用弹簧压紧以消除间隙（图中未画出），球节上开有竖槽，固定于变速器盖的销钉伸入该槽内与其滑动配合，变速杆只能够以球节为支点前后左右摆动，而不能转动。变速杆下端球头带动叉形拨杆 2 转动，拨杆下端球头对准某一拨块的竖槽，纵向移动变速杆，带动拨杆向前或向后移动，实现换挡。拨块 3、11、12 及拨叉 7、8、9、10 都以弹性销固装在相应的拨叉轴上，拨叉轴两端支承于变速器盖相应孔中，可轴向移动。

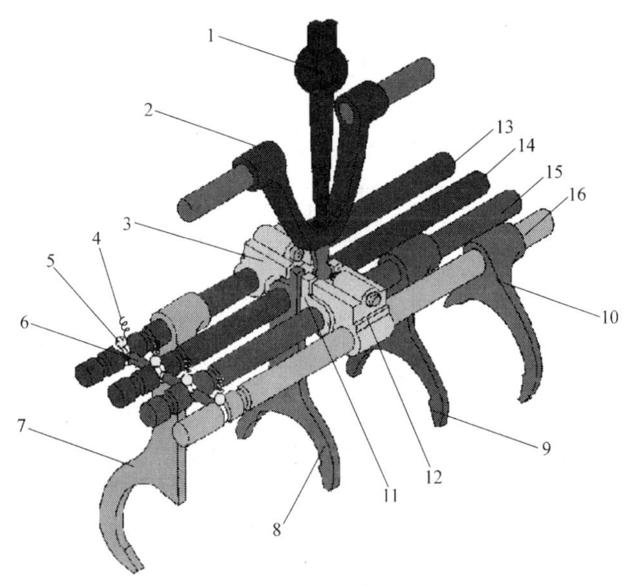

图 9-18　变速器操纵机构示意图

1—变速杆　2—叉形拨杆　3—五、六挡拨块　4—自锁弹簧　5—自锁钢球　6—互锁销　7—五、六挡拨叉　8—三、四挡拨叉　9——、二挡拨叉　10—倒挡拨叉　11——、二挡拨块　12—倒挡拨块　13—五、六挡拨叉轴　14—三、四挡拨叉轴　15——、二挡拨叉轴　16—倒挡拨叉轴

3. 定位锁止装置

变速器定位锁止装置包括自锁、互锁和倒挡锁。其结构和原理如下：

（1）自锁装置　自锁就是对各挡拨叉轴进行轴向定位锁止，以防止其自动产生轴向移动而造成自动挂挡或脱挡。多数变速器自锁装置由自锁钢球 2 和自锁弹簧 1 组成，如图 9-19 所示。每根拨叉轴的上表面沿轴向分布有三个凹槽，当任何一根拨叉轴连同拨叉轴向移动到空挡或某一工作挡位的位置时，必有一个凹槽正好对准自锁钢球。于是自锁钢球在自锁弹簧压力作用下嵌入该凹槽内，拨叉轴轴向位置被固定，从而拨叉连同滑动齿轮（或接合套）也被固定在空挡或某一工作挡位上，不能自行脱出。

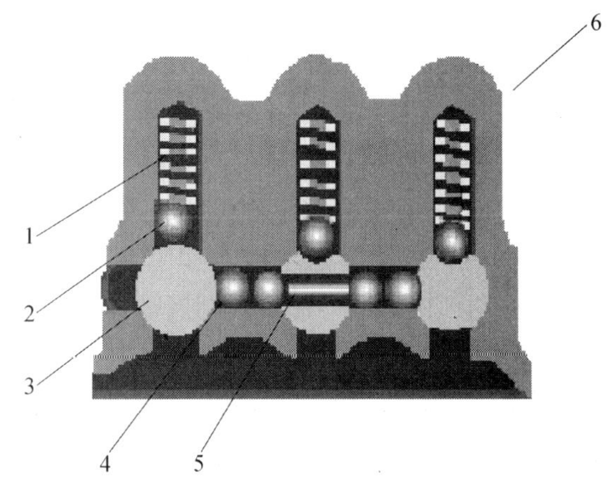

图 9-19　自锁装置结构示意图

1—自锁弹簧　2—自锁钢球　3—拨叉轴　4—互锁钢球　5—互锁销　6—变速器盖

换挡时，驾驶员对拨叉轴施加一定轴向力，克服自锁弹簧 1 的压力将钢球由拨叉轴的凹槽中挤出推回孔中，拨叉轴和拨叉轴向移动。

（2）互锁装置　互锁装置主要由互锁钢球及互锁销组成。互锁销装在中间拨叉轴的孔中，其长度相当于拨叉轴直径减去互锁钢球的半径，互锁钢球装于变速器盖的横向孔中。在空挡位置时，左右拨叉轴在对着钢球处有深度相当于钢球半径的凹槽，此时拨叉轴和互锁钢球及互锁销处于自由状态，相互之间不卡紧。当要挂挡移动某一拨叉轴时（图 9-20a），如移动中间拨叉轴 2，两内侧的钢球便从拨叉轴 2 的凹槽内被挤出，而两外侧互锁钢球 4 和 6 则分别嵌入拨叉轴 1 和 3 的凹槽内，此时拨叉轴 1 和 3 便被锁止，不能轴向移动。如果要移动拨叉轴 3（图 9-20b），必须先将拨叉轴 2 退回到空挡位置，使拨叉轴和互锁钢球及互锁销回到自由状态。同理，当移动拨叉轴 1 时（图 9-20c），另外两个拨叉轴便被锁止。

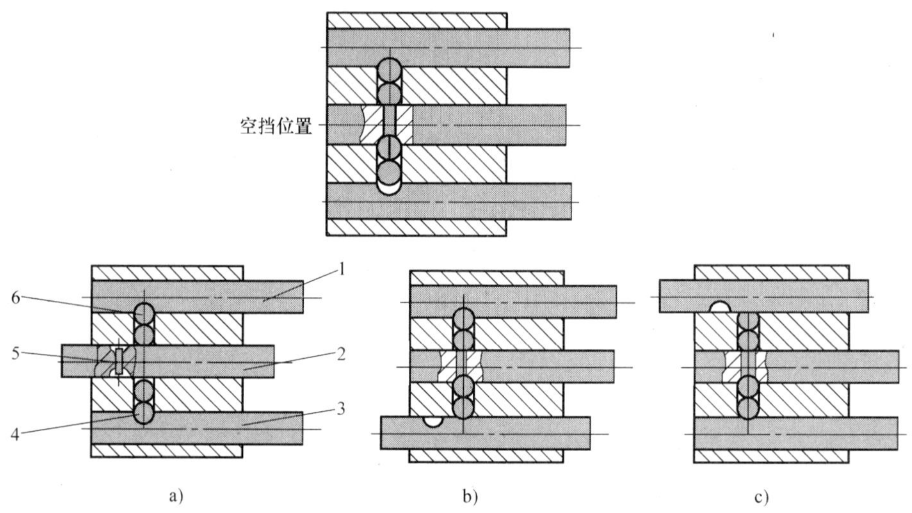

图 9-20　互锁装置结构示意图

1、2、3—拨叉轴　4、6—互锁钢球　5—互锁销

这种互锁装置可以保证变速器只有在空挡位置时，驾驶员才可以移动任一个拨叉轴挂挡。若某一拨叉轴被移动而挂挡时，另两个拨叉轴便被互锁装置固定在空挡位置而不可能再轴向移动。

（3）倒挡锁　倒挡锁要求驾驶员必须对变速杆施加较大的力，才能挂入倒挡，从而防止误挂倒挡。倒挡锁一般由倒挡锁销和倒挡锁弹簧组成。如图 9-21 所示，倒挡锁销 3 的杆部装有倒挡锁弹簧 2，其右端的螺母可调整弹簧的预紧力和倒挡锁销的长度。驾驶员要挂倒挡时，必须用较大的力使变速杆 1 的下端压缩倒挡锁弹簧，将倒挡锁销推向右方后，才能使变速杆下端进入倒挡拨块 4 的凹槽内，以拨动一、倒挡拨叉轴而推入倒挡。

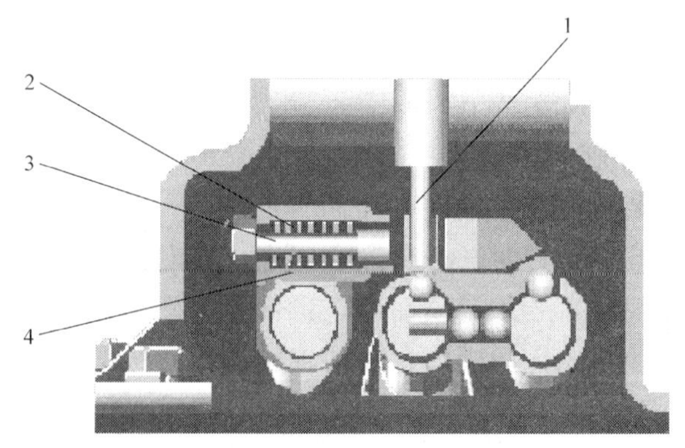

图 9-21　倒挡锁装置结构示意图

1—变速杆　2—倒挡锁弹簧　3—倒挡锁销　4—倒挡拨块

六、变速器的拆装

变速器的零件分解图如图 9-22 所示。

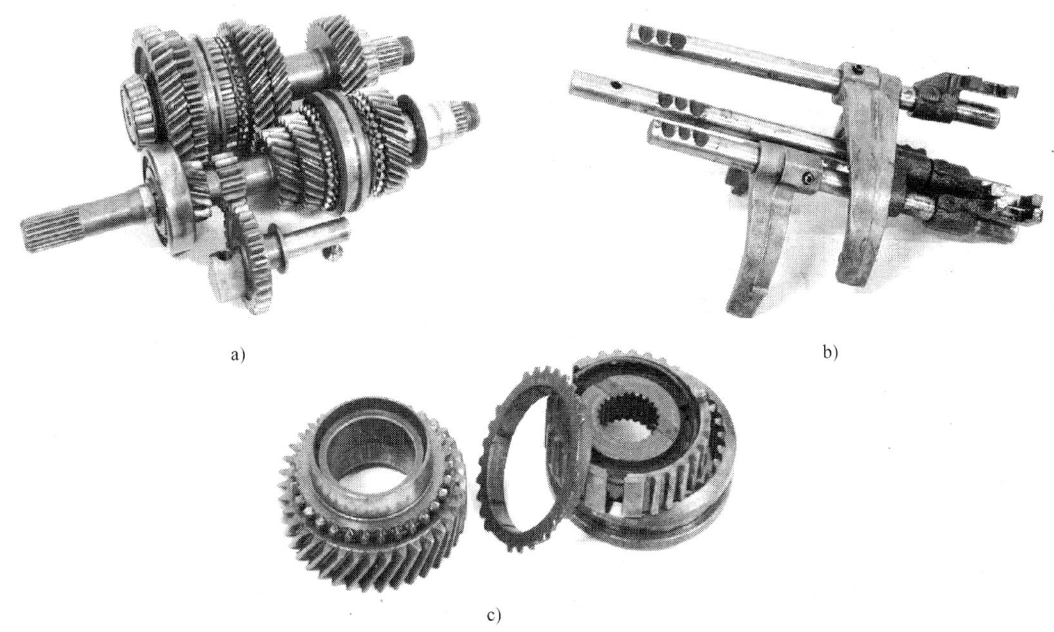

a)　　b)　　c)

图 9-22　变速器零件分解图

a）变速器第一、第二及倒挡轴　b）拨叉及拨叉轴　c）同步器

1）拆下变速器的上盖，观察操纵机构中自锁、互锁、倒挡锁装置的结构特点，注意拨叉与拨叉轴的安装情况。

2）从前端拆下轴承盖，并上下晃动拔出第一轴及轴承，观察第二轴前端如何支撑。

3）用手托起第二轴前端上下晃动，并往后退出第二轴，取下第二轴的轴承止推环。

4）依次从第二轴前端取出四、五挡同步器总成，四、五挡固定齿座锁环，取下止推环，则第二轴上二、三挡同步器总成和它前面的所有零件可依次从轴上取下。

5）观察锁环和定位环是如何定位的，观察同步器与第二轴的联接情况，各挡齿轮又是如何啮合的。

6）从壳体中取出第二轴，观察中间轴和倒挡轴。

7）按相反顺序装复变速器，注意装复时不要遗漏零部件。

项目 19　驱动桥结构原理及拆装

一、驱动桥的功用

1）将万向传动装置输入的动力减速增矩。

2）改变传动方向，然后分配给左右驱动轮。

3）使左右驱动轮以不同转速旋转，实现转向、不同路面行驶。

二、驱动桥的组成

驱动桥由主减速器、差速器、半轴和驱动桥壳等组成，如图 9-23 所示。驱动桥是传动系统的最后一个总成，发动机的动力传到驱动桥后，首先传给主减速器，经减速增矩后传给差速器，然后分配给左右两个半轴，最后传给驱动轮。

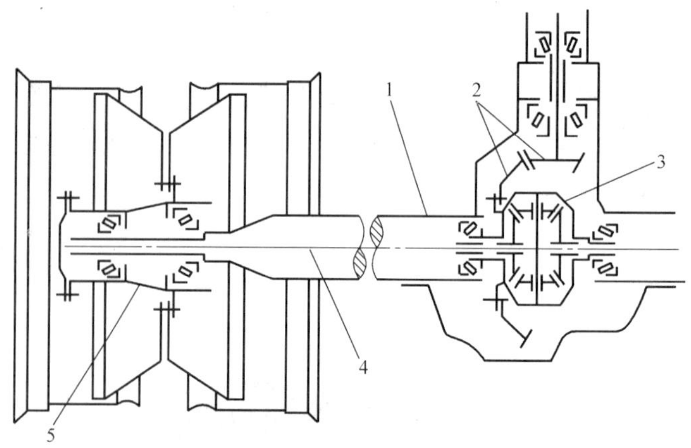

图 9-23 驱动桥结构示意图

1—驱动桥壳 2—主减速器 3—差速器 4—半轴 5—轮毂

三、驱动桥的形式

驱动桥一般可分为整体式和断开式两种。

1. 整体式驱动桥

如图 9-23 所示，整体式驱动桥与非独立悬架配用。驱动桥壳由中间的主减速器壳和两边与之刚性联接的半轴套管组成，通过悬架与车身或车架相连。两侧车轮安装在此刚性桥壳上，半轴与车轮不可能在横向平面内作相对运动。

2. 断开式驱动桥

如图 9-24 所示，断开式驱动桥与独立悬架配用。因此，驱动桥壳需要分为用铰链连接的几段，更多的是只保留主减速器壳或带有部分半轴套管部分，主减速器壳固定在车架或车身上。为了适应驱动轮独立上下跳动的需要，差速器与车轮之间的半轴也要分段，各段之间用万向节连接。

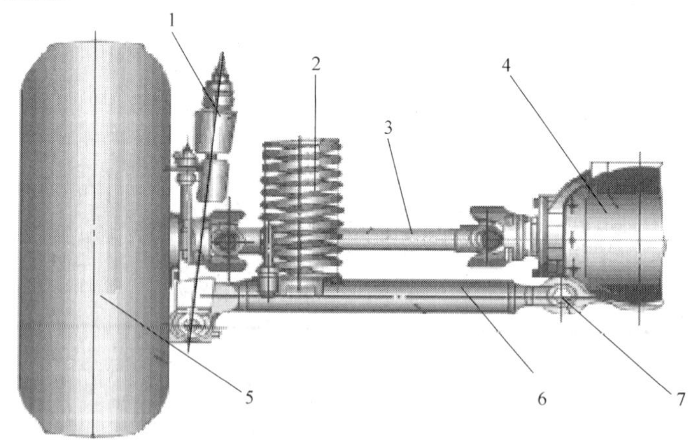

图 9-24 断开式驱动桥结构示意图

1—减振器 2—弹性元件 3—传动轴 4—主减速器 5—驱动轮 6—摆臂 7—摆臂轴

四、驱动桥的主要部件

1. 主减速器

功用：减速增矩，在发动机纵置时还具有改变转矩方向的作用。

分类：按参加减速传动的齿轮副数目可分为单级主减速器和双级主减速器；按减速齿轮副结构形式可分为圆柱齿轮式、锥齿轮式和准双曲面齿轮式等。

（1）单级主减速器　主减速器是在传动系统中起降低转速、增大转矩作用的主要部件，当发动机纵置时还具有改变转矩旋转方向的作用。它是依靠齿数少的齿轮带动齿数多的齿轮来实现减速的，采用锥齿轮传动则可以改变转矩旋转方向，其结构如图 9-25 所示。主动锥齿轮与输入轴制成一体，通过轴承支承在主减速器壳上；从动锥齿轮与主减速器壳制成一体，通过调整螺母和调整垫片可使两齿轮得到正确的啮合痕迹和齿侧间隙。

（2）双级主减速器　为了获得较大的减速比，且保证汽车的最小离地间隙足够大，采用一对锥齿轮构成的单级主减速器已经不能保证要求，因此采用两对齿轮降速的主减速器，即双级主减速器，其结构如图 9-26 所示。其传动方式是：第一级为锥齿轮传动，第二级为圆柱斜齿轮传动。

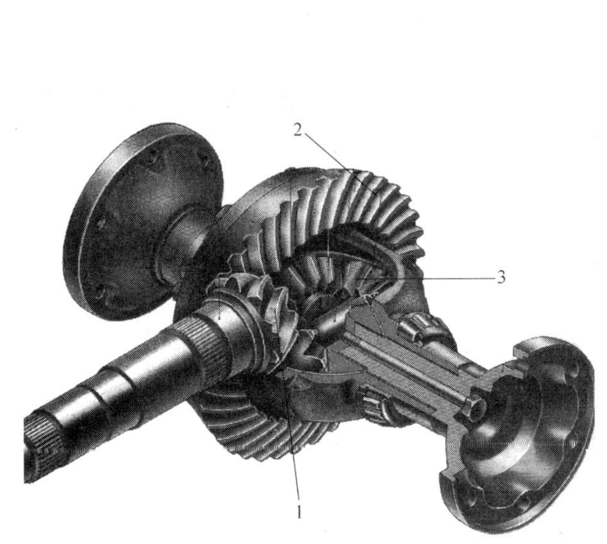

图 9-25　单级主减速器结构示意图
1—主动锥齿轮　2—从动锥齿轮　3—差速器齿轮

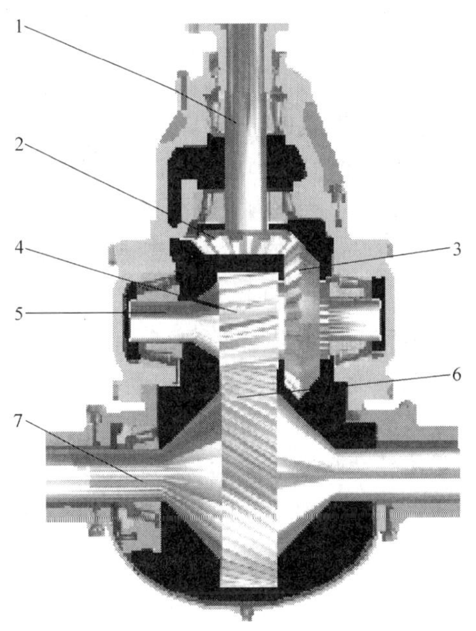

图 9-26　双级主减速器结构示意图
1—主动轴　2—主动锥齿轮　3—从动锥齿轮
4—第二级主动齿轮　5—第二轴
6—第二级从动齿轮　7—半轴

2. 差速器

功用：使左右车轮以不同的车速进行纯滚动或直线行驶；保证各驱动轮在各种运动条件下的动力传递，避免轮胎与地面间打滑；将主减速器传来的转矩平均分给两半轴，使两侧的车轮驱动力相等。

（1）普通齿轮差速器

1）结构：普通齿轮差速器由行星齿轮、行星齿轮架、差速器壳、半轴齿轮等零件组成，如图 9-27 所示。发动机的动力经传动轴进入差速器，直接驱动行星齿轮架，再由行星齿轮带动左、右两条半轴，分别驱动左、右车轮。两半差速器壳用螺栓固紧在一起。主减速器的从动齿轮用螺栓固定在差速器壳的凸缘上。十字形行星齿轮轴安装在差速器壳接合面处的四个圆孔内，每个轴颈上套有一个带有滑动轴承的圆锥行星齿轮，四个行星齿轮的左右两侧各与一个直齿圆锥半轴齿轮相啮合。半轴齿轮的轴颈支承在差速器壳左右相应的孔中，其内花键与半轴相联。

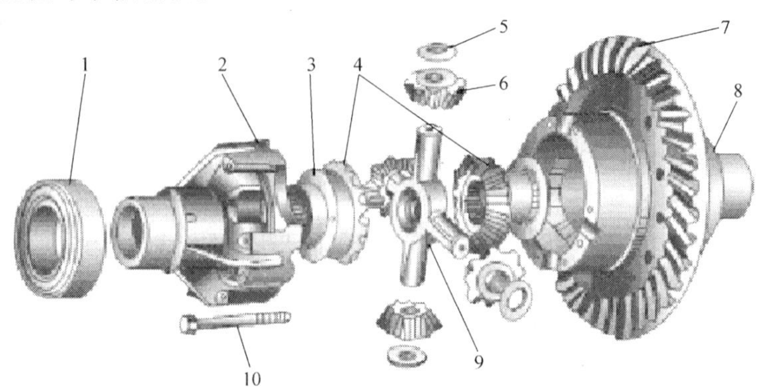

图 9-27　普通齿轮差速器结构示意图

1—轴承　2—左外壳　3—垫片　4—半轴齿轮　5—垫圈
6—行星齿轮　7—从动齿轮　8—右外壳　9—行星齿轮架　10—螺栓

2）工作原理：

① 差速器运动特性：主减速器的从动齿轮在主动齿轮的带动下旋转时，同时带动差速器壳一起旋转，与差速器壳一起转动的行星齿轮拨动两侧的半轴齿轮转动，如图 9-28 所示。汽车直线行驶时，两侧车轮所受的行驶阻力相等，通过半轴及半轴齿轮反作用于行星齿轮两啮合点 A、B 的力也相等，这时行星齿轮保持平衡，行星齿轮不能自转，只能随行星齿轮架一起公转，所以两半轴无转速差。当车辆转弯时，两侧车轮所受阻力不同时，通过半轴及半轴齿轮反作用于行星齿轮两啮合点的力也不相等，行星齿轮的平衡被破坏，行星齿轮除了公转，还要绕自身轴线转动，实现对两侧车轮的差速驱动。

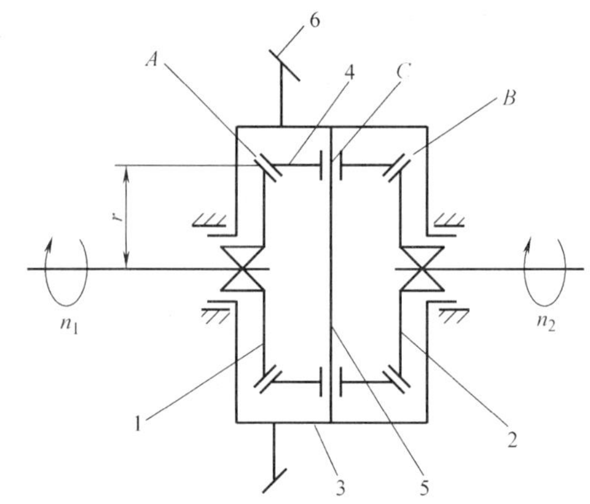

图 9-28　差速器工作原理图

1、2—半轴齿轮　3—差速器壳　4—行星齿轮
5—行星齿轮架　6—主减速器从动齿轮

② 差速器的转矩特性：图 9-29 为差速器转矩分配示意图。设主减速器传至差速器壳的转矩为 M_0，经行星齿轮传给两个半轴齿轮的转矩分别是 M_1、M_2。当行星齿轮不自转时，即 $n_4=0$，$M_4=0$（M_4 为行星齿轮自转时，其内孔和背面所受的摩擦力矩），此时差速器将转矩 M_0 平分给两个半轴，即 $M_1=M_2=M_0/2$。当行星齿轮自转时，转速为 n_4，行星齿轮所受摩擦力矩 M_4 与其转速相反，从而使行星齿轮分别对半轴齿轮 1 和 2 附加了大小相等、方向相反的两个圆周力 F_1 和 F_2，F_1 使半轴齿轮 1 上的转矩 M_1 减小，F_2 使半轴齿轮 2 上的转矩 M_2 增加，且 M_1 的减小值等于 M_2 的增加值，等于 $M_4/2$。但相对于 M_1、M_2 来说，M_4 是一个很小的值，可以忽略不计，因此仍有 $M_1=M_2=M_0/2$。可见，无论差速器差速与否，行星锥齿轮差速器都具有转矩等量分配的特性。

（2）防滑差速器　常用的防滑差速器有强制锁止式差速器、高摩擦自锁式差速器（有摩擦片式、滑块凸轮式等结构形式）、牙嵌式自由轮差速器和托森差速器等。

3. 半轴

功用：将差速器半轴齿轮的输出转矩传到驱动轮或轮边减速器上。

安装位置：其内端通过花键齿与半轴齿轮联接，外端与驱动轮的轮毂相联。

类型：现代汽车上基本采用全浮式半轴支承和半浮式半轴支承两种形式。

（1）全浮式半轴支承　全浮式半轴支承的结构如图 9-30 所示，半轴 4 外端锻造有半轴凸缘，通过轮毂螺栓与轮毂 1 相联，轮毂通过两个圆锥滚子轴承支承于驱动桥壳 5 上。路面对驱动轮作用力反映到车桥上的情况是：除切向反力 F_x 作为该轮的牵引力传到半轴使半轴受转矩外，切向反力 F_x、垂直反力 F_z、侧向反力 F_y 以及由它们所产生的弯矩，都经两轴承直接传到驱动桥壳上，由驱动桥壳承受。

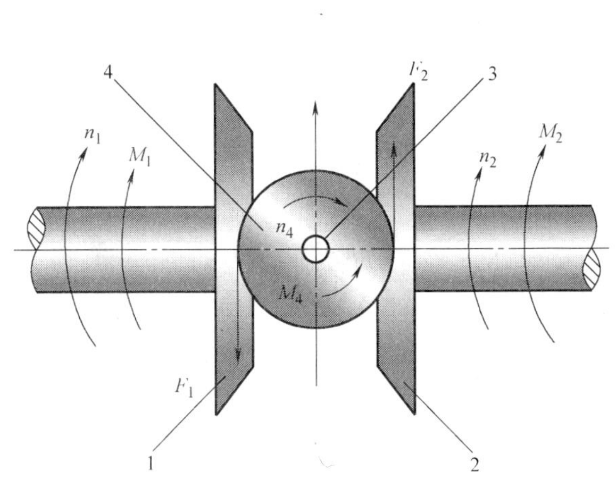

图 9-29　差速器转矩分配示意图

1、2—半轴齿轮　3—行星齿轮架　4—行星齿轮

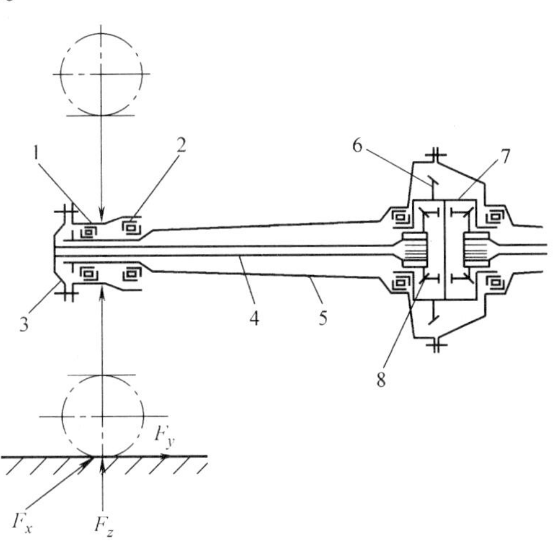

图 9-30　全浮式半轴支承结构示意图

1—轮毂　2—轴承　3—半轴凸缘　4—半轴　5—驱动桥壳　6—从动锥齿轮　7—差速器壳　8—半轴锥齿轮

（2）半浮式半轴支承　半浮式半轴支承如图 9-31 所示。车轮的各种反力都经半轴传给驱动桥壳，半轴不仅要传递转矩，而且要承受各种反力及其引起的各种弯矩，因这种半轴内端不受弯矩，外端承受全部弯矩，故称为半浮式半轴支承。

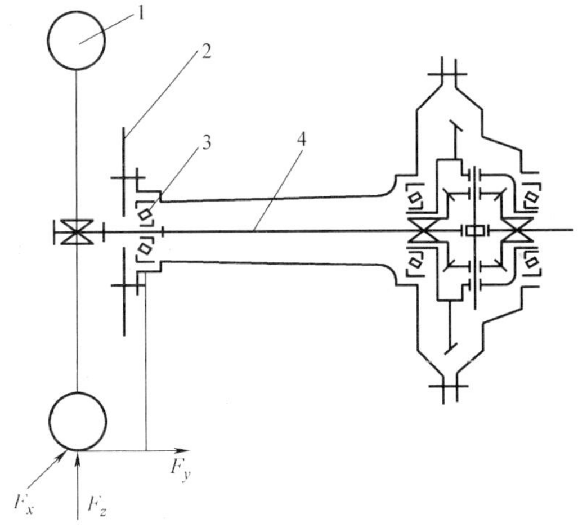

图 9-31　半浮式半轴支承结构示意图

1—车轮　2—轴承盖　3—轴承　4—半轴

4. 驱动桥壳

1）功用：支承并保护主减速器、差速器和半轴等，使驱动的轴向相对位置固定。它和从动桥一起承受汽车的重量，以及由车轮传来的各种反力及反力矩。

2）组成：驱动桥壳一般由主减速器壳和半轴套管组成。

3）分类：可分为整体式和分段式两种。整体式驱动桥壳刚度和强度较大，且拆装、检查主减速器、差速器方便，应用广泛。分段式驱动桥壳一般由两段组成，但其上的主减速器、差速器拆装、检查不方便。

五、主减速器、差速器的拆装

1. 主减速器、差速器的拆卸

桑塔纳 2000 轿车主减速器和差速器的零件分解如图 9-32 所示。

1）拆装前应对齿轮啮合间隙、轴承轴向间隙做初步检查。

2）拆下主减速器盖的固定螺栓，拆下差速器总成。

3）用专用拉器拉出主减速器盖上的轴承外座圈，取下调整垫片，并记下其厚度 S_1。

4）从齿轮箱壳上拉出另一个轴承外座圈，取下调整垫片，并记下其厚度 S_2。

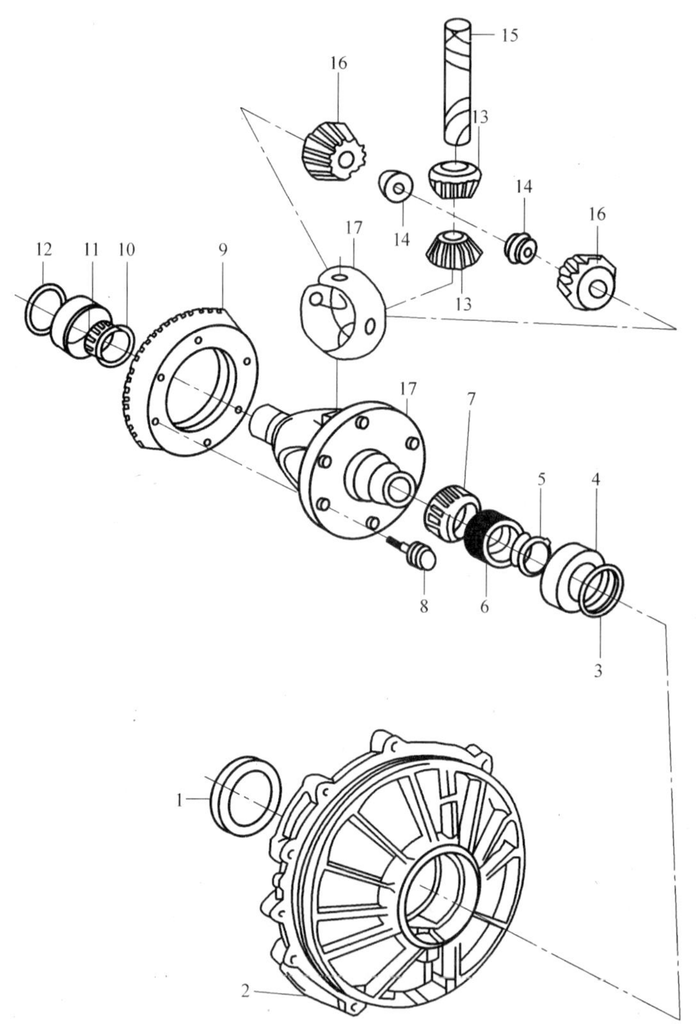

图 9-32　桑塔纳 2000 轿车主减速器和差速器的零件分解图

1—密封圈　2—主减速器盖　3、12—从动锥齿轮的调整垫片　4、11—轴承外座圈　5—锁紧套筒　6—车速表主动齿轮　7、10—差速器轴承　8—螺栓　9—从动锥齿轮　13—行星齿轮　14—螺纹套　15—行星齿轮轴　16—半轴齿轮　17—差速器壳

5）分解差速器：

① 取下锁紧套筒和车速表主动齿轮。

② 取下挡圈，冲出行星齿轮轴，取下行星齿轮、半轴齿轮。

2. 主减速器、差速器的安装

1）首先安装行星齿轮和半轴齿轮。

2）将从动锥齿轮加热至100℃左右，以定心销为导向，迅速安装在差速器壳上；各螺纹孔涂润滑油，交叉拧紧螺栓。

3）将差速器轴承内座圈加热至100℃左右，压装在差速器壳两端外圆上。

4）将车速表主动齿轮压装在差速器壳上。

项目20　万向传动装置结构原理及拆装

一、功用

在汽车传动系统及其他系统中，为了实现一些轴线相交或相对位置经常变化的转轴之间的动力传递，必须采用万向传动装置。万向传动装置一般由万向节和传动轴组成，有时还要有中间支承，主要用于以下一些位置：发动机前置后轮驱动汽车的变速器与驱动桥之间；当变速器与驱动桥之间距离较远时，应将传动轴分成两段甚至多段，并加设中间支承；采用独立悬架的汽车的半轴与差速器之间；汽车的动力输出装置和转向操纵机构中。

二、万向节

万向节是用来在轴间夹角及相互位置不断变化的两轴之间传递动力的。按万向节在扭转方向上是否有明显的弹性可分为刚性万向节和挠性万向节。汽车上普遍采用刚性万向节，其可分为不等速万向节（常用的为十字轴式）、准等速万向节（如双联式万向节）、等速万向节（如球笼式万向节）。

1. 十字轴式万向节（见图9-33）

十字轴式万向节为汽车上广泛使用的不等速万向节，允许相邻两轴的最大交角为15°~20°。十字轴式万向节由1个十字轴、两个万向节叉和4个滚针轴承等组成。两万向节叉上的孔分别套在十字轴的两对轴颈上。这样当主动轴转动时，从动轴既可随之转动，又可绕十字轴中心在任意方向摆动。在十字轴轴颈和万向节叉孔间装有滚针轴承，滚针轴承外座圈靠卡环轴向定位。为了润滑轴承，十字轴上一般安有注油嘴并有油路通向轴颈。润滑油可从注油嘴注到十字轴轴颈的滚针轴承处。

十字轴式万向节具有结构简单，传动效率高的优点，但在两轴夹角 α 不为零的情况下，不能传递等角速转动。

当满足以下两个条件时，可以实现由变速器的输出轴到驱动桥的输入轴的等角速传动：

1）传动轴两端万向节叉处于同一平面内。

2）第一万向节两轴间夹角 α_1 与第二万向节两轴间夹角 α_2 相等。

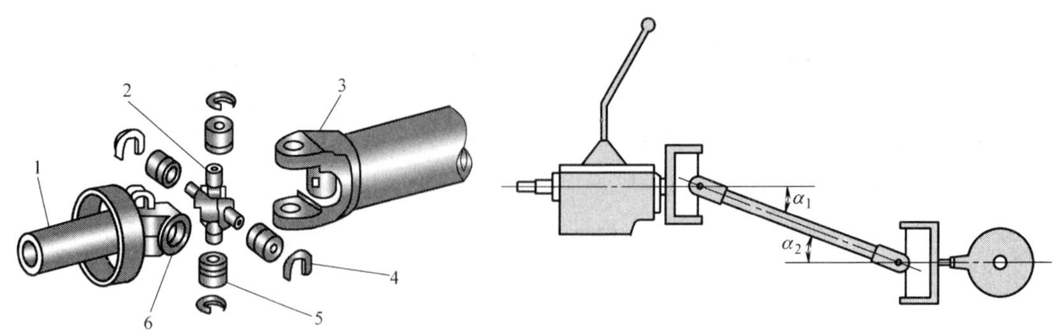

图 9-33　十字轴式万向节

1—套筒　2—十字轴　3、6—万向节叉　4—卡环　5—轴承外座圈

2. 准等速万向节

常见的准等速万向节有双联式和三销轴式两种，它们的工作原理与上述双十字轴式万向节实现等速传动的原理是一样的，其结构相当于传动轴长度最短的双十字轴万向节传动机构，如图 9-34 所示。在双联叉平分两轴间的夹角情况下，可实现等速传动，一般设置分度机构保证两轴与传力点连线的夹角接近相等，从而使两轴的速度差尽量小。

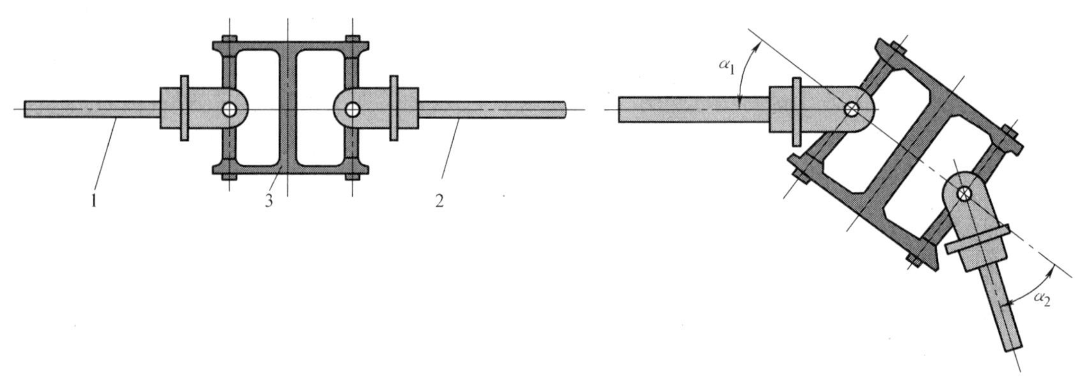

图 9-34　双联式万向节

1、2—轴　3—双联叉

3. 等速万向节

目前轿车上常用的等速万向节为球笼式万向节，其结构如图 9-35 所示。

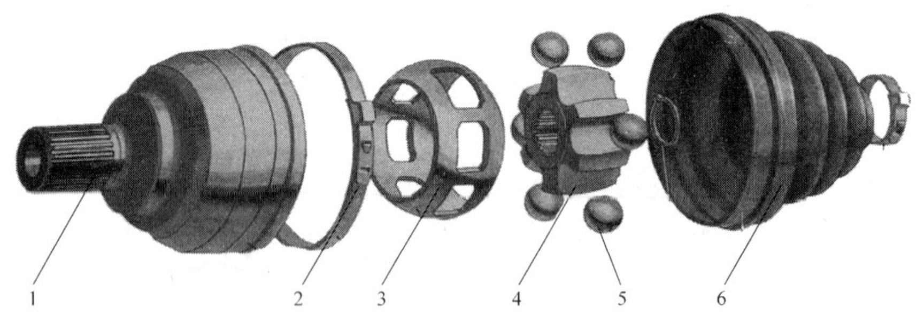

图 9-35　球笼式万向节

1—主动轴　2—钢带毂　3—保持架　4—星形套（内滚道）　5—钢球　6—球形壳（外滚道）

星形套以内花键与主动轴相联，其外表面有六条弧形凹槽，形成内滚道。球形壳的内表面有相应的六条弧形凹槽，形成外滚道。六个钢球分别装在由六组内、外滚道所对出的空间里，并被保持架限定在同一个平面内。动力由主动轴（及星形套）经钢球传到球形壳输出。

球笼式等速万向节内的六个钢球全部传力，承载能力强，可在两轴最大交角为42°情况下传递转矩，其结构紧凑，拆装方便，因此应用广泛。

三、传动轴及中间支承

1. 传动轴

1）功用：将变速器（分动器）传来的转矩传给驱动桥。

2）结构：如图9-36所示，传动轴为一空心、壁厚均匀的钢管，安装在万向节之间。若两部件之间的距离会发生变化，而万向节又没有伸缩功能时，则还要将传动轴做成两段，用滑动花键相联接。为减小传动轴花键联接部分的轴向滑动阻力和磨损，需加注润滑脂进行润滑，也可以对花键进行磷化处理或喷涂尼龙层，或是在花键槽内设置滚动元件。

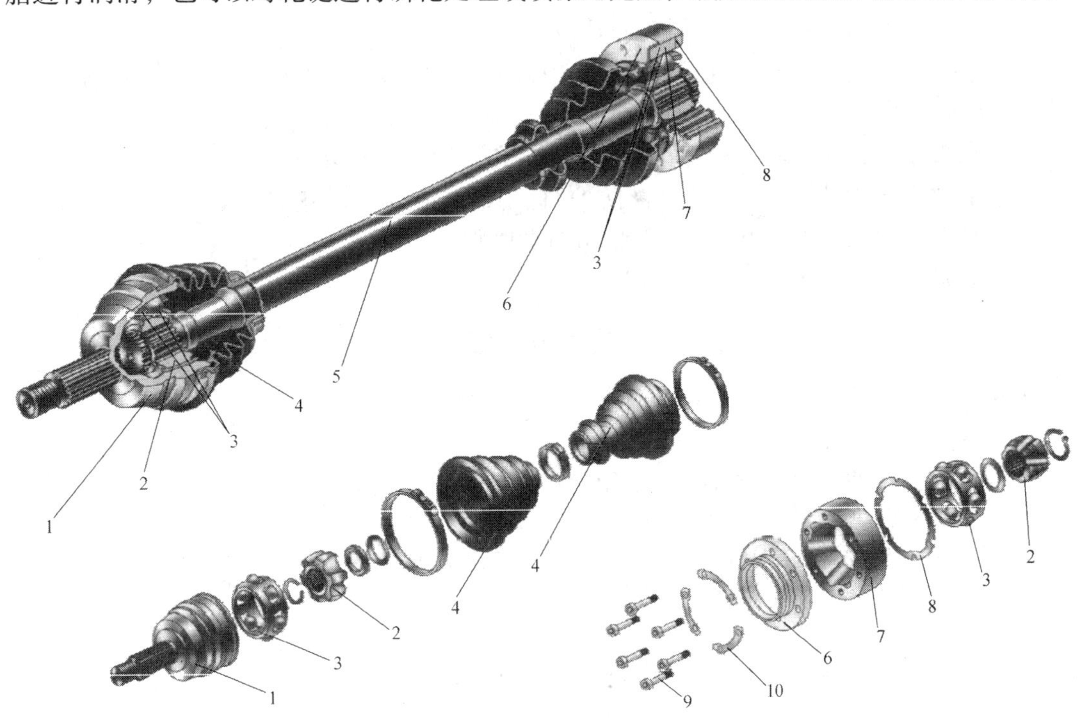

图9-36　等速万向节及传动轴结构图

1—钟形壳体　2—星形套　3—保持架与钢球　4—橡胶护套　5—传动轴
6—盖　7—筒形壳　8—密封垫片　9—螺栓　10—止动垫片

3）传动轴的平衡：传动轴在高速旋转时，任何质量的偏移都会导致剧烈振动。生产厂家在把传动轴与万向节组装后，都进行动平衡。经过动平衡的传动轴两端一般都点焊有平衡片，拆卸后重装时要注意保持二者的相对角位置不变。

2. 中间支承

中间支承是一个通过支承座和缓冲垫安装在车身（或车架）上的轴承，用来支承传动轴的一端。

四、传动轴的拆装

以前轮驱动传动轴的拆装为例。

1. 从车上拆下传动轴

1）用千斤顶顶起车辆的前端，并用安全架支撑好，拆下驱动轮。

2）拆下传动轴与接合盘的紧固螺栓。

3）将压力装置安装在轮毂的凸缘上，将传动轴从轮毂中压出。

2. 传动轴总成的分解

1）用钢锯将卡箍锯开，拆下软管卡箍或夹头，拆下防尘套。

2）拆下弹簧卡环，再用锤子从传动轴上敲下外圈，然后用专用工具压出万向节内圈。

3）转动保持架、星形套，依次取出钢球。

4）用力转动球笼使两个方孔与壳体对正，将球笼、球毂一起拆下。

3. 等速万向节的组装

1）在星形套和保持架上涂上润滑油。

2）将星形套转入保持架，并将钢球压入。

3）将带钢球的保持架垂直压入壳体，用力旋转保持架，使保持架完全转入壳体内。

4. 传动轴的安装

1）装配前擦去传动轴、轮毂花键上的油污和防护剂的残留物。

2）将等速万向节的花键涂上一圈防护剂，然后装上传动轴花键套。

3）将球形接头重新装配在原位置，并拧紧螺母。

4）最后拧紧轮毂紧固螺母。

思 考 题

1. 汽车传动系统的基本功用是什么？
2. 试述离合器的基本组成和工作原理。
3. 什么是离合器踏板的自由行程？为什么要有自由行程？
4. 变速器有何功用？有哪些类型？
5. 同步器的作用是什么？锁环式同步器的结构和工作过程是怎样的？
6. 万向节可分为哪几种类型？各有何特点？
7. 驱动桥的功用是什么？
8. 驱动桥中为什么要设置差速器？试述齿轮式差速器工作原理。

单元 10

汽车行驶系统

1. 汽车行驶系统的功用

1）支承汽车的总质量。

2）接受由发动机经传动系统传来的转矩，并通过驱动轮与地面间的附着作用，产生驱动力，以保证整车正常行驶。

3）传递并支承路面作用于车轮上的各种反力及其所形成的力矩。

4）尽可能地缓和不平路面对车身造成的冲击和振动，保证汽车平顺行驶。

2. 行驶系统的结构形式

行驶系统的结构形式因行驶条件和车型的不同而有所差异。绝大多数的汽车采用轮式行驶系统。此外，还有履带式、水路两用式等。本章只介绍轮式行驶系统。

轮式行驶系统一般由车架、车桥、车轮和悬架等组成，如图 10-1 所示。车轮安装在车桥上，车桥通过悬架与车架相连接。车架是全车的装配基础，它把汽车连成一个整体。

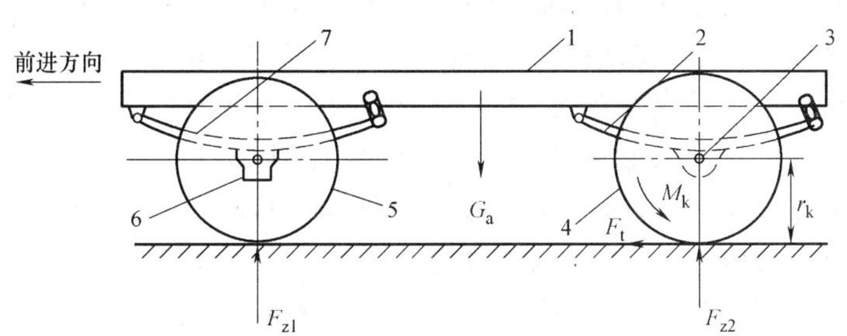

图 10-1　汽车行驶系统组成及部分受力分析

1—车架　2—后悬架　3—驱动桥　4—后轮　5—前轮　6—从动桥　7—前悬架

汽车行驶系统的受力情况如图 10-1 所示，在垂直方向上，汽车的总重力 G_a 通过前后车轮传到地面，引起地面垂直反力 F_{z1} 和 F_{z2}。在水平方向上，当后轮（驱动轮）4 受到驱动转矩 M_k 作用时，通过车轮与路面的附着作用，产生向前的纵向反力——牵引力 F_t。牵引力除用以克服驱动轮的滚动阻力外，其余大部分经过驱动桥壳和悬架传到车架，其中一部分用于克服空气阻力和上坡阻力，另一部分由车架经前悬架传到从动桥，作用在从动轮中心，使从动轮克服滚动阻力向前滚动，于是整个汽车便向前运动。

由于牵引力 F_t 是作用在轮缘上的，此力对驱动轮中心形成一个反力矩 $F_t r_k$，并力图使驱动桥壳前端向上抬起。这将导致万向传动装置中万向节卡死不能工作，甚至损坏。同时，牵引反力矩经后悬架传给车架，使车架连同整车前部都有向上抬起的趋势，由此导致了前轮上的垂直载荷减少而后轮上的垂直载荷增加。

同理，汽车制动时，制动力与驱动力方向相反，其作用结果恰好反之。

汽车在弯道上或横向坡道上行驶时，车轮与路面之间将产生侧向力，此力也是由行驶系统承受和传递的。

综上所述，路面作用于车轮上的所有外力都必须通过行驶系统的零部件传给车架，使汽车行驶、制动或转向。同时，这些力和力矩又使车架和车桥等基础件产生变形、裂纹、连接件松动及各总成相对位置改变。此外，这些力还会使配合副之间产生冲击和振动，出现噪声、密封件掉落等。

项目 21　车轮、轮胎结构总成及拆装

汽车车轮的作用是支承汽车的重量，传递驱动力矩、制动力矩和侧向力等。因此，车轮不仅要具有一定的强度，而且应能缓和不平路面所造成的冲击和振动；轮胎与路面还要有良好的附着能力。

一、车轮

车轮由轮毂、轮辋和轮辐组成。按连接部分的构造，车轮可分为辐板式和辐条式。

1. 车轮的分类

（1）辐板式车轮　如图 10-2 所示，辐板式车轮由挡圈 1、辐板 2、轮辋 3 和气门嘴伸出口 4 组成。车轮的轮辋与辐板可以用铆钉连接，也可以制成一体。辐板中心加工了 6 个螺栓孔，以便用螺栓将辐板固定在轮毂上。轮辐靠近中心孔部分略向外鼓起，使得轮辐有些弹性而有助于螺栓的紧固防松。

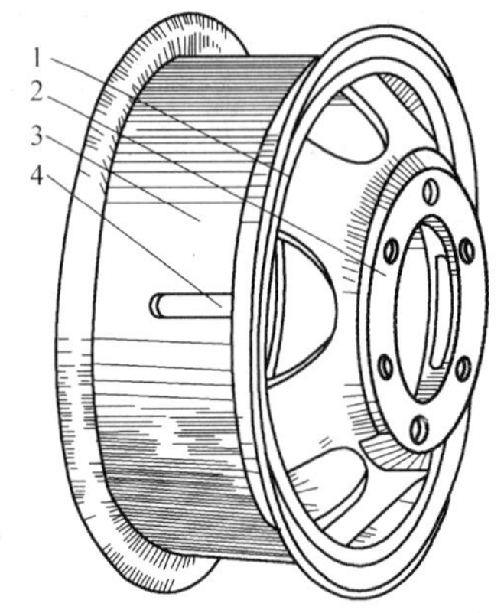

图 10-2　辐板式车轮
1—挡圈　2—辐板
3—轮辋　4—气门嘴伸出口

（2）辐条式车轮　这种车轮的轮辐是钢丝辐条（图 10-3）或者是和轮毂铸造成一体的铸造辐条。由于钢丝辐条价格昂贵、维修安装不便，故仅用于赛车和某些高级轿车上。铸造辐条式车轮一般用于重型汽车。轮辋是用螺栓和特殊的衬块固定在辐条上，为了使轮辋与辐条能够对中，在轮辋和辐条上加工有配合锥面。

2. 轮辋

轮辋的作用是用来安装轮胎。按照结构的不同，轮辋可分为深槽式、平底式和对开式（可拆式）等三种形式（图 10-4）。

（1）深槽式轮辋　这种轮辋有带肩的凸缘，用来安放外胎的胎圈。它具有结构简单、刚度大、质量小等特点，一般适用于轻型车。

（2）平底式轮辋　底面呈平环状，一侧有凸缘，另一侧为可拆装挡圈。货车轮胎尺寸较大，胎圈较硬，一般采用此种轮辋。

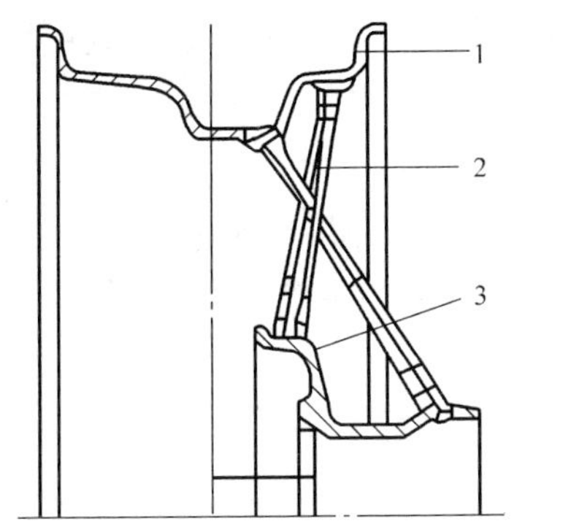

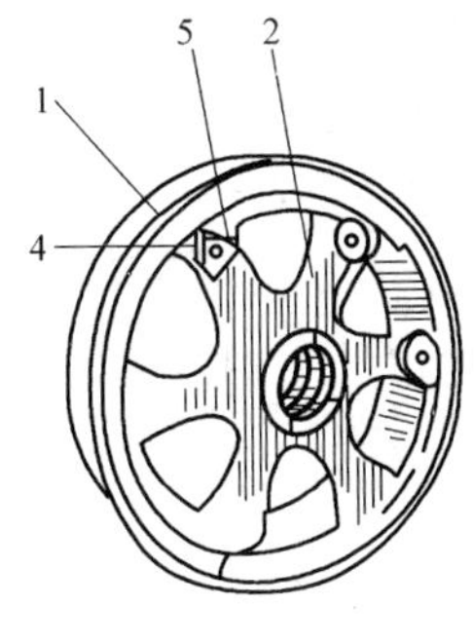

图 10-3　辐条式车轮

1—轮辋　2—辐条　3—轮毂　4—螺栓　5—衬块

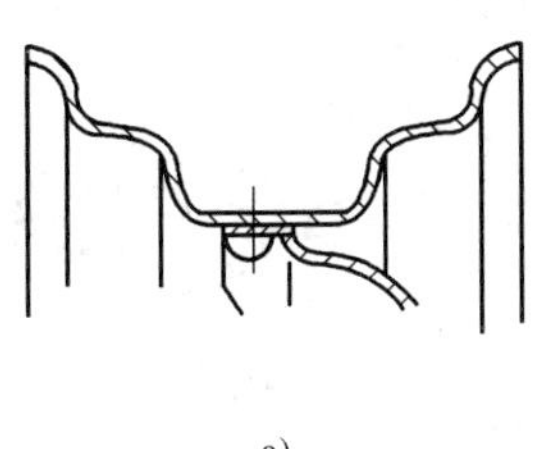

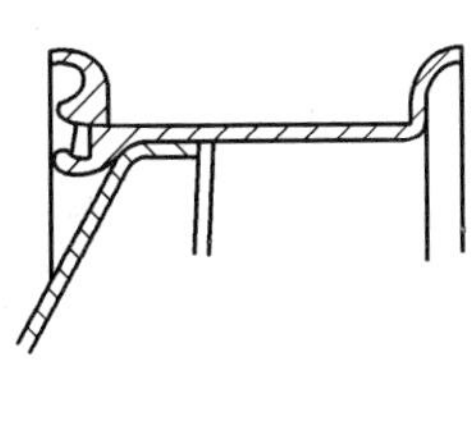

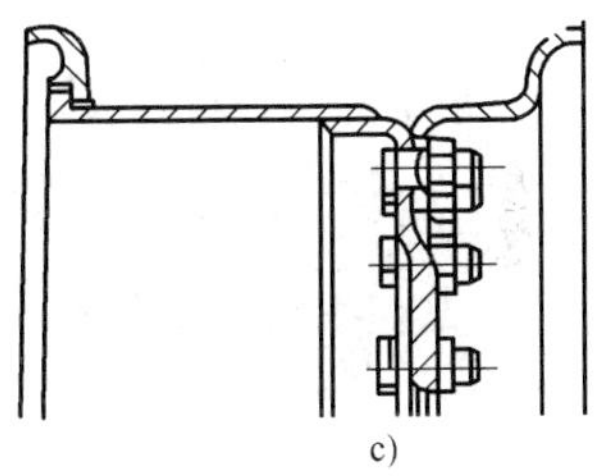

图 10-4　轮辋断面示意图

a）深槽式轮辋　b）平底式轮辋　c）对开式轮辋

为了便于轮胎的拆卸，有些轮辋做成可拆开的两个部分，如图 10-4c 所示。

二、轮胎

1. 轮胎的作用

轮胎安装在轮辋上，直接与路面接触，其作用是：

1）承受汽车的总重量。

2）与悬架共同来吸收和缓和汽车行驶时所受到的冲击，以保证汽车良好的乘坐舒适性和行驶平顺性。

3）保证车轮与路面的良好附着，提高汽车的牵引性、制动性和通过性，使汽车行驶平稳。

2. 轮胎的类型

汽车充气轮胎按照结构不同，可以分为有内胎和无内胎两种；按照充气压力大小，可分为高压胎、低压胎和超低压胎三种；按胎体中帘线排列方向不同，又可以分为普通斜交胎、带束斜交胎和子午线胎；按胎面花纹的不同，还可以分为普通花纹胎、混合花纹胎和越野花纹胎。

（1）普通斜交轮胎　普通斜交轮胎是帘布层和缓冲层相邻各帘线交叉，并且与胎面中心线呈小于90°角排列的充气轮胎。图 10-5 所示是有内胎的普通斜交轮胎。轮胎由胎圈、缓冲层、胎面和帘布层等组成。其中帘布层（也称胎体）是外胎的骨架，主要作用是承受载荷，保持外胎的形状和尺寸；缓冲层位于胎面和帘布层之间，作用是加强胎面和帘布层的结合，防止紧急制动时胎面从帘布层上脱离，缓和汽车行驶时路面对轮胎的冲击和振动；胎面是外胎的表面，包括胎冠/胎肩和胎侧，胎冠与路面接触，直接承受冲击和磨损，保护帘布层和内胎免受机械损伤；胎圈的作用是使外胎牢固地装在轮辋上。内胎是一个环形橡胶管，具有良好的弹性，耐热且不漏气。

（2）子午线轮胎　如图10-6所示，子午线轮胎帘布层的帘线排列方向与轮胎的子午断面一致，各层的帘线不相交，这种方式可使帘线的强度被充分利用，因此它的帘布层数比普通轮胎可减少一半。

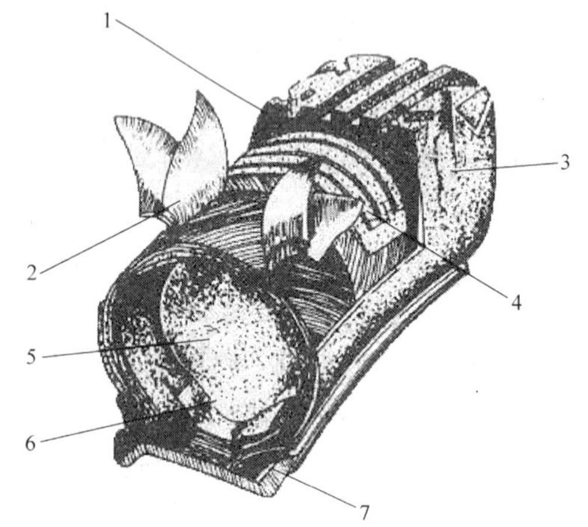

图10-5　有内胎的普通斜交轮胎构造
1—胎肩　2—帘布层　3—胎侧
4—缓冲层　5—内胎　6—垫带　7—胎圈

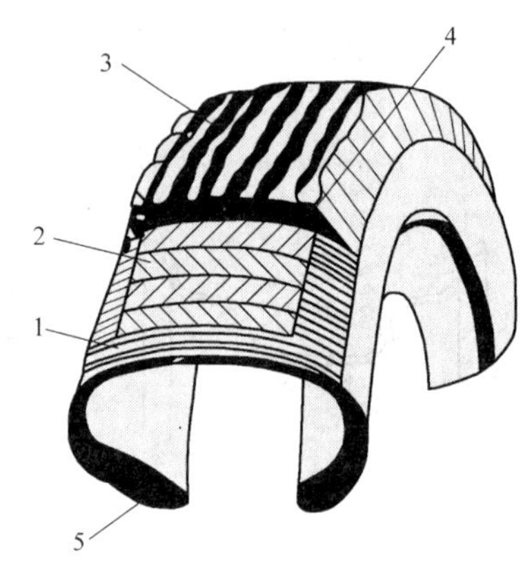

图10-6　子午线轮胎构造
1—帘布层　2—带束层　3—胎冠
4—胎肩　5—子午断面

与普通斜交轮胎相比，子午线轮胎具有耐磨性好，使用寿命长（比普通轮胎长30%～50%），滚动阻力小、节约燃料，附着性好，承载能力大，缓冲能力强，不易被刺穿，并且质量较轻等优点。

（3）无内胎轮胎　无内胎轮胎没有内胎，空气直接充入外胎内，由轮胎和轮辋保证密封。在轮胎内壁上附加了一层硫化橡胶密封层，有2～3mm厚，在正对胎面的内壁上，还粘附一层未硫化橡胶的特殊混合物制成的自粘层，当轮胎穿孔时，自粘层能自行将刺穿的孔粘合。

无内胎轮胎的优点：只有爆破时才失效，轮胎穿孔时漏气缓慢，仍可行驶；无内胎，不存在因内外胎之间摩擦和卡住而引起的破坏，摩擦生热少，散热快，工作温度低，使用寿命长，适于高速行驶，结构简单，质量轻。

三、车轮的拆装

1）用垫块塞住车轮，防止车轮转动。

2）旋松轮胎螺母，用千斤顶顶起车轮，旋出轮胎螺栓并卸下车轮。

3）车轮安装时，先将车轮套在轮毂上，对准螺孔，用手将车轮螺栓旋入。

4）放下千斤顶，使车轮着地，用十字形轮胎扳手或套筒扳手依次交叉拧紧车轮螺母。

项目22　车架、车桥及悬架结构及拆装检查

一、车架

1. 功用

汽车车架跨接在前后车桥上，俗称“大梁”，是支承车身、承受汽车载荷的基础构件。其上装有发动机、变速器、传动轴、前后桥、车身等总成和部件。

2. 类型

（1）边梁式车架　边梁式车架由两根位于两边的纵梁和若干道横梁组成，用铆接或焊接的方法将纵横梁连接成坚固的刚性构架，如图10-7所示。横梁主要承受车架受到的转矩及纵向载荷，还可以支承发动机等汽车上的主要部件。

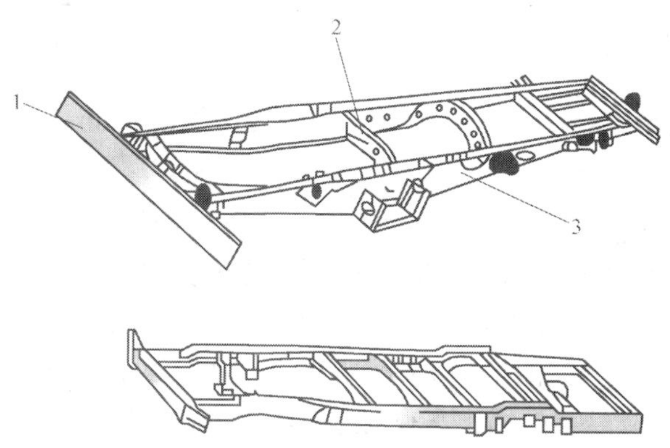

图10-7　边梁式车架
1—前保险杠　2—横梁　3—纵梁

边梁式车架的结构特点是便于安装车身及布置其他总成，广泛应用于各种货车上。

（2）中梁式车架　只有一根位于中央且贯穿汽车全长的纵梁，因此也称为脊骨式车架，如图10-8所示。这种车架有较好的抗扭转刚度和较大的前轮转向角，中梁做成管式的，传动轴安装在管内，起到防尘罩的作用。

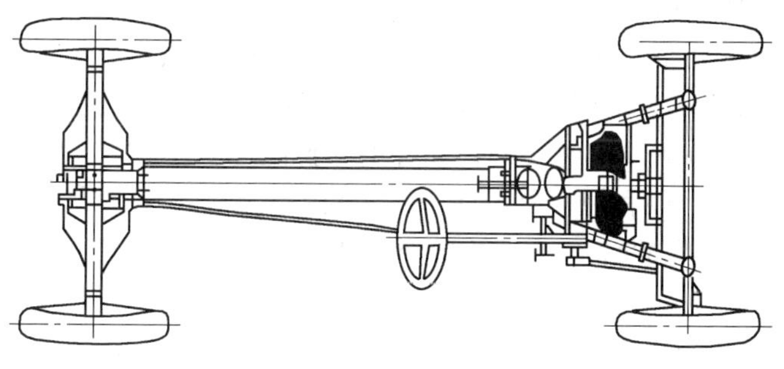

图10-8　中梁式车架

缺点：制造工艺复杂，精度要求高，总成安装困难，维护修理也不方便，故目前应用较少。

（3）综合式车架　综合式车架由边梁式和中梁式车架联合构成，如图 10-9 所示。车架的前段是边梁式结构，用以安装发动机；另一段是中梁式结构的支架，可以固定车身。传动轴从中梁的中间穿过，使之密封防尘。

（4）无梁式车架（承载式车身）　这样的车架兼有车架和车身的作用，如图 10-10 所示。现在绝大多数轿车和客车多采用这种承载式车身。

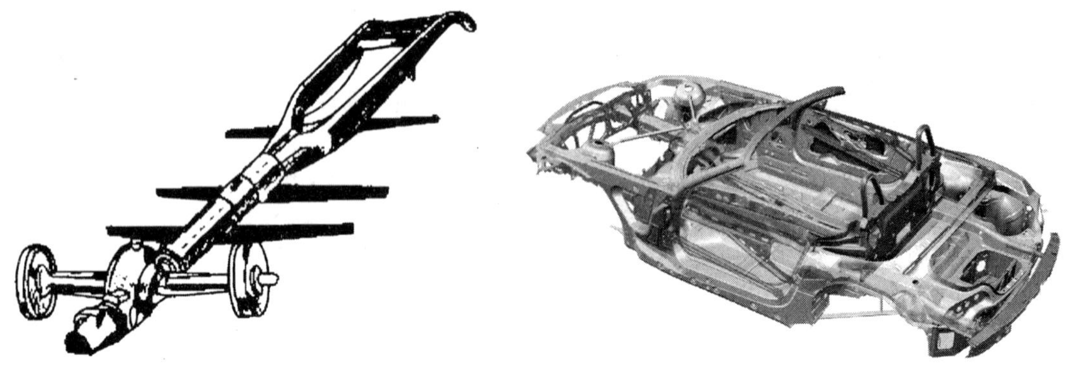

图 10-9　综合式车架　　　　图 10-10　无梁式车架

二、车桥

1. 车桥的功用和类型

（1）车桥功用　汽车车桥通过悬架与车架（或承载式车身）相连，两端安装车轮。车桥的作用是传递车架与车轮之间各方向作用力及其所产生的弯矩和转矩。

（2）车桥类型　由于悬架的结构不同，车桥分为整体式和断开式两种。断开式车桥为活动关节式结构，与独立悬架配用；非独立悬架与整体式车桥配用。

按性质不同，车桥又分为转向桥、驱动桥、转向驱动桥和支持桥四种类型。其中转向桥和支持桥都属于从动桥。驱动桥已在传动系统中叙述，支持桥除不能转向外，其他功能和结构与转向桥基本相同。下面主要叙述转向桥和转向驱动桥。

2. 转向桥的功用与组成

（1）功用　汽车前桥一般是转向桥，其功用是利用转向节的摆动使车轮偏转一定的角度以实现汽车的转向。同时，承受车轮与车架之间的垂直载荷，纵向的道路阻力、制动力和侧向力以及这些力所形成的力矩。

因为汽车行驶的道路条件较为复杂，所以要求转向桥应该具有足够的强度和刚度。转向轮应具有正确的定位角与合适的转向角，从而使转向轻便和行驶稳定，减轻轮胎磨损。另外，应尽量减小转向桥的质量和转向传动件的摩擦阻力。

（2）组成　转向桥可以和独立悬架匹配，也可以和非独立悬架匹配。

1）与非独立悬架匹配的转向桥：转向桥一般由前轴、转向节、主销和轮毂等组成，如图 10-11 所示。

前轴两端各有一个加粗部位成拳形，其中加工有通孔，主销即插入此孔内与转向节联接。转向节是车轮转向的铰链，它是一个叉形件。上下两叉有安装主销的两个同轴孔，转向节轴颈用来安装车轮。转向节上销孔的两耳通过主销与前轴两端的拳形部分相联，使前轮可绕主销偏转一定角度而使汽车转向。主销的作用是铰接前轴及转向节，使转向节绕着主销摆动以实现车轮的转向。车轮轮毂通过两个圆锥滚子轴承支承在转向节外端的轴颈上。轴承的松紧度可用调整螺母（装于轴承外端）加以调整。

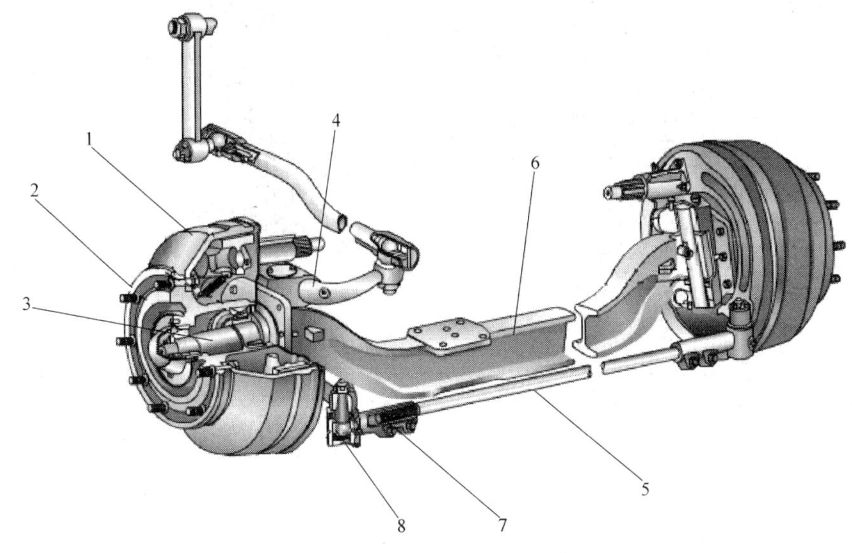

图 10-11　非独立悬架转向桥

1—制动鼓　2—轮毂　3—转向节　4—转向节臂　5—转向横拉杆
6—前轴　7—横拉杆接头　8—横拉杆球头销

2）与独立悬架匹配的转向桥。断开式转向桥的作用与非断开式转向桥一样，所不同的是断开式转向桥与独立悬架匹配，断开式车桥为活动关节式结构，如图 10-12 所示。

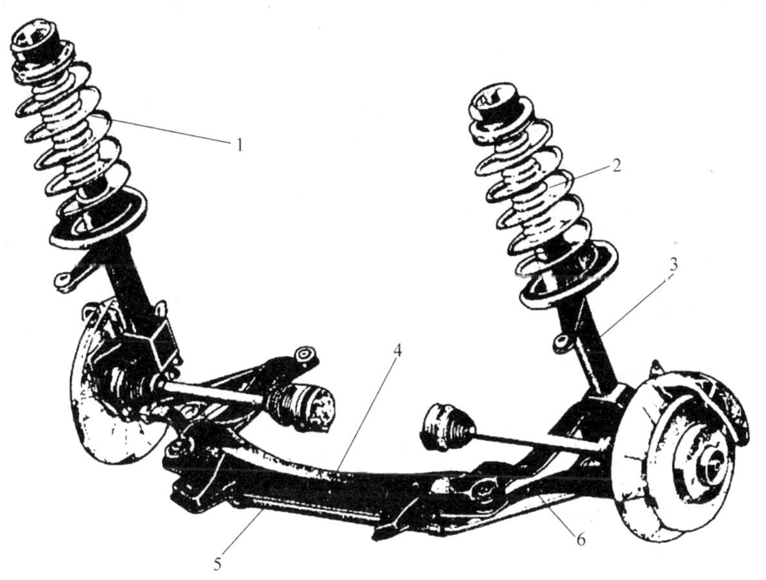

图 10-12　独立悬架转向桥

1—螺旋弹簧　2—减振器　3—悬架柱焊接件　4—副车架　5—横向稳定杆　6—摇臂

3. 转向驱动桥

有些汽车的前桥既是转向桥又兼有驱动桥的作用，因此称为转向驱动桥。

转向驱动桥既具有一般驱动桥所具有的主减速器、差速器及半轴，也具有一般转向桥所具有的转向节壳体、主销和轮毂等，如图 10-13 所示。

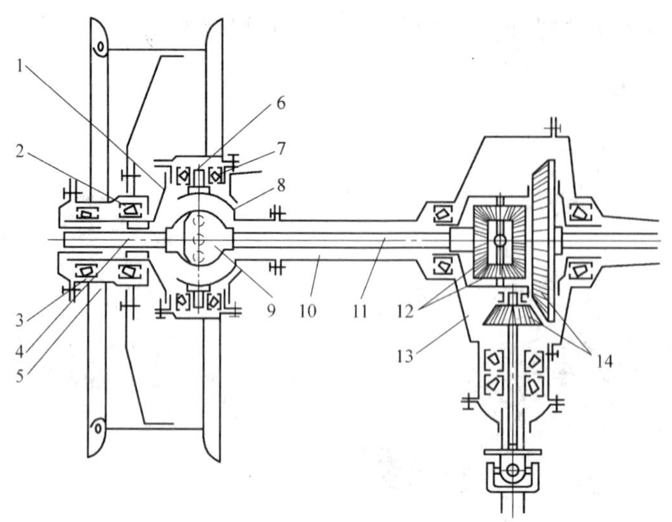

图 10-13 转向驱动桥

1—转向节壳体 2、3—轮毂轴承 4—外半轴 5—轮毂 6—主销 7—主销轴承 8—球形支座 9—万向节 10—半轴套管 11—内半轴 12—差速器 13—主减速器壳 14—主减速器

它与单独的驱动桥、转向桥相比，其不同之处是，由于在转向时转向车轮需要绕主销偏转一定角度，所以与转向轮相连的半轴必须分成两段，分别叫内半轴（与差速器相连接）和外半轴（与轮毂连接），二者用等角速万向节连接起来。同时，主销也分成上下两段，分别固定在万向节的球形支座上。转向节轴颈做成空心，以便外半轴从中穿过。

三、悬架

1. 功用

连接车桥与车架，并传递二者之间的相互作用力，减小振动，保证汽车的正常行驶。

2. 组成

弹性元件—承受和传递垂直载荷，减小路面的冲击。

导向装置—传递纵向力、侧向力及其力矩，并保证车轮相对于车身有正确的运动关系。

减振器—加快振动的衰弱。

3. 分类

按控制形式分，悬架可分为主动悬架和被动悬架（多数汽车采用被动悬架）；按导向装置不同，又分为独立悬架和非独立悬架。

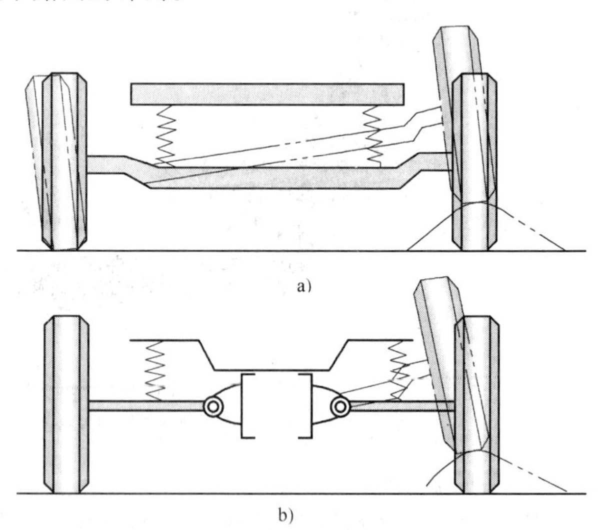

图 10-14 非独立悬架与独立悬架结构示意图

a）非独立悬架 b）独立悬架

如图 10-14 所示，采用非独立悬架，左右车轮安装在一根整体车桥两端，车桥则通过弹性元件与车架相连；采用独立悬架，每一侧车轮单独通过悬架与车架相连，每个车轮能独立上下跳动而互

不影响。

4. 普通悬架装置的弹性元件

（1）钢板弹簧　钢板弹簧结构如图10-15所示，由若干片等宽不等长的合金弹簧片组合而成。钢板弹簧的第一片称为主片，其两端弯成卷耳，内装有青铜或塑料、橡胶等制成的衬套，用弹簧销与固定在车架上的支架或吊耳作铰链连接。钢板弹簧中部一般用U形螺栓与车桥固定。为减少钢板弹簧片与片之间的摩擦，在组装时，各片间须涂上润滑剂，或在弹簧片之间夹入塑料垫片。钢板弹簧既有弹性元件的作用，又可起到导向和减振作用。

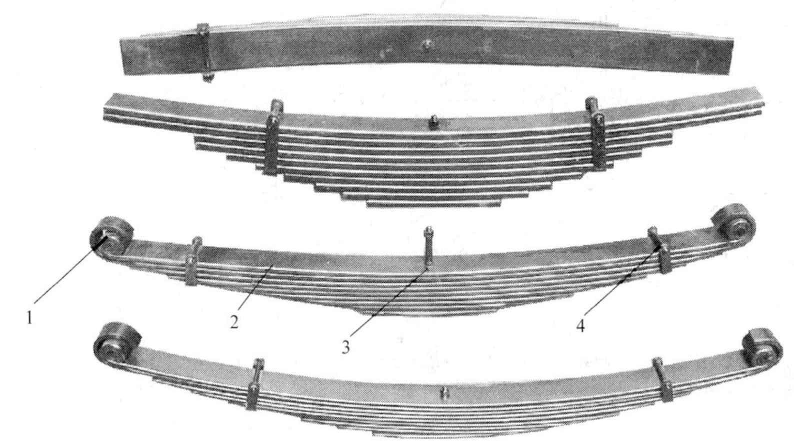

图10-15　钢板弹簧
1—卷耳　2—钢板弹簧　3—中心螺栓　4—弹簧夹

（2）螺旋弹簧　螺旋弹簧通常应用于独立悬架。螺旋弹簧由弹簧钢棒料卷制而成，其特点是无需润滑、抗污染、安装所需空间小、质量轻。

（3）扭杆弹簧　扭杆弹簧是一根由弹簧钢制成的杆，其一端固定在悬架的摆臂上（摆臂与车轮相连），另一端固定在车桥上。当车轮跳动时，摆臂便绕着扭杆轴线摆动，使扭杆产生扭转变形，以保证车轮与车架弹性连接，其特点是质量小、不需润滑、保养维修简便，如图10-16所示。

（4）气体弹簧　气体弹簧分为空气弹簧和油气弹簧两种。气体弹簧是在一个密封的容器里充入压缩气体，利用气体的可压缩性实现其弹簧的作用。

1）空气弹簧：空气弹簧又分为囊式和膜式两种。如图10-17所示，囊式空气弹簧由夹有帘线的橡胶组成的气囊和密闭在其中的压缩空气构成；气囊外层由耐油橡胶制成单节或多节，节与节之间围有钢质腰环，防止两节之间摩擦。膜式空气弹簧由橡胶膜片和金属压制件组成；它比囊式空气弹簧的弹性曲线更为理想，固有频率更低些，且尺寸小，便于布置，因而多用于轿车上，但造价贵，寿命较短。

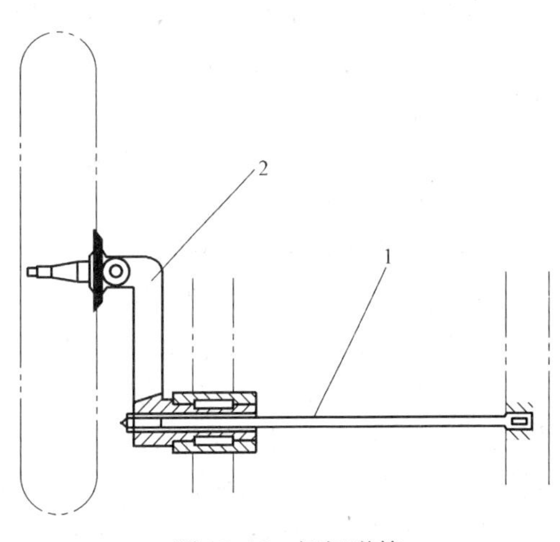

图10-16　扭杆弹簧
1—扭杆　2—摆臂

2）油气弹簧：油气弹簧以气体（一般为惰性气体氮）作为弹性介质，而用油液作为传力介质。它一般是由气体弹簧和相当于液力减振器的液压缸所组成。图 10-18 所示为单气室油气弹簧，其又分为油气不分隔式和油气分隔式两种。后者可防止油液乳化，且便于充气。

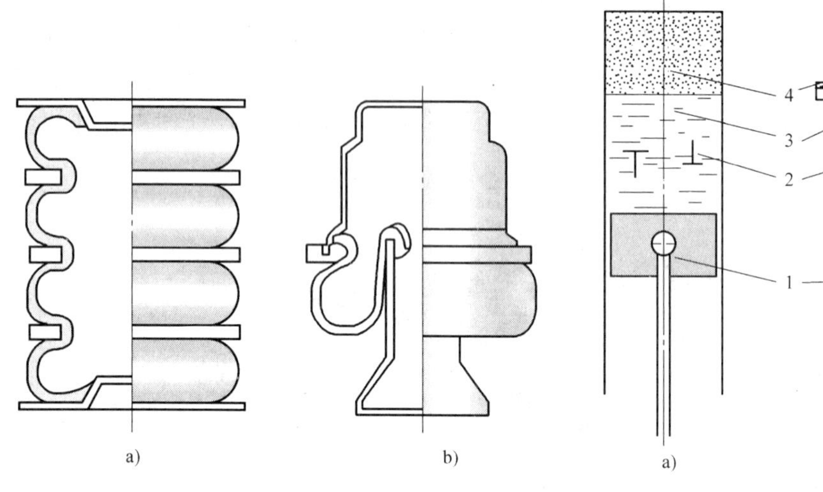

图 10-17　空气弹簧
a）囊式空气弹簧　b）膜式空气弹簧

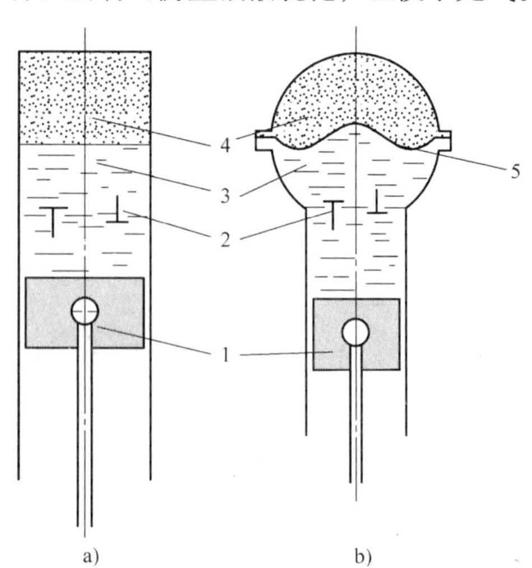

图 10-18　单气室油气弹簧
a）油气不分隔式　b）油气分隔式
1—活塞　2—阻尼阀　3—油室　4—气室　5—膜片

当汽车受到载荷增加时，活塞向上移动，油压升高，推开阻尼阀，进而压缩气体，气体压力升高，使油气弹簧刚度增加。当载荷减小时，气室内的高压气体膨胀，油液通过阻尼阀流回，气体压力下降，弹簧刚度减小。

（5）橡胶弹簧　橡胶弹簧是利用橡胶本身的弹性来起弹性元件的作用。它可以承受压缩载荷与扭转载荷，多用作悬架的副簧和缓冲块。

5. 减振器

减振器是产生阻尼力的主要元件，其作用是迅速衰减汽车振动，改善汽车行驶平顺性。减振器的原理是当汽车振动使活塞在缸筒内往复移动时，减振器壳体内的油液反复从一个内腔通过一些窄小的空隙流入另一内腔，此时油液与孔壁间的摩擦及液体分子内摩擦便形成对振动的阻尼力。同时，摩擦力把振动能量转化为热能，被油液、减振器吸收后散失到大气中。

（1）双向作用筒式减振器（见图 10-19）　双向作用筒式减振器一般都具有 4 个阀，即压缩阀 6、伸张阀 4、流通阀 8 和补偿阀 7。流通阀和补偿阀是一般的单向阀，其弹簧很弱。压缩阀和伸张阀是卸载阀，其弹簧较强，预紧力较大。

双向作用筒式减振器的工作过程分为压缩和伸张两个行程。

压缩行程：当汽车车轮滚上凸起或滚出凹坑时，车轮移近车架，减振器受压缩，活塞 3 下移。活塞下面的腔室（下腔）容积减小，压力升高，油液经流通阀 8 流到活塞上面的腔室（上腔）。由于上腔容积被活塞杆用去部分空间，所以一部分油液打开压缩阀 6 流入储油缸 5。这些阀对油液的节流作用便形成对悬架压缩运动的阻尼力。

伸张行程：当车轮滚进凹坑或滚离凸起时，车轮相对车身移开，减振器受拉伸，此时活塞上移。活塞上腔油压升高，流通阀 8 关闭。上腔油压推开伸张阀 4 流入下腔。同样，由于活塞杆的存在，自上腔流来的油液不足以充满下腔所增加的容积，下腔产生一定的真空度，储油缸中的油液便推开补偿阀 7 流入下腔进行补充。这些阀对油液的节流作用即形成对悬架压缩运动的阻尼力。

（2）充气式减振器　如图 10-20 所示，其结构特点是在缸筒的下部装有一个浮动活塞，在浮动活塞与缸筒一端形成的一个密闭气室中充有高压氮气。在浮动活塞上装有大断面的 O 形密封圈，它把油和气完全分开。工作活塞上装有随其运动速度大小而改变通道截面积的压缩阀和伸张阀。

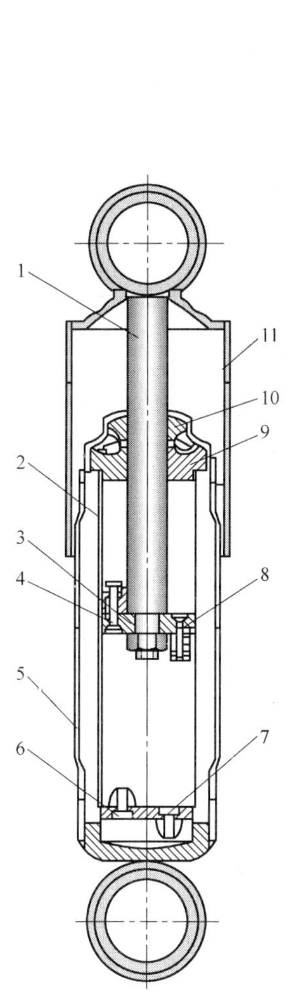

图 10-19　双作用筒式减振器结构示意图
1—活塞杆　2—工作缸筒　3—活塞　4—伸张阀
5—储油缸　6—压缩阀　7—补偿阀　8—流通阀
9—导向座　10—油封　11—防尘罩

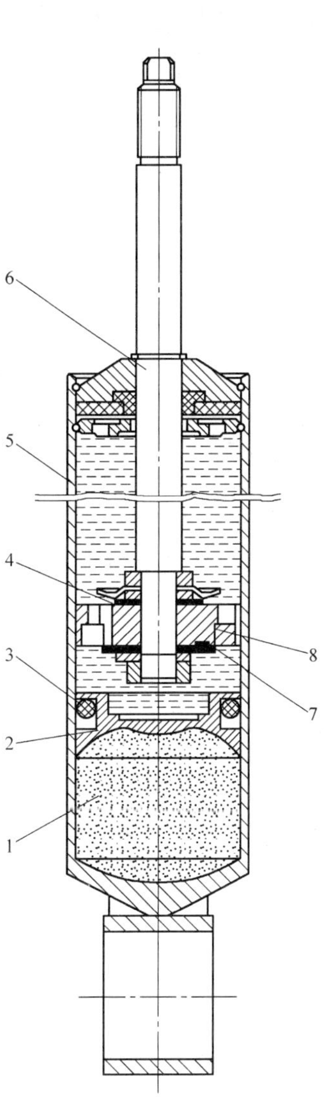

图 10-20　充气式减振器结构示意图
1—密封气室　2—浮动活塞　3—O 形密封圈
4—压缩阀　5—工作缸　6—活塞杆
7—伸张阀　8—工作活塞

当车轮上下跳动时，减振器的工作活塞在油液中做往复运动，使工作活塞的上腔和下腔之间产生油压差，压力油便推开压缩阀和伸张阀来回流动。由于阀对压力油产生较大的阻尼力，使振动衰减。

6. 非独立悬架与独立悬架

（1）非独立悬架　非独立悬架与整体式车桥配用。一般载货汽车均采用钢板弹簧作为弹性元件的非独立悬架，因钢板弹簧既有缓冲、减振的功能，又起传力和导向的作用，使得悬架结构大为简化。

1）钢板弹簧式非独立悬架（图 10-21）：在板簧式非独立悬架中，钢板弹簧一般是纵向安置，它与车桥的连接绝大多数是用两个 U 形螺栓，将钢板弹簧的中部刚性地固定在车桥上部。钢板弹簧两端通过钢板弹簧销与车架支座活动铰接，以起传力和导向作用。

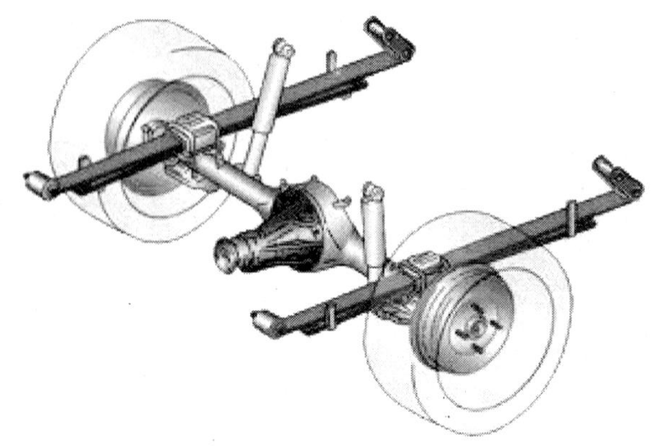

图 10-21　钢板弹簧式非独立悬架示意图

2）螺旋弹簧非独立悬架（图 10-22）：螺旋弹簧本身没有减振作用，并且只能承受垂直载荷，所以螺旋弹簧悬架中必须另装减振器和导向机构。螺旋弹簧非独立悬架一般只用作轿车的后悬架。

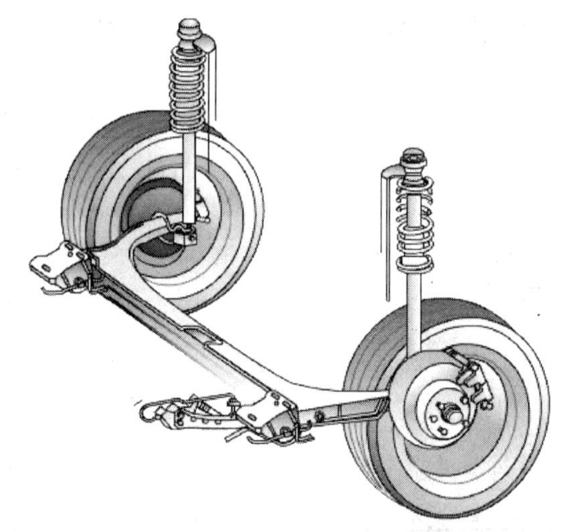

图 10-22　螺旋弹簧非独立悬架示意图

3）空气弹簧非独立悬架：空气弹簧非独立悬架可以满足调节车身高度的要求。空气弹簧只承受垂直载荷，纵向力和横向力由悬架中的纵向和横向的推力杆来传递。为了减振，还需要加设减振器。

如图 10-23 所示，囊式空气弹簧的上下端分别固定在车架和车桥上。从空气压缩机 1

产生的压缩空气经油水分离器 10 和压力调节器 9 进入储气筒 8。储气罐 6 通过管路与两个空气弹簧相通。储气罐和空气弹簧中的空气压力由车身高度控制阀控制。

4）油气弹簧非独立悬架：油气弹簧非独立悬架具有变刚度特性，可显著地缓和冲击，减少颠簸，特别适用于大型自卸汽车上。

（2）独立悬架　独立悬架的结构特点是两侧的车轮各自独立地与车架或车身弹性连接。与非独立悬架相反，独立悬架很少用钢板弹簧作为弹性元件，而多采用螺旋弹簧和扭杆弹簧作为弹性元件，因而具有导向机构。

独立悬架的优点：

1）悬架弹性元件的变形在一定的范围内，两侧车轮可以单独运动而互不影响，这样可减少车架和车身在不平道路上行驶时的振动，而且有助于消除转向轮不断偏摆的现象。

2）减轻了汽车的非簧载质量，从而减小了悬架所受到的冲击载荷，可以提高汽车的平均行驶速度。

3）由于采用断开式车桥，发动机位置可降低和前移并使汽车重心下降，有利于提高汽车行驶的稳定性。同时能给予车轮较大的上下运动空间，悬架刚度可设计得较小，使车身振动频率降低，以改善行驶平顺性。

独立悬架按车轮的运动形式可分为三种类型：横臂式独立悬架、纵臂式独立悬架、烛式和麦弗逊式悬架。

1）横臂式独立悬架：横臂式独立悬架分为单横臂式独立悬架和双横臂式独立悬架两种。

单横臂式独立悬架结构如图 10-24 所示。采用单横臂式独立悬架的车轮上下运动时，车轮平面将产生倾斜而改变轮距的大小，致使轮胎产生横向滑移，破坏轮胎与地面的附着，并使主销内倾角及车轮外倾角均发生较大变化，因此很少在转向轮中应用。

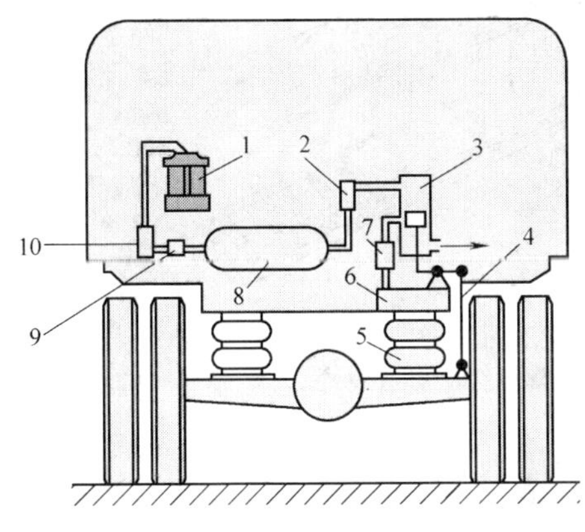

图 10-23　空气弹簧非独立悬架示意图
1—空气压缩机　2、7—空气滤清器　3—车身高度控制阀　4—控制杆　5—空气弹簧　6—储气罐　8—储气筒　9—压力调节器　10—油水分离器

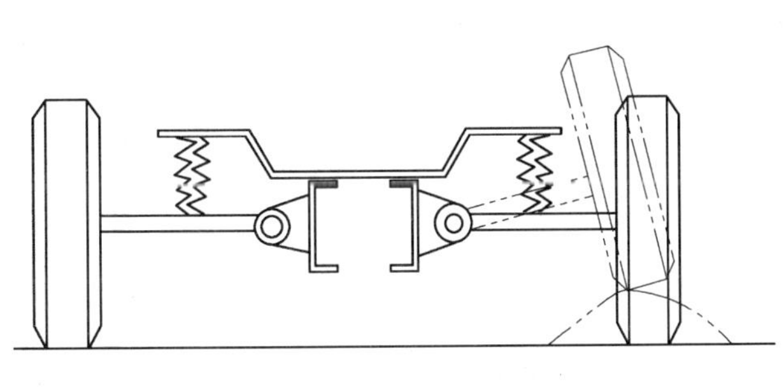

图 10-24　单横臂式独立悬架示意图

双横臂式独立悬架结构如图 10-25 所示，悬架的两个横臂长度可以相等，也可以不等。等臂长的双横臂式独立悬架在车轮上下跳动时，虽然车轮平面不发生倾斜，却会使轮距发生较大的变化，这将使车轮产生横向滑移。不等臂长的双横臂式独立悬架若两臂长度选择合适，则可以使主销角度与轮距的变化均不过大。不等臂长的双横臂式独立悬架在轿车的前轮上应用较为广泛。

2）纵臂式独立悬架：纵臂式独立悬架有单纵臂和双纵臂两种。

单纵臂式独立悬架结构如图 10-26 所示，采用这种形式的悬架时，车轮上下跳动将使主销后倾角产生很大变化。因此，单纵臂式独立悬架多用于后轮。

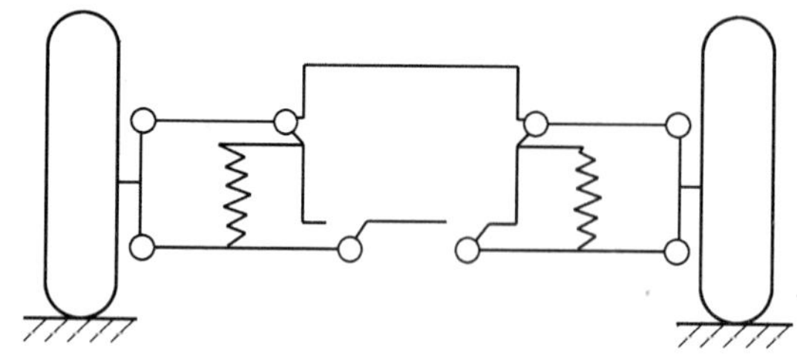

图 10-25　双横臂式独立悬架示意图

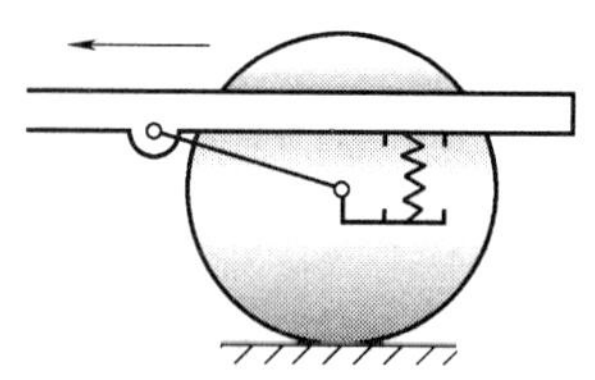

图 10-26　单纵臂式独立悬架示意图

双纵臂式独立悬架的两个纵臂长度一般做成相等，形成平行四连杆机构。这样可使车轮上下运动时，主销后倾角不变，因而这种形式的悬架适用于转向轮。

如图 10-27 所示，双纵臂扭杆弹簧式前独立悬架的两根纵臂的后端与转向节铰接，前端则通过各自的摆臂轴支承在车架横梁内部。摆臂轴与纵臂刚性地连接，扭杆弹簧外端插入摆臂轴的矩形孔内，中部用螺钉使之与管形横梁相固定。这种悬架的两侧车轮共用两根扭杆弹簧。

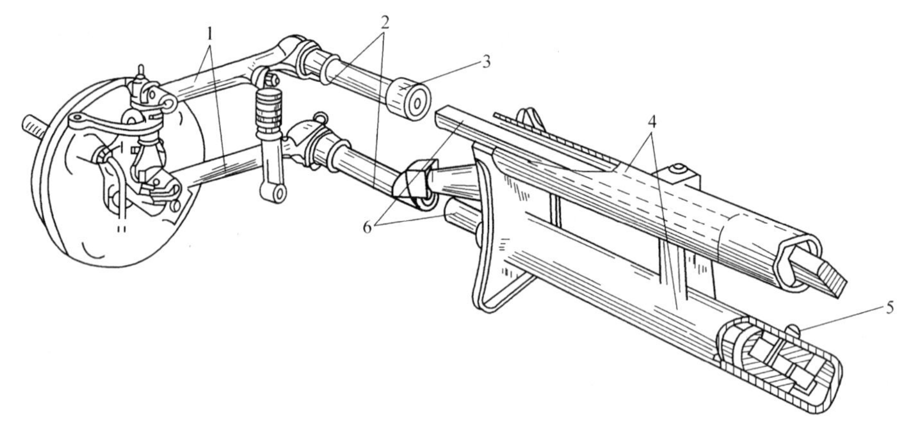

图 10-27　双纵臂扭杆弹簧式独立悬架示意图
1—纵臂　2—摆臂轴　3—衬套　4—横梁　5—螺钉　6—扭杆弹簧

3）烛式和麦弗逊式悬架。

① 烛式悬架：如图 10-28 所示，烛式悬架的结构特点是车轮沿着刚性地固定在车架上的主销轴线上下移动。烛式悬架的优点是：当悬架变形时，主销的定位角不会发生变化，仅是轮距、轴距稍有变化，因此特别有利于汽车的转向操纵稳定和行驶稳定。但烛式悬架有一个大缺点：就是汽车行驶时的侧向力会全部由套在主销的套筒和主销承受，致使套筒与主销间的摩擦阻力加大，磨损也较严重。烛式悬架现已应用不多。

② 麦弗逊式悬架。如图 10-29 所示，其结构特点是：悬架横摆臂以球铰链与转向节相连接，外面套有螺旋弹簧的减振器上端通过螺栓和橡胶垫圈与车身相连接，下端固定在转向节上；主销的轴线为上下铰链中心的连线。工作特点：当车轮上下跳动时，因减振器下支点随横摆臂摆动，故主销轴线的角度是变化的，显然车轮是沿着摆动的主销轴线运动。

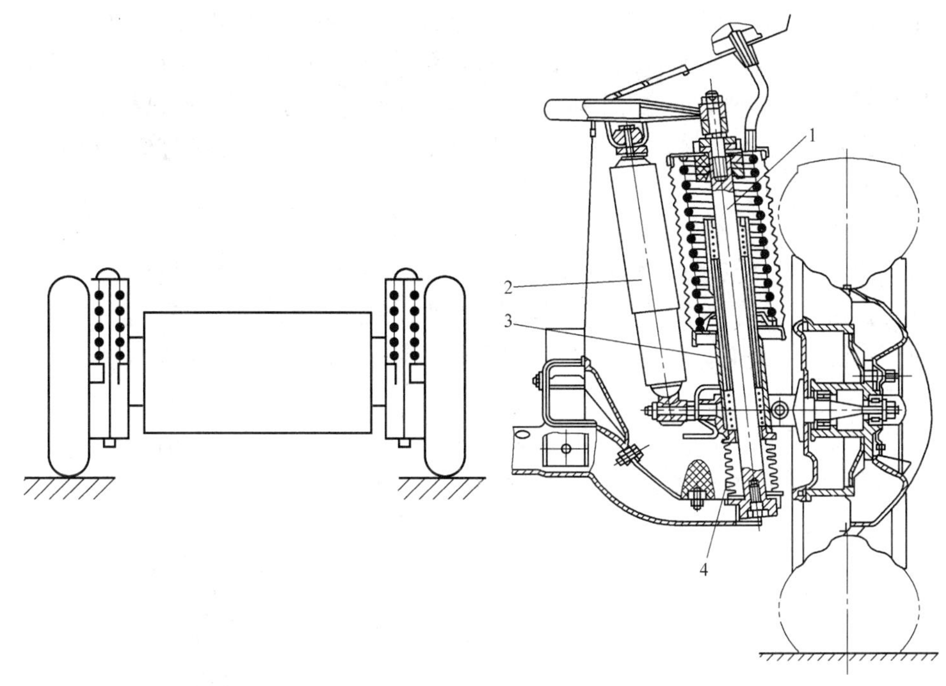

图 10-28　烛式悬架示意图
1—主销　2—减振器　3—套筒　4—防尘罩

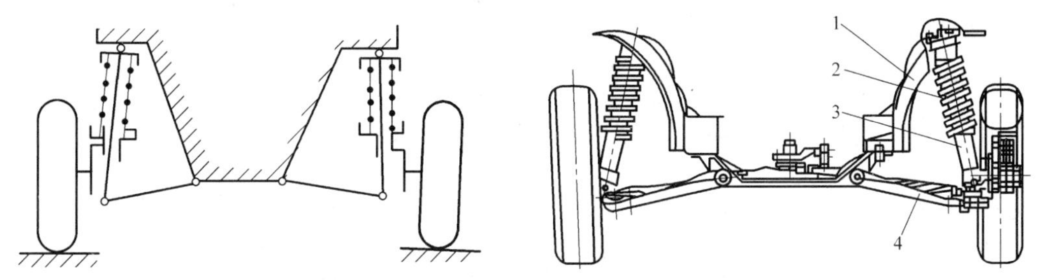

图 10-29　麦弗逊式悬架示意图
1—车身　2—螺旋弹簧　3—减振器　4—横摆臂

悬架变形时，使主销的定位角和轮距都有些变化。合理地调整杆系的布置，可使车轮的这些定位参数变化极小。

7. 主动悬架

目前，大多数汽车的悬架系统内装有弹簧和减振器，但无能源供给装置，其弹性和阻尼不能随外部工况变化，因此称这种悬架是被动悬架。

主动悬架通过电子控制单元（ECU）来控制相应的执行元件，改变悬架特性以适应各种复杂的行驶工况，使悬架有最好的减振特性，以提高汽车的平顺性和操纵稳定性。

（1）半主动悬架系统　半主动悬架可看作是由可变特性的弹簧和减振器组成的悬架系统，虽然它不能随外界的输入进行最优的控制和调节，但它可按存储在计算机的各种条件下最优弹簧和减振器的优化参数指令来调节弹簧的刚度和减振器的阻尼状态。

（2）全主动悬架系统　电子技术控制汽车悬架系统主要由（车高、转向角、加速度、路况预测）传感器、电子控制 ECU、悬架控制的执行器等组成。系统的控制功能通常有以下 3 个：

1）车高调整：当汽车在起伏不平的路面上行驶时，可以使车身抬高，以便于通过；在良好的路面上高速行驶时，可以降低车身，以减少空气阻力，提高操纵稳定性。

2）阻尼力控制：在急转弯、急加速和紧急制动情况下，可以抑制车身姿态的变化，提高汽车的操纵稳定性。

3）弹簧刚度控制：改变弹簧刚度，使悬架满足运动或舒适的要求。

采用主动悬架后，汽车对侧倾、俯仰、横摆跳动和车身的控制都能更加迅速、精确，汽车高速行驶和转弯的稳定性提高，车身侧倾减少。制动时车身前俯小，起动和急加速可减少后仰。即使在坏路面，车身跳动也较少，轮胎对地面的附着力提高。

四、转向桥拆装

1）在完整汽车上观察车轮、车桥、悬架和车架的安装连接情况及前轮定位情况。

2）以东风 EQ1092 型载货汽车为例，如图 10-30 所示，拆装并观察非独立悬架式转向桥。

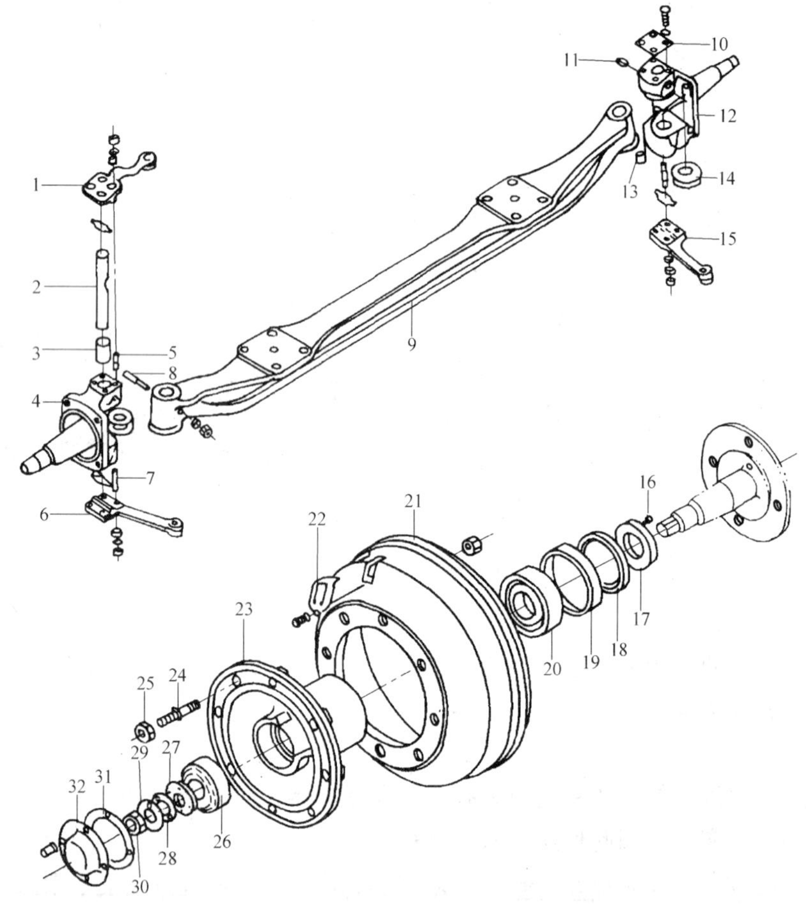

图 10-30　东风 EQ1092 型载货汽车转向桥分解图

1—左转向节上臂　2—主销　3—衬套　4—左转向节　5、7—双头螺柱　6—左转向节臂　8—锁销　9—前轴　10—右转向节上臂　11—润滑脂嘴　12—右转向节　13—限位螺栓　14—推力轴承　15—右转向节臂　16—定位销　17—油封内圈　18—油封总成　19—油封外圈　20—前轮毂内轴承　21—制动鼓　22—检查孔堵塞　23—前轮毂　24—螺栓　25、27—螺母　26—前轮毂外轴承　28—垫圈　29—止动垫圈　30—锁紧螺母　31—衬垫　32—轮毂盖

① 拆下轮毂防尘盖，拆下前轮毂轴承锁紧及调整螺母和锁紧垫片，取下轮毂及轴承。

② 将上下主销孔端盖和主销锁销拆下，取下主销及转向节。

③ 观察转向桥上各零件的结构特点、润滑情况，各零件间连接关系和前轮定位的获得方法及调整部位，并比较非独立悬架和独立悬架式转向桥的结构特点。

④ 按拆卸相反顺序装复。

项目23 四轮定位

为保证汽车在行驶中的安全与舒适，使汽车转向轻便，减少机件磨损，汽车的4个车轮并不是垂直于地面的，必须考虑许多因素来确定车轮的安装角度，即车轮定位。通常车轮定位主要指前轮定位，但现代大多数轿车，由于行驶速度快，对行驶稳定性有更高的要求，除前轮定位外，还需要后轮定位，即四轮定位。

1. 前轮定位

前轮定位主要包括：主销后倾、主销内倾、前轮外倾及前轮前束4个定位参数。

（1）主销后倾

1）定义：装在前轴上的主销，上端向后倾斜的现象。如图10-31所示，在汽车纵向垂直平面内，主销轴线与垂线之间的夹角γ称为主销后倾角。

2）作用：主销后倾后，主销轴线的延长线与路面的交点A位于轮胎与地面的交点B的前方。如图10-31所示，当汽车直线行驶偶尔遇到阻力使车轮偏转时，地面对车轮的反作用力F_y形成了绕主销的稳定力矩$M=F_yL$，其作用方向正好与车轮偏转方向相反，使车轮有恢复到原来中间位置的趋势。由此可见，主销后倾的作用是保持汽车直线行驶的稳定性，并力图使转弯后的车轮自动回正。后倾角越大，L值越大，车速越高，F_y值越大，前轮的稳定性越强，但后倾角过大会造成转向盘沉重，后倾角γ一般为2°~3°。有些轿车和客车使用超低压子午线扁平轮胎，弹性较大，行驶时轮胎与地面的接触面中心向后移动，力臂L值增加，故后倾角可以减小到接近于零，甚至为负值（即主销前倾）。

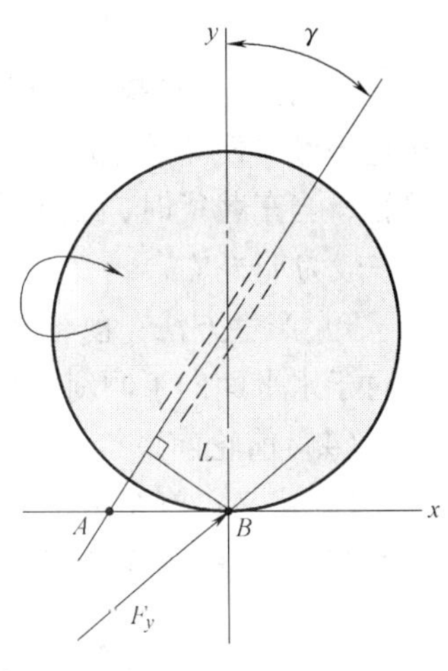

图10-31 主销后倾示意图

3）产生方法：一般是由前轴、钢板弹簧和车架三者装配在一起时，由于钢板前高后低，使前轴向后倾斜而形成。也有的在钢板后部加装楔形垫片而形成后倾。

（2）主销内倾

1）定义：装在前轴上的主销，上端略向内倾斜的现象。如图10-32所示，在汽车横向垂面内，主销轴线与垂线之间的夹角β即是主销内倾角。

2）作用：主销具有内倾角后，当车轮在外力作用下由中间位置偏转一个角度时，车轮的最低点将陷入路面以下，但事实上车轮不可能陷入路面以下，地面对车轮的反作用力将使前轮自动回正，主销内倾角越大，回正作用越大，且使转向操纵更加轻便。一般内倾角β在5°~8°之间。内倾角过大，使得主销轴线与路面交点和轮胎中心与地面交点之间的

距离 C 减小，转向时容易增加轮胎的磨损。

3）产生方法：主销内倾角是制造前轴时使主销孔轴线的上端向内倾斜而获得的。

（3）前轮外倾

1）定义：前轮安装在车桥上时，车轮旋转平面上方略向外倾斜，这种现象称为前轮外倾，如图 10-33 所示。

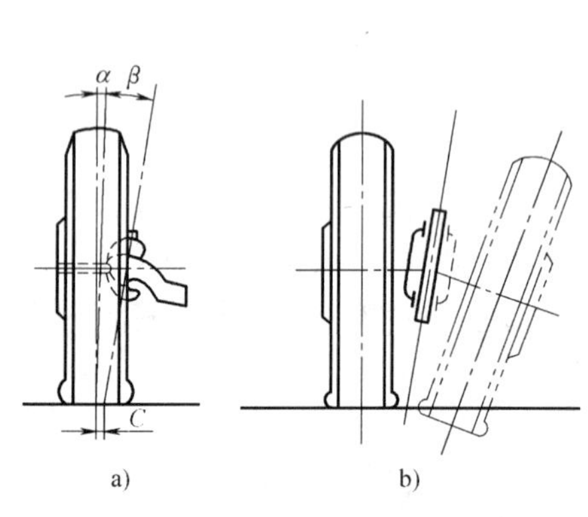

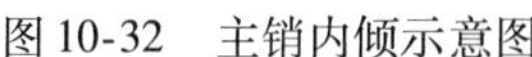
图 10-32　主销内倾示意图

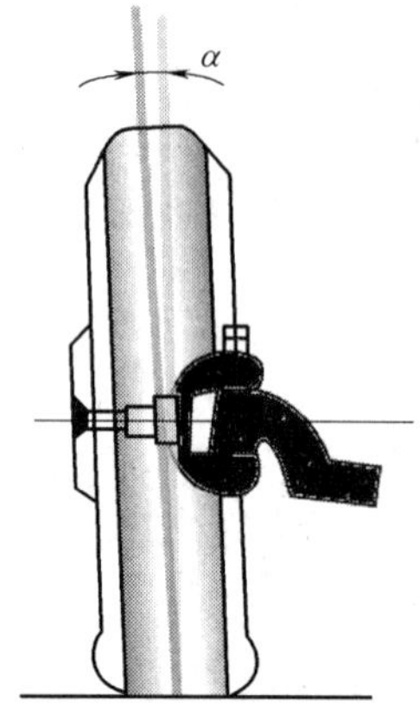

图 10-33　前轮外倾示意图

2）作用：如果空车时车轮正好垂直于路面，则满载时车轮将因承受载荷变形而出现车轮内倾，使轮胎偏磨。因此在安装车轮时预留出外倾角，当车空载时，轮胎外缘与路面接触，当车载货时，在车重的作用下车轮垂直于路面，使轮胎能够均匀磨损。前轮外倾角 α 一般为 1°左右。

3）产生方法：前轮外倾角是由转向节的结构确定的，转向节安装到前轴后，其轴颈相对于水平面向下倾斜，从而使车轮安装后外倾。

（4）前轮前束

1）定义：汽车两个前轮的旋转平面不平行，前端略向内收的现象叫做前轮前束。两轮前端距离 B，后端距离 A，$A-B$ 的差即为前束值，如图 10-34 所示。

2）作用：车轮有了外倾角后，在滚动时类似于滚锥，两侧车轮有向外滚开的趋势。由于车桥和转向横拉杆的约束，两前轮在向外侧滚动的同时向内侧滑动，这样使得车轮磨损增加。前轮前束的作用就是使锥体重心前移，减小或消除汽车前进中因车轮外倾和纵向阻力致使车轮前端向外滚开所造成的滑移。

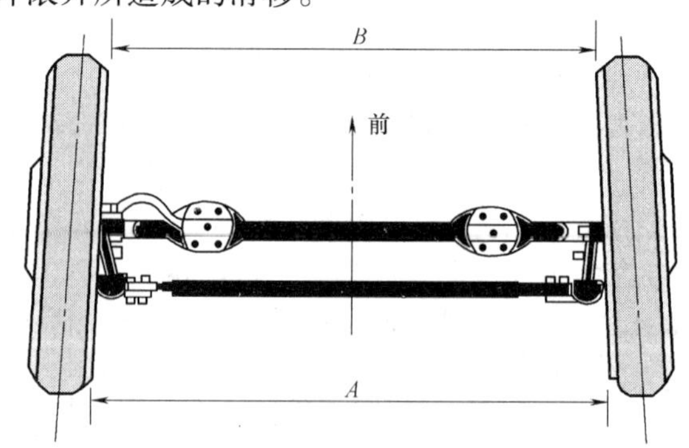

图 10-34　前轮前束示意图

2. 后轮定位

车轮定位参数通常是就汽车的前转向轮而言。随着汽车行驶速度的提高，为防止汽车高速时出现“激转”现象，提高汽车的行驶稳定性，一些高档汽车具备四轮定位功能，即不仅要求前轮定位，还要有后轮定位。

后轮定位参数主要有后轮前束和后轮外倾，其作用与前轮定位相似。

后轮前束作用：如果后轮没有前束角，抵消使后轮出现前张现象。

后轮外倾角作用：①由于外倾角是负值，可增加车轮接地点的跨度，增加汽车的横向稳定性；②负外倾角是用来抵消当汽车高速行驶且驱动力 F 较大时，车轮出现的负前束（前张），以减少轮胎的磨损。

某些后轮驱动的重型汽车上，后轮也设计成有一定的正外倾角。

思　考　题

1. 普通斜交轮胎与子午线轮胎相比，有什么区别和特点？为什么子午线轮胎使用越来越广泛？
2. 整体式车桥和断开式车桥各有什么特点？分别与哪种悬架配合使用？
3. 转向轮的定位参数有哪些？各起什么作用？
4. 常用的弹性元件有哪些？试比较各自的优缺点。
5. 独立悬架与非独立悬架相比，各自的特点是什么？

单元 11

汽车转向系统

汽车在行驶过程中，需要经常改变行驶轨迹。就轮式汽车而言，驾驶员通过专设的动力传递机构，驱动转向轮相对于汽车纵轴线偏转一定的角度，以实现汽车行驶方向的改变。另外，汽车在直线行驶时，由于受到路面侧向力的作用，自动偏离正常的行驶方向。驾驶员同样利用这套机构使转向车轮向反方向偏转，使汽车恢复其正常的行驶方向。用来改变或恢复汽车行驶方向的传动机构，称为汽车转向系。汽车转向系的功用是在不同的行驶条件和速度下，控制汽车的转向轮偏角，改变汽车行驶方向，使汽车能按驾驶员的意愿进行行驶。

汽车转向系通常分为机械转向系统和动力转向系统两大类。

项目 24　机械转向系统组成、原理及拆装调整

一、机械转向系统的组成和工作原理

如图 11-1 所示，机械转向系统主要由转向操纵机构、转向器和转向传动机构三大部分组成。

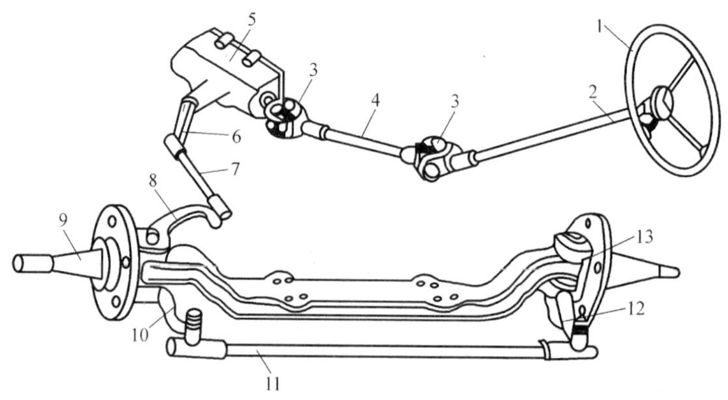

图 11-1　机械转向系统示意图

1—转向盘　2—转向管柱　3—转向万向节　4—转向中间轴　5—转向器　6—转向摇臂　7—转向直拉杆　8—转向节臂　9—左转向节　10、12—梯形臂　11—转向横拉杆　13—右转向节

1. 转向操纵机构

转向操纵机构由转向盘、转向管柱、转向中间轴、转向万向节等组成，它的作用是将驾驶员驱动转向盘的操纵力传给转向器。目前，转向操纵机构多采用万向传动装置，它有以下优点：

1）便于转向操纵机构在汽车结构上的合理布置。

2）使转向盘、转向器等部件的生产更通用化、系列化。

3）可以补偿安装误差和基体变形造成的影响。

4）拆装维修更加便捷。

转向管柱连接着转向盘，转向管柱的零件必须处于良好的状态，才能减小转向盘的游动间隙，确保转向控制可靠。转向盘通过花键与转向管柱上部联接，并用螺母紧固在转向管柱上。注意转向盘与转向管柱的安装标记。

2. 转向器

转向器是转向系统中的减速增矩齿轮机构，其功用是将作用在转向盘上的力传到转向节并改变力的传递方向。目前较常用的有齿轮齿条式、循环球曲柄指销式、蜗杆曲柄指销式、循环球—齿条齿扇式、蜗杆滚轮式等。

（1）齿轮齿条式转向器　齿轮齿条式转向器分为两端输出式和中间（或单端）输出式两种。两端输出式的齿轮齿条式转向器如图 11-2 所示。

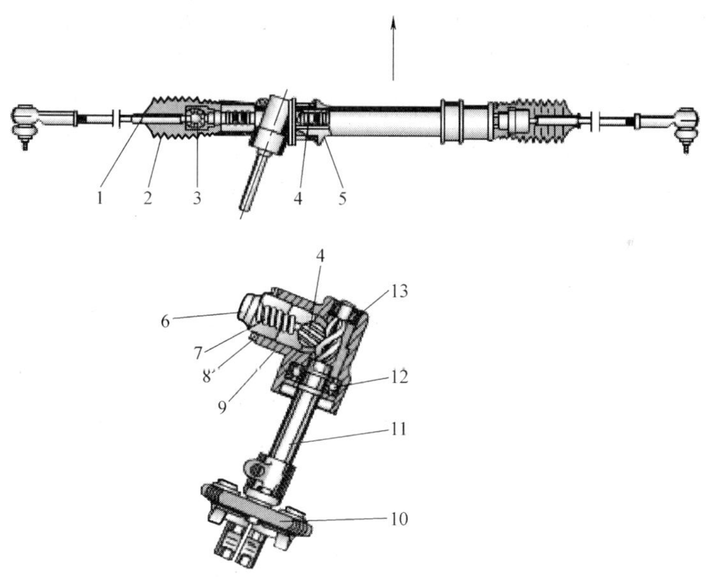

图 11-2　两端输出式的齿轮齿条式转向器

1—转向横拉杆　2—防尘套　3—球头座　4—转向齿条　5—转向器壳体　6—调整螺塞　7—压紧弹簧　8—锁紧螺母　9—压块　10—万向节叉　11—转向齿轮轴　12—深沟球轴承　13—滚针轴承

作为传动副主动件的转向齿轮轴 11 通过轴承 12 和 13 安装在转向器壳体 5 中，其上端通过花键与万向节叉 10 和转向轴连接。与转向齿轮啮合的转向齿条 4 水平布置，两端通过球头座 3 与转向横拉杆 1 相连。压紧弹簧 7 通过压块 9 将齿条压靠在齿轮上，保证无间隙啮合。弹簧的预紧力可用调整螺塞 6 调整。当转动转向盘时，转向齿轮轴 11 转动，使与之啮合的转向齿条 4 沿轴向移动，从而使左右横拉杆带动转向节转动，使车轮偏转，实现转向目的。

中间输出式的齿轮齿条式转向器如图 11-3 所示，其结构及工作原理与两端输出式的齿轮齿条式转向器的不同之处在于它在转向齿条的中部用螺栓与左右转向横拉杆相联。在单端输出的齿轮齿条式转向器上，齿条的一端通过内外托架与转向横拉杆相联。

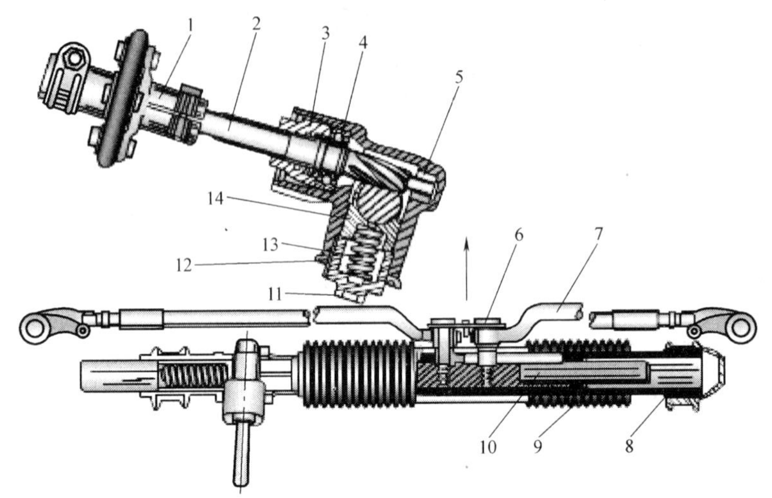

图 11-3　中间输出式的齿轮齿条式转向器

1—万向节叉　2—转向齿轮轴　3—调整螺母　4—深沟球轴承　5—滚针轴承　6—固定螺栓　7—转向横拉杆　8—转向器壳体　9—防尘套　10—转向齿条　11—调整螺塞　12—锁紧螺母　13—压紧弹簧　14—压块

（2）循环球式转向器　循环球式转向器是应用较广泛的结构形式之一，主要用于轻型及载货汽车上。循环球式转向器一般有两级传动副，第一级是螺杆螺母传动副，第二级是齿条齿扇传动副或滑块曲柄销传动副。图 11-4 为循环球式转向器。

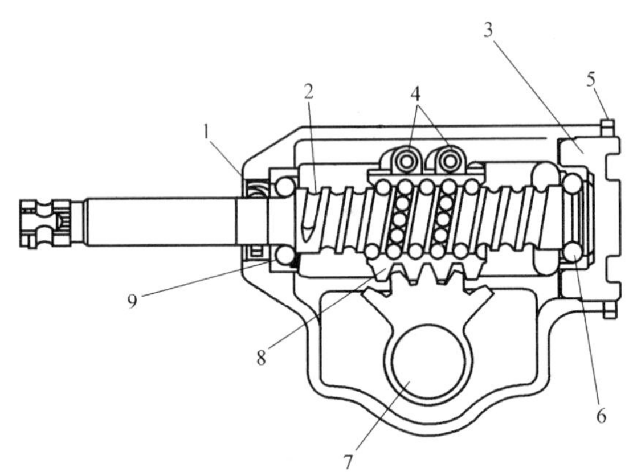

图 11-4　循环球式转向器

1—密封圈　2—转向螺杆轴　3—转向螺杆轴调整螺塞（预紧力调整）　4—钢球及导管　5—锁紧螺母　6、9—螺杆推力轴承　7—齿扇轴　8—转向螺母

为了减轻转向螺杆与螺母间的摩擦，二者并不直接接触，其间装有若干钢球，以实现二者间的滚动摩擦。螺杆和螺母上加工成断面轮廓为两段或三段不同心圆弧组成的螺旋槽，二者的螺旋槽能配合形成螺旋形通道。转向螺母外有钢球导管，导管两端分别插入螺母侧面的通孔中。导管和螺旋形通道组合成两条各自独立封闭的钢球流。

转向螺杆转动时，螺母沿轴向移动，钢球在螺旋形通道内滚动绕行，流出螺母进入导管，再由导管流回螺母通道内。转向器工作时，钢球不会脱出通道。

（3）蜗杆曲柄单指销式转向器　蜗杆曲柄指销式转向器的传动副以转向蜗杆为主动件，其从动件是装在摇臂轴曲柄端部的指销。按指销数目分为单销式和双销式两种。当蜗杆转动时，指销即绕摇臂轴轴线做圆弧运动，并带动摇臂轴转动，如图 11-5 所示。

3. 转向传动机构

转向传动机构是连接着转向器和转向轮之间的一组空间杆系，其功用是将转向器输出的力传给转向轮，使转向轮偏转以实现汽车转向，如图 11-6 所示。

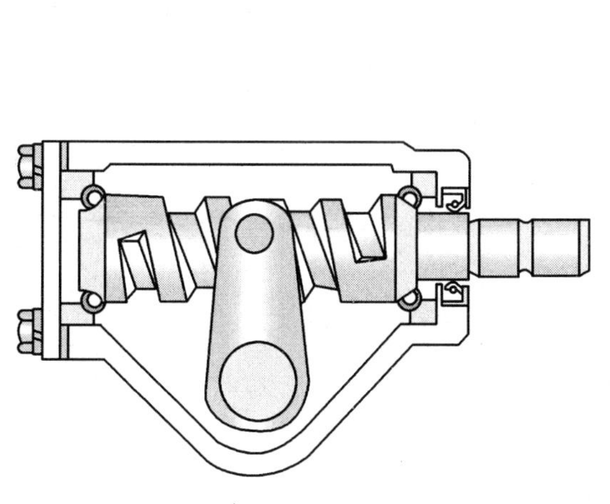

图 11-5　蜗杆曲柄单指销式转向器

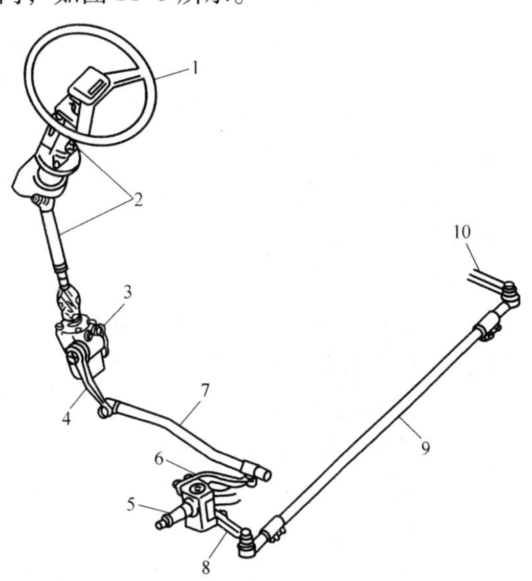

图 11-6　转向传动机构

1—转向盘　2—转向柱　3—转向器
4—转向摇臂　5—转向节　6—转向节臂
7—转向直拉杆　8、10—梯形臂　9—转向横拉杆

转向直拉杆：它将转向摇臂传来的力和运动传给转向梯形臂或转向节臂。通常采用优质钢材制造，以保证工作可靠。转向直拉杆的典型结构如图 11-7 所示。

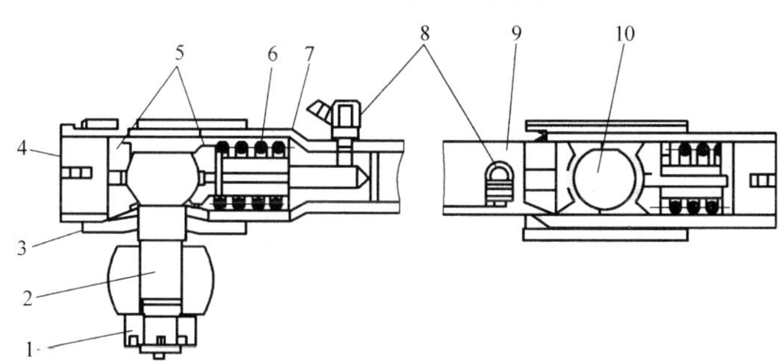

图 11-7　转向直拉杆

1—螺母　2—球头销　3—橡胶防尘垫　4—螺塞　5—球头座　6—压缩弹簧
7—弹簧座　8—油嘴　9—转向直拉杆体　10—转向摇臂球头销

转向减振器：随着车速的提高，转向轮有时会产生摆振，甚至会引起整车车身的振动，严重影响汽车的稳定性及舒适性，加剧了前轮轮胎的磨损。在转向传动机构中设置转

向减振器是克服转向轮摆振的有效措施，其结构如图 11-8 所示。

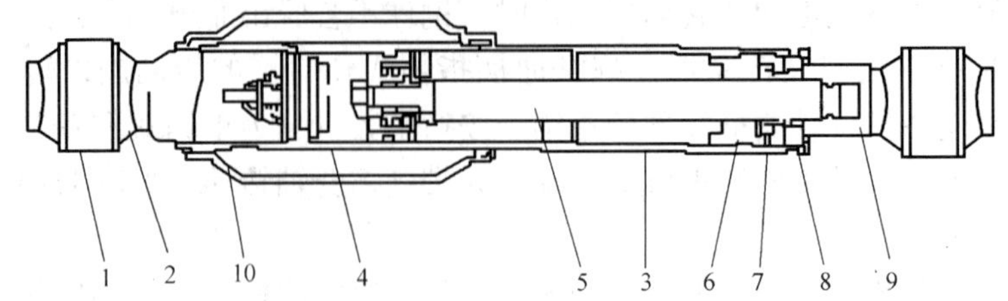

图 11-8　转向减振器

1—连接环衬套　2—连接环橡胶套　3—液压缸　4—压缩阀总成　5—活塞及活塞杆总成　6—导向座　7—油封　8—挡圈　9—轴套及连接环总成　10—橡胶储液缸

如图 11-9 所示，汽车转向时，要使各车轮都只滚动而不滑动，各车轮必须围绕一个中心点 O 即转向中心转动，显然这个中心要落在后轴中心线的延长线上，并且左、右前轮也必须以这个中心点 O 为圆心而转动。为了满足上述要求，左、右前轮的偏转角应满足如下关系，其中 B 为两侧主销间距离，L 为轴距，R 为汽车转弯半径。

$$\cot\alpha = \cot\beta + B/L$$

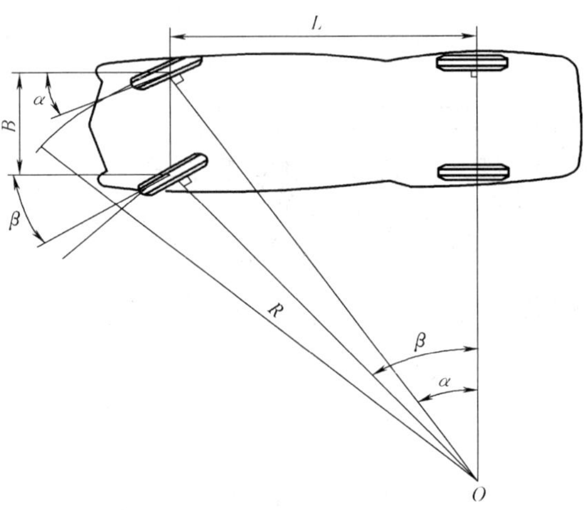

图 11-9　左、右前轮的偏转角关系图

转向传动机构按照配用悬架类型可分为两种，即与非独立悬架配用和与独立悬架配用的转动机构。

（1）与非独立悬架配用的转向传动机构　与非独立悬架配用的转向传动机构主要包括转向摇臂 2、转向直拉杆 3、转向节臂 4 和转向梯形 θ。在前桥为转向桥的情况下，由转向横拉杆 6 和左、右梯形臂 5 组成的转向梯形一般布置在前桥之后，如图 11-10a 所示。

在发动机位置较低或转向桥兼为驱动桥的情况下，为避免运动干涉，往往将转向梯形布置在前桥之前，如图 11-10b 所示。

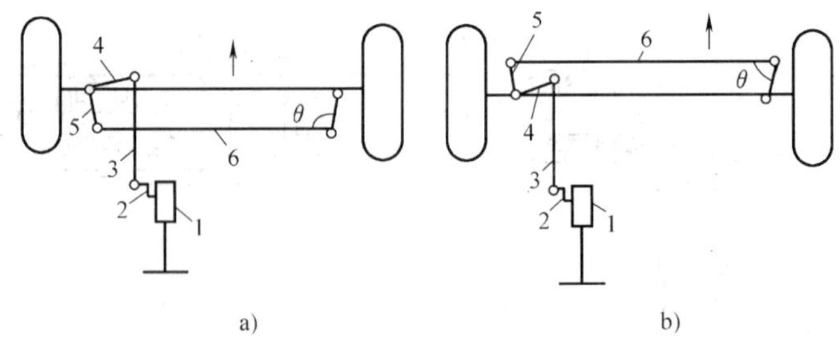

图 11-10　与非独立悬架配用的转向传动机构

1—转向器　2—转向摇臂　3—转向直拉杆　4—转向节臂　5—梯形臂　6—转向横拉杆

（2）与独立悬架配用的转向传动机构　当转向轮采用独立悬架时，每个转向轮都需要相对于车架做独立运动，因而转向桥必须是断开的，转向传动机构中的转向梯形臂也必须是断开式的，转向摇臂需横向摆动传力。图 11-11a、b 所示机构与循环球式转向器配用，图 11-11c、d 所示机构与齿轮齿条式转向器配用。

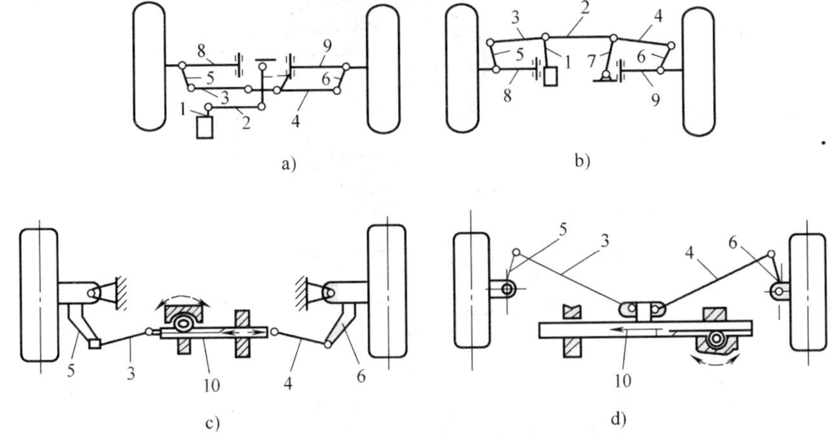

图 11-11　与独立悬架配用的转向传动机构

1—转向摇臂　2—转向直拉杆　3—左转向横拉杆　4—右转向横拉杆　5—左梯形臂　6—右梯形臂　7—摇杆　8—悬架左摆臂　9—悬架右摆臂　10—齿轮齿条式转向器

二、机械转向系统的拆装与调整

1. 转向操纵机构的拆装检查

以桑塔纳轿车为例，转向操纵机构如图 11-12 所示，主要由转向盘、转向柱、转向盘锁套、各种连接元件及支承元件组成。另外，相应的电气设备组合开关也安装在转向操纵机构上。操纵机构在转向系统中占有重要地位，在拆卸和检查中一定要细心，在拆卸前必须将蓄电池电源线断开，使转向轮处在直线行驶的位置上，转向指示灯开关处于中间位置上。

（1）拆卸

1）向下按转向盘塑胶盖板边缘，撬出转向盘盖板 21。

2）松开转向盘的固定螺母，拔出喇叭线，用拉器拔出转向盘 1。

3）拆下转向柱组合开关 2。

4）拆下阻风门控制把手。

5）旋出仪表装饰板固定螺钉，拆下仪表装饰板，并松开卡箍 12，取出转向柱 13。

6）拆下弹簧垫圈 19。

7）拆下转向盘锁套 18。

卸下左边的内六角螺栓，旋出右边的开口螺栓。

（2）检查

1）检查转向柱有无弯曲、变形。

2）检查安全联轴器有无磨损、裂纹和损坏。

3）检查压紧弹簧是否失效。

（3）装配　按拆卸的逆顺序进行，注意以下事项：

1）转向管支柱如有损坏不能焊接使用。

2）自锁螺母、螺栓必须更换。

3）安装凸缘管时应将凸缘管推到主动齿轮上，贴紧转向柱，拧紧螺母，并涂润滑脂。

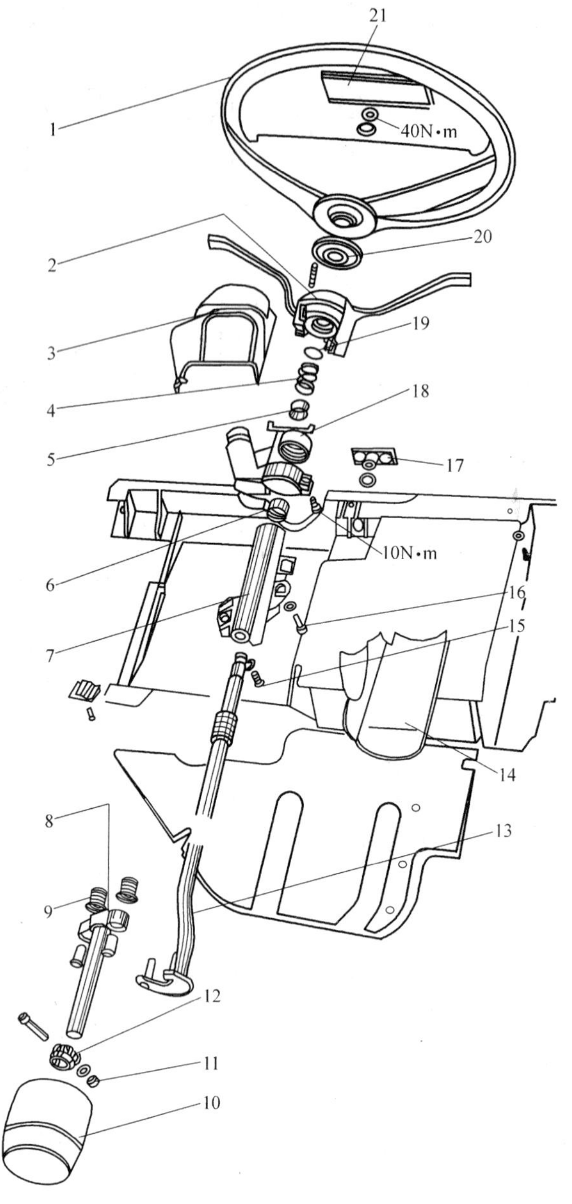

图 11-12 桑塔纳轿车的转向操纵机构

1—转向盘 2—转向柱组合开关 3—罩板 4—弹簧 5—接触环 6—橡胶支承环 7—转向柱套管 8—凸缘管 9—套管 10—密封罩 11—螺母 12—卡箍 13—转向柱 14—罩壳 15—断开螺栓 16—圆柱螺栓 17—起动器把手 18—转向盘锁套 19—弹簧垫圈 20—接触环 21—转向盘盖板

2. 转向器的拆装检查

转向器种类繁多，在此介绍应用较广泛的齿轮齿条式、循环球式转向器，其拆装过程有所不同。

（1）齿轮齿条式转向器

以桑塔纳轿车齿轮齿条式转向器为例，如图 11-13 所示。图 11-14 则是其装配关系图。

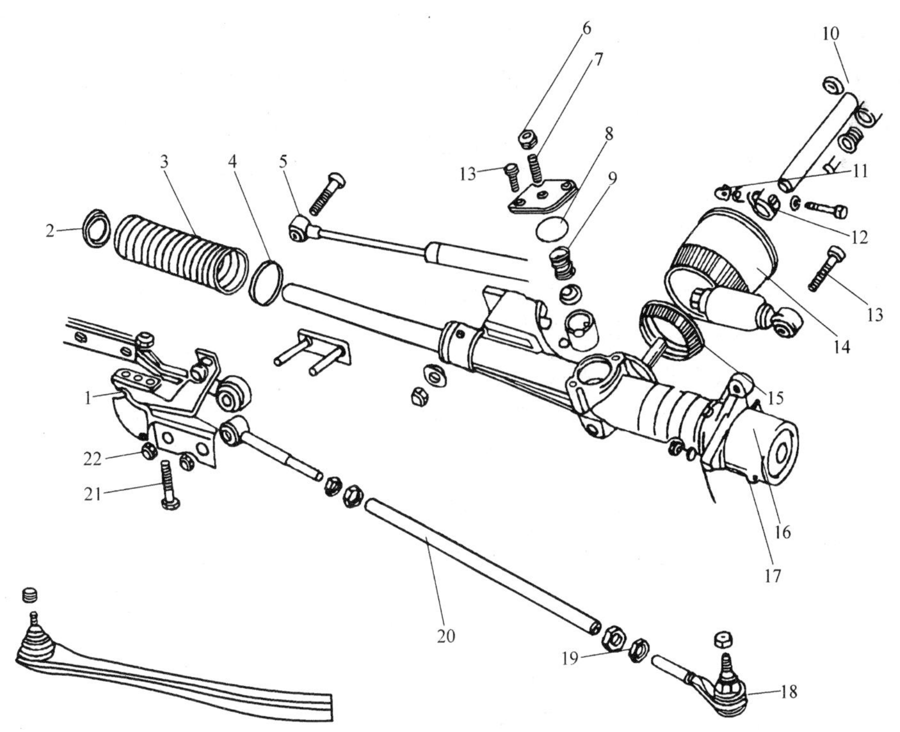

图 11-13　齿轮齿条式转向器

1—支架　2—挡圈　3—波纹管　4—软管卡箍　5—转向减振器　6—锁紧螺母　7—调整螺栓　8—密封圈　9—压簧　10—凸缘管　11、22—自锁螺母　12—卡箍　13—螺栓　14—密封罩　15—密封环　16—转向器壳　17—自锁螺栓　18—横拉杆球接头　19—调整螺母　20—左转向横拉杆　21—螺栓

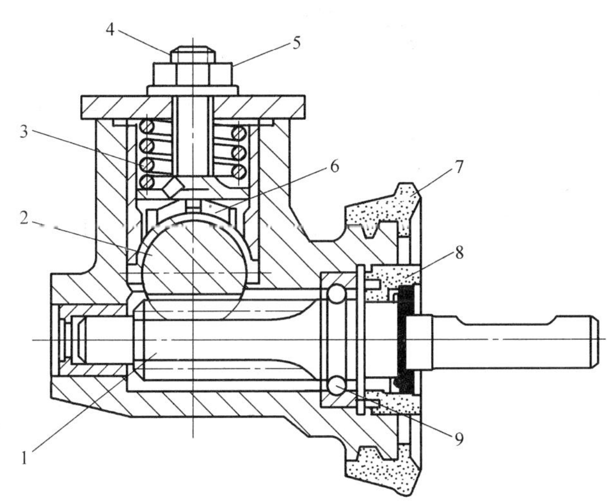

图 11-14　齿轮齿条式转向器装配图

1—转向齿条　2—转向齿轮　3—补偿弹簧　4—调整螺钉　5—螺母　6—压板　7—防尘罩　8—油封　9—轴承

1）分解：

① 拆下啮合间隙补偿器。

② 拆下主动齿轮密封环、卡簧、轴承。

③ 取出主动齿轮，检查主动齿轮端及轴承磨损情况。

④ 将齿条行程作上记号。

⑤ 松开齿条端盖帽，拆卸齿条杆上的防尘罩、挡圈、密封圈，抽出齿条。

2）检查：

① 检查外壳有无破裂及磨损，如有破裂或磨损，应予以修复或更换。

② 检查波纹管是否完好，如有破损应更换。

③ 更换密封圈和密封环。

④ 自锁螺母和螺栓一经拆卸，安装时必须成对更换。

⑤ 不允许对零件进行焊接和整形。

⑥ 检查齿条各部裂纹及磨损情况，齿条有无缺齿断裂现象等。

3）装配与调整：转向器装配顺序与拆卸顺序相反。装配密封衬套时，应先将衬套涂上润滑油。转向器装配后应调整齿轮齿条间隙。在装配调整转向器时应注意以下问题：

① 更换自锁螺母。

② 转向器各零件不允许进行焊接或整形。

③ 正确组装转向器后，可用手顺畅转动主动齿轮。

（2）循环球式转向器　图 11-15 所示为 BJ2020 的循环球式转向器。

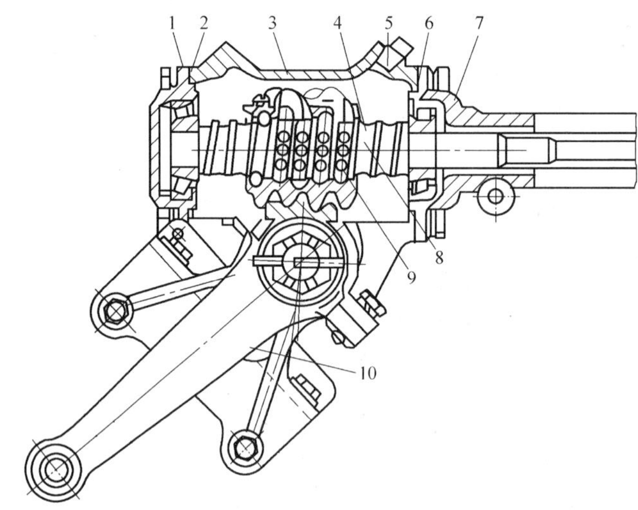

图 11-15　循环球式转向器

1—下盖　2、6—垫片　3—外壳　4—转向螺杆　5—螺塞　7—上盖　8—导管　9—滚珠　10—转向摇臂

1）拆卸：

① 拆下转向管柱紧固夹板。

② 拆下汽车前围处的转向管柱紧固螺钉。

③ 拔下线束插头。

④ 松开转向中间轴，拆下转向管柱及中间轴。

⑤ 松开转向器固定螺栓，取下转向器。

2）分解：

① 松开锁紧螺母和侧盖固定螺母。

② 旋出调整螺母，卸下侧盖及转向摇臂。

③ 抽出摇臂轴、转向螺杆等。

④ 解体转向螺母，注意钢球不要丢失。

3）检查：

① 检查螺杆和球形螺母是否磨损严重或损坏。检查螺母是否能借本身重量顺利地在蜗杆轴上旋转。如发现有任何损伤，应修整或更换。

② 检查转向臂轴、推力垫圈和调整螺钉是否磨损或损伤，检查转向臂轴的止推间隙。

③ 检查螺杆轴承和油封的磨损和损伤情况，视情况需要更换轴承、轴承座和油封。

④ 视情况需要更换螺杆轴承内座圈和壳上外座圈。

4）装配：在转向螺杆与转向螺母组成的滚道内装入钢球。在向螺母导管槽中安装钢球时，应在导管两端涂少许润滑脂，防止钢球脱出。

5）调整：

① 转向轴轴承预紧度的调整：通过增减转向器壳与下盖之间的垫片来调整轴承预紧度。增加垫片，轴承预紧度减小；反之，预紧度增加。调整后，转向轴应转动灵活，用手上下推动转向轴不得有松旷感。

② 啮合副啮合间隙的调整：调整啮合间隙时应使啮合副处于中间啮合位置，通过转向器侧盖上的调整螺钉改变摇臂轴的轴向位置，使啮合间隙合适，最后用锁紧装置锁紧。啮合间隙正常后，用力摇动摇臂轴应无松旷感，在任何位置转动转向盘时应轻便灵活。

注意事项：检查时不能让球形螺母碰到蜗杆端头；在转向轮处于直线行驶位置时调整转向器啮合间隙；转向器装配完成之后还要进行最大转向角和转向盘自由转动量的检查调整。

3. 转向传动机构的拆装调整

以桑塔纳轿车为例，传动机构的拆装步骤如下：

1）从前桥减振器上拆下球接头。

2）松开连接板螺母，取下左、右横拉杆总成。

3）松开调整螺母，卸下球头。

4）检查横拉杆是否弯曲，调整螺栓螺纹有无损坏，球头是否磨损和松旷等。

5）组装时更换自锁螺母及防尘胶套、衬套等。

6）调整车轮转向角。

在安装转向器时就应计算出齿条每齿移动的距离，或主动齿轮旋转一周齿条的位移，根据这个行程换算出角度值，再按内、外车轮转向角度来标记齿条行程的位置；按其位置固定转向盘，最后调整横拉杆，保证其左、右尺寸相同。

注意：安装转向传动机构时，要按照规定的力矩拧紧紧固螺栓。

项目25　动力转向系统组成、原理及拆装调整

动力转向系统是兼用驾驶员体力和发动机（或电动机）提供的动力作为转向能源的转向系统。在正常情况下，汽车转向所需的能量只有一小部分由驾驶员提供而大部分由发动机（或电动机）通过转向加力装置提供。但在转向加力装置失效时，一般还可以由驾驶员独立承担完成汽车转向任务。因此，动力转向系统是在机械转向系统的基础上加设一套转向加力装置而形成的。

一、动力转向系统的组成与原理

1. 液压助力转向系统

液压助力转向系统，其转向加力装置为液压助力系统。如图 11-16 所示，液压助力转向系统的部件包括：转向液压泵、转向油管、转向油罐以及位于整体式转向器内部的转向控制阀及转向动力缸等。当驾驶员转动转向盘时，转向摇臂摆动，通过转向直拉杆、转向节臂、转向横拉杆，使转向轮偏转，从而改变汽车的行驶方向。

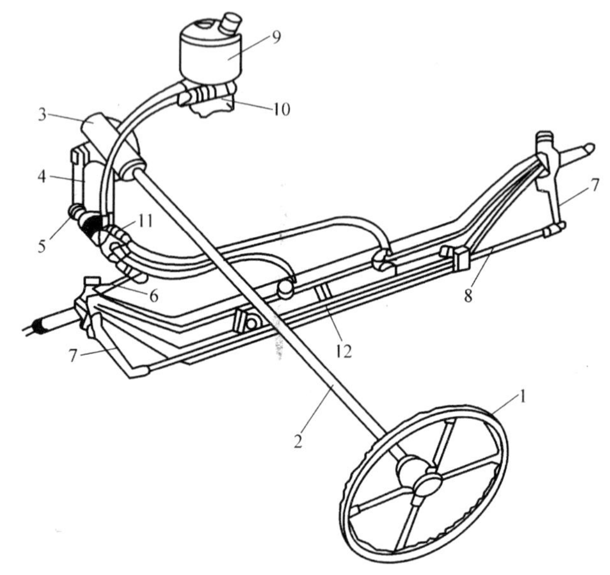

图 11-16　液压助力转向系统示意图

1—转向盘　2—转向轴　3—转向器　4—转向摇臂　5—转向直拉杆　6—转向节臂　7—梯形臂　8—转向横拉杆　9—转向油罐　10—转向液压泵　11—转向控制阀　12—转向动力缸

与此同时，转向器输入轴带动转向器内部的转向控制阀转动，使转向动力缸产生液压作用力，帮助驾驶员进行转向操纵。这样，为了克服地面的转向阻力矩，驾驶员加于转向盘上的转向力矩，比用机械转向系统时所需的转向力矩小得多。

(1) 转向液压泵　转向液压泵的形式很多，常用的类型有三种：叶片式、转子式和齿轮式。三种转向液压泵的工作原理相同。转动时，泵的中心可在一定范围内移动，进油口和出油口分别位于壳体的两侧。

在工作中，随着转向液压泵转子的转动，进油口产生吸力，低压油进入泵里。这个吸力是由于进油腔容积越来越大，产生负压造成的。然后，在转子的另一侧，油腔容积越来越小，就形成了高压。

当转子顺时针方向旋转时，叶片在离心力及高压油的作用下紧贴在定子的内表面上。其工作容积开始由小变大，从进油口吸进油液；而后工作容积由大变小，压缩油液，经出油口向外供油。

(2) 转向控制阀　转向控制阀直接安置在动力转向器总成里，其功用是引导压力油到活塞和循环球螺母总成的一侧或另一侧。当转动转向盘时，控制阀打开相应的通道，使压力油进入活塞和循环球螺母总成需要的一侧。

通常采用的控制阀有两种类型：滑阀式和转阀式。

1）滑阀式控制阀。如图 11-17 所示，随着转向盘和螺杆的转动，与螺杆相连的滑阀向前或向后移动，并打开滑阀内部相应的通道，让压力油流到活塞和循环球螺母总成需要的一侧。当转向盘向另一侧转动，滑阀重复相反动作，向另一侧移动，压力油就被送到活塞和循环球螺母总成的另一侧。

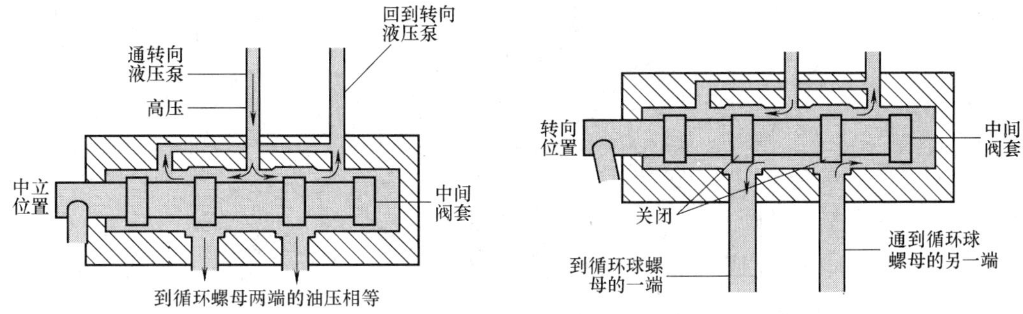

图 11-17 滑阀式控制阀

2）转阀式控制阀。许多汽车也使用转阀式控制阀来控制压力油流到转向器的流向。如图 11-18 所示，当转动转向盘时，通过扭杆产生的扭转力使阀芯转动一个角度。随着阀芯转动，不同通道被打开或者关闭，以便让压力油流到活塞总成需要的一侧；如果转向盘向相反方向转动，压力油则流到活塞总成的另一侧。

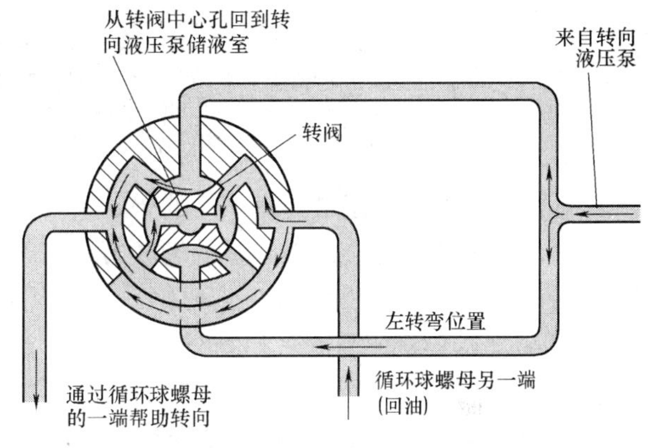

图 11-18 转阀式控制阀

2. 电子控制式液压助力转向系统（EHPS）

如图 11-19 所示，电子控制式液压助力转向系统主要由电子控制系统、转向齿轮箱、液压泵、分流阀等组成。它是通过控制电磁阀，使助力转向系统的油压随车速的变化而改变，在大转角拐弯或低速行驶时，转向轻便；在中、高速时，能获得具有一定手感的转向力。

电子控制器（ECU）根据从轮速传感器输送来的信号，判断汽车的行驶状态。据此，对电磁阀线圈的电流进行控制，从而达到控制转向助力的目的。当汽车低速行驶或大转角拐弯时，由于流经电磁线圈的电流较大，经分流阀分流后的油液通过电磁阀返回储油罐。这时，作用在分流阀柱塞上的油压较小，作用在控制阀轴上的压力也小，在转向盘转向力的作用下，扭杆就可能产生较大的扭转变化。控制阀就会随扭杆相对于与驱动小齿轮固定在一起的旋转阀转过一个角度，使两阀的通道口相互连通，动力缸的右腔（左腔）就受到液压泵油压的作用，驱动动力缸内的活塞向左（右）移动，产生一个较大的辅助力，从而增大了转向力。

当汽车以中、高速直行时，扭杆产生的扭转变形也很小，旋转阀与控制阀相互连通的通道口开度也减小，使旋转阀一侧的油压上升。由于分流阀的作用，此时电磁阀一侧的油量会增加。同时，伴随着车速的提高，电磁线圈内的电流会减小，电磁阀的节流开度也会缩小，使作用在油压反力室中的反力油压增加，柱塞作用到控制阀轴上的压力也随之增大。因此增加了转向操纵力，使驾驶员的手感增强，从而获得良好的路感。开始转向时，扭杆的扭转角会进一步减小，旋转阀与控制阀相连的阀口开度也减小，使旋转阀一侧的油压进一步升高。伴随着旋转阀油压的升高，通过固定阻尼孔的油液也供给到油压反力室。

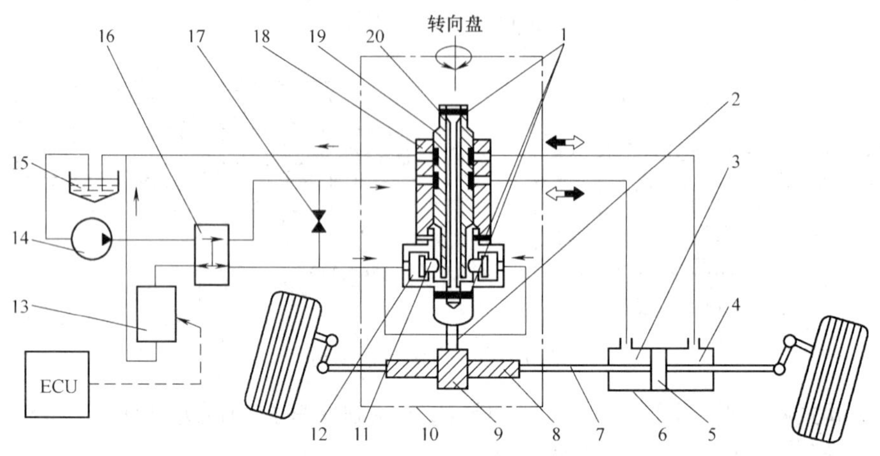

图 11-19 电子控制式液压助力转向系统

1—锁销 2—小齿轮轴 3—左腔 4—右腔 5—活塞 6—动力缸 7—横拉杆 8—齿条 9—小齿轮 10—转向齿轮 11—柱塞 12—油压反力室 13—电磁阀 14—液压泵 15—储液罐 16—分流阀 17—阻尼孔 18—旋转阀 19—扭杆 20—控制阀轴

通过分流阀向油压反力室供给的一定量的油液和通过固定阻尼孔的油液相加，进一步加强了柱塞的压紧力，使得此时的转向力相应于转向角呈线性增加，从而获得在高速行驶时的转向操纵感。

3. 电动助力转向系统（EPS）

电动助力转向系统（EPS）主要由转矩传感器、车速传感器、电子控制单元（ECU）、电动机、离合器、减速机构、转向轴及齿轮齿条式转向器等组成，其结构示意图如图 11-20 所示。

转矩传感器用于检测作用于转向盘上的转矩信号的大小与方向。目前采用较多的转矩传感器是扭杆式电位计传感器。它是在转向轴位置加一扭杆，通过扭杆检测转向轴（输入轴）和输出轴的相对扭转位移得到转矩。

车速传感器常采用电磁感应式传感器，安装在变速器上。该传感器可根据车速的变化，把主副两个系统的脉冲信号传送给 ECU。

EPS 的动力源是电动机，通常采用无刷永磁式直流电动机，其功能是

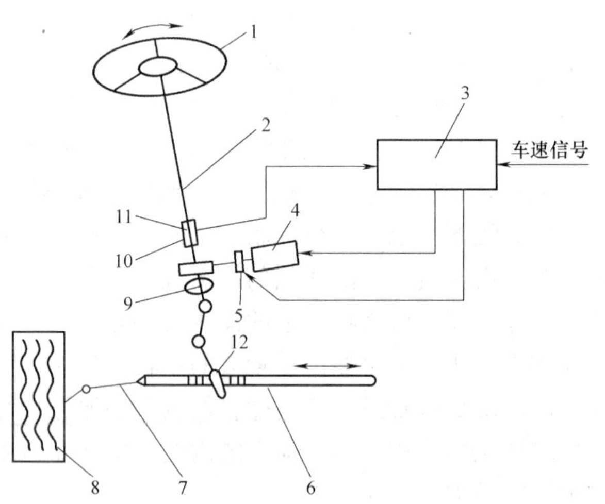

图 11-20 电动助力转向系统

1—转向盘 2—转向轴 3—电子控制单元 4—电动机 5—电磁离合器 6—转向齿条 7—横拉杆 8—转向轮 9—输出轴 10—扭杆 11—转矩传感器 12—转向齿轮

根据 ECU 的指令产生相应的输出转矩。转向助力用的电动机需要正反转控制。

离合器采用干式电磁离合器，其功能是保证 EPS 在预先设定的车速范围内闭合。当车速超出设定车速范围时，离合器断开，电动机不再提供助力，转入手动控制转向状态。另外，当电动机发生故障时，离合器可自动断开，恢复手动控制转向。

减速机构用来增大电动机的输出转矩，主要有两种形式：蜗杆减速机构和双行星齿轮减速机构。前者主要用于转向柱助力式转向系统，后者主要用于齿轮助力式和齿条助力式转向系统。为了抑制噪声和提高耐久性，减速机构中的齿轮有的采用树脂材料制成，有的采用特殊齿形。

EPS 的电子控制单元（ECU）通常是一个 8 位单片机系统。其工作过程是：当转矩信号和车速信号输入单片机后，根据这些信号计算出最优助力转矩，然后输出电流指令信号给电动机控制电路，由控制电路决定电动机作用的大小和方向。

电动助力转向系统的工作原理是：不转向时，助力电动机不工作；当转向盘转动时，与转向轴相连的转矩传感器不断地测出作用于转向轴上的转矩，并由此产生一个电压信号；同时，由车速传感器测出的汽车车速，也产生一个电压信号。这两路信号均被传输到电子控制单元（ECU），由 ECU 向电动机和离合器发出控制指令，在离合器接合的同时使电动机转动产生一个转矩，该转矩经与电动机连在一起的离合器、减速机构减速增矩后，被施加在输出轴上，输出轴的下端与齿轮齿条式转向器总成中的小齿轮相连，最后通过齿轮齿条式转向器施加到汽车的转向机构上，使之得到一个与工况相适应的转向助力。

二、动力转向系统的拆装检修

以桑塔纳轿车动力转向系统为例，如图 11-21 所示。

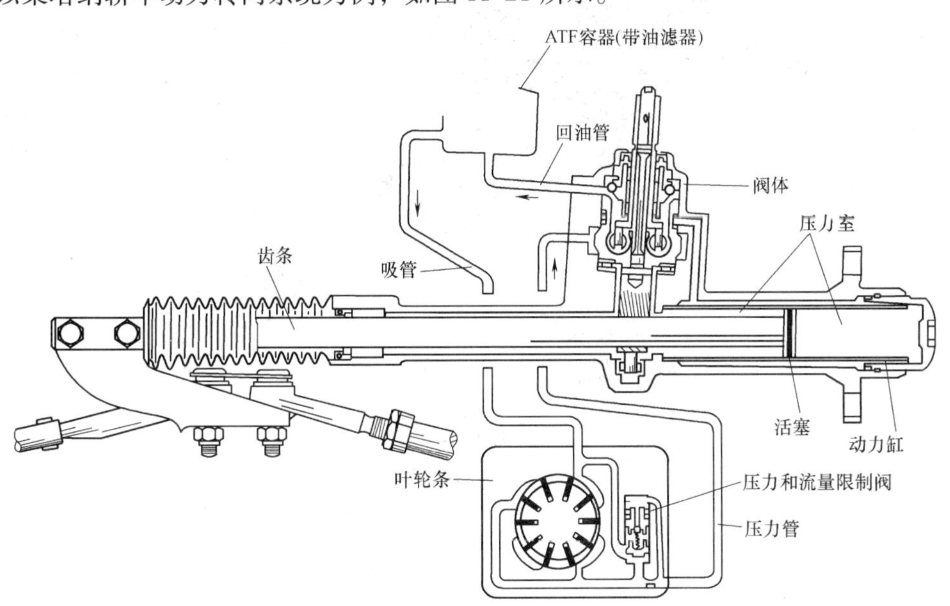

图 11-21　桑塔纳轿车动力转向系统图

1. 动力转向器的拆卸

1）用手推出转向盘中间的盖板，拧下转向盘紧固螺母，拆下转向盘及组合开关总成。

2）拆下阻风门把手、仪表板下饰板、密封衬套及转向柱等。

3）完整地拆下柔性万向节及凸缘管。

4）用夹钳压住储油罐与控制阀间的回油管，拆下高压油管。

5）拆下套管，并将夹子压向中间，旋下回油管。

6）拆下转向器齿条与转向支架联接螺栓及转向器固定螺栓，拆下转向器总成。

7）拆下左、右横拉杆，拆下液压泵总成。

2. 动力转向器零件的检查

1）动力转向器解体后的各零件如图 11-22 所示。解体后各密封圈及自锁螺栓、螺母

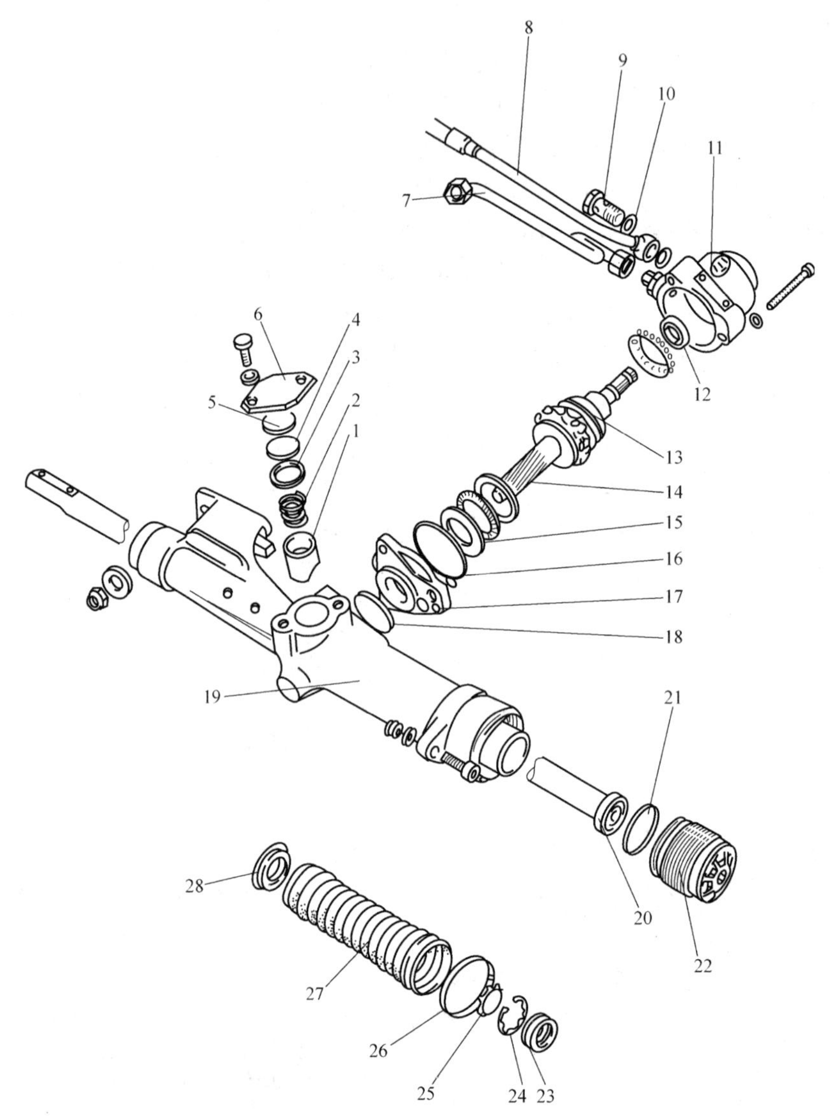

图 11-22　动力转向器的结构

1—压块　2—压簧　3—补偿垫片　4—密封圈　5—密封压座　6—压盖　7—回油管
8—高压油管　9—管接头螺栓　10—密封垫　11—控制阀壳　12—油封　13—轴承
14—主动齿轮　15、16、18、21—O 形圈　17—中间盖　19—转向器壳　20—齿条
22—螺母盖　23—齿条密封罩　24—卡环　25—齿形环　26—夹箍　27—防尘罩　28—挡圈

必须更换新件。不可对转向机构进行焊接和校正修复。动力缸活塞及缸筒磨损严重，皮碗损坏等，均应更换。

2）转向柱直线度误差、横拉杆直线度误差均应按规定要求，否则更换。

3）动力转向器各零件出现失效、损伤、裂纹、异常磨损等，各橡胶、塑料件出现老化、破裂或磨损严重等，均应更换。

4）转向支架变形或出现裂纹，转向器壳体破裂，主动齿轮及齿条齿面磨损严重或出现疲劳剥落，支承衬套、轴承及轴颈表面磨损严重，齿条发生弯曲变形或出现裂纹，均应更换。

5）检查动力转向装置液压泵的密封性。

单元 12

汽车制动系统

汽车制动系统的功用、组成及工作原理如下。

1. 制动系统的功用

汽车制动系统的功用是：按照需要使汽车减速或在最短距离内停车；下坡行驶时限制车速；使汽车可靠地停放在原地，保持不动。

2. 制动系统的基本组成

为达到汽车制动系统的功用，汽车上一般设有行车制动、驻车制动、应急制动、安全制动和辅助制动等独立的制动系统。

汽车上设置的制动系统，通常由以下四个部分组成：

供能装置：包括供给、调节制动所需能量以及改善传能介质状态的各种部件，如气压制动系统中的空气压缩机。

控制装置：包括产生制动动作和控制制动效果的各种部件，如制动踏板等。

传动装置：将驾驶员或其他动力源的作用力传到制动器，同时控制制动器的工作，从而获得所需的制动力矩，包括将制动能量传输到制动器的各个部件，如制动主缸、制动轮缸等。

制动器：产生阻碍车辆运动或运动趋势的力的部件。

较为完善的制动系统还包括制动力调节装置以及报警装置、压力保护装置等。

3. 制动系统的工作原理

所谓制动系统，是指汽车上对制动器施加制动力而设置的专门装置，其结构如图 12-1 所示。图示为液压制动的行车制动装置，它主要由旋转部分、固定部分和张开机构组成。旋转部分为制动鼓，它固定在轮毂上和车轮一起转动。固定部分主要包括制动蹄和制动底板等。

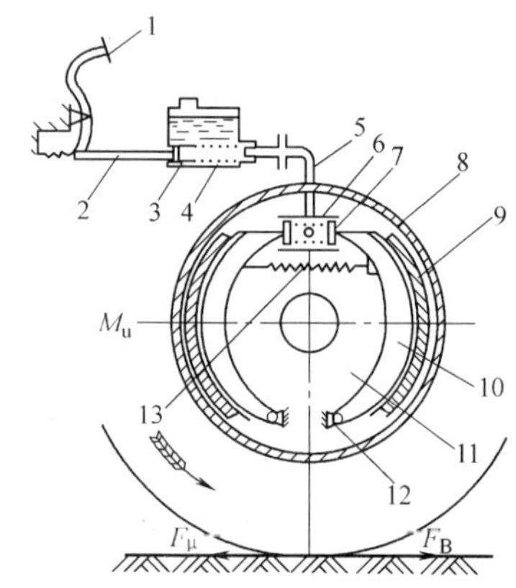

图 12-1　制动系统工作原理示意图
1—制动踏板　2—推杆　3—主缸活塞　4—制动主缸　5—油管　6—制动轮缸　7—轮缸活塞　8—制动鼓　9—摩擦片　10—制动蹄　11—制动底板　12—支承销　13—制动蹄复位弹簧

行车制动装置由车轮制动器和液压传动机构两部分组

成。车轮制动器的旋转部分是制动鼓 8，它固定于轮毂上，与车轮一起旋转。固定部分是制动蹄 10 和制动底板 11 等。制动蹄上铆有摩擦片，其下端套在支承销上，上端用复位弹簧拉紧压靠在制动轮缸 6 内的活塞上。支承销和制动轮缸都固定在制动底板上，制动底板用螺钉与转向节凸缘或桥壳凸缘固定在一起。制动蹄靠制动轮缸使其张开。

不制动时，制动鼓的内圆柱面与摩擦片之间保留一定间隙，制动鼓可以随车轮一起旋转。

制动时，驾驶员踩下制动踏板，推杆推动制动主缸内的活塞 3 前移，迫使制动液经管路进入制动轮缸，推动轮缸内活塞向外移动，使制动蹄克服复位弹簧的拉力绕支承销转动而张开，消除了制动蹄与制动鼓之间的间隙后紧压在制动鼓上。此时，不旋转的制动蹄摩擦片对旋转的制动鼓就产生一个摩擦力矩，其方向与车轮的旋转方向相反。制动鼓将此力矩传到车轮后，由于车轮与路面的附着作用，车轮即对路面作用一个向前的周缘力 F_{μ}，与此相反，路面会给车轮一个向后的反作用力，这个力就是车轮受到的制动力 F_{B}。各车轮制动力的总和就是汽车受到的总制动力。制动力迫使整个汽车产生一定的减速度，直至停车。

放松制动踏板，在回位弹簧的作用下，制动蹄与制动鼓的间隙又得以恢复，从而解除制动。

汽车制动系统按制动传动介质的不同，分为液压制动系统、气压制动系统和气－液制动系统。

项目 26　汽车液压制动系统组成、原理及拆装调整

汽车液压制动系统的组成及工作原理如下。

1. 车轮制动器

将制动力矩直接作用于两侧车轮上的制动器称为车轮制动器。车轮制动器可分为鼓式和盘式两种，区别在于前者的摩擦副中旋转元件为制动鼓，其工作表面为圆柱面；后者的旋转元件则为圆盘状的制动盘，以端面为工作表面。

（1）鼓式车轮制动器

1）结构组成：简单的鼓式车轮制动器由旋转部分、固定部分、张开装置和定位调整机构组成。

① 旋转部分：旋转部分多为制动鼓。制动鼓通常为铸件，对于受力小的制动鼓也可用钢板冲压而成，并用螺栓固装在轮毂凸缘上，制动鼓边缘有间隙检查孔，如图 12-2 所示。

② 固定部分：固定部分是制动底板和制动蹄。制动底板固装在转向节凸缘或桥壳凸缘盘上，通过支承销与制动蹄相连。制动蹄常用钢板冲压后焊接而成，也可以由铸铁或轻合金铸造成形，采用 T 形截面，以增大刚度，摩擦片采用粘接或铆接的方式固定于制动蹄上。

③ 张开装置：张开装置的作用是对制动蹄加力使其向外产生位移。常用的张开装置有制动凸轮和制动轮缸。

④ 定位调整机构：定位调整机构的作用是保持和调整制动蹄和制动鼓间正确的相对位置，以保证制动时的全面贴合。

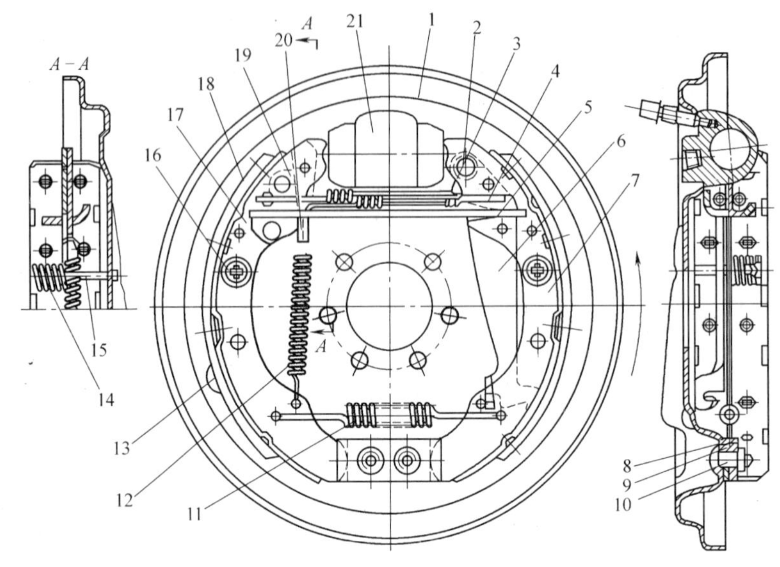

图 12-2　汽车后轮制动器

1—制动底板　2—销轴　3、4、11、12—复位弹簧　5—压力杆　6—制动杆　7—带杠杆装置的制动蹄　8—支架　9—止挡板　10—铆钉　13—检测孔　14—压簧　15—夹紧销　16—弹簧座　17—带斜楔支承的制动蹄　18—摩擦衬片　19—斜楔支承　20—楔形块　21—制动轮缸

2）工作原理：汽车在行驶过程中不需要制动时，制动踏板处于自由状态，制动主缸无制动液输出，制动蹄在复位弹簧 12 的拉力作用下压靠在制动轮缸活塞上，制动鼓的内圆柱面与摩擦片之间保留一定间隙，制动鼓可以随车轮一起旋转。

制动时，驾驶员踩下制动踏板，推杆便推动制动主缸内的活塞前移，迫使制动液经管路进入制动轮缸，推动轮缸的活塞向外移动，使制动蹄克服复位弹簧的拉力绕支承销转动而张开，消除制动蹄与制动鼓之间的间隙后压紧在制动鼓上。此时，不旋转的制动蹄摩擦片对旋转的制动鼓就产生一个摩擦矩，其方向与车轮的旋转方向相反。

放松制动踏板，在复位弹簧的作用下，制动蹄与制动鼓的间隙又得以恢复，从而解除制动。

3）典型鼓式制动器拆装调整（以桑塔纳轿车后轮制动器为例）：

① 制动器的拆卸：桑塔纳后轮制动器为鼓式非平衡式车轮制动器。如图 12-3 所示，制动器的制动鼓通过轴承支承在后桥支承短轴上，与车轮一起旋转。拆卸车轮制动器时，应先拆下制动鼓。它的拆卸方法是：先撬下轮毂盖 1，取下开口销 2 和锁止环 3，旋下螺母 5，取下止推垫圈 4 和外圆锥滚子轴承内圈 6。将螺钉旋具插入制动鼓 7 上的小孔，向上压楔形调节板，使制动蹄外径缩小后，再取下制动鼓。

若要进一步的分解，可按以下步骤进行，如图 12-4 所示。

先从驻车制动拉杆上摘下驻车制动器钢索，再用钳子压下弹簧座，并转动 90°后，取下定位销、弹簧座和弹簧。从制动底板上取下制动蹄摩擦片总成，并将其夹紧在台虎钳上。依次拆下复位弹簧、楔形调节板拉簧，从前制动蹄上摘下定位弹簧，取下推杆和楔形调节板。最后旋下螺栓，从制动底板上取下制动轮缸。

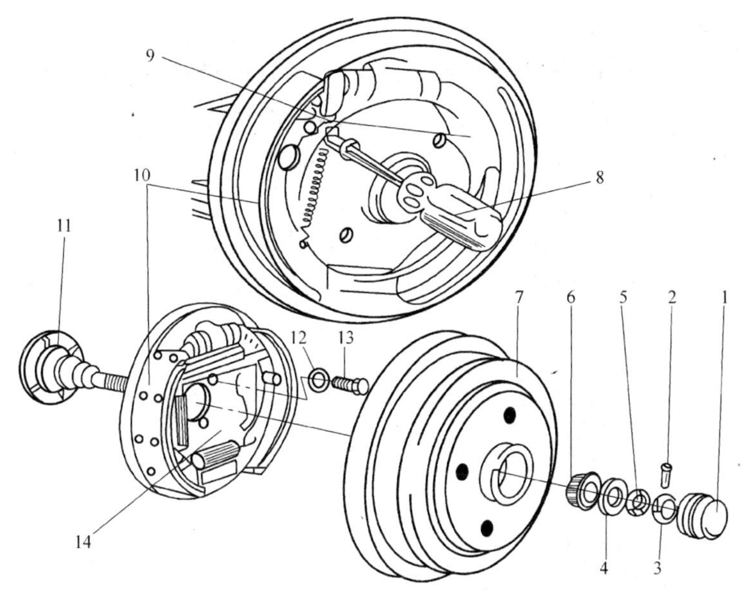

图 12-3 桑塔纳后轮制动器的拆卸

1—轮毂盖 2—开口销 3—锁止环 4—止推垫圈 5—螺母 6—外圆锥滚子轴承内圈 7—制动鼓
8—螺钉旋具 9—楔形调节板 10—制动蹄 11—短轴 12—碟形垫圈 13—螺栓 14—制动底板总成

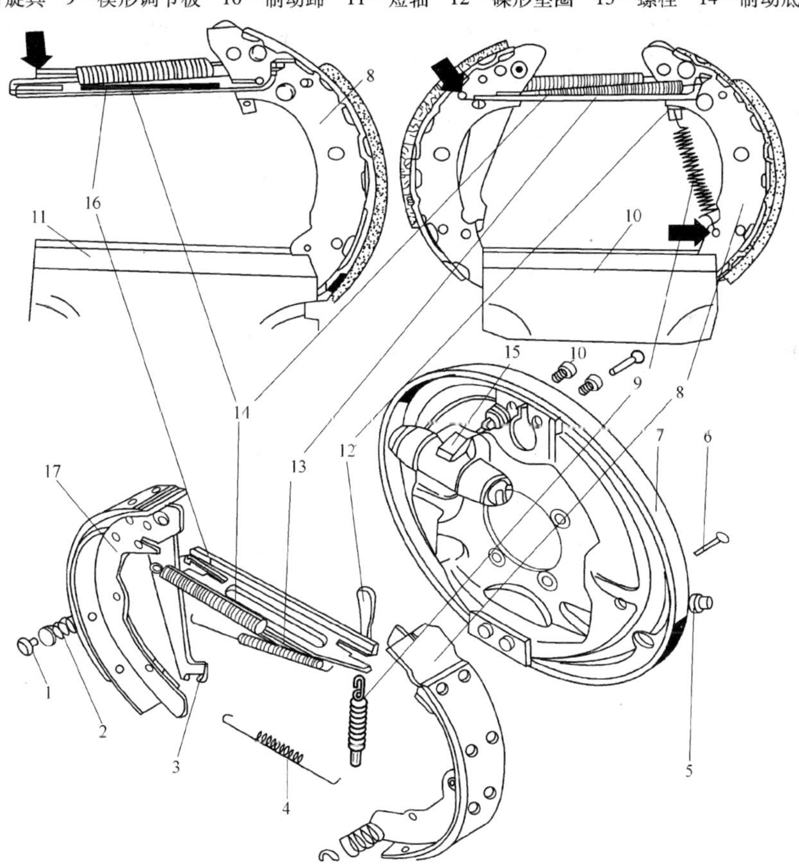

图 12-4 桑塔纳后轮制动器的分解

1—弹簧座 2—弹簧 3—驻车制动拉杆 4—下复位弹簧 5—检查孔盖 6—销钉 7—制动底板
8—前制动蹄 9—楔形调节板拉簧 10—螺栓 11—台虎钳 12—楔形调节板 13—上复位弹簧
14—定位弹簧 15—后制动轮缸 16—推杆 17—后制动蹄

② 制动器的检修：

制动蹄摩擦片厚度的检查：如图 12-5 所示，用游标卡尺测量制动蹄摩擦片的厚度，对照维修手册来判定是否满足工作要求。注意制动蹄摩擦片上铆钉进入摩擦片的表面深度不得过小，以免铆钉头刮伤制动鼓内表面。在未拆下车轮时，后制动蹄摩擦片的厚度可从制动底板 6 的观察孔 4 中检查。

后制动蹄摩擦片与后制动鼓接触面积的检查：如图 12-6 所示，将后制动蹄摩擦片 1 表面打磨干净后，靠在后制动鼓 2 上，检查二者的接触面积，应不小于 60%，否则应继续打磨摩擦片 1 的表面。

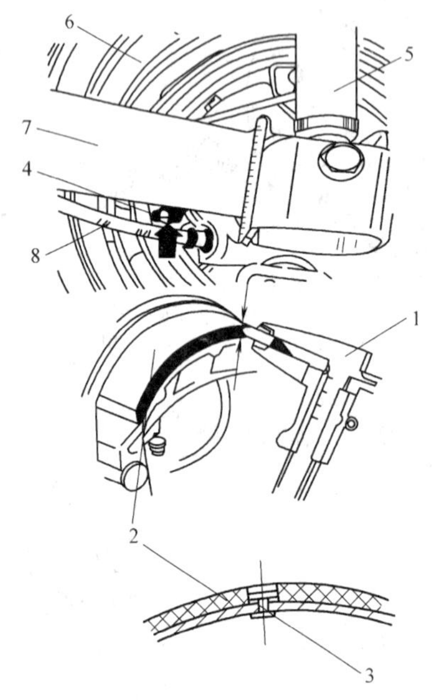

图 12-5　后制动蹄摩擦片厚度的检查
1—游标卡尺　2—摩擦片　3—铆钉　4—观察孔　5—后减振器
6—制动底板　7—后桥体　8—驻车制动拉索

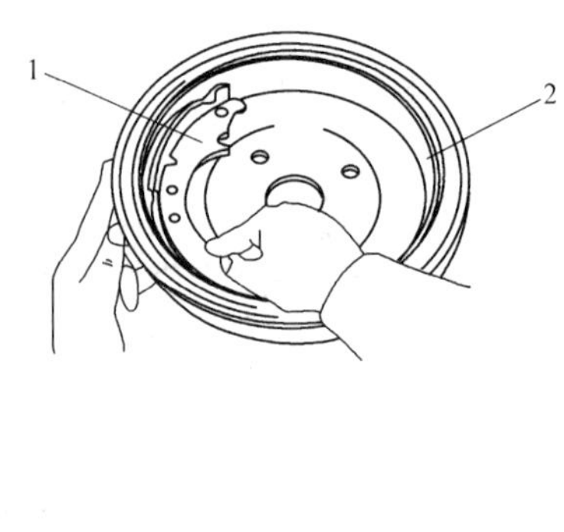

图 12-6　后制动蹄摩擦片与后制动鼓接触面积的检查
1—后制动蹄摩擦片　2—制动鼓

后制动器定位弹簧及复位弹簧的检查：若后制动器定位弹簧、上复位弹簧、下复位弹簧和楔形调节板拉簧的自由长度增长率达到 5%，则应更换新弹簧。

③ 制动器的装配：经过检修合格的车轮制动器可按以下步骤进行组装。

后制动蹄的组装如图 12-7 所示。在推杆两端涂上润滑脂，并将其夹在台虎钳上，装上定位弹簧和前制动蹄摩擦片，将楔形调节板插进推杆与前制动蹄之间。在驻车制动器的制动拉杆和后制动蹄之间涂上润滑脂后，将其装到推杆的另一端，再装上上复位弹簧。

把驻车制动拉索连接到驻车制动拉杆上后，将组装好的制动蹄总成装入制动轮缸活塞的切槽中。

使制动蹄总成的另一端落在下支承座上，安装好下复位弹簧。

在前制动蹄与楔形调节板之间装上调节板拉簧。

安装制动蹄定位销及其弹簧和弹簧座。

安装好制动鼓及其支承轴承，调整好轴承的预紧度并锁止。

④制动器的调整：车轮制动器装配完毕后，为保证制动蹄摩擦片与制动鼓之间具有合适的工作间隙，应对其进行必要的调整，调整的方法有人工调整法和自动调整法。

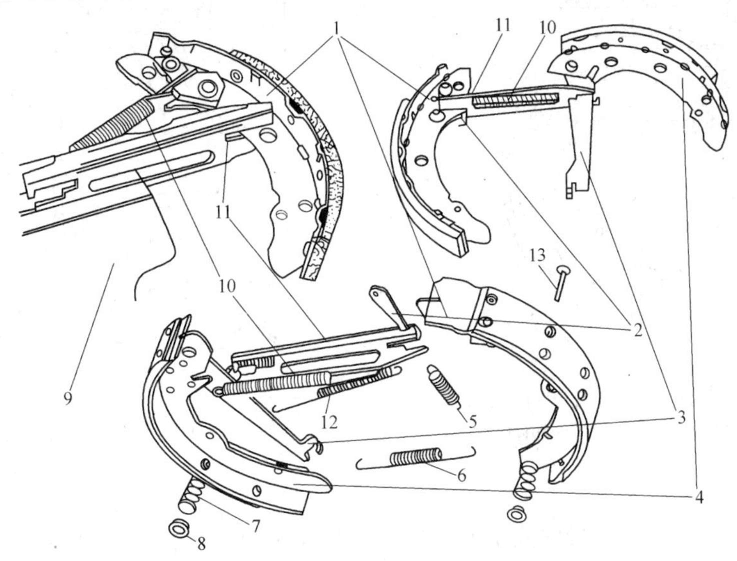

图 12-7　后制动蹄的组装

1—后制动器前制动蹄　2—楔形调节板　3—驻车制动拉杆　4—后制动器后制动蹄　5—楔形调节板拉簧　6—下复位弹簧　7—弹簧　8—弹簧座　9—台虎钳　10—定位弹簧　11—推杆　12—上复位弹簧　13—销钉

桑塔纳轿车后轮制动器的制动蹄摩擦片与制动鼓间隙调整装置为在推力板上加装楔杆的自调装置，其结构和工作情况如下：如图 12-8 所示，楔杆的水平拉簧使楔杆与推力板间产生摩擦，以防止楔杆下移，垂直拉簧随时拉动楔杆下移。当蹄鼓间隙正常时，楔杆静止于相对应位置；当蹄鼓间隙大于规定值时，制动蹄摩擦片张开的行程被加大，垂直拉簧的力 F_2 增大，$F_2 > F_1$，楔杆下移，使得水平拉簧的力也被加大，摩擦力 F_1 相应加大，则楔杆静止在新的位置上。

放松制动踏板后，制动蹄在复位弹簧的作用下收拢。由于推力板已变长，只能被顶靠在新的位置，从而保持规定的制动蹄鼓间隙值。

此类蹄鼓间隙自调装置属于一次性调准的结构，前进或倒车时进行制动均能使该机构自调。

（2）盘式车轮制动器

1）结构组成：如图 12-9 所示，盘式制动器的旋转元件是制动盘，它和车轮固装在一起旋转，以其端面为摩擦工作表面。其固定的摩擦元件是：制动块、导向支承销和轮缸及活塞，它们均被安装于制动盘两侧的钳体上，总称为制动钳。制动钳用螺栓与转向节或桥壳上的凸缘固装，并用调整垫片来调整钳与盘之间的相对位置。

2）工作原理：制动时，制动液被压入内、外两轮缸中，受液压作用的活塞朝制动盘方向移动，推动制动块紧压制动盘，产生摩擦力矩而制动。在此过程中，轮缸槽内的矩形橡胶密封圈的刃边在摩擦力的作用下产生微量的弹性变形。

放松制动踏板时，制动管路中液压系统压力消除，密封圈恢复到其初始位置，活塞和制动块依靠密封圈的弹力和弹簧的弹力回位。由于矩形密封圈刃边的变形量很微小，在不制动时，摩擦片与盘之间的间隙每边只有 0.1mm 左右，它足以保证制动的解除。

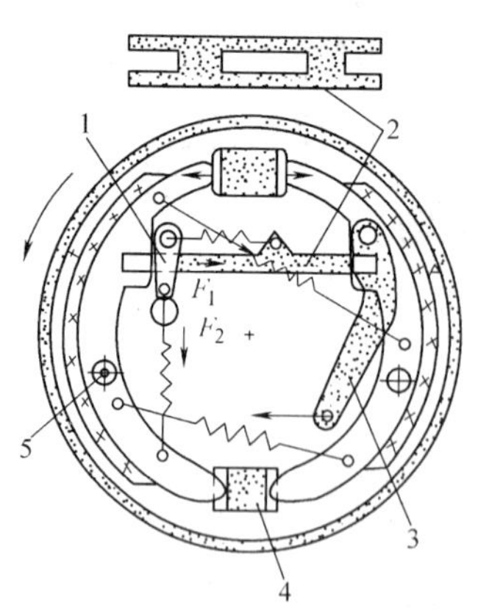

图 12-8　在推力板上加装楔杆的自调装置
1—楔杆　2—推力板　3—驻车制动拉杆
4—浮式支承座　5—定位件

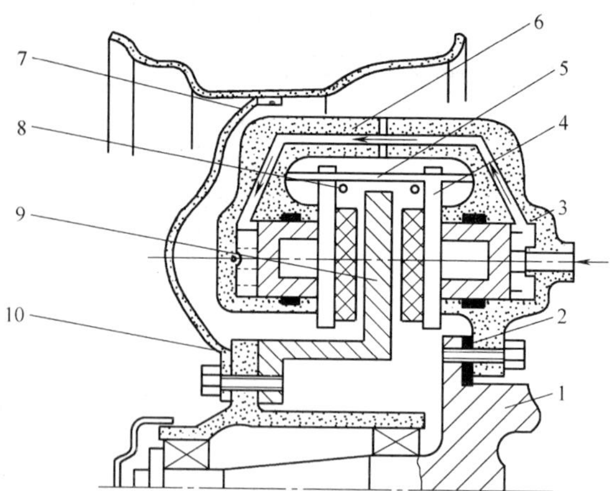

图 12-9　盘式制动器基本结构图
1—转向节或桥壳凸缘　2—调整垫片
3—活塞　4—制动块　5—导向支承销　6—钳体
7—轮盘　8—复位弹簧　9—制动盘　10—轮毂凸缘

3）类型：盘式制动器根据固定元件的结构形式可分为钳盘式制动器和全盘式制动器。

钳盘式制动器的固定元件为制动钳，制动钳中制动块由工作面积不大的摩擦块与其金属背板组成，每个制动器中有 2 ~4 块。钳盘式制动器按制动钳固定在支架上的结构形式可分为：固定式制动钳和浮动式制动钳两大类。根据浮动式制动钳在其支架上滑动支撑面的形式又分为：滑销式制动钳和滑面式制动钳两种。

全盘式制动器的固定元件的金属背板和摩擦片都做成圆盘形，因而其制动盘的全部工作面可同时与摩擦片接触。全盘式制动器由于制动钳的横向尺寸较大，主要应用于重型车上。

4）典型盘式制动器（以桑塔纳轿车前轮制动器为例）：

① 制动器的结构：图 12-10 所示为桑塔纳轿车的盘式制动器，该制动器为浮钳盘式制动器。它由制动盘、内外制动片、制动钳壳体、制动钳支架、制动轮缸等组成。

制动盘固定在轮毂上，夹在内、外制动片中间，与车轮一起转动。制动钳通过螺栓与制动钳支架相联，支架固定于转向节凸缘上，钳体可沿螺栓作轴向移动。轮缸布置在制动钳的内侧。固定支架上有导轨，通过两根特制弹簧安装内、外制动片，内、外制动片可沿导轨作轴向移动。

浮钳盘式制动器的工作情况如图 12-11 所示。制动时，来自制动主缸的液压油通过油道进入制动轮缸，推动活塞及其制动片向右移动，并压到制动盘上，于是制动盘给活塞一个向右的反作用力 F_2，使得活塞连同制动钳体沿螺栓向左移动，直到制动盘右侧的制动片也压到制动盘上。此时，两侧的制动片都压在制动盘上，夹住制动盘使其制动。

② 制动器的拆卸：如图 12-12 所示，拆下制动片的防振弹簧；用内六角扳手拆下对称的导销螺栓，从下向上摆动取下制动钳，取下内、外制动片，再从制动钳体上取下对称的内衬套、橡胶套、外衬套；旋下制动盘上的固定螺钉，从前轮毂上取下制动盘。

③ 制动器的检修：

制动盘厚度的检查：制动盘因使用而磨损使其厚度变小，厚度过小会引起制动踏板的振动、制动噪声及颤动，导致制动性能下降。检查制动盘厚度时，可用卡尺直接测量。桑塔纳轿车前制动盘标准厚度为10mm，使用极限为8mm，超过极限尺寸时应予更换。

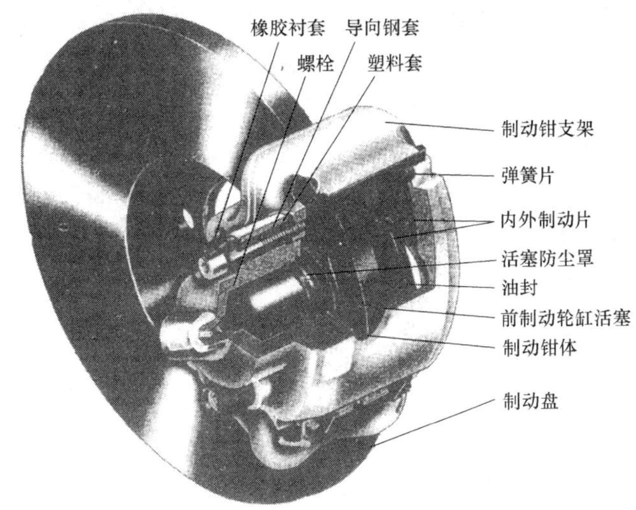

图12-10 桑塔纳轿车的盘式制动器

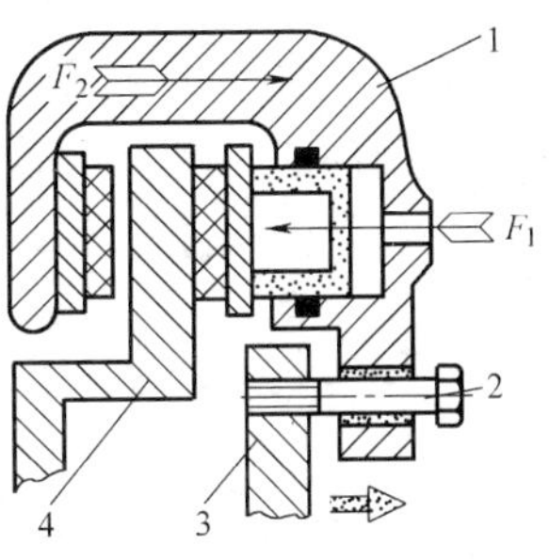

图12-11 浮钳盘式制动器工作原理示意图

1—钳体 2—导向销 3—浮钳 4—制动盘

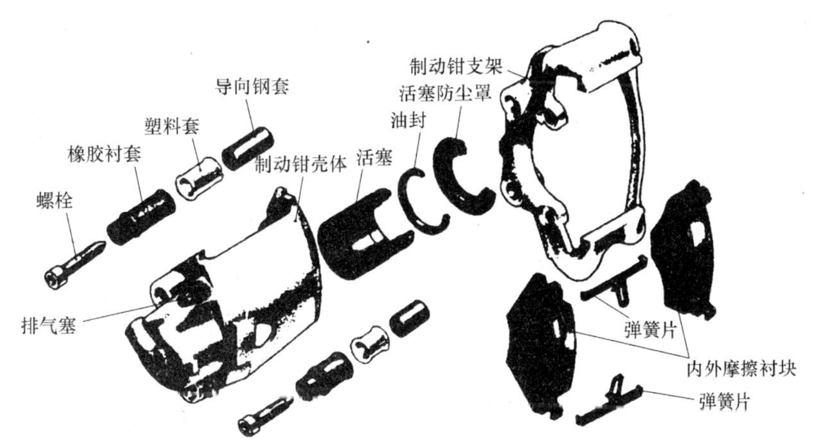

图12-12 浮钳盘式制动器分解图

制动盘轴向圆跳动的检查：制动盘过度的轴向圆跳动会使制动踏板抖动或使制动片磨损不均匀。通常用百分表来检查制动盘的轴向圆跳动量，如图12-13所示，轴向圆跳动量应不大于0.06mm。不符合要求可进行加工修复（俗称光盘）或更换，加工后制动盘的厚度不得小于8mm。

制动片厚度的检查：若制动片已拆下，可直接用游标卡尺测量其厚度。若车轮未拆下，对外侧的摩擦片，可通过轮辐上的检视孔，进行目测检查。内侧摩擦片，则利用反光镜进行目测。

④ 制动器的装配：将制动盘安装到前轮轮毂上，并拧紧固定螺钉。将内、外侧制动片安装到制动盘的两侧，装好弹簧片。按拆卸的相反顺序装好制动钳体的上内衬套、上橡胶套、上外衬套和下内套、下橡胶套、下外衬套；将制动钳体装到制动片的外侧，压入制动钳体，使之恰好能安装固定螺栓；在导向螺栓上涂抹润滑脂后，用内六角扳手将

其拧入并拧紧。

⑤ 制动器间隙的调整：桑塔纳轿车的前轮盘式制动器制动间隙采用自动调整方式，工作过程如图 12-14 所示。矩形密封圈 3 嵌在制动钳液压缸的矩形槽内，密封圈内圆与活塞外圆配合较紧，制动时活塞 1 被压向制动盘，密封圈发生了弹性变形；解除制动时，密封圈要恢复原状，于是将活塞拉回原位。当制动盘与制动块磨损后，制动器的制动间隙增大，若间隙大于活塞的设置行程 δ 时，活塞在制动液压力的作用下，克服密封圈的摩擦阻力而继续前移，直到实现完全制动为止。解除制动时，由于密封圈弹性变形量的限制，密封圈将活塞拉回的距离小于活塞前移的距离，则活塞与密封圈之间这一不可恢复的相对位移便补偿了过量的间隙。

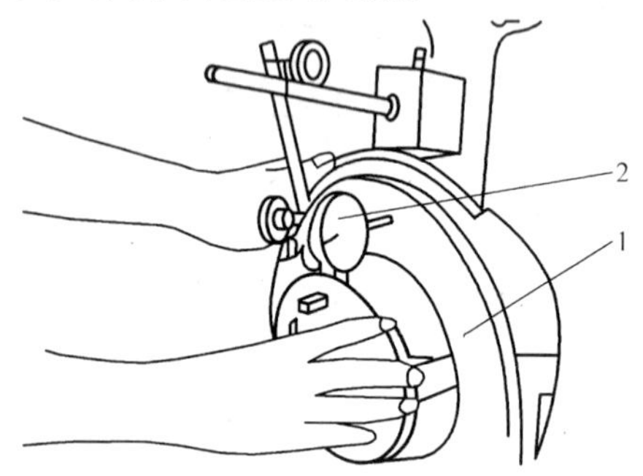

图 12-13　制动盘轴向圆跳动的检查
1—制动盘　2—百分表

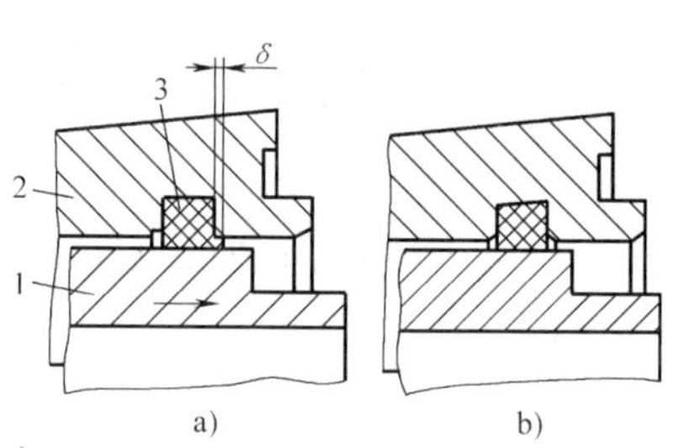

图 12-14　桑塔纳轿车前轮盘式制动器的制动间隙自动调整
a）制动状态　b）不制动状态
1—活塞　2—制动钳体　3—矩形密封圈

2. 液压式制动传动装置

液压式制动传动装置是利用制动油液，将制动踏板力转换为油液压力，通过液压管路传至车轮制动器，再将油液压力转变为制动蹄张开的机械推力。

（1）液压式制动传动装置的基本组成　如图 12-15 所示，液压式制动传动装置由油管、自动平衡系统、调节阀、制动压力调节器、制动助力系统、液压泵、动力转向系统和警告灯等组成。

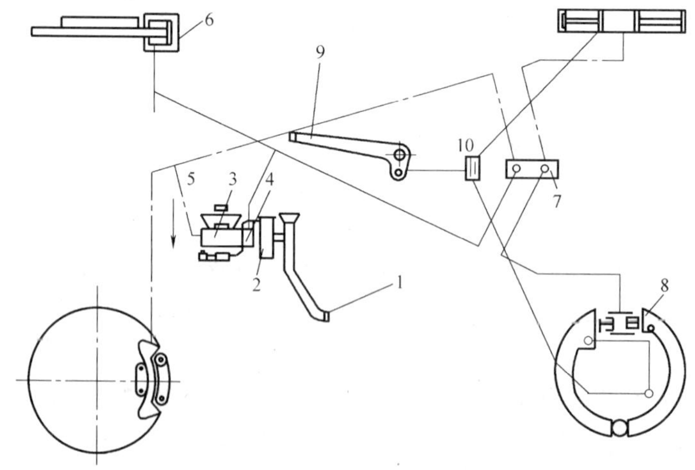

图 12-15　液压式制动系统示意图
1—制动踏板　2—真空助力器　3—主缸　4—通右前轮和左后轮的制动回路　5—通左前轮和右后轮的制动回路
6—前轮盘式制动器　7—感载比例阀　8—后轮鼓式制动器　9—驻车制动操纵杆　10—驻车制动操纵拉索

（2）液压式制动传动装置的工作原理　制动时，驾驶员踩下制动踏板，踏板力经真空助力器放大后，作用在制动主缸的活塞上，使主缸活塞移动，将制动液加压后，分别输送到两个制动回路，再进入各车轮制动器轮缸。轮缸活塞在具有一定压力的制动液作用下移动，推动制动蹄，从而使车轮制动。

解除制动时，驾驶员松开制动踏板，各车轮制动器里的制动蹄（片）在复位弹簧作用下，回复到制动前的位置。轮缸中的活塞也回移，使里边的制动液回流到制动管路中去。

（3）液压式制动传动装置的类型　双管路液压制动传动装置是利用彼此独立的双腔制动主缸，通过两套独立管路，分别控制车轮制动器。其特点是当其中一套管路发生故障而失效时，另一套管路仍能继续施以制动作用，从而提高了汽车制动的可靠性和行车安全性。

双管路的布置方案在各型汽车上各有不同，可归纳为以下几种：

1）两桥制动器彼此独立，其管路布置方案如图 12-16 所示。

2）一个制动器的两个轮缸彼此独立，其管路布置方案如图 12-17 所示。

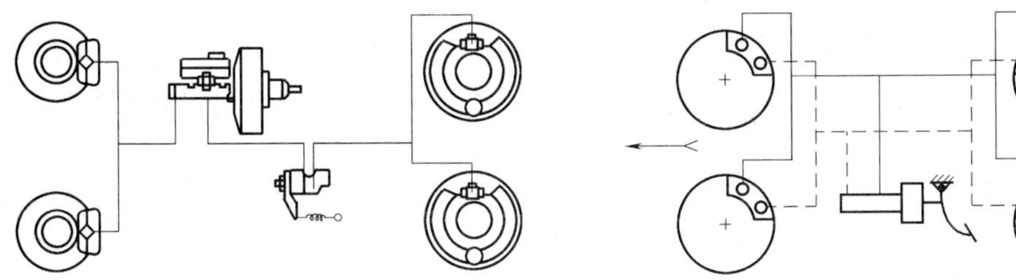

图 12-16　前后桥制动器独立双管路布置方案

图 12-17　一个制动器的两个轮缸彼此独立双管路布置方案

3）前后轮制动器对角彼此独立，如图 12-18 所示。

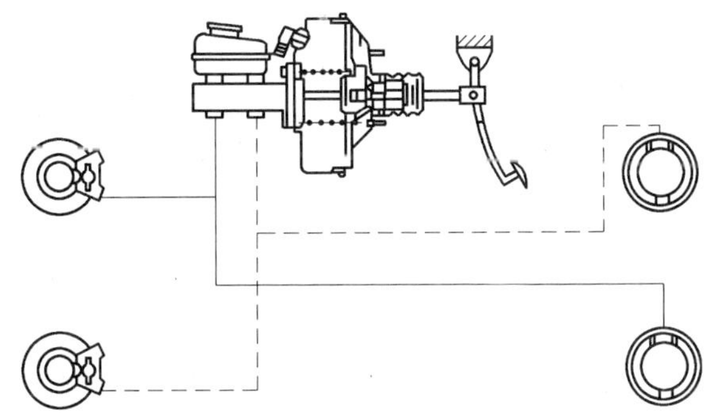

图 12-18　前后轮制动器对角彼此独立双管路布置方案

（4）液压式制动传动装置主要部件的结构

1）制动主缸：制动主缸的作用是将制动踏板输入的机械力转换成液压力。

① 组成和结构：如图 12-19 所示，串联式双腔制动主缸主要由储油罐、制动主缸外壳、前活塞、后活塞及活塞弹簧、推杆、皮碗等组成，是利用一个缸体装入两个活塞，形成两个彼此独立的压力室，分别与各自的控制管路连接。每个管路都有单独的储油室，以免一管路漏油，影响另一管路的正常工作。

② 工作过程：正常制动时，推杆推动后活塞左移，在其皮碗遮盖住补偿孔之后，后压

力室即建立液压。油液一方面经出油阀流入后制动管路，又推动前活塞左移，前压力室也产生液压，推开前出油阀流入前制动管路，于是两制动管路在等压下对汽车制动。

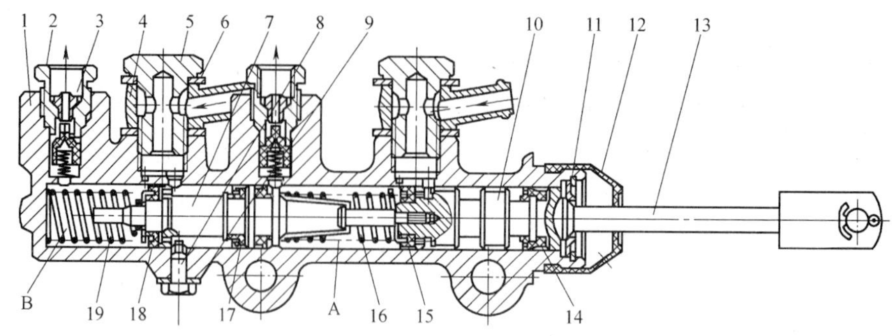

图 12-19 串联式双腔制动主缸

1—缸体 2—出油管接头 3—嘴式出油阀 4—进油管接头 5—空心螺栓 6、9—密封垫 7—前活塞 8—限位螺钉 10—后活塞 11—挡板 12—护罩 13—推杆 14—后活塞密封圈 15—后活塞皮碗 16—后活塞复位弹簧 17—前活塞密封圈 18—前活塞皮碗 19—前活塞复位弹簧 B—前压力室 A—后压力室

若前桥管路损坏漏油时，只能使后腔建立一定液压，而前腔无液压。此时，在液压差的作用下，前活塞被迅速地推到底，接触到前腔缸体为止，后压力室中的液压方能升高到所需的数值。

若后桥管路损坏漏油时，后活塞前移，后压力室不能建立油压，不能推动前活塞。但在后活塞的顶杆顶触到前活塞时，推杆的作用力便推动前活塞，使前压力室油压升高而制动。

因此，双管路液压系统中任何一套管路漏油时，另一套管路仍能正常工作，只是所需的制动踏板行程加大了，制动效能降低了。

③ 拆解：图 12-20 为串联式双腔制动主缸的分解图。拆解制动主缸的步骤如下：

a. 打开储油罐放出制动液。

b. 拆下制动灯控制开关等附件。

c. 将制动主缸夹在台虎钳上，用螺钉旋具顶住后活塞，拆下弹簧挡圈，然后缓慢放松螺钉旋具，依次取出后活塞、皮碗及后活塞弹簧等零件。

d. 旋下定位螺钉，用压缩空气吹出前活塞后，依次取出前皮碗及弹簧。

e. 用清洗液将解体后的制动主缸内孔及活塞等零件清洗干净。

④ 检修：

a. 检查储液罐是否破损，出现破损应予以更换。

b. 检查泵体内孔和活塞表面，其表面不得有划伤和腐蚀；用内径量表检查泵体内孔的直径，用千分尺检查活塞的外径，并计算出内孔与活塞之间的间隙值，超过

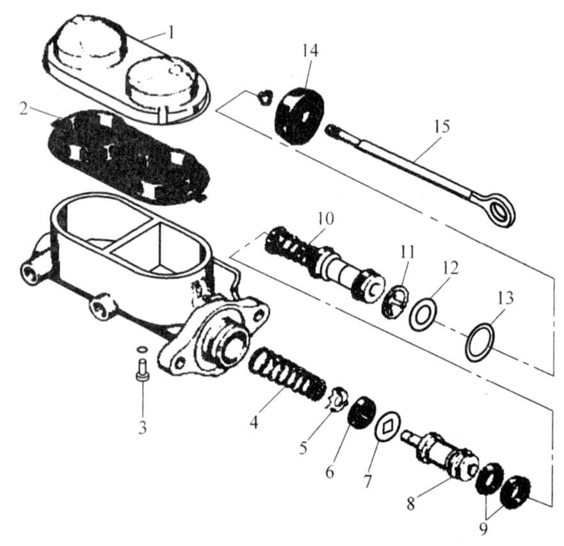

图 12-20 串联式双腔制动主缸的分解图

1—储液罐盖 2—膜片 3—活塞定位螺钉 4—弹簧 5—皮碗护圈 6—前皮碗 7—皮碗保护垫圈 8—前活塞 9—后皮碗 10—后活塞 11—推杆座 12—垫圈 13—锁圈 14—防尘罩 15—推杆

使用极限应更换。

c. 检查制动主缸皮碗、密封圈是否老化、损坏与磨损，如有问题应予以更换。

⑤装配：在制动主缸泵体内孔和活塞、密封圈及皮碗上涂上制动液，使前腔活塞的复位弹簧小端朝向活塞，各皮碗的刃口方向按图 12-20 中所示，将前活塞装入制动主缸的内孔，并旋入定位螺钉。装入后活塞组件时，皮碗的刃口方向按图 12-20 中所示，最后安装上止推垫圈、挡圈和防尘罩。

将制动主缸安装到车上之前，要去除检修安装后制动主缸内部的空气，避免主缸内的空气进入车上的制动管路里。放气的方法是：将制动主缸固定于工作台上，用软管接主缸制动液出口，软管的另一端放入储液罐，将制动液加入储液罐；用钝杆顶动活塞到达缸筒的底部，观察储液罐内的制动液中是否有气泡；缓慢放松活塞，使其回到开始位置，如果是快速回退，则要等 15s 后再顶动活塞；重复进行此项工作，直到制动液中不再有气泡为止；拆下软管，用塞子封堵制动主缸出口。

2）制动轮缸：制动轮缸的作用是将制动主缸所传来的液压力转变成为使制动蹄张开的机械推力。

①组成和结构：如图 12-21 所示，制动轮缸主要由缸体、活塞、皮碗、弹簧和放气螺钉组成。

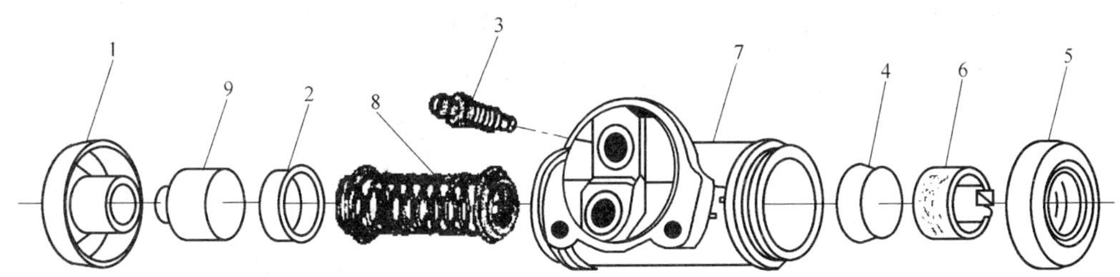

图 12-21 双活塞式制动轮缸的分解图

1、5—防尘罩 2、4—皮碗 3—放气螺钉 6、9—活塞 7—轮缸体 8—复位弹簧总成

制动轮缸的缸体通常用螺钉固装在制动底板上，位于两制动蹄之间。内装铝合金活塞，密封皮碗的刃口方向朝内，并由弹簧压靠在活塞上与其同步运动。活塞外端压有顶块并与制动蹄的上端相抵触。在缸体的另一端装有防尘罩，可防止尘土的侵入。缸体上方装有放气螺钉，以便放出制动管路中的空气。

②类型：常见的制动轮缸类型有双活塞式、单活塞式等，如图 12-22 所示。

③工作过程：制动轮缸受到油液压力作用后，顶出活塞，使制动蹄扩张。松开制动踏板，油液压力消失，靠制动蹄复位弹簧的拉力，使活塞复位。

④拆装、检修：从轮缸体上的固定槽中拉下轮缸防尘罩，拆下活塞，然后从缸筒中取出橡胶皮碗和弹簧。

分解的制动轮缸，应使用清洗液对零件进行清洗。清洗后，检查制动轮缸缸体 1 与制动轮缸活塞 2 外圆表面的烧蚀、刮伤和磨损情况。如果轮缸内孔有轻微刮伤或腐蚀，可用细砂布磨光。磨光后的缸内孔应用清洗液清洗后，用压缩空气吹干。然后测出轮缸缸体内孔直径 B 与活塞外圆直径 C，并计算出缸体与活塞的间隙值 A，如图 12-23 所示。

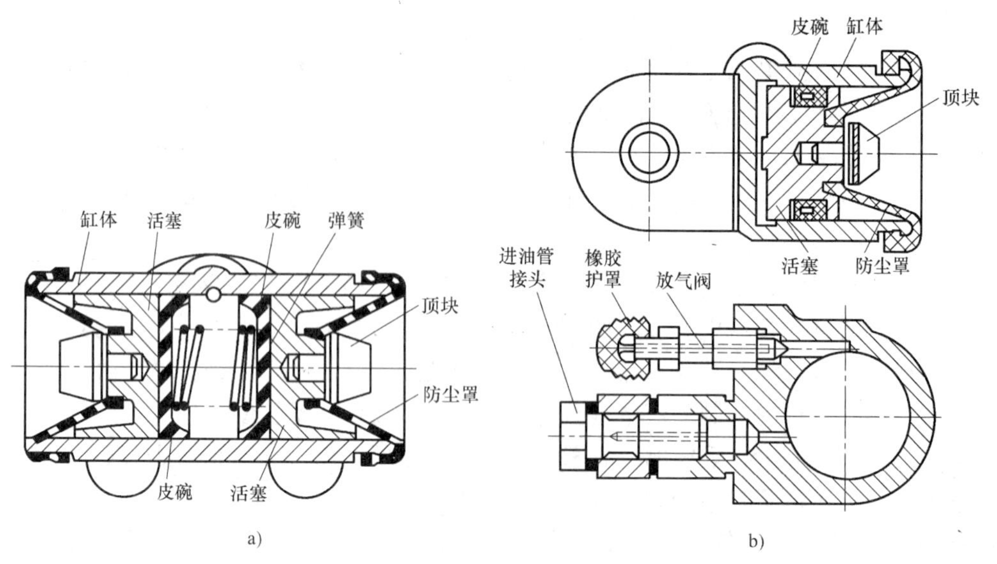

图 12-22 制动轮缸的形式

a）双活塞式 b）单活塞式

重新安装制动轮缸元件时，先用干净的制动液润滑密封件及所有内部元件。将轮缸的放气螺钉拧回到轮缸上，安装复位弹簧总成，将活塞放进缸筒内，安装好防尘罩。

⑤ 液压制动管路的排气：以桑塔纳轿车制动系统的排气为例，如图 12-24 所示。

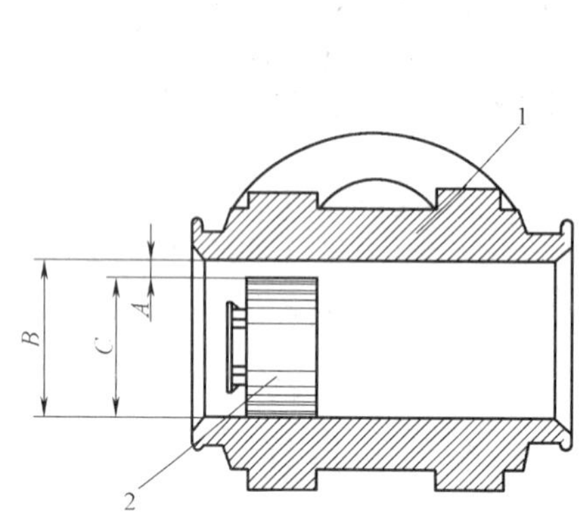

图 12-23 制动轮缸缸体与活塞的检查

1—制动轮缸缸体 2—制动轮缸活塞

A—缸体与活塞的间隙

B—缸体内孔的直径 *C*—活塞的外径

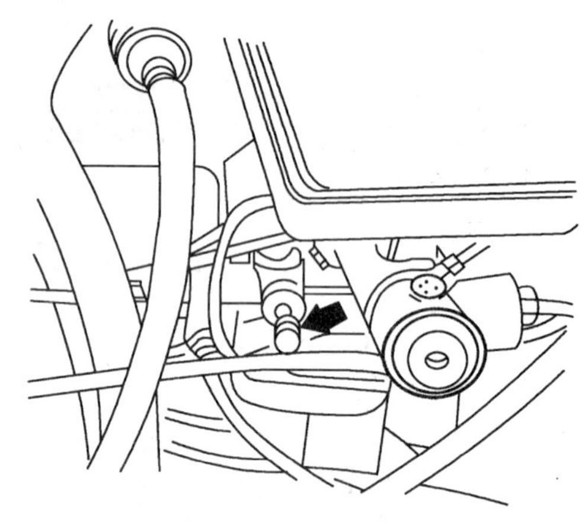

图 12-24 制动系统排气

其排气的步骤如下：

a. 按规定顺序拧开各轮缸的放气螺钉。

b. 排出制动钳和制动轮缸中的气体。

c. 用专用排液瓶盛放排出的制动液。

排气的原则为先远后近，具体顺序为：车轮制动轮缸/右后制动器、车轮制动轮缸/左后制动器、右前制动钳、左前制动钳。

项目27 汽车气压制动系统组成、原理及拆装调整

采用气压制动系统的车辆车轮制动器通常为凸轮式车轮制动器。

1. 凸轮式车轮制动器

（1）制动器的结构　凸轮式车轮制动器的结构如图12-25所示。制动底板固定在转向节凸缘（前轮）或后桥壳凸缘上（后轮），在制动底板的下端固定有制动蹄支承销座孔，两制动蹄下端用偏心的支承销支承，上端用复位弹簧拉紧并紧压在制动凸轮上，制动凸轮与制动凸轮轴制成一体。

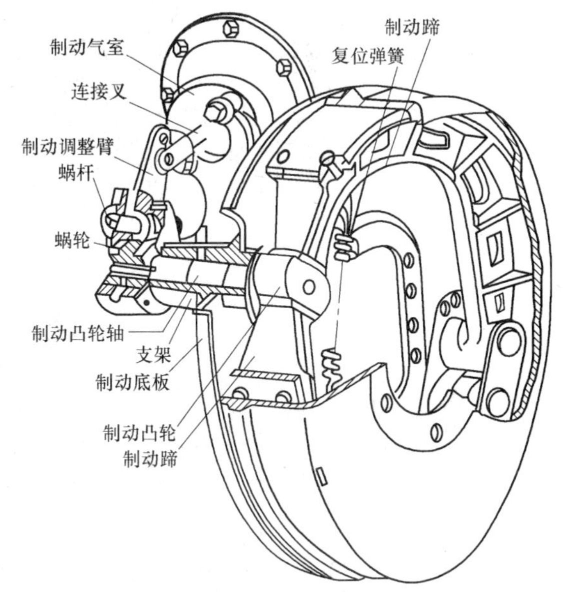

图12-25　凸轮式车轮制动器

制动凸轮轴由制动底板内侧穿出，安装在制动底板上端的凸轮轴支承于座孔中，凸轮轴外端加工有花键齿，花键装在制动调整臂内的蜗轮中。为防止凸轮轴的轴向窜动，在支承垫片与调整臂之间装有调整垫片，可调整凸轮轴的轴向间隙。

制动鼓与轮毂总成通过一对圆锥滚子轴承支承在转向节轴颈（前轮）或后桥半轴套管轴颈（后轮）上，并可由调整螺母调整轴承预紧度。

（2）制动器的拆卸　制动器拆卸如图12-26所示。将轮毂与制动鼓从车桥上拆下后，用拉簧钩拆下制动蹄复位弹簧，取下支承销上的垫板；取下制动蹄总成，拆下支承销、制动凸轮、调整臂总成及制动气室、制动气室支架；拆下制动底板。

（3）制动器的检修

1）制动鼓的检查：

① 检查制动鼓是否有裂纹及变形，内表面是否起槽，必要时应镗削维修或更换。

② 测量制动鼓圆度及圆柱度，其圆度、圆柱度误差过大时，需进行镗削维修或更换。

③ 制动鼓外边缘不得高出工作表面，制动鼓检视孔完整。

2）制动蹄及支承销的检查：

① 制动蹄应无裂纹及明显变形，摩擦片不破裂、无异常磨损、铆接可靠。

② 铆钉头离弧面应有一定距离，摩擦片厚度不低于使用要求。

③ 支承销应无过度磨损，相关结构应完好，制动蹄支承孔与支承轴要保证一定配合间隙，且转动灵活无卡滞。

④ 制动蹄摩擦片与制动鼓的接触面积应在75%以上，并保证两端先接触。

3）制动底板、制动凸轮轴的检查：

① 制动底板不应有变形，联接螺栓符合规定紧固力矩，铆钉应无松动。

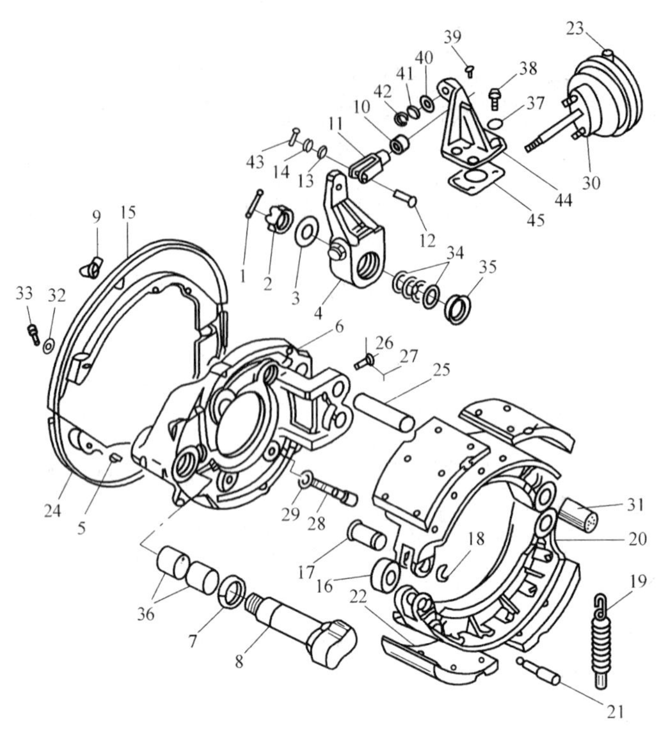

图 12-26　凸轮式车轮制动器分解图

1、43—开口销　2—冠形螺母　3—平垫　4—间隙调整装置　5、39—黄油嘴　6—制动器托架　7—油封　8—凸轮轴　9—橡胶塞　10—锁紧螺母　11—连接叉　12—销　13—垫　14、40—平垫圈　15、24—防尘罩　16—辊子　17—辊销　18—卡簧　19—复位弹簧　20—制动蹄　21—复位弹簧销　22—制动蹄摩擦片　23、28、33、38—螺栓　25—支承销　26—定位螺钉　27—钢丝　29、42—螺母　30—制动气室　31—制动蹄衬套　32、41—弹簧垫圈　34—垫　35—凸轮轴隔垫　36—衬套　37—弹簧垫圈　44—制动气室托架　45—密封垫

② 凸轮轴无裂纹和弯曲变形且转动灵活无卡滞，凸轮轴轴向间隙、径向间隙符合要求。

③ 凸轮轴支座固定螺栓、保险钢丝齐全有效。

4）制动蹄复位弹簧的检查：

① 制动蹄复位弹簧无明显变形、锈蚀等异常现象。

② 用弹簧拉压试验仪检查制动蹄复位弹簧的弹性。

（4）制动器的装配　制动器的装配可按以下步骤进行：在制动底板上装上防尘罩，并将其安装到转向节（前轮）上，按规定力矩紧固制动底板紧固螺栓；在凸轮轴内表面涂抹上润滑脂，并将其安装到相应的轴承孔上；连接推杆连接叉和调整臂；在偏心支承销上涂抹润滑脂并将其安装到相应轴承孔中，安装时应使两支承销内端的装配标记相对；在制动蹄衬套内表面涂抹润滑脂，将制动蹄安装到相应的支承销上。安装过程中注意两制动蹄的位置不可互换；利用弹簧装配工具安装制动蹄复位弹簧；安装轮毂和制动鼓，注意不要损伤到转向节上的螺纹；安装轮毂轴承并调整好轴承的预紧力，将锁紧螺母拧入，按规定力矩拧紧后将其锁止。

（5）制动器的调整

1）制动器的局部调整：支撑起所需调整的车轮；拆下制动鼓上的检视孔盖；取下调整臂上的防尘罩，拧动调整臂蜗杆轴上的调整螺杆，使制动气室推杆向外推，直至拧不动为止；回退 1/3 ~ 1/2 转，车轮转动应灵活无相应的摩擦声。

注意：对前轮顺时针拧动蜗杆，制动器蹄鼓间隙减小，反之则增大；而对后轮逆时针拧动蜗杆，制动器蹄鼓间隙减小，反之则增大。

2）制动器的全面调整：松开制动蹄支承销的紧固螺母和制动凸轮轴支架紧固螺栓的螺母，转动制动蹄轴，使其偏心标记相互靠近；反复拧动制动蹄轴和调整臂蜗杆轴，使制动蹄摩擦片和制动鼓完全贴合，同时将凸轮轴支架和制动蹄支承销的紧固螺母拧紧；将调整臂蜗杆拧松（1/3～1/2 转）即可。注意用塞尺检查制动器间隙。

2. 气压式制动传动装置

气压式制动传动装置是利用压缩空气作为动力源的制动装置。制动时，驾驶员通过控制制动踏板的行程，便可控制制动气压的大小，得到不同强度的制动力。其特点是：制动操纵省力、制动强度大、踏板行程小；但需要消耗发动机一定的动力；制动过程粗暴而且结构比较复杂。因此，一般在重型和部分中型车上采用。

（1）气压式制动传动装置的组成和管路布置　以解放 CA1092 型汽车双管路制动传动装置的组成和管路布置为例。

图 12-27 为解放 CA1092 型汽车双管路制动系统示意图。它由气源和控制装置两部分组成。气源部分包括空气压缩机、调压装置、储气筒、气压表、低压报警开关和安全阀等；控制装置包括制动踏板、制动控制阀等。

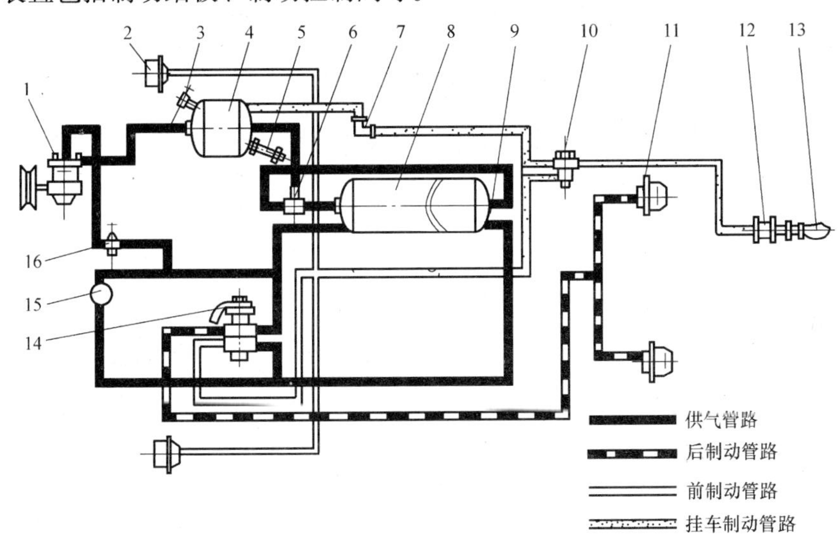

图 12-27　CA1092 型汽车双管路制动系统示意图

1—空气压缩机　2—前制动气室　3—放气阀　4—湿储气筒　5—安全阀　6—三通管　7—低压报警开关　8—储气筒　9—单向阀　10—挂车制动阀　11—后制动气室　12—分离开关　13—连接头　14—制动控制阀　15—气压表　16—低压调节器

气压传动装置的工作过程是：当驾驶员踩下制动踏板时，拉杆带动制动控制阀拉臂摆动，使制动控制阀 14 工作。储气筒前腔的压缩空气经控制阀的上腔进入后制动气室 11，使后轮制动；同时储气筒后腔的压缩空气经控制阀的下腔进入前制动气室 2，使前轮制动。当放松制动踏板时，制动控制阀使各制动气室通大气，以解除制动。

（2）气压式制动传动装置主要部件　气压式制动传动装置主要由空气压缩机、调压器、多管路保险阀、制动控制阀及制动气室等零部件组成。

1）空气压缩机：空气压缩机的作用是产生压缩空气，提供制动动力源。

① 结构：空气压缩机主要由缸体、曲轴箱、曲轴、活塞、连杆、气缸盖总成、空气滤清器等零部件组成。

气缸体由铸铁制成，下端用螺栓与发动机联接，缸筒外圆铸有散热片。气缸盖用螺栓紧固于缸体的上端面，其间装有密封垫。缸盖上的进、排气室分别装有进、排气阀，排气阀经管路与储气筒相通，进气阀经进气道与独立的空气滤清器相通，其上方装有卸荷装置。

压缩机的曲轴用轴承支承于曲轴箱前、后座孔内，前端与驱动带轮相连，由发动机的曲轴带轮通过传动带驱动。

② 分解：图 12-28 为东风 EQ1090E 型汽车单缸空气压缩机的分解图。其拆卸步骤如下：

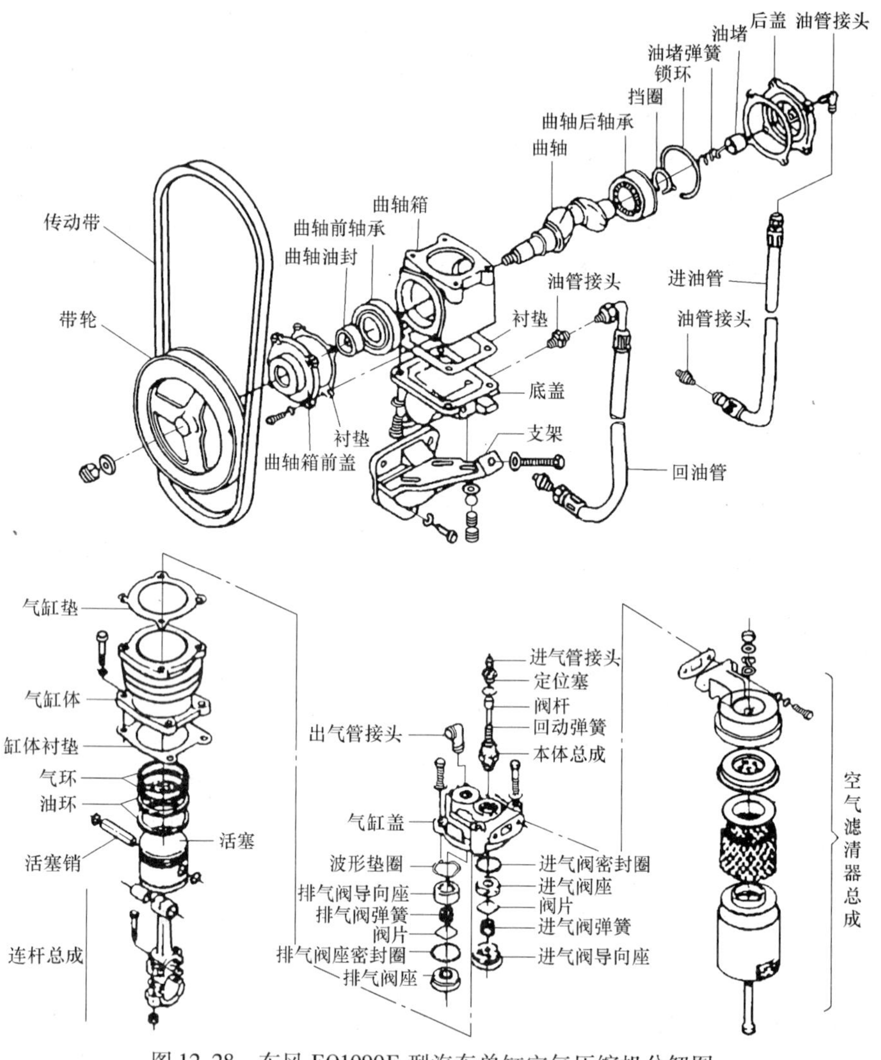

图 12-28　东风 EQ1090E 型汽车单缸空气压缩机分解图

a. 先拆下空气压缩机的进回油管接头及气管接头，再拆下固定支架上的紧固螺栓，将空气压缩机从发动机上取下。

b. 将空气压缩机固定好，拆下缸盖总成和底板，解体活塞连杆组合件。

c. 拆下带轮及曲轴。

d. 拆下活塞销挡圈，压出活塞销。

③ 检修：空气压缩机工作时，不应有过量的润滑油窜入储气筒。检查空气压缩机时应详细检查活塞与活塞环的磨损程度、后盖与油堵的密封状态、回油管是否畅通以及连杆大端与曲轴的轴向间隙等，根据存在的问题进行维修。

④ 装配：空气压缩机的装配按上述相反的顺序操作，并注意下列事项：

a. 装配前必须清洗拆开的零件。

b. 活塞环的开口方向应相互错开。

c. 连杆活塞组的安装应注意方向。

d. 各螺栓的拧紧力矩必须符合要求。

2）调压器：

① 调压器的作用：调压器的作用是使储气筒保持在规定的气压范围内，并在超过规定气压后，实现空气压缩机的卸荷空转，以减小发动机的功率消耗。

② 调压器的结构：与储气筒并联的膜片式调压器主要由调压弹簧、膜片、调压螺钉等零件组成，如图12-29所示。

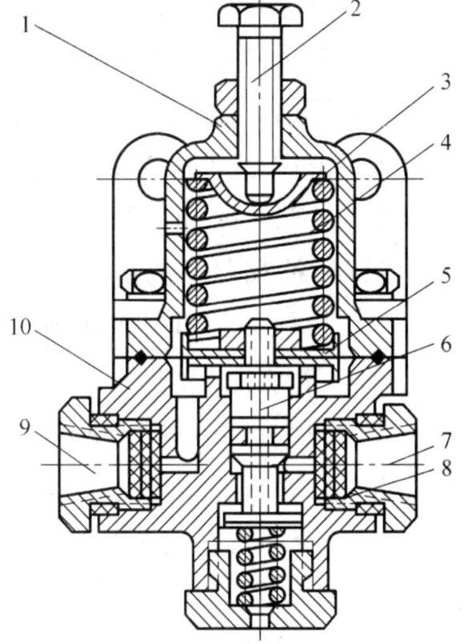

图 12-29　调压器的结构示意图
1—盖　2—调压螺钉　3—弹簧座　4—调压弹簧　5—膜片　6—空心管　7—接卸荷室管接头　8—排气阀　9—接储气筒管接头　10—壳体

调压器壳体 10 上装有两个带有滤芯的管接头 7、9，分别与卸荷室和储气筒相通。壳体和盖 1 之间装有膜片 5 和调压弹簧 4，膜片中心用螺纹固连着空心管 6。空心管可以在壳体的中央孔内滑动，其间有密封圈，上部的侧面有径向孔与轴向孔相通。调压器下部装有与大气相通的排气阀 8。

在使用过程中，调压器的性能参数会发生变化，应定期进行检查和调整。

3）多管路保险阀：

① 作用：在多储气筒、多管路制动系统中，并联的某一管路损坏时，可保证其他管路仍有效工作，使汽车能维持低速安全行驶。

② 结构：如图 12-30 所示，阀体中部的孔与充气管路相通，周围四孔分别通向前、后储气筒和驾驶室以及挂车分离开关。阀门总成、膜片、上下弹簧、调节螺钉、阀盖等零件

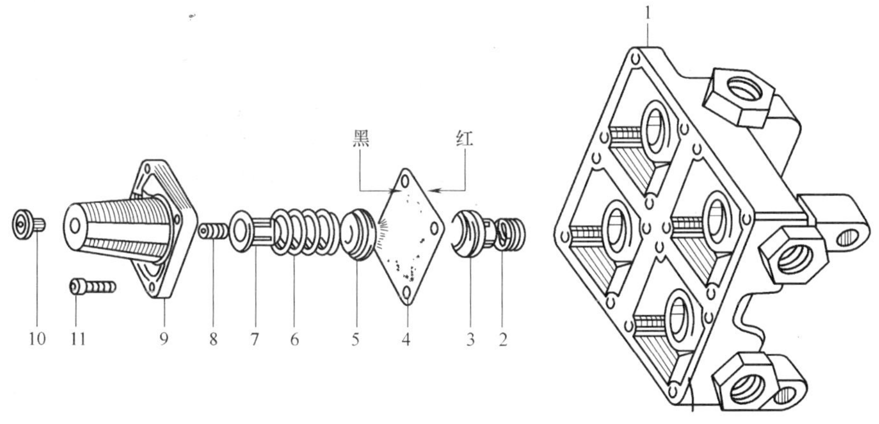

图 12-30　东风 EQ1141G 汽车四通保护阀
1—阀体　2—下弹簧　3—阀门总成　4—膜片　5—弹簧座　6—上弹簧　7—调节螺钉座　8—调节螺钉总成　9—阀盖　10—防护塞　11—螺钉

形成一个阀单元，而阀体通常由 4 个相同的阀单元组成。

③ 分解：在拆卸前应将各零件的相应位置作好标记，以便于装复。

a. 将保护阀本体置于垫有铜皮或铝制品保护的台虎钳上夹紧。

b. 拆下阀盖 9 上的防护塞 10，取出阀盖上的调节螺钉总成 8。

c. 旋出阀盖 9 上的十字槽螺钉 11。

d. 依次取下阀体 1 上的零件：阀盖 9、调节螺钉座 7、上弹簧 6、弹簧座 5、膜片 4、阀门总成 3、下弹簧 2。

其余各阀单元的拆卸同上。

④ 装配：按拆卸时的相反顺序进行装配。

4）制动控制阀：

① 功用：制动控制阀的功用是用来控制储气筒进入制动气室的压缩空气量，并随进气量的多少起渐进变化的随动作用，以保证作用在制动器上的力与制动踏板的行程成正比。

② 结构和工作过程：制动控制阀的类型有单管路单腔式、双管路双腔式和多管路三腔式。现通常采用双管路双腔式制动控制阀，而双管路双腔式制动控制阀又有双腔串联式和双腔并联式两种，双腔串联式制动控制阀工作的协调性和稳定性相对可靠。

图 12-31 为解放 CA1092 型汽车双腔串联式制动控制阀的结构图。它由上盖 6、上阀体

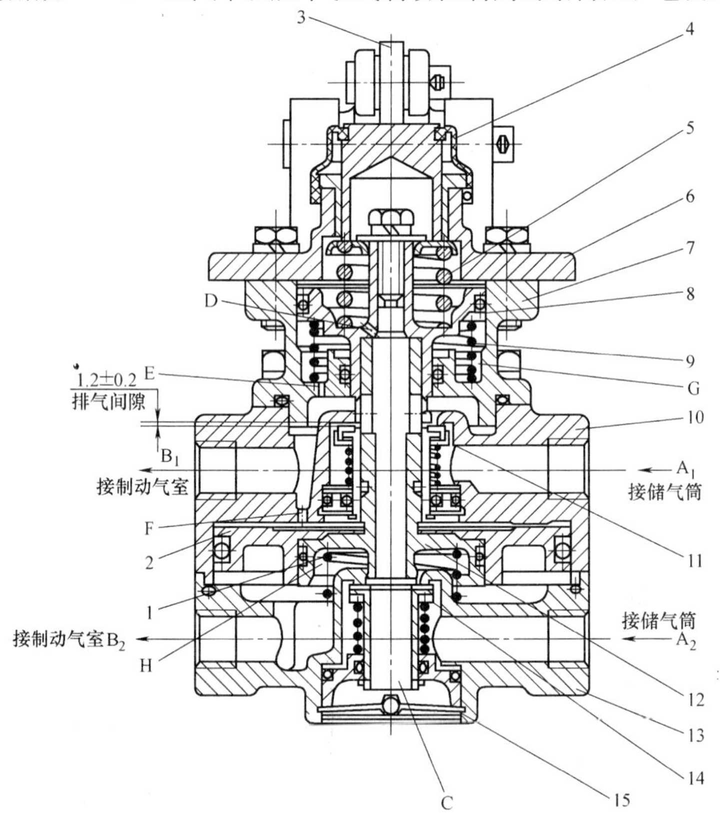

图 12-31　解放 CA1092 型汽车双腔串联式制动控制阀结构

1—下腔小活塞复位弹簧　2—下腔大活塞　3—滚轮　4—推杆　5—平衡弹簧　6—上盖　7—上阀体　8—上腔活塞　9—上腔活塞复位弹簧　10—中阀体　11—上腔阀门　12—下腔小活塞　13—下阀体　14—下腔阀门　15—防尘片　A_1、A_2—进气口　B_1、B_2—出气口　C—排气口　D—上腔排气口　E、F—通气孔

7、中阀体 10 和下阀体 13 等组成，并用固定螺钉联接在一起。阀体上的通气口 A_1、B_1 和 A_2、B_2 分别接前、后桥储气筒和前、后桥制动气室。上阀体 7 中装有上腔活塞 8；下阀体中装有下腔活塞，下腔活塞由大小两个套装在一起，小活塞 12 对大活塞 2 能进行单向分离。上腔阀门 11 套装在芯管上，其外圆有密封隔套。下腔阀门 14 滑动地套在有密封圈的下阀体 13 中心孔中，中空的芯管和小活塞 12 制成一体。

双腔串联式制动控制阀的工作情况如下：

制动时：驾驶员将制动踏板踩下一定行程，通过滚轮 3、推杆 4 使平衡弹簧 5 及上腔活塞 8 向下移动，先克服排气间隙，再推开上腔阀门 11。此时，从储气筒出来的压缩空气经 A_1、阀门 11 与中阀体上的进气阀座之间的进气间隙进入 G 腔，并经出气口 B_1 进入后制动气室，使后轮制动；又经通气孔 E 进入上活塞下腔，使上平衡气室的气压平稳地增长。与此同时，进入 G 腔的压缩空气通过通气孔 F 进入大活塞的上腔室，推动大小活塞和芯管下移，关闭排气阀后打开下腔阀门 14，使前桥储气筒的压缩空气经进气口 A_2、进气阀进入 H 腔，并经出气口 B_2 进入前轮制动气室，使前轮制动。

维持制动时：制动踏板保持在某一位置不动，当进入 G 腔的压缩空气的压力作用及复位弹簧 9 的张力之和与平衡弹簧 5 的压紧力相平衡时，上腔阀门 11 及排气阀处于关闭状态。与此同时，因下腔大活塞上的控制气压与平衡气室的气压相等，待其下腔制动气压的作用力及其复位弹簧张力之合力，稍大于其上腔控制气压对活塞的作用力时，其大小活塞即上移，进而使进气阀及排气阀处于关闭状态。

若驾驶员感到制动强度不足时，可将制动踏板再踩下一些行程，此时上腔阀门 11 和下腔阀门 14 重新开启，使 G 腔和 H 腔及制动气室进一步充气，直到 G 腔中的气压再次达到与平衡弹簧 5 的压力平衡，H 腔的气压再次达到与下腔活塞的上腔气压相平衡。在此新的平衡状态下，制动气室所保持的稳定压力较以前有所提高。同时，平衡弹簧 5 的压缩量和踏板力也较此前有所增大。

放松制动踏板时：操纵摇臂复位，作用在平衡弹簧、上腔活塞和芯管的上压力解除，上腔活塞和芯管及平衡弹簧即在平衡气室内的气压和复位弹簧的作用下升起，排气阀即完全开启，形成排气间隙。后制动气室的压缩空气经 G 腔排气间隙和其下面的排气口 C 排出；与此同时，下腔大活塞及小活塞受复位弹簧 1 的张力作用而上移，下腔活塞带动芯管上移打开排气阀，前桥制动气室的压缩空气也经排气间隙和排气口排出。

当某一管路失效时：如前桥制动管路失效，则制动控制阀的上腔室仍能按上述方式工作，因此后桥制动气室能正常工作；如后桥制动管路失效时，下腔室下活塞上方由于不能建立起控制气压而无法工作，平衡弹簧通过上腔活塞、上腔阀门推动小活塞及其芯管与大活塞单向地分离而下移，推开下腔阀门使前桥制动管路建立起制动气压。此时，由于下腔的排气间隙大，故制动踏板的自由行程将加大。

③ 拆解：以 CA1092 型汽车双腔膜片式制动控制阀为例。

从车上拆下制动控制阀时，可先拆下制动控制阀与制动气管联接的紧固螺母，拆掉拉臂与踏板拉杆的联接销，拆下制动控制阀与车架的紧固螺栓、螺母以及制动开关上的导线，将制动控制阀从车体上拆下。

解体制动控制阀时，可先拆下上体、下体的联接螺栓，卸掉拉臂与上体连接的拉臂轴，整个阀体即可解体。

拧下柱塞座，松开螺母，拧下调整螺栓，即可解体下体。

用卡簧钳卸掉挡圈，可将膜片总成分解。

④ 检修、装配与调整：制动控制阀在使用过程中较常见的故障是密封不良、零件运动不灵活或调整不当等。拆检制动控制阀时可重点检查阀门与阀体间的工作面是否有损伤痕迹；腔体内大小活塞上下运动是否灵活；制动阀上部挺杆运动是否灵活；橡胶零件是否有老化和裂纹。

制动控制阀的装配按拆卸的相反顺序操作，并注意：装复前，将各零件进行清洗；装复时，在相互运动的工作表面均匀涂上润滑脂；在制动控制阀的装配过程中，应进行必要的调整。

双腔式制动控制阀应进行以下调整：

a. 排气间隙：在组装前、后两腔柱塞之前，用深度尺测量芯管到阀座平面之间的距离，前、后两腔的距离应相等。若该间隙不符合要求，用拉臂上的调整螺钉进行调整。螺钉旋入芯管下移，排气间隙变小，则踏板的自由行程减小；反之，排气间隙变大。调整后，须锁止调整螺钉。

b. 最大制动压力：最大制动气压应符合规定。测量时，储气筒的压力应在正常范围，此时制动拉臂应与壳体上调整螺钉接触。如果气压较低时，将壳体上的调整螺钉旋出，符合要求后，将锁紧螺母锁止。

c. 前、后腔的压力差：测量时，将压力表分别与前、后腔相通，踩下制动踏板至任一位置不动，旋转后腔调整弹簧的下弹簧座。旋入时，可使弹簧弹力增大，从而降低后腔的输出气压，后腔的输出气压应比前腔低。松开制动踏板，再踩到任一位置，如前后腔的压力差不变，说明调整正确，最后将锁止螺母锁紧。

制动控制阀装复后，应对制动控制阀的使用性能进行试验。

5）制动气室：

①结构与工作过程：图 12-32 所示为东风 EQ1090E 型汽车采用的膜片式制动气室。夹布层橡胶膜片 1 的周缘用卡箍 7 夹紧在壳体 3 和盖 2 的凸缘之间。盖与膜片之间为工作腔，借橡胶软管与制动控制阀接出的气管相通，膜片的右方与大气相通。弹簧 4 通过焊接在推杆 5 上的支承盘 10 将膜片推到左极限位置。推杆的外端借连接叉 6 与制动器的调节臂相连。

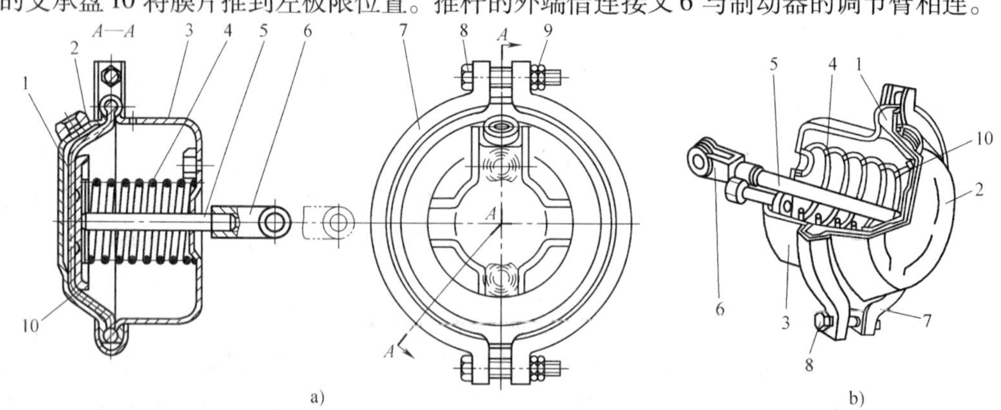

图 12-32　东风 EQ1090E 型汽车采用的膜片式制动气室

a）结构图　b）轴侧图

1—橡胶膜片　2—盖　3—壳体　4—弹簧　5—推杆　6—连接叉　7—卡箍　8—螺栓　9—螺母　10—支承盘

膜片式制动气室的工作过程如下：踩下制动踏板时，压缩空气自制动阀进入制动气室工作腔，使膜片向右推，将推杆推出，使制动调节臂和制动凸轮转动而实现制动。放开制动踏板时，工作腔则经由制动阀的排气口通大气，膜片与推杆都在弹簧4的作用下复位而解除制动。

② 分解：图12-33为膜片式制动气室的分解图。其分解步骤如下：

a. 旋下推杆连接叉。

b. 卸下制动气室外壳与外壳盖联接螺栓，将盖与壳分开。

c. 逐一顺序取出橡胶膜片、推杆总成及复位弹簧。

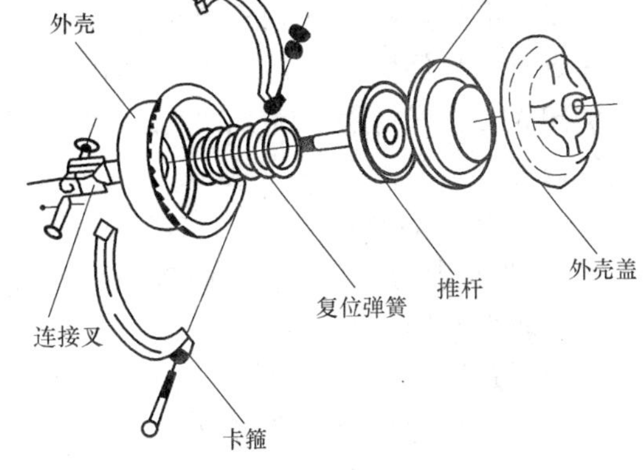

图12-33　膜片式制动气室分解图

③ 检修：

a. 膜片如有裂纹、变形或老化等情况，应予以更换。

b. 弹簧发现明显的变形或锈蚀，应予以更换。

c. 左、右制动气室的弹簧张力应一致，不符合规定时，应予以调整。

④ 装配：膜片式制动气室的装配按拆卸相反的顺序操作，装配完成后，不得有漏气泄压的现象。

项目28　汽车防抱死制动系统(ABS)组成、原理及拆装调整

一、ABS的基本组成和工作原理

1. ABS概述

（1）ABS的基本组成　如图12-34所示，ABS通常由轮速传感器、制动压力调节器、电子控制单元（ECU）和ABS报警装置等组成。

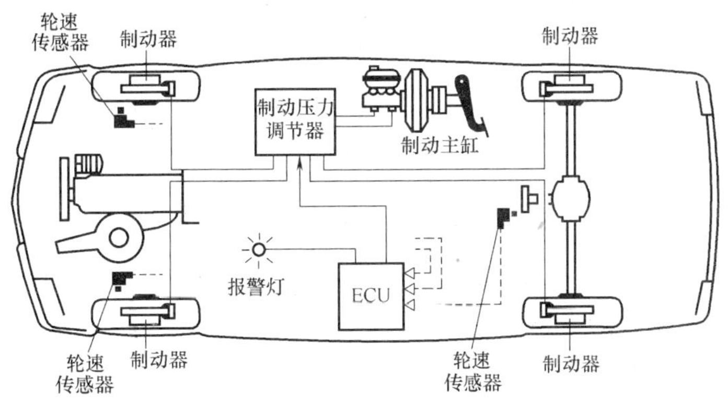

图12-34　ABS的组成

车轮上安置的轮速传感器，将各车轮的转速信号及时地输入电子控制单元（ECU）；电子控制单元（ECU）是ABS的控制中心，它根据各个车轮轮速传感器输入的信号对各

个车轮的运动状态进行监测和判定，并形成响应的控制指令，适时发出控制指令给制动压力调节器；制动压力调节器是ABS中的执行装置，主要由调压电磁阀总成、电动泵总成和储液器等组成一个独立的整体，通过制动管路与制动主缸和各制动轮缸相连，制动压力调节器受电子控制单元（ECU）的控制，对各制动轮缸的制动压力进行调节。

ABS报警灯由ABS电子控制单元控制，通常用“ABS、ALB或ANTILOCK”作标识。ABS具有失效保护和自诊断功能，当电子控制单元（ECU）监测到系统出现故障时，将自动关闭ABS，恢复常规制动；然后存储故障信息，并将ABS报警灯点亮，提示驾驶员尽快进行修理。

（2）ABS的分类

1）按控制方式分类：ABS按控制方式有机械控制式和电子控制式两种。机械控制式ABS已较少使用。

2）按控制通道及传感器数分类：根据通道数可分为四通道、三通道、二通道和单通道四种；根据传感器数可分为四传感器和三传感器两种。目前汽车上应用较多的为三通道（前轮独立控制、后轮低选控制）四传感器式、三通道三传感器式和四通道四传感器式。

（3）ABS的优点

1）提高汽车制动时的稳定性：ABS可防止车轮在制动时完全抱死，能将车轮侧向附着系数控制在较大的范围内，使车轮具有较强的侧向支承力，以保证汽车制动时的稳定性。

2）保持制动时的转向能力：驾驶员可以通过转向盘控制纠正制动时难以避免产生的侧偏力矩。

3）缩短制动距离：在同样紧急制动条件下，ABS可以将滑移率控制在最大附着系数范围内，从而可获得最大的纵向制动力。

4）改善轮胎的磨损状况：ABS可以防止车轮抱死，从而避免了因制动车轮抱死造成的轮胎局部异常磨损，延长了轮胎的使用寿命。

（4）ABS的工作过程　ABS的工作过程可分为常规制动、制动压力保持、制动压力减小和制动压力增大等阶段，如图12-35所示。

1）常规制动阶段：在常规制动阶段，ABS不起作用，调压电磁阀总成中的进液电磁阀、出液电磁阀均不通电，进液电磁阀处于开启状态，出液电磁阀则处于关闭状态；制动主缸至各制动轮缸的制动管路均处于连通状态；电动油泵也不通电运转，制动轮缸至储液器的制动管路均处于封闭状态，各制动轮缸的制动压力将随制动主缸的输出压力而变化，此时的制动过程与常规制动系统过程完全相同，如图12-35a所示。

2）制动压力保持阶段：在制动过程中，电子控制单元（ECU）根据轮速传感器输入车轮转速信号判定有车轮趋于抱死时，ABS就进入防抱死制动压力调节过程。如电子控制单元（ECU）判定车轮趋于抱死时，电子控制单元（ECU）就输出控制指令使右前轮的进液电磁阀通电而转入关闭状态，制动主缸中的制动油液不再进入右前轮的制动轮缸。而右前轮出液电磁阀仍不通电而处于关闭状态，则右前轮制动主缸中的制动液也不会流出。此时，右前轮制动轮缸的制动压力就保持一定，而其他未趋于抱死的车轮制动轮缸内油液压力仍随制动主缸输出压力的增大而增大，如图12-35b所示。

3）制动压力减小阶段：当右前轮制动轮缸的制动压力保持一定时，若电子控制单元（ECU）判定右前轮仍然处于抱死，则输出控制指令使右前出液电磁阀也通电而转入开启状态。右前轮制动轮缸中的部分制动液经开启的出液电磁阀流回储液器，制动轮缸内的制动压力减小，如图 12-35c 所示。

4）制动压力增大阶段：随着右前轮制动轮缸内制动压力的迅速减小，右前轮会在汽车惯性力的作用下逐渐加速。当电子控制单元（ECU）判定车轮抱死趋势已消除时，就输入控制指令使进液电磁阀和出液电磁阀均断电，则进液电磁阀恢复开启状态，出液电磁阀恢复关闭状态。同时也使电动油泵通电运转向制动轮缸泵送制动液。由制动主缸输出的制动液和电动油泵泵送的制动液均经过开启的进液电磁阀进入右前轮制动轮缸，使右前轮制动轮缸内的制动压力迅速增大，右前轮又开始减速转动，如图 12-35d 所示。

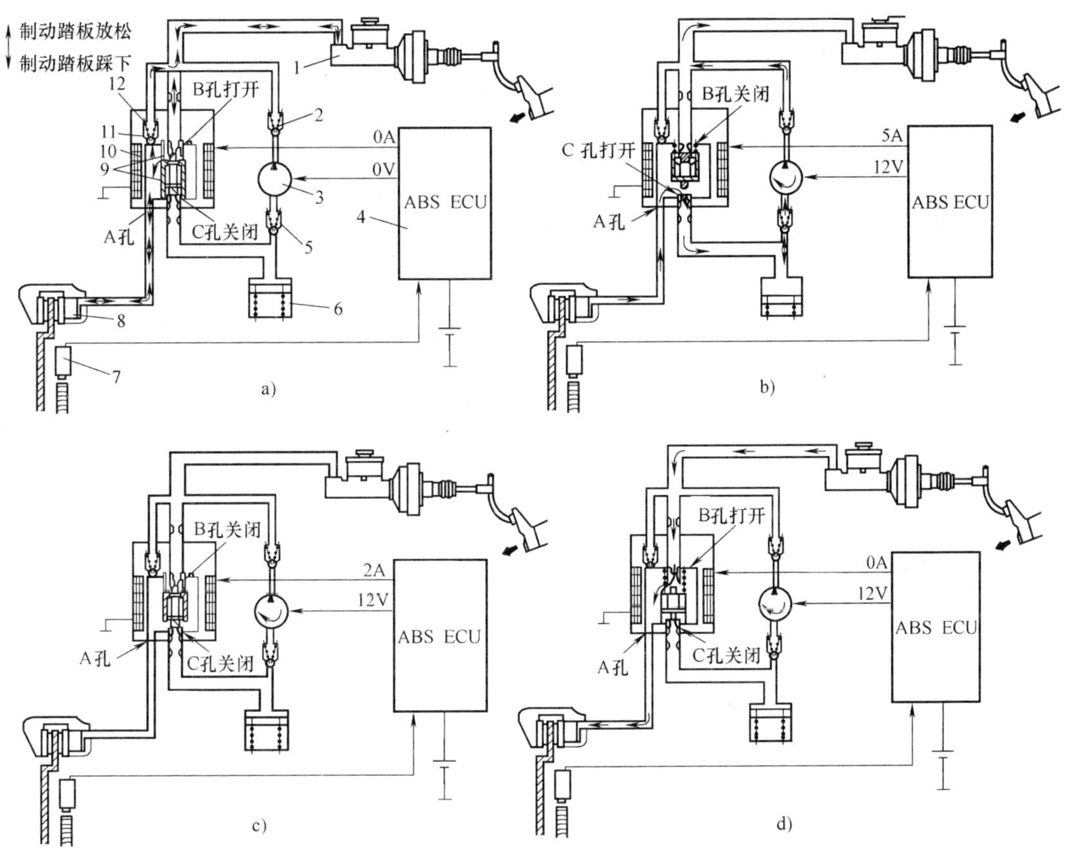

图 12-35　ABS 的工作过程

a）常规制动阶段　b）制动压力保持阶段　c）制动压力减小阶段　d）制动压力增大阶段
1—制动主缸　2、5、11—单向阀　3—液压泵　4—ABS ECU　6—蓄压器　7—轮速传感器
8—制动轮缸　9—制动压力调节器调压阀　10—线圈　12—单向阀弹簧

ABS 通过使趋于抱死车轮的制动压力循环往复地经历“保持—减小—增大”过程，而将趋于抱死车轮的滑移率控制在最大附着系数的范围内，直至汽车速度减小到很低或者制动主缸的压力不再使车轮趋于抱死时为止。

2. ABS 系统部件的结构和工作原理

（1）轮速传感器

1）电磁式轮速传感器：电磁式轮速传感器主要由传感器头和齿圈两部分组成，如图 12-36 所示。

齿圈一般安装在轮毂或轴座上，如图 12-37 所示。对于后轮驱动且后轮采用同时控制的汽车，齿圈也可安装在差速器或传动轴上，如图 12-38 所示。齿圈随车轮或传动轴一起转动，通常用磁阻很小的铁磁材料制成。传感器头通常由永久磁铁、电磁线圈和磁极等组成，如图 12-39 所示。它对应安装在靠近齿圈而又不随齿圈转动的部件上，如转向节、制动底板、驱动轴套管或差速器、变速器壳体等固定件上。传感器头与齿圈的端面有一空气间隙，此间隙一般为 1mm，通常可移动传感器头的位置来调整间隙。

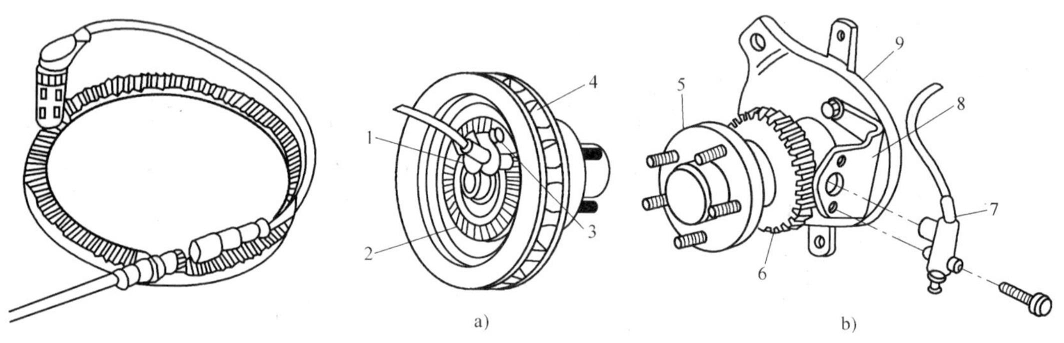

图 12-36　轮速传感器外形

图 12-37　轮速传感器齿圈的安装位置

a）前轮　b）后轮

1、7—传感器头　2、6—传感器齿圈　3—定位螺钉　4—轮毂和组件　5—半轴　8—传感器支架　9—后制动器连接装置

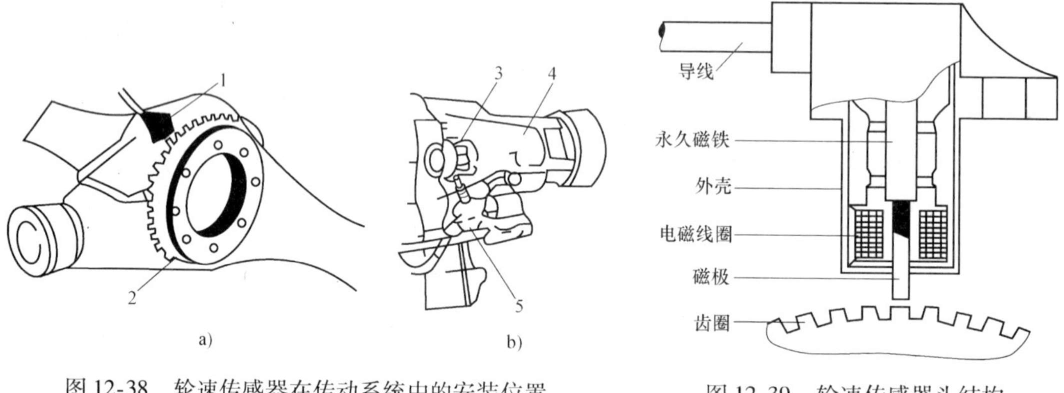

图 12-38　轮速传感器在传动系统中的安装位置

a）主减速器　b）变速器

1、5—电磁式轮速传感器　2—主减速器从动齿轮　3—齿圈　4—变速器

图 12-39　轮速传感器头结构

电磁式轮速传感器的工作情况如图 12-40 所示。传感器齿圈随车轮旋转的同时，即与传感器头磁极作相对运动。当传感器头的磁极端部与齿圈的齿隙相对时，磁极端部距齿圈之间的空气间隙最大，即磁阻最大，传感器端部的磁极磁力线只有少量通过齿圈而构成回路，在电磁线圈周围的磁场较弱，如图 12-40a 所示；当传感器头的磁极端部与齿圈的齿顶相对时，两者之间的空隙最小，即磁阻最小，传感器端部的磁极磁力线通过齿圈的数量

增多，在电磁线圈周围的磁场较强，如图12-40b所示。齿圈随车轮不停地旋转，就使传感器头电磁线圈周围的磁场以强—弱—强—弱而周期性地变化，因此电磁线圈就感生交变电压信号，即车轮转速信号，如图12-41所示。

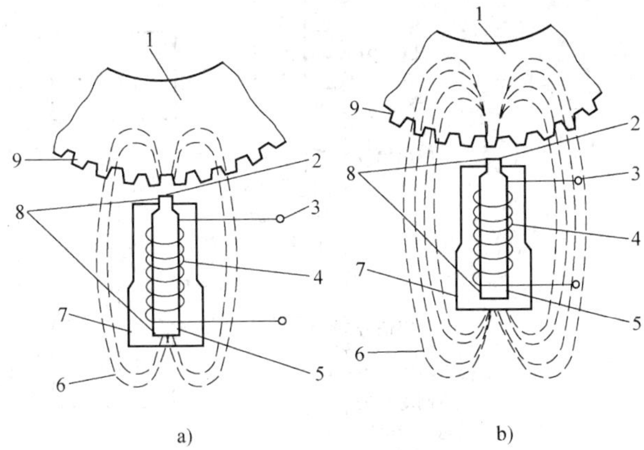

图12-40 电磁式轮速传感器的工作情况

a）齿隙与磁极端部相对时 b）齿顶与磁极端部相对时
1—齿圈 2—铁心端部 3—电磁线圈引线 4—电磁线圈
5—永久性磁心 6—磁力线 7—电磁式轮速传感器
8—磁极 9—齿圈齿顶

交变电压信号的频率与齿圈的齿数和转速成正比，因齿圈的齿数一定，因而轮速传感器输出的交流电压信号频率只与相应的车轮转速成正比。

轮速传感器由线圈引出两根导线，将其速度变化产生的交变电压信号送至ABS的电子控制单元（ECU）。为防止外部电磁波对车轮转速信号的干扰，传感器的引出线采用屏蔽线，以保证反映车轮速度变化的交变电压信号准确地送至ABS的电子控制单元（ECU）。

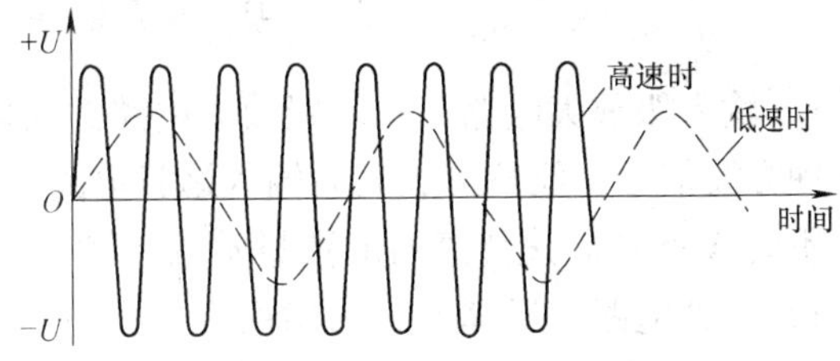

图12-41 轮速传感器产生的电压信号

2）霍尔式轮速传感器：霍尔式轮速传感器也是由传感器头、齿圈组成。其齿圈的结构及安装方式与电磁式轮速传感器的齿圈相同，传感器头由永磁体、霍尔元件和电子电路等组成。

传感器的工作过程是：如图12-42所示，永磁体的磁力线穿过霍尔元件通向齿圈，齿圈相当于一个集磁器。当齿圈位于图12-42a所示位置时，穿过霍尔元件的磁力线分散，磁场相对较弱；而当齿圈位于图12-42b所示位置时，穿过霍尔元件的磁力线集中，磁场相对较强。齿圈转动时，使得穿过霍尔元件的磁力线密度发生变化，因而引起霍尔元件电压的变化，霍尔元件将输出一毫伏级的准正弦波电压。此信号由电子电路转化成标准的脉冲电压。

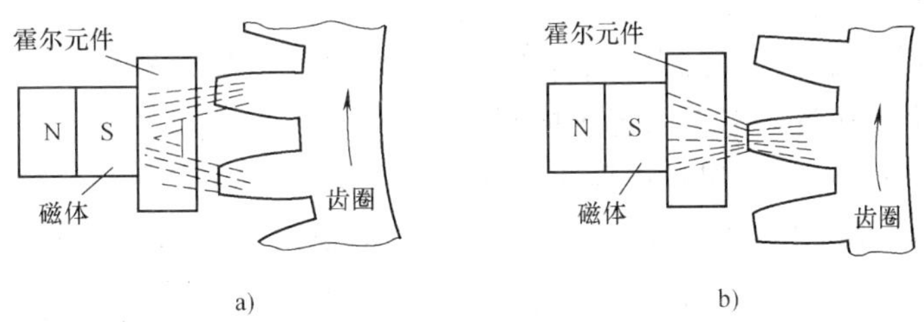

图12-42 霍尔式轮速传感器磁路

a）霍尔元件磁场较弱 b）霍尔元件磁场较强

（2）电子控制单元

电子控制单元的基本构造：电子控制单元（ECU）内部电路通常包括输入级放大电路、运算电路、电磁阀控制电路和安全保护电路。各电路连接方式如图12-43所示。

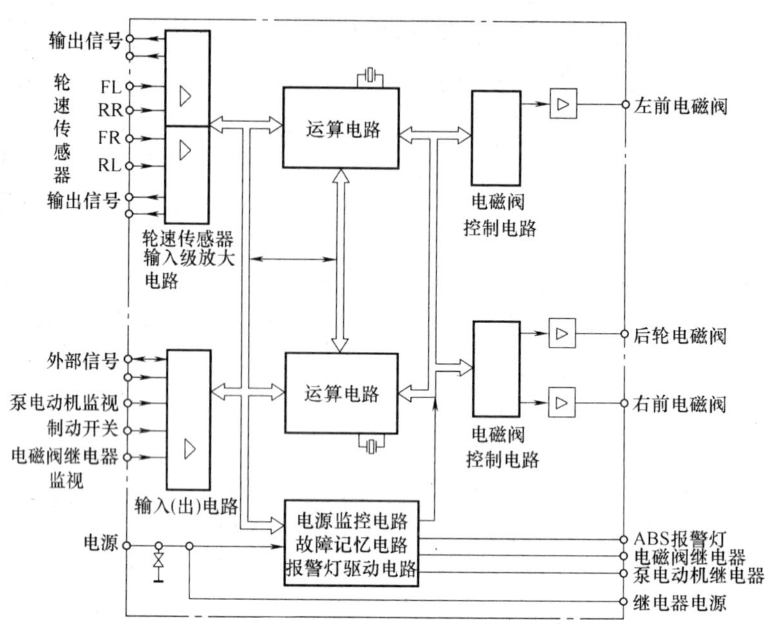

图 12-43　电子控制单元内部电路连接

1）输入级放大电路：输入级放大电路的功用是将轮速传感器输入的正弦波信号转换成脉冲方波信号，经整形放大后输入运算电路。

不同 ABS 中轮速传感器的数量不同，输入级放大电路的个数也不同。

2）运算电路：运算电路的功用主要是进行车轮线速度、初始速度、滑移率、加速度和减速度的运算，调节电磁阀控制参数的运算和监控运算。

经转换放大后的轮速传感器信号输入车轮线速度运算电路，由电路计算出车轮的瞬时线速度。初始速度、滑移率及加减速度运算电路根据车轮瞬时线速度加以积分，计算出初始速度，再把初始速度和车轮瞬时线速度进行比较运算，最后得到滑移率和加速度、减速度。电磁阀控制参数运算电路根据计算出的滑移率、加减速度信号，计算出电磁阀控制参数输入到输出级。

电子控制单元中一般设有两套运算电路，同时进行运算和传递数据，对各自的运算结果相互比较、相互监视，确保可靠性。

3）电磁阀控制电路：电磁阀控制电路的功用是接受运算电路输入的电磁阀控制参数信号，控制大功率晶体管向电磁阀提供控制电流。

4）安全保护电路：安全保护电路将汽车电源（蓄电池、发电机）提供的 12V 或 14V 的电压变为 ECU 内部所需的 5V 标准稳定电压，同时对电源电路的电压是否稳定在规定的范围进行监控；对轮速传感器输入级放大电路、运算电路和输出级电路的故障信号进行监视。当出现故障信号时，关闭继动阀门，停止 ABS 的工作，转入常规制动状态。同时点亮仪表盘上的 ABS 报警灯，提示驾驶员 ABS 出现故障，并将故障信息以故障码的形式储存在存储器中，以便诊断时调取。

（3）制动压力调节器　在制动时根据 ABS 电子控制单元（ECU）的控制指令，自动调节制动轮缸的制动压力的大小，使车轮不被抱死，并处于理想滑移率的状态。

1）制动压力调节器的类型：

根据压力调节器的动力源不同分为液压式和气压式两种。液压式主要用于轿车和一些轻型载货汽车上，气压式主要用在大型客车和载货汽车上。

根据压力调节器与制动主缸的结构关系可分为整体式和分离式两种。整体式制动压力调节器与制动主缸制成一体；分离式制动压力调节器自成一体，通过制动管路与制动主缸相连。

根据压力调节器的调压方式可分为流通式和变容式两种。流通式也叫循环流通式，通过电磁阀直接控制轮缸的制动压力；变容式也叫容积变化式，电磁阀间接改变轮缸的制动压力。

2）制动压力调节器的结构：制动压力调节器的主要作用是用来调节制动轮缸中制动液的压力，是防抱死制动系统的执行器，主要由电磁换向阀、蓄能器以及液压泵和电动机总成组成，图 12-44 是其外形图和结构图。

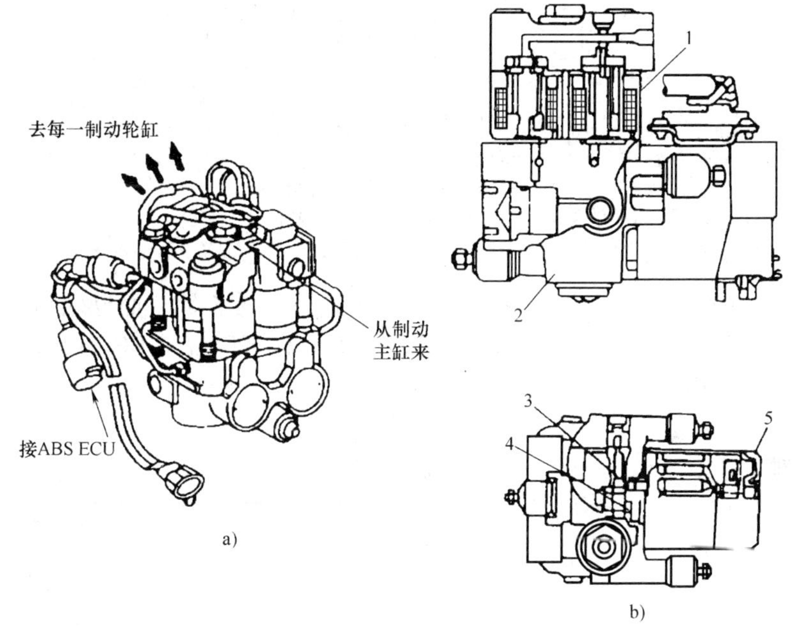

图 12-44　制动压力调节器

a）外形图　b）结构图

1—电磁换向阀　2—蓄能器　3—柱塞　4—凸轮轴　5—液压泵和电动机总成

① 电磁换向阀：电磁换向阀用来调节制动轮缸中制动液的压力。其多为三位三通电磁换向阀，如图 12-45 所示。该阀阀芯由衔铁充当，它有上、中、下 3 个工作位置；阀体上有制动主缸接口、主油路接口和制动轮缸接口；其阀芯（衔铁）上下移动所需的外力，除受到主弹簧和副弹簧的弹力外，还受线圈产生的电磁力的控制。当 ECU 不向线圈供电时，衔铁在主、副弹簧作用下处在最下端位置，此时防抱死制动系统处在常规制动状态或制动压力增大状态。当 ECU 向线圈提供 5A 的电流时，衔铁在电磁力的作用下处在最上端位置，此时防抱死制动系统处在压力减小状态。当 ECU 向线圈提供 2A 的电流时，衔铁在电磁力和弹簧力共同作用下处在中间工作位置，这时防抱死制动系统处在压力保持状态。

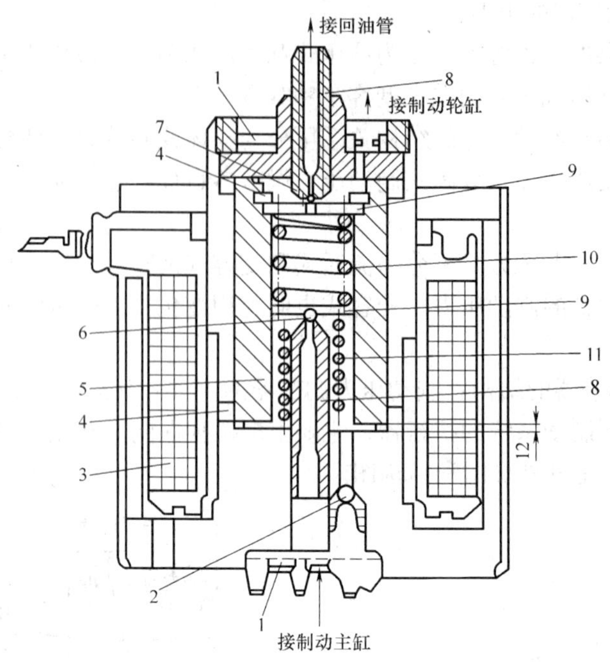

图 12-45 电磁换向阀

1—过滤器 2—单向阀 3—线圈 4—非磁性支撑环 5—衔铁 6—进油阀 7—排油阀 8—支板 9—隔离板 10—副弹簧 11—主弹簧 12—调整间隙

由此可见，电磁阀的工作位置受 ECU 提供电流大小的控制；而电磁阀处在不同的工作位置时，制动轮缸中制动液的压力也不相同。所以，可以说是 ECU 通过改变向电磁阀提供电流的大小，来控制制动轮缸中制动液的压力。

② 蓄能器：在制动过程中，当压力降低时，从车轮制动轮缸中流出的制动液暂时储存在蓄能器中，蓄能器对高压的制动液起到缓冲作用。

蓄能器的结构形式多种多样。图 12-46 所示为活塞—弹簧式蓄能器示意图，该蓄能器位于电磁阀和回油泵之间，由制动轮缸来的制动液进入蓄能器，进而压缩弹簧使蓄能器液压腔容积变大，以暂时储存制动液。

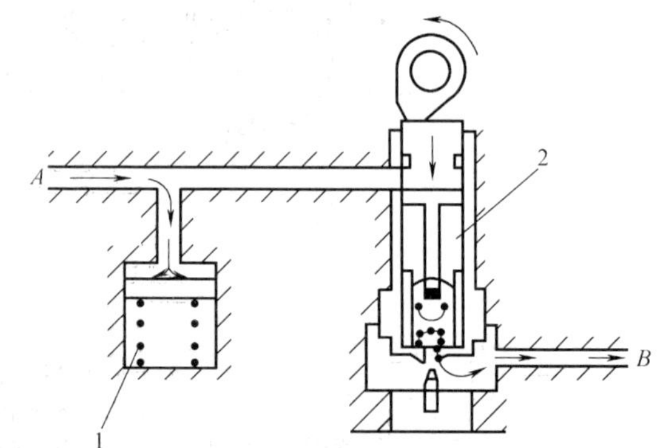

图 12-46 活塞—弹簧式蓄能器

1—蓄能器 2—回油泵

③ 液压泵和电动机总成：液压泵和电动机总成（电动柱塞液压泵）由微电动机和柱塞液压泵组成。微电动机由 ECU 控制，当微电动机起动后，柱塞液压泵把暂储存在蓄能器中的制动液输送回制动主缸。

电动柱塞液压泵通常是直流电动机和柱塞液压泵的组合体，如图 12-47 所示。其中直流电动机的工作由安装在柱塞液压泵出液口处的压力控制开关控制，将柱塞液压泵出液口和蓄能器处的制动液压力控制在设定的标准值之内。

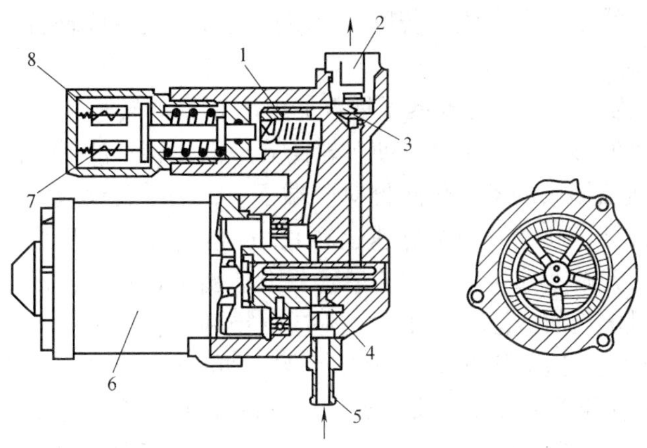

图 12-47　电动柱塞液压泵结构

1—限压阀　2—出液口　3—单向阀　4—滤芯　5—进液口　6—电动机　7—压力控制开关　8—警告开关

二、拆装与调整

1. 传感器的检测和拆装

（1）传感器的检测　轮速传感器损坏后，电子控制单元接收不到转速信号，不能控制制动压力调节器工作，ABS 停止工作，车辆维持常规制动状态。传感器的检测方法如下：

1）传感器的外观检查：检查传感器外观时，应注意传感器安装有无松动；传感器头和齿圈是否吸有磁性物质和污垢；传感器导线是否破损、老化；插接器是否连接牢固和接触良好，如有锈蚀、脏污，应清除，并涂少量防护剂，然后重新将导线插入插接器，再进行检测。

2）传感器头与齿圈齿顶端面之间间隙的检查：传感器头与齿圈齿顶端面间隙可用无磁性塞尺或合适的硬纸片检查，其检查方法如图 12-48 所示。

将齿圈上的一个齿正对着传感器头，选择规定厚度的塞尺或合适的硬纸片，放入轮齿与传感器的头部之间，来回拉动塞尺，其阻力应合适。若阻力较小，说明间隙过大；若阻力较大，说明间隙过小。

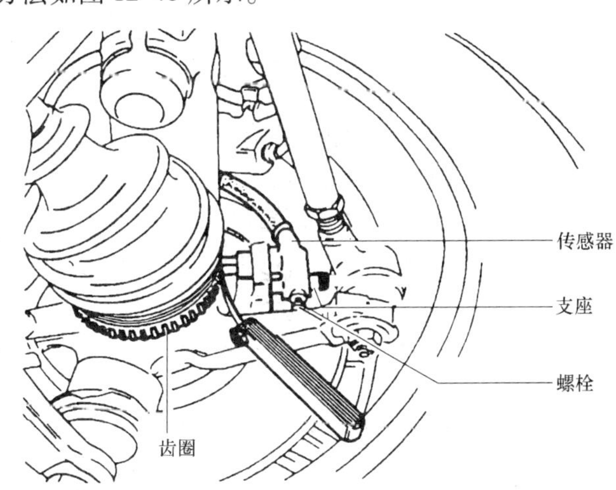

图 12-48　传感器头与齿圈齿顶端面间隙的检查

3）传感器电磁线圈及其电路检测：对于电磁式传感器，使点火开关处于 OFF 位置，将 ABS 电子控制单元插接器插头拆下，查出各传感器与电子控制单元连接的相应端子，在相应端子上用万用表电阻挡检测传感器线圈与其连接电路的电阻值是否正常。

若电阻值无穷大，表明传感器线圈或连接电路有断路故障；若电阻值很小，表明有短路故障。为了区分故障是在电磁线圈或在连接电路，应拆下传感器插接器插头，用万用表电阻挡直接测试电磁线圈的电阻值。若所测电阻值正常，表明传感器连接电路或插接器有故障，应修复或更换。

4）模拟检查：为进一步证实传感器是否能产生正常的转速信号，可用示波器检测传感器的信号电压及其波形。其方法是：使车轮离开地面，将示波器测试线接于ABS电子控制单元（ECU）插接器插头的被测传感器对应端子上，用手转动被测车轮（传感器装在差速器上则应挂上前进挡，起动发动机低速运转），观察信号电压及其波形是否与车轮转速相当，以及波形是否残缺变形，以判定传感器头或齿圈是否脏污或损坏。

经测试，若信号电压值或波形不正常，则应更换和修理传感器头或齿圈。

（2）传感器的拆装　以桑塔纳2000轿车为例，如图12-49所示，拆卸前轮轮速传感器前，先拆下传感器的导线插头（图中箭头所示），再拧下内六角紧固螺栓，然后拆下前轮轮速传感器。拆卸后轮轮速传感器时，先翻起汽车后座垫，拔下后轮轮速传感器的连接插头，如图12-50所示。拆下传感器的内六角紧固螺栓，如图12-51所示，然后拆下后轮轮速传感器。按图12-52箭头所示方向取下后梁上的轮速传感器导线保护罩，拉出导线和导线插头。

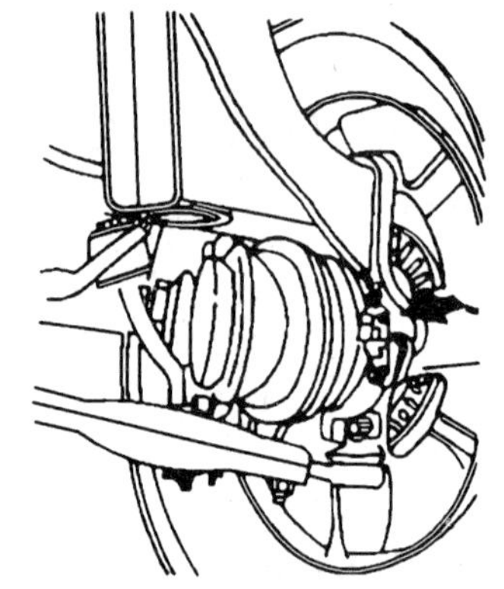

图12-49　前轮轮速传感器的拆卸

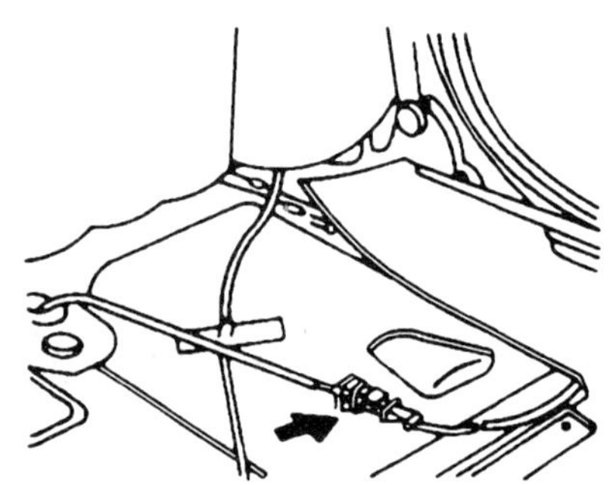

图12-50　拔下后轮轮速传感器的插头

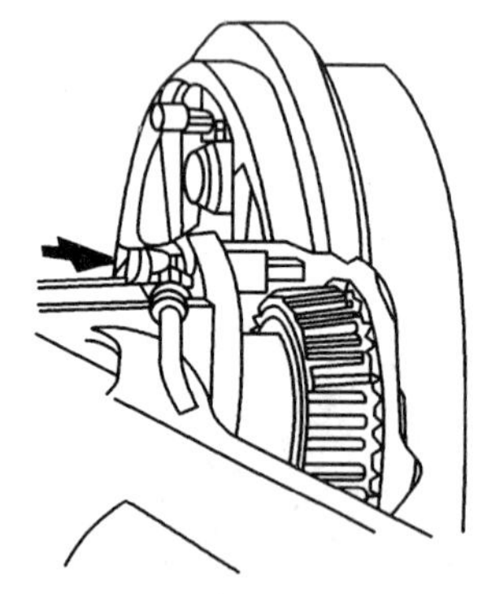

图12-51　拆下传感器紧固螺栓

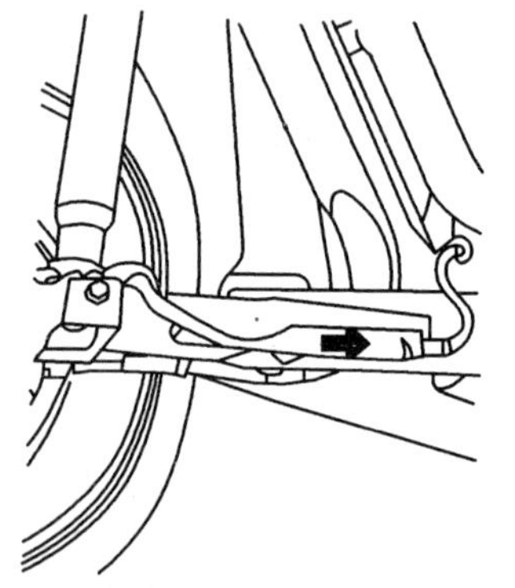

图12-52　取下传感器导线保护罩

传感器的安装与拆卸的顺序相反，但应注意安装传感器前应先清洁传感器的安装孔内表面，并涂上固体润滑脂，然后装入传感器，以10N·m的力矩拧紧内六角紧固螺栓。

2. 电子控制单元的检测

桑塔纳2000轿车电子控制单元与制动压力调节器、电动液压泵组装在一起，其拆装步骤见制动压力调节器的拆装。

桑塔纳2000轿车ABS电路如图12-53所示。电子控制单元25针插头各端子的功能如图12-54和表12-1所示。

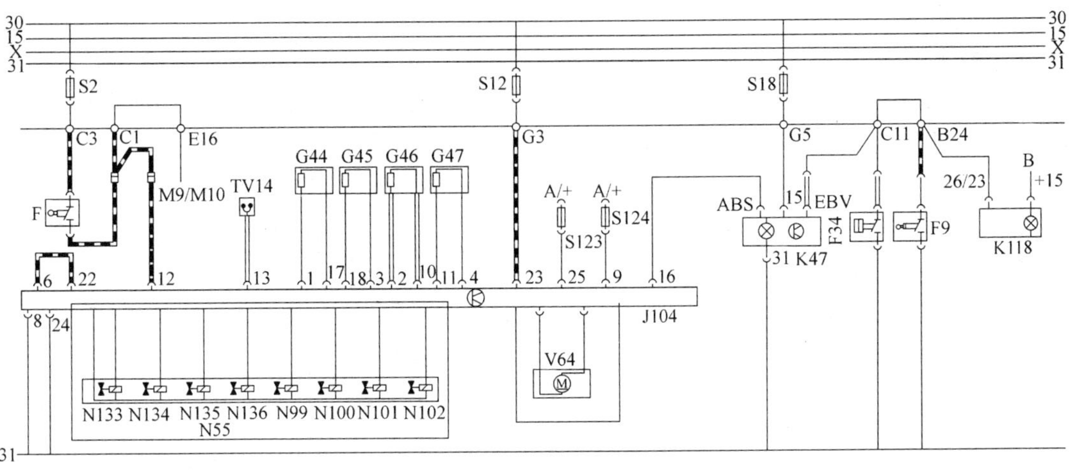

图12-53　ABS电路图

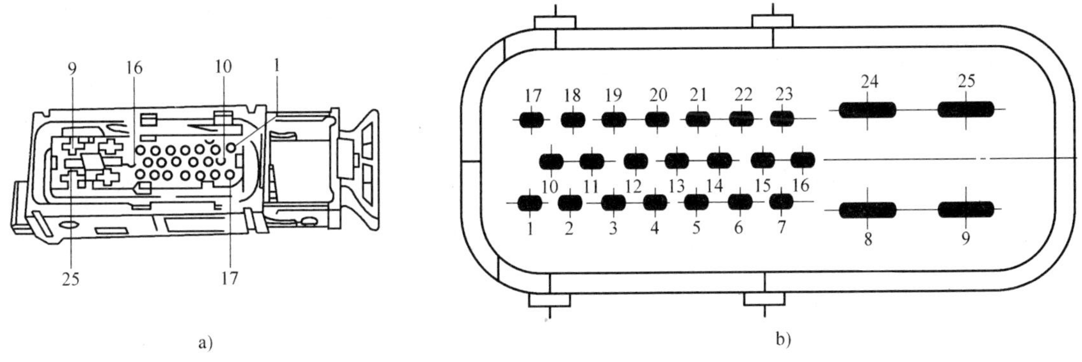

图12-54　ABS电子控制单元插头

表12-1　ABS电子控制单元各端子的功能

端子	连接的元件	端子	连接的元件
1	右后轮速传感器	14	空位
2	左后轮速传感器	15	空位
3	右前轮速传感器	16	ABS故障报警灯
4	左前轮速传感器	17	右后轮速传感器
5	空位	18	右前轮速传感器
6	电子控制单元端子22	19	空位
7	空位	20	空位
8	蓄电池（－）	21	空位
9	蓄电池（＋）	22	电子控制单元端子
10	左后轮速传感器	23	中央线路板接头
11	左前轮速传感器	24	蓄电池（－）
12	制动灯开关	25	蓄电池（＋）
13	诊断导线，K线		

检测时应满足以下条件：

1）检测条件：

① 相关熔断丝完好。

② 关闭用电设备，如前照灯、空调和风扇等。

③ 拔下 ABS 电子控制单元的线束插头，使其与检测箱 V. A. G1598/21 的插座相连接，如图 12-55 所示。

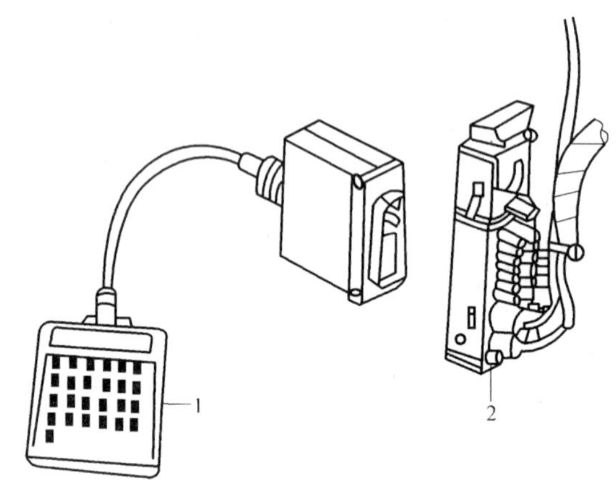

图 12-55　连接检测箱 V. A. G1598/21

1—V. A. G1598/21　2—ABS 电子控制单元线束插头

2）检测的方法及标准数值见表 12-2。

表 12-2　电气检测表

测试步骤	V. A. G1598/21 插孔	测试内容	测试条件（附加操作）	额定值
1	3+18	右前轮速传感器（G45）的电阻	点火开关关闭	1.0~1.3kΩ
2	4+11	左前轮速传感器（G47）的电阻	同上	同上
3	1+17	右后轮速传感器（G44）的电阻	同上	同上
4	2+10	左后轮速传感器（G46）的电阻	同上	同上
5	1+17	右后轮速传感器（G44）的电压信号	举升汽车，点火开关关闭，使右后轮以约 1r/s 的速度转动	190~1140mV 的交流电压
6	2+10	左后轮速传感器（G46）的电压信号	同上	同上
7	3+18	右前轮速传感器（G45）的电压信号	同上	同上
8	4+11	左前轮速传感器（G47）的电压信号	同上	同上
9	8+25	电子控制单元对液压泵的供电电压	点火开关关闭	10.0~14.5V
10	9+24	电子控制单元对电磁阀的供电电压	同上	同上
11	8+23	电子控制单元供电电压	点火开关接通	同上
12	8+12	制动灯开关的功能	点火开关关闭 （不踩制动踏板） （踩制动踏板）	0~0.5V 10.0~14.5V
13		ABS 故障报警灯功能	点火开关关闭 点火开关打开	灯亮
14		制动装置报警灯功能	点火开关关闭 点火开关打开	灯亮

3. 制动压力调节器的拆装与检测

（1）制动压力调节器的拆装注意事项

1）由于很多ABS使用蓄能器，系统中存有较高的液压压力，因此在拆卸液压管路及接头时，必须充分降低蓄能器的液压，以避免高压制动液喷出。

2）安装时要按照规定的力矩拧紧管路和部件的联接螺栓。

3）制动压力调节器拆装后，一定要按正确的方法排除液压系统内的空气。

（2）桑塔纳2000轿车制动压力调节器的拆装

1）拆卸：

① 关闭点火开关，拆下蓄电池及支架。

② 从ABS电子控制单元上拔下25针插头，如图12-56所示。

③ 踏下制动踏板，并用踏板架定位，如图12-57所示。

④ 在ABS电子控制单元下垫一块抹布，用来吸干从开口处流出的制动液，如图12-58所示。

⑤ 拆下制动主缸到液控单元的制动油管A和B，并做上记号，立即用密封塞将开口处塞住，如图12-59所示。

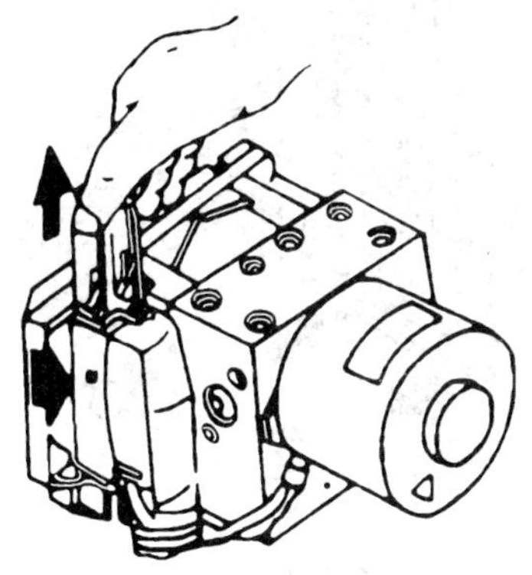

图12-56　拔下ABS电子控制单元的插头

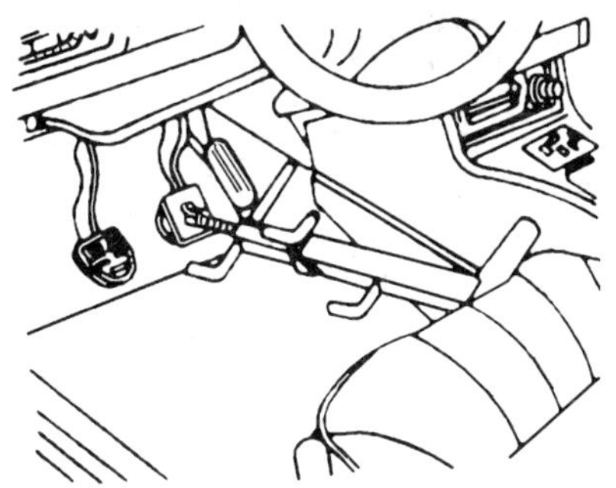

图12-57　用踏板架固定制动踏板

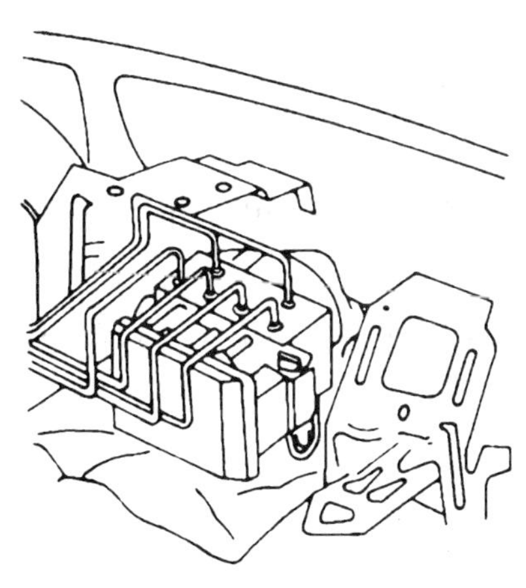

图12-58　在ABS电子控制单元下垫一块抹布

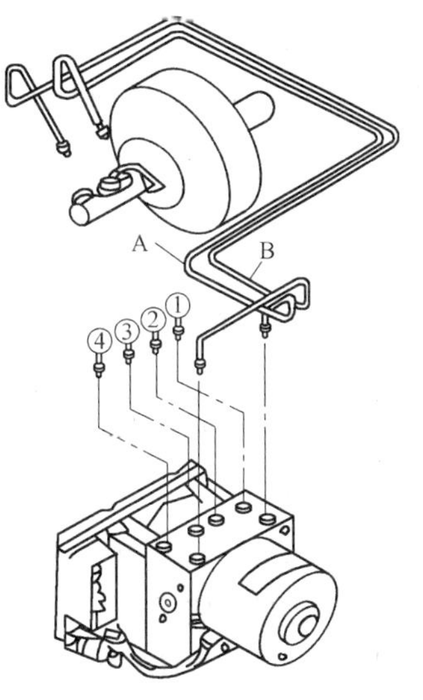

图12-59　拆下制动油管A和B

⑥用软铅丝将制动油管 A 和 B 扎在一起，挂到高处，使开口处高于制动储液室的油平面。

⑦ 拆下液控单元通往各制动轮缸的油管，并做好记号，立即用密封塞将开口处塞住，如图 12-60 所示。

⑧ 将 ABS 电子控制单元及制动压力调节器从支架上拆下来。

2）分解：

① 压下接头侧的锁止装置，拔下 ABS 电子控制单元上液压泵的电线插头。

② 用专用套筒扳手拆下 ABS 电子控制单元与液控单元的 4 个联接螺栓，如图 12-61 箭头所示。

③ 将液控单元与 ABS 电子控制单元分离。

④ 在 ABS 电子控制单元的电磁阀上盖一块不起毛的布。

⑤ 将液控单元和液压泵安放在专用支架上，以免在搬运时损坏阀体。

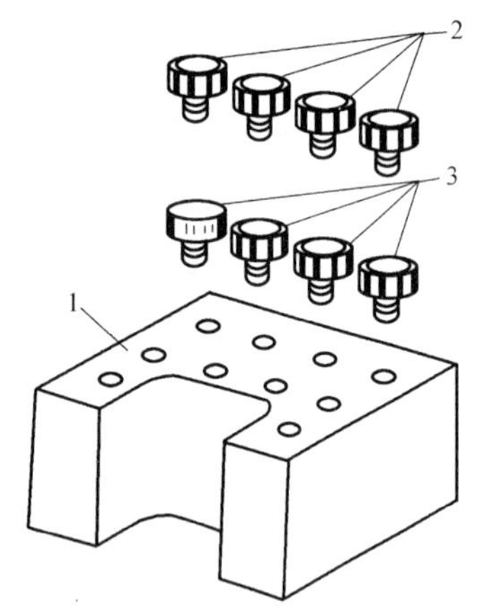

图 12-60　制动油管密封塞
1—专用支架　2、3—阀体开口处的密封塞

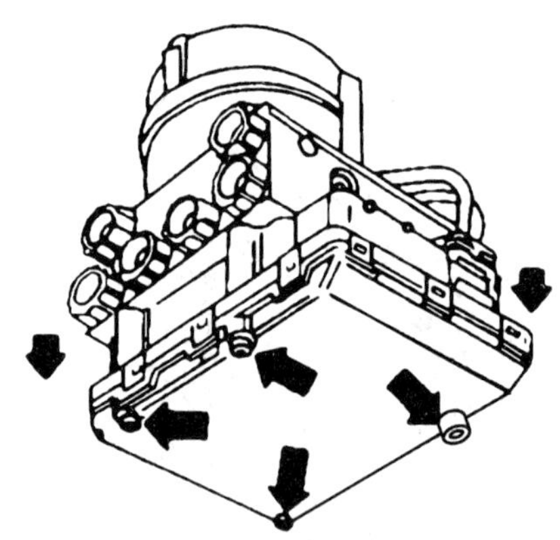

图 12-61　拆下 ABS 电子控制单元与液控单元的联接螺栓

3）装配：

① 将液控单元与电子控制单元装成一体，用专用套筒扳手拧紧新的螺栓，力矩不得超过 4N · m。

② 插上液压泵电线插头，注意线束锁止装置必须到位。

4）安装：

① 将组装好的 ABS 电子控制单元及液控单元装到架上，以 10N · m 的力矩拧紧固定螺栓。

② 拆下液压口处的密封塞，装上各轮制动油管，检查油管位置是否正确，以 20N · m 的力矩拧紧管接头。

③ 插上 ABS 电子控制单元的线束插头。

④ 对 ABS 充液和放气。

⑤ 打开点火开关，ABS 故障报警灯应亮 2s 后再熄灭。

⑥ 使用 V. A. G1552 先清除故障码，再查询故障码。

（3）制动压力调节器的检测　制动压力调节器的检测包括电磁阀、电动液压泵及继电器的检测。桑塔纳 2000 轿车制动压力调节器可用 V. A. G1552 仪器或其他诊断仪进行检测。

项目 29　驱动防滑系统组成、原理及拆装检测

一、驱动防滑系统作用

驱动防滑系统能在车轮开始滑转时，降低发动机的输出转矩，同时控制制动系统，以降低传递给驱动轮的转矩，使之达到合适的驱动力，使汽车的起步和加速达到快速而稳定的效果。

二、驱动防滑系统的组成及工作原理

1. 驱动防滑系统的组成

图 12-62 所示为一典型的具有制动防抱死和驱动防滑转功能的系统。其中防滑转系统与 ABS 控制系统共用轮速传感器和电子控制单元，只是在通往驱动轮制动轮缸的制动管路中增设了一个防滑转制动压力调节器，在由加速踏板控制的主节气门上方增设了一个由步进电动机控制的副节气门，并在主、副节气门处各设置一个节气门开度传感器。

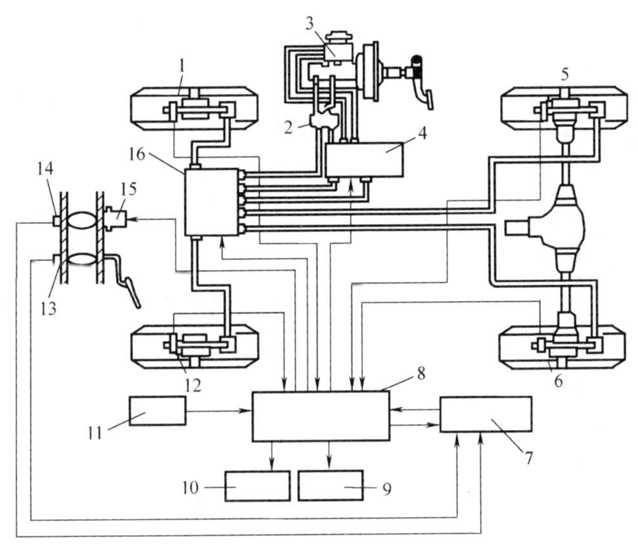

图 12-62　典型 ABS/ASR 系统的组成

1—右前轮速传感器　2—比例阀和差压阀　3—制动主缸　4—ASR 制动压力调节器　5—右后轮速传感器　6—左后轮速传感器　7—发动机/变速器电子控制单元　8—ABS/ASR 电子控制单元　9—ASR 关闭指示灯　10—ASR 工作指示灯　11—ASR 选择开关　12—左前轮速传感器　13—主节气门开度传感器　14—副节气门开度传感器　15—副节气门驱动装置　16—ABS 制动压力调节器

2. 驱动防滑系统的工作原理

驱动防滑系统（ASR）可通过调节作用于驱动轮上的驱动力矩和制动力矩，在驱动过程中防止驱动轮发生滑转。

调节作用于驱动轮上的驱动力矩可通过控制发动机节气门的开度和点火提前角的大小；调节作用于驱动轮上的制动力矩可借助 ABS 控制系统中的轮速传感器及制动压力调节器对驱动轮施加一定的制动力矩来实现。

（1）发动机动作　一旦电子控制单元检测到一个或两个驱动轮发生空转的情况，立即将发动机的副节气门关闭，减小发动机的输出转矩。随着发动机转矩的减小，车轮的车速下降，其滑转率降低，车轮与地面的附着系数增大。

（2）制动动作　如图 12-63 所示，当汽车在附着系数不均匀的路面上行驶时，处于低附着系数路面的车轮可能会空转，出现一个车轮打滑的情况。则电子控制单元将使滑转车轮的制动压力上升，对该轮作用一定的制动力，同时对另一个驱动轮作用一个与制动力矩大小相同的发动机转矩，如图 12-64 所示。结果是：空转车轮转速降低，另一车轮驱动力矩增加，两车轮向前运动速度趋于一致。

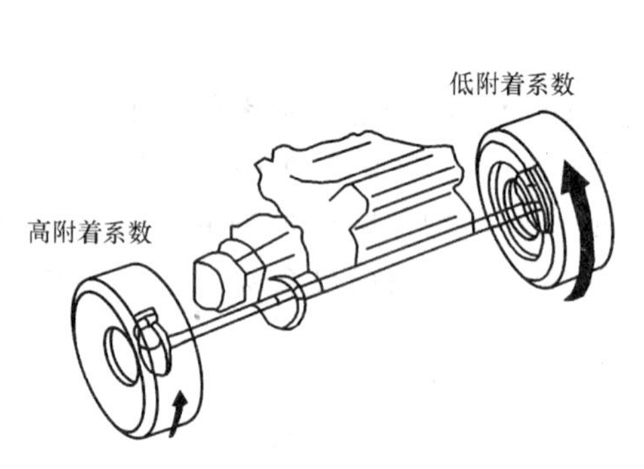

图 12-63　路面附着系数不均匀

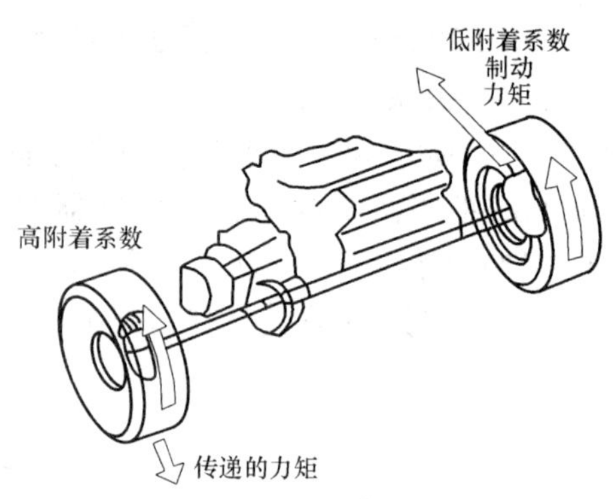

图 12-64　使空转驱动轮制动

3. 驱动防滑系统的工作过程

当驱动防滑系统处于工作状态时，电子控制单元根据各轮速传感器检测到的转速信号，确定驱动轮的滑转率和汽车的参考速度。当电子控制单元判定驱动轮的滑转率超过设定的限值时，就使驱动副节气门的步进电动机转动，减小副节气门的开度。此时，即使主节气门的开度不变，发动机的进气量也会因副节气门开度的关小而减少。如果驱动轮的滑转率仍未降低到设定的控制范围内，电子控制单元又会控制 ASR 制动压力调节器和 ABS 制动压力调节器，对驱动轮施加一定的制动压力，则驱动轮上就会作用一制动力矩，从而使驱动轮的转速降低。

三、驱动防滑系统主要部件结构及工作过程

1. 副节气门驱动装置

（1）功用　副节气门驱动装置的功用是根据电子控制单元传送的指令来控制副节气门的开启角度，从而控制进入发动机气缸的空气量，达到控制发动机输出转矩的目的。

（2）结构　副节气门驱动装置安装在节气门壳体上，如图 12-65 所示。它是一个由电子控制单元控制转动的步进电动机，由永磁体、传感线圈和旋转轴等组成，如图 12-66 所示。在旋转轴的末端安装一个小齿轮（主动齿轮），由它带动安装在副节气门轴末端的凸轮轴齿轮旋转，以此控制副节气门的开启角度。

（3）工作过程　当驱动防滑系统不工作时，副节气门在弹簧力作用下保持全开状态，进入发动机的空气量由驾驶员控制主节气门的开度所决定。当前、后轮速传感器检测到车轮滑转需进行防滑控制时，电子控制单元驱动步进电动机使凸轮轴齿轮旋转，从而控制节气门的开度。

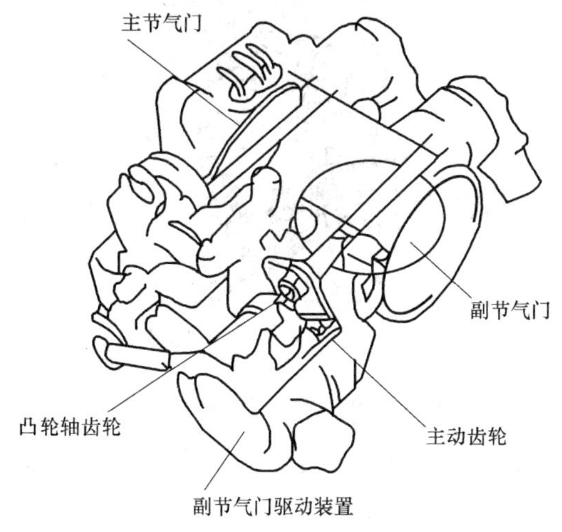

图 12-65　节气门总成

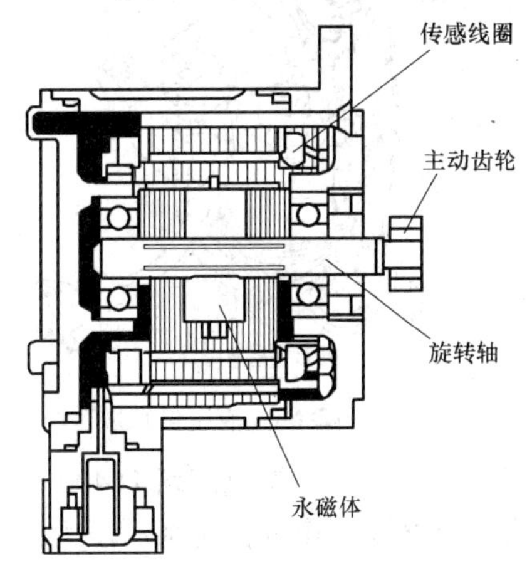

图 12-66　副节气门驱动装置（步进电动机）

2. ASR 制动压力调节器

（1）ASR 制动压力调节器结构及功用　ASR 制动压力调节器的结构形式有独立式和组合式两种。所谓独立式 ASR 制动压力调节器是和 ABS 制动压力调节器在结构上各自分开，如图 12-67 所示。

两种类型的 ASR 制动压力调节器在结构上虽然有所不同，但都离不开液压泵总成和电磁阀总成。

液压泵总成由一个电动机驱动的柱塞液压泵和一个蓄能器组成，如图 12-68 所示。其中电动柱塞液压泵的功用是从制动主缸储液罐中吸取制动液，升压后送到蓄能器；蓄能器的功用是储存高压制动液，并在系统工作时向车轮制动轮缸提供制动液压。电磁阀总成主要由 3 个二位二通电磁阀（即蓄能器切断电磁阀、制动主缸切断电磁阀、储液罐切断电磁阀）和压力开关等组成，如图 12-69 所示。其中蓄能器切断电磁阀的功用是在防滑系统工作时，将制动液由蓄能器中传送至车轮制动轮缸；制动主缸切断电磁阀的功用是当蓄能器中的制动液传送给车轮制动轮缸后，立即防止制动液流回制动主缸；储液罐切断电磁阀的功用是在防滑系统工作中将车轮制动轮缸中的制动液传送回制动主缸中；压力开关的作用是调节蓄能器中的压力。

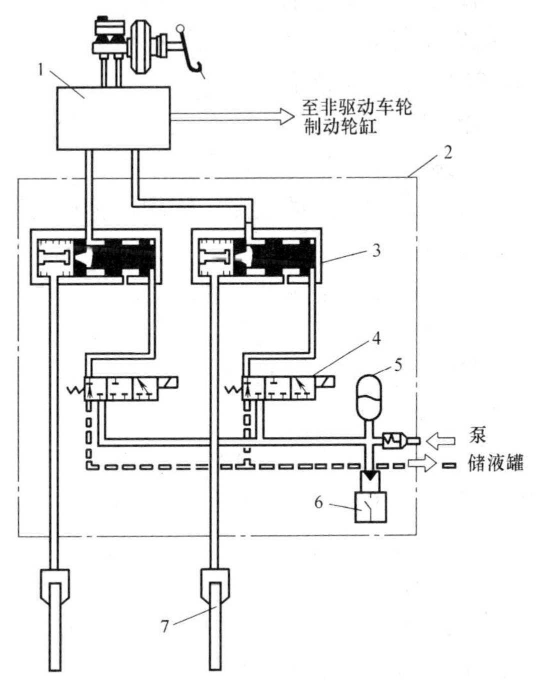

图 12-67　独立式 ASR 制动压力调节器
1—ABS 制动压力调节器　2—ASR 制动压力调节器
3—调压缸　4—三位三通电磁阀　5—蓄能器
6—压力开关　7—驱动轮制动器

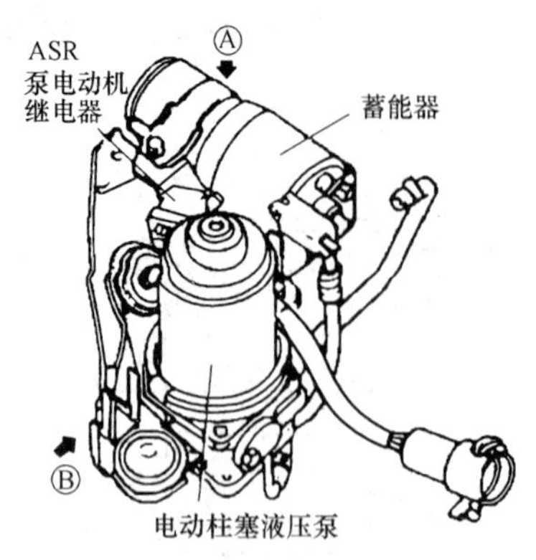

图 12-68 液压泵总成

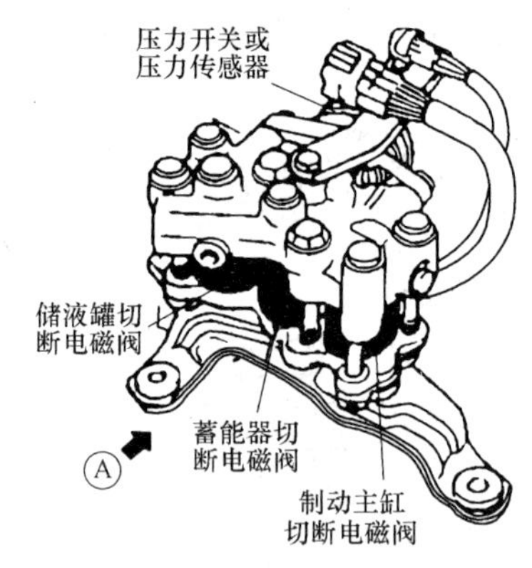

图 12-69 电磁阀总成

（2）工作过程 雷克萨斯 LS400 轿车同时具有 ABS 和 ASR 功能，ABS 和 ASR 控制器组合为一个整体。其组合式制动压力调节器的液压回路如图 12-70 所示。

工作过程如下：

ASR 不起作用时，电磁阀Ⅰ不通电。汽车在制动过程中如果车轮出现抱死，ABS 起作用，通过电磁阀Ⅱ和电磁阀Ⅲ来调节制动压力。

当驱动轮出现滑转时，ASR 使电磁阀Ⅰ通电，阀移至右位，电磁阀Ⅱ和电磁阀Ⅲ不通电，阀仍在左位，于是，蓄能器的压力通入驱动轮轮缸，制动压力增大。

当需要保持驱动轮的制动压力时，ASR 控制器使电磁阀Ⅰ半压通电，阀移至中位，切断了蓄能器及制动主缸的通路，驱动轮轮缸的制动压力即保持不变。

当需要减小驱动轮的制动压力时，ASR 控制器使电磁阀Ⅱ和电磁阀Ⅲ通电，阀Ⅱ和阀Ⅲ移至右位，将驱动轮轮缸与储液罐接通，于是，制动压力下降。

如果需要对左右驱动轮的制动压力实施不同的控制，ASR 控制器分别对电磁阀Ⅱ和电磁阀Ⅲ实行不同的控制。

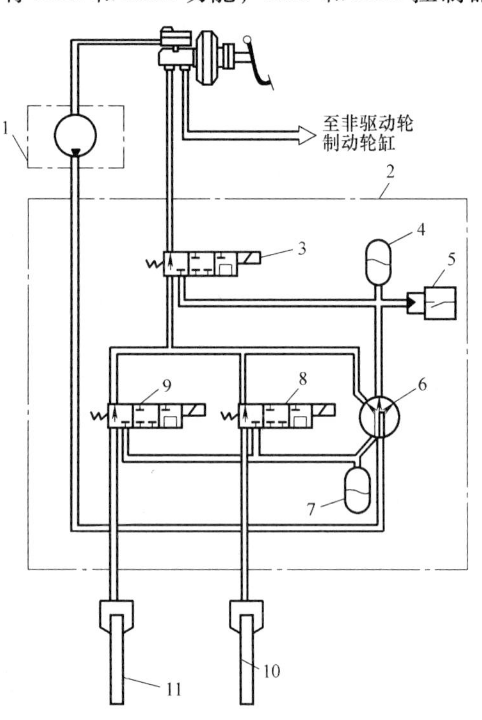

图 12-70 ABS/ASR 制动压力调节器的液压回路
1—电动柱塞液压泵 2—ABS/ASR 制动压力调节器
3—电磁阀Ⅰ 4—蓄能器 5—压力开关
6—循环泵 7—储液罐 8—电磁阀Ⅱ
9—电磁阀Ⅲ 10、11—驱动轮制动器

（3）ASR 制动压力调节器的拆装 与 ABS 制动压力调节器的拆装相同，拆装 ASR 制动压力调节器之前，应先放出液压管路内高压制动液，以免高压制动液喷出。以 ASR 制动压力调节器中电动柱塞液压泵和蓄能器的拆卸和安装为例加以介绍。

电动柱塞液压泵和蓄能器的拆卸如图 12-71 所示，其分解如图 12-72 所示，其装配按分解相反顺序进行。管路内高压制动液的排放方法如下：

1）拆下空气滤清器。

2）在 ASR 制动压力调节器的放气螺栓上接一个软管。

3）旋松放气螺栓，将高压制动液放出，如图 12-73 所示。

4）当制动液放出、卸压后，拧紧放气螺栓。

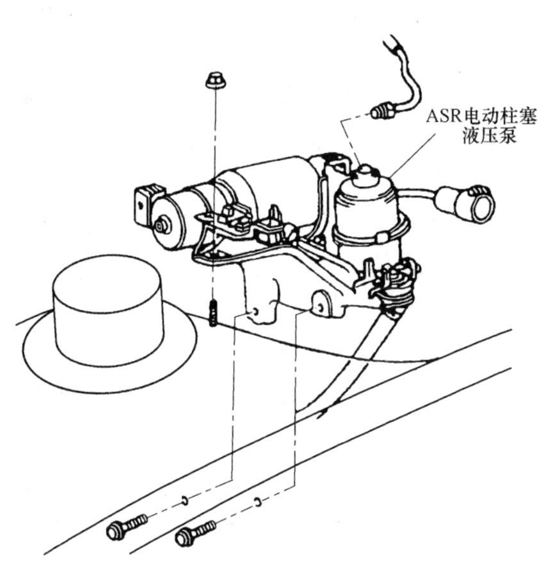

图 12-71　雷克萨斯 LS400 柱塞液压泵和蓄能器的拆卸

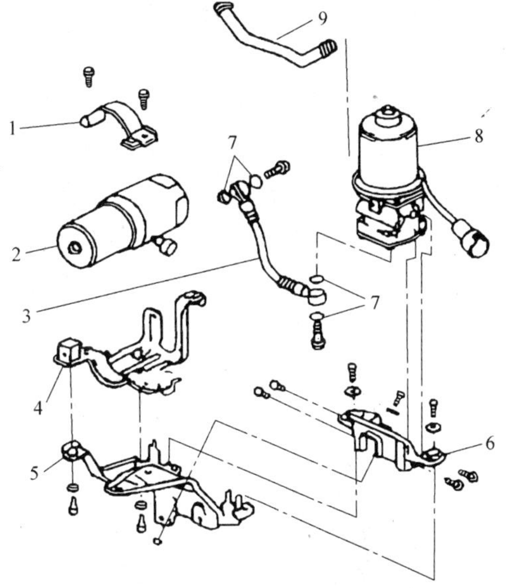

图 12-72　液压泵与蓄能器的分解
1—蓄能器固定板　2—蓄能器　3—压力软管
4—蓄能器托架　5—柱塞液压泵下托架
6—柱塞液压泵上托架
7—O 形圈　8—柱塞液压泵　9—执行器管

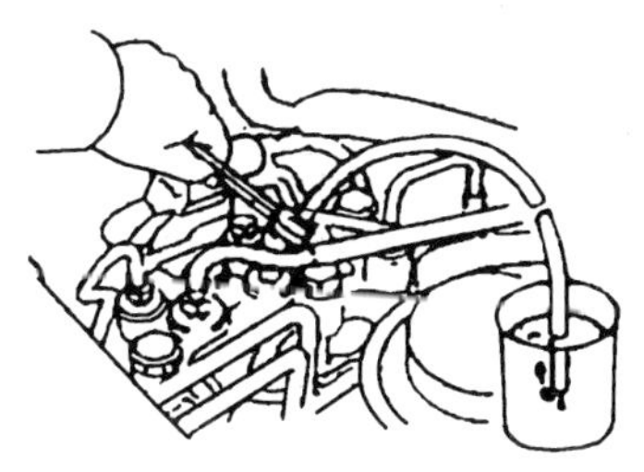

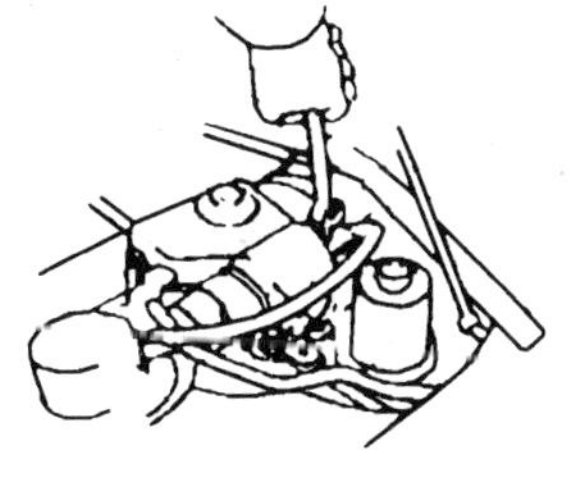

图 12-73　放出管路中的高压制动液

3. 电子控制单元（ECU）

电子控制单元将防抱死制动功能和防滑转功能组合为一整体。对于防滑转系统，它根据驱动轮轮速传感器输送的速度信号计算判断出车轮与路面间的滑转状态，并适时地向其执行机构发出指令，以降低发动机的输出转矩和车轮的转速，从而实现防止驱动轮滑转的目的。另外，电子控制单元（ECU）还具有初始检测功能、故障自诊断功能和失效保护功能。

（1）车轮防滑转控制　电子控制单元不断地从驱动轮轮速传感器接收到速度信号并不断地计算出每个车轮的速度，同时也计算出汽车的行驶速度和车轮滑转率。当汽车在起步或突然加速过程中，若驱动轮滑转，电子控制单元（ECU）立即使防滑转系统工作。

例如：当踩下加速踏板后，主节气门迅速开启，驱动轮加速。若驱动轮速度超过设定控制速度后，控制单元即发出指令，关闭副节气门，发动机进气量立即减少，从而使发动机转矩降低。同时，控制单元发出指令接通 ASR 制动压力调节器电磁阀，并将 ABS 制动压力调节器电磁阀置于“压力升高”状态，于是防滑转系统蓄能器使制动液压力升高，加上防滑转系统电动柱塞液压泵的制动液压力，足以使制动轮缸中的制动液压力迅速升高，实现对滑转驱动轮的制动。

当制动作用后，驱动轮加速度立即减小，电子控制单元将 ABS 制动压力调节器的三位电磁阀置于“压力保持”状态；若驱动轮速度降低太多，电磁阀就处于“压力降低”状态，使制动轮缸中的液压降低，驱动轮转速又恢复升高。

（2）初始检测功能　当汽车处于停止状态，变速杆处在“P”或“N”位置而接通点火开关时，电子控制单元（ECU）即开始对副节气门驱动装置和 ASR 制动压力调节器电磁阀的工作状态进行检测。

（3）故障自诊断功能　当电子控制单元检测到防滑转系统出现故障时，即点亮仪表盘上的 ASR 报警灯，以警告驾驶员 ASR 已出现故障，同时将故障以故障码的形式存入存储器，供诊断时重新显示出来。

（4）失效保护功能　当防滑转系统不工作和电子控制单元（ECU）检测到有故障时，电子控制单元（ECU）立即发出指令，断开 ASR 节气门继电器、ASR 泵电动机继电器和 ASR 制动主继电器，从而使 ASR 不起作用。而发动机和制动系统仍可以按照没有采用 ASR 时那样工作。

四、驱动防滑系统的维护

下面以雷克萨斯 LS400 轿车为例，介绍 ASR 的故障诊断及检查步骤。其 ASR 和 ABS 的制动压力控制系统如图 12-74 所示，控制电路如图 12-75 所示，电子控制单元各端子排列及名称见表 12-3。

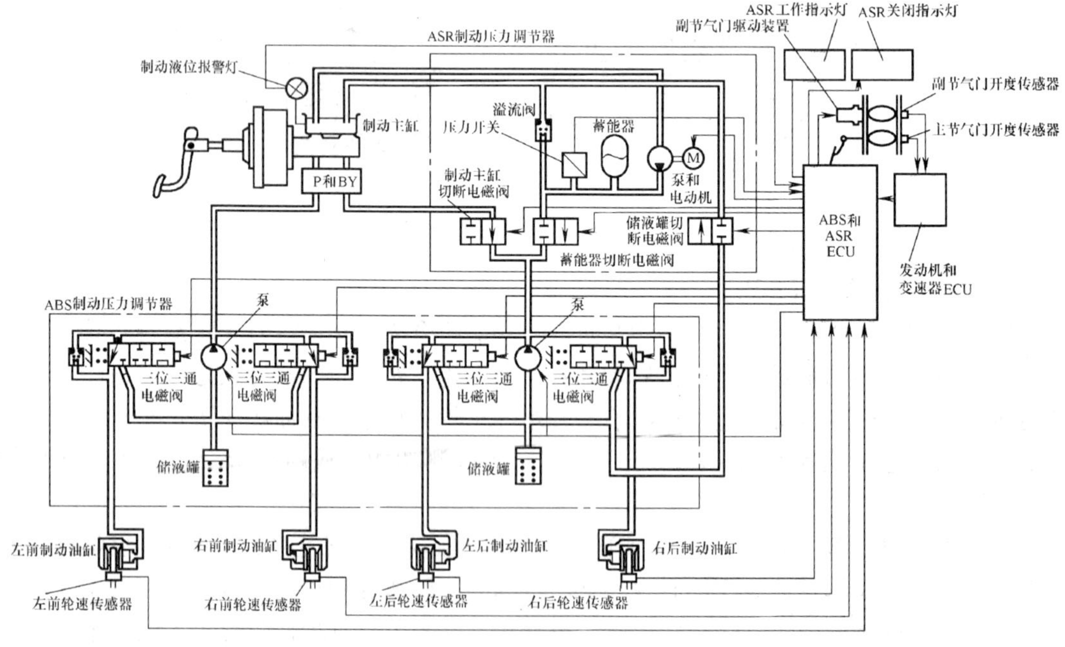

图 12-74　雷克萨斯 LS400 的 ASR 和 ABS 制动压力控制系统

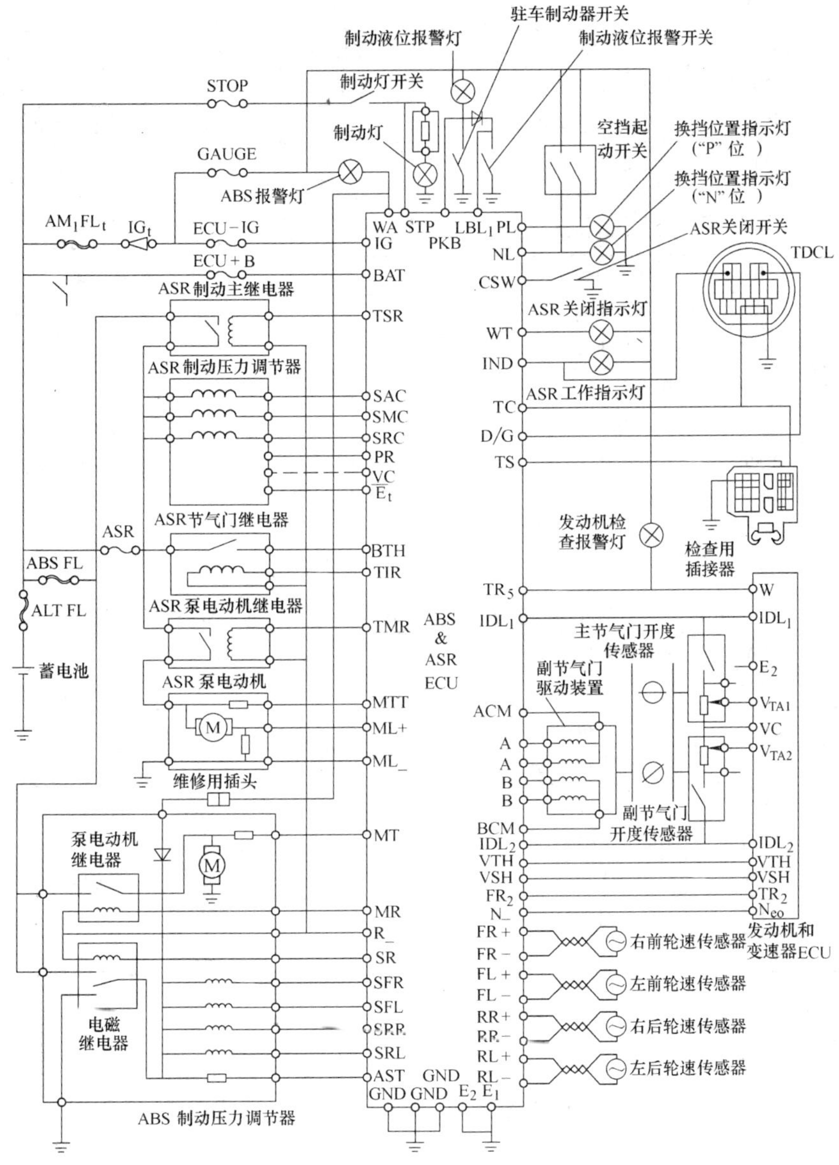

图 12-75 雷克萨斯 LS400ASR 系统的控制电路

表 12-3 雷克萨斯 LS400ABS 和 ASR 电子控制单元端子符号及名称

端子编号	符号	端子名称	端子编号	符号	端子名称
A18-1	SMC	M/C 切断电磁阀线圈	9	A	步进电动机
2	SRC	储液罐切断电磁阀线圈	10	A	步进电动机
3	R-	继电器搭铁线	11	BM	步进电动机
4	TSR	ASR 继电器线圈	12	ACM	步进电动机
5	MR	ABS 泵电动机继电器	13	SFL	左前线圈
6	SR	ABS 电磁继电器	14	SAC	ACC 切断线圈
7	TMR	ASR 泵电动机继电器	15	VC	ACC 压力开关（传感器）
8	TIR	ASR 节气门继电器	16	AST	ABS 电磁继电器监控器

（续）

端子编号	符号	端子名称	端子编号	符号	端子名称
17	NL	空挡起动开关	15	—	—
18	IDL_1	主节气门怠速开关	16	IND	ASR 工作指示灯
19	PL	空挡起动开关	A20-1	SFR	右前线圈
20	IDL_2	副节气门怠速开关	2	GND	搭铁
21	MTT	ASR 泵电动机监控器	3	RL +	左后轮速传感器
22	B	步进电动机	4	FR −	右前轮速传感器
23	B	步进电动机	5	RR +	右后轮速传感器
24	BCM	步进电动机	6	FL −	左前轮速传感器
25	GND	搭铁	7	E_1	搭铁
26	SRR	右后线圈	8	MT	ABS 泵电动机继电器
A19-1	BAT	备用电源	9	ML −	ASR 泵电动机闭锁继电器
2	PKB	驻车制动器开关	10	PR	ACC 压力开关（传感器）
3	TC	诊断	11	IG	电源
4	N_{eo}	Ne 信号	12	SRL	左后线圈
5	VTH	主节气门开度传感器	13	GND	搭铁
6	WA	ABS 报警灯	14	RL −	左后轮速传感器
7	TR_2	发动机通信	15	FR +	右前轮速传感器
8	WT	ASR 关闭指示灯	16	RR −	右后轮速传感器
9	TR_5	发动机检查报警灯	17	FL +	左前轮速传感器
10	—	—	18	E_2	搭铁
11	LBL_1	制动液位报警灯	19	E_1	搭铁
12	CSW	ASR 关闭开关	20	TS	传感器检查用
13	VSH	副节气门开度传感器	21	ML +	ASR 泵电动机闭锁传感器
14	D/G	诊断	22	STP	制动灯开关

1. ASR 故障自诊断

（1）系统自检　当点火开关接通时，仪表板上的 ASR 报警灯会亮起，3s 后 ASR 报警灯熄灭。如果点火开关接通时，ASR 报警灯不亮或 3s 后不熄灭，为不正常，需进行检查。

（2）故障码读取

1）接通点火开关。

2）将 ASR 或 ABS 诊断端子中的 TC 和 E_1 用跨接线连接起来。

3）根据仪表板上 ASR 报警灯的闪烁情况读取故障码。

故障码的闪烁方式与 ABS 故障码的读取方式相似，故障码内容及检测部位可参考维修手册，在此不再赘述。

（3）故障码清除

1）按照故障码的提示，检查排除故障后，应清除电子控制单元内存储的故障码，其方法是用故障诊断专用检查线连接诊断插座中的 TC 和 E_1 两端子。

2）将点火开关置于点火位置，在 3s 内踩动制动踏板 8 次以上即可清除故障码。

3）检查 ASR 报警灯是否显示正常，确认正常后，从诊断插座上取下诊断专用检查线。

2. ASR 检测

ASR/ABS 电子控制单元插接器各接线端子与地之间电压检测如下：

（1）电源电压　在点火开关断开和接通时，BAT 端子上的电压均应为 10～14V；在点火开关断开时 IG 端子上的电压应为 0V，点火开关接通时，该端子电压应为 10～14V。

（2）空挡起动开关两端子 PL、NL 上的电压　PL、NL 两端子上的电压在点火开关断开时，均为 0V；当点火开关接通、变速杆在 P 或 N 位时均为 10～14V，其他位置时为 0V。

（3）制动灯开关 STP 端子上的电压　在制动灯开关接通时，STP 端子上的电压应为 10～14V；制动灯开关断开时应为 0V。

（4）制动液位报警开关 LBL_1 端子上的电压　在点火开关接通和制动液位报警开关断开时，LBL_1 端子上的电压值应为 10～14V；制动液位报警开关接通时，应小于 1V。

（5）ASR 关闭开关 CSW 端子上的电压　在点火开关接通时，按下 ASR 关闭开关，其端子电压为 0V；放开 ASR 关闭开关，则应约为 5V。

（6）ASR 制动主继电器 TSR 端子上的电压　点火开关接通时，TSR 端子上的电压应为 10～14V。

（7）ASR 节气门继电器 BTH 和 TIR 两端子上的电压　在点火开关接通时，BTH、TIR 两端子上的电压均应为 10～14V；点火开关断开时均为 0V。

（8）ASR 制动压力调节器各端子上的电压　在点火开关接通时，SMC、SAC、SRC 三端子上的电压值均应为 10～14V；PR、VC 两端子上的电压值均应约为 5V。

（9）与发动机和自动变速器电子控制单元相关的端子电压

1）IDL_1 和 IDL_2 两端子上的电压。在点火开关接通、节气门关闭时，电压应为 0V；节气门开启时，电压应为 5V。

2）VTH 和 VSH 两端子上的电压。在点火开关接通、节气门关闭时，电压约为 0.6V；节气门开启，电压约为 3.8V。

3）TR_2 端子上的电压。在点火开关接通时约为 5V。

4）TR_5 端子上的电压。在点火开关接通和发动机检查报警灯打开时，约为 1.2V；若发动机运转且发动机检查报警灯关闭时，为 10～14V。

5）N_{eo}端子上的电压。在点火开关接通且发动机停火时，其电压约为 5V；怠速时约为 2.5V。

（10）ASR 关闭指示灯 WT 端子上的电压　在点火开关接通时，若指示灯熄灭，电压应为 10～14V；若指示灯亮，电压应为 0V。

（11）故障诊断插座 TC、TS 和 D/G 端子上的电压

1）TC 端子上的电压。在点火开关接通时，其电压应为 10～14V。

2）TS 端子上的电压。在点火开关接通时，其电压应为 10V。

3）D/G 端子上的电压。在点火开关接通时，其电压应为 10～14V。

参 考 文 献

［1］蔡兴旺，付晓光．汽车构造与原理实训［M］．2 版．北京：机械工业出版社，2008.
［2］陈家瑞．汽车构造［M］．北京：机械工业出版社，2004.
［3］林晨．桑塔纳 2000 GSi-AT/GSi/GLi/GLS 轿车维修手册［M］．北京：机械工业出版社，2005.
［4］张朝山．汽车拆装与调整［M］．北京：机械工业出版社，2003.
［5］鲁民巧．汽车构造［M］．北京：高等教育出版社，2008.
［6］郭新华．汽车构造［M］．北京：高等教育出版社，2004.
［7］傅阳春．轿车构造图集［M］．北京：人民交通出版社，2003.
［8］屠卫星．汽车底盘构造与维修［M］．北京：人民交通出版社，2001.
［9］鞠峰，徐立新．新型夏利轿车结构与维修［M］．沈阳：辽宁科学技术出版社，2001.
［10］陈达因．上海桑塔纳 2000GSi 轿车结构图册［M］．北京：人民交通出版社，2000.
［11］张则曹．汽车构造图册［M］．北京：人民交通出版社，1998.